少数民族村寨旅游开发与社会变迁的时空机制研究

——以贵州省为例

殷红梅 杨 洋 蔡 溢 等 著

科 学 出 版 社
北 京

内容简介

本书以贵州少数民族村寨群落为研究地域单元，运用地理学、社会学、旅游学、经济学等学科的基本理论，从“时空压缩”的宏观时空维（社会时空）和2013~2015年村寨群落微观时空维（物理时空）出发，解析村寨旅游影响下社会文化因子、要素时空变迁特征与规律；量化旅游效应之于村寨社会文化变迁效度的“解构力”；分析村寨社会文化结构-功能时空演化特性；探析要素渗透中村寨社会文化“人、地、时空”互相牵制的机理，从判别中审视村寨社会文化可持续性，并提出对策建议。

本书可供高等院校旅游专业师生、旅游科研人员、旅游行业管理人员和旅游景区中高层管理人员参考。

图书在版编目(CIP)数据

少数民族村寨旅游开发与社会变迁的时空机制研究：以贵州省为例 / 殷红梅等著. —北京：科学出版社，2021.4

ISBN 978-7-03-068119-5

Ⅰ.①少… Ⅱ.①殷… Ⅲ.①少数民族-乡村旅游-旅游资源开发-研究-贵州 Ⅳ.①F592.773

中国版本图书馆CIP数据核字（2021）第033246号

责任编辑：武雯雯 / 责任校对：彭　映
责任印制：罗　科 / 封面设计：墨创文化

科学出版社出版
北京东黄城根北街16号
邮政编码：100717
http://www.sciencep.com

成都锦瑞印刷有限责任公司印刷
科学出版社发行　各地新华书店经销
*
2021年4月第　一　版　开本：787×1092　1/16
2021年4月第一次印刷　印张：19 3/4
字数：462 000

定价：148.00元

（如有印装质量问题，我社负责调换）

本书研究获以下项目支持：

国家自然科学基金项目：旅游发展背景下山地型民族村寨地方性重构：过程、机制及效应——以贵州雷公山苗族村寨群落为例（批准号：41861026）

国家自然科学基金项目：少数民族村寨旅游开发与社会变迁的时空机制研究——以贵州为例（批准号：41261035）

贵州省2018年一流专业建设项目——“旅游管理”项目

教育部人文社会科学研究项目：“旅游+非遗+扶贫”背景下西部民族社区地方意义重构与优化治理研究（批准号：20XJCZH010）

贵州省哲学社会科学规划项目：贵州乡村旅游聚落社会空间优化管理研究（批准号：19GZQN12）

前　言

中国自古以农立国，有着悠久的农耕文明，乡土社会是中国社会的根基。随着城镇化、工业化和现代化的快速发展，传统乡村受到巨大冲击，乡村文化正在遭受人为破坏，出现了乡村文化景观消减化、价值低估化、地位边缘化、文脉撕裂化、内容变异化、主体空心化、传承艰难化等困境。党的十九大做出了实施乡村振兴战略的重大决策部署，它是决胜全面建成小康社会、全面建设社会主义现代化国家的重大历史任务，是新时代“三农”工作的总抓手。因此，需要在推进乡村产业振兴的同时，关注其社会、文化、生态等的全方位振兴。

目前，在西部地区，特别是少数民族村寨聚集区，人民日益增长的美好生活需要和不平衡不充分的发展之间的矛盾表现得更为突出。在长期的经济、生态环境与文化遗产保护协调发展道路的探索中，西部地区通过发展旅游业不仅带动着广大农村发展自身经济，也为保护、保障和维护民族地区的民族文化、民族团结和稳定起到了极大的促进作用。中共中央国务院《关于实施乡村振兴战略的意见》中，也明确提出了“实施休闲农业和乡村旅游精品工程，建设一批设施完备、功能多样的休闲观光园区、森林人家、康养基地、乡村民宿、特色小镇”，用旅游来助推乡村振兴。

贵州省是中国西南地区多民族聚居的省份。为消除贫困、改善民生、促进乡村发展，从20世纪80年代开始，贵州省选择了8个民族村寨作为旅游扶贫试点，走出了一条符合贵州省情、以村寨及村寨群落为核心的乡村旅游发展之路。2015年贵州省乡村旅游收入已从2010年的178亿元跃升到了705.9亿元，1630个村寨开展乡村旅游。2016年贵州省乡村旅游总收入1070.87亿元，1417个贫困村开展乡村旅游。2017年贵州省乡村旅游接待游客3.46亿人次，实现总收入1572.79亿元，开展乡村旅游的村寨已超过了3000个。

贵州少数民族村寨多是在传统农耕社会下以血缘、地缘、族缘关系为纽带凝结起来的封闭、山地型的文化遗产地，是村民生活生产的物理空间、社会空间、情感与记忆空间等多重关联融合的具有地方性及其地方意义植根的时空体。然而，当旅游作为村寨社会系统发展的主要驱动力时，旅游开发与村寨社会系统之间相互影响与制衡，居民价值取向、人地意识、生计模式、社会角色以及村寨社会结构、管理制度、环境氛围等时空演变，这必然会影响村寨社会系统结构与功能的生成与变化。区域被不断地形构，进而呈现出时空演进和人地关系的新特征。在旅游村寨数量、规模极速扩张的实践中，亟待对这些社会文化变迁新特征进行定量化以及可持续发展性判别，科学地解析旅游发展影响下村寨社会文化变迁过程中因子、要素、过程、机制以及效应的时空演进规律与特征，系统性研究产业组织、驱动力和调控机制等问题。因此，从村寨层面进行旅游影响机制的时空演化系统研究，探讨旅游影响的普遍规律，可为其他地区的相关研究提供参考和借鉴，也可为新农村建设、遗产保护、文化变迁、和谐社区构建、旅游影响调适与旅游可持续发展等提供理论基础与相关对策。

本书是国家自然科学基金项目“少数民族村寨旅游开发与社会变迁的时空机制研究——以贵州为例(41261035)”、国家自然科学基金项目“旅游发展背景下山地型民族村寨地方性重构：过程、机制及效应——以贵州雷公山苗族村寨群落为例(41861026)”教育部人文社会科学研究项目“‘旅游+非遗+扶贫’背景下西部民族社区地方意义重构与优化治理研究（20XJCZH010）”以及贵州省哲学社会科学规划项目“贵州乡村旅游聚落社会空间优化管理研究（19GZQN12）”的研究成果。

本书运用地理学、社会学、旅游学、经济学等学科的基本理论，以贵州三大典型民族村寨群落为研究样地，以“过程—规律—机制—可持续判别”的研究主线解读民族旅游村寨社会文化变迁的时空轨迹。首先，本书从四个维度构建旅游影响下村寨群落的社会文化因子变迁监测源，研究发现，旅游影响下西江苗寨、肇兴侗寨、音寨布依寨社会文化因子物理时空维上发生变化的比重分别为 86.96%、80.25%、84.42%，其中物质文化因子的变化更为剧烈。其次，由因子达及要素，立足群落社会文化“时空压缩”的宏观维，揭示出西江群落社会文化变迁呈核心—过渡—边缘演替的“线性时空”特征，肇兴、音寨群落社会文化变迁分别呈现“断崖式”的“分离时空”特征和“据点式”的“破碎时空”特征。第三，关注旅游效应与社会文化变迁效度的耦合，构建“效应刺激-效度反应”的弹性“解构力”测算函数模型，量化出单位旅游变量分别给予西江、肇兴群落社会文化 1.34 倍、0.19 倍的效度反应，其中，西江核心区村寨弹性“解构力”高达 7.08 倍。第四，回归人地关系，透视“人、地、时空”，立足人对地的文化依恋，揭示出旅游作为村寨发展的现代动力是导致其社会文化因子、要素、结构-功能时空分离与脱域的主要诱因。“人”对村寨凝视形成的“他者性”社会关系和“地”的“工具理性”共同驱使村寨由生活场域逐渐转向旅游场域，强弱不均的权利关系重构聚落差异化的资本空间，“场力结构”工具性下资本-权利“撕扯”的方向与力度使得村寨群落社会文化呈现时空差异的演替规律。最后，我们认为旅游影响下的村寨群落社会文化变迁不可规避，多重正、负向交错的博弈效应不会简单地动摇、瓦解村寨社会文化的根基，基于本研究做出的这一判断，民族村寨社会文化可持续性研究才更有意义。

本书由殷红梅教授总体设计，主要参加研究和撰写工作的有贵州师范大学杨洋、贵州财经大学蔡溢，同时先后参与相关研究、调研工作的有贵州师范大学李瑞、梅再美以及研究生何静、乔桂萍、秦丽丽、许琼丹、何立翔、李丹丹、陈洁、吴沛丽、朱正斌、邓欣悦、石朋、胡月、周儒、蔡茜。本研究在考察、收集资料过程中和完成项目的 7 年里，得到了贵州省旅游局、贵州省文化和旅游厅、雷山县、黎平县，贵州师范大学科研处、社科处、地理与环境科学学院、国际旅游文化学院等的大力支持和帮助，谨此致以衷心的感谢。

本书只是作者在民族村寨旅游开发影响研究领域的初步探索成果，由于作者水平有限，书中难免有不妥之处，敬请广大读者批评指正。

目　　录

第1章 引　言

1.1 研究背景与意义

1.1.1 民族旅游村寨“发展要义”解析

我国西南民族地区特别是社会经济欠发展地区的众多民族村寨，近年来通过发展特色民族旅游调整产业结构，不仅带动着广大农村自身经济的发展，同时也为保护、保障和维护少数民族地区社会文化、民族团结和稳定产生了较大的促进作用。

贵州省是中国西南地区多民族聚居的省份，人民日益增长的美好生活需要和不平衡不充分的发展之间的矛盾表现较为突出。在长期的经济、生态环境与文化遗产保护协调发展道路的探索中，贵州省从20世纪80年代开始，选择了8个民族村寨作为旅游扶贫试点。经过逐年点面发展，形成了“山地民族村寨群落型”全域旅游模式，以黔东南苗族侗族自治州雷山县、黎平县、镇远县，黔西南布依族苗族自治州兴义市以及黔南布依族苗族自治州荔波县国家首批全域旅游示范区为代表的贵州民族村寨群落区域成为“山地公园省”的一张名片。目前，贵州省开展乡村旅游的自然村寨突破3000个，走出一条以村寨群落为发展核心并符合贵州省情的乡村旅游发展新路径。

1.1.2 贵州民族旅游村寨“人地关系”辩证

贵州少数民族村寨多是栖居/适生山地，是在传统农耕社会下以血缘、地缘、族缘关系为纽带凝结起来的封闭、山地型的文化遗产地。在“发展要义”的擎动下，旅游成为村寨社会系统发展的主要驱动力，村寨从相对封闭的原生“物属”[①]转变为社会经济发展的工具“物属”，带有“岁月感”的人地结合体逐渐改变与演化，旅游发展与民族村寨社会系统之间相互牵扯与制衡：村寨居民生计模式、社会角色、价值观念、生存感知、人地意识渐进演变，村寨社会文化涵化与融合，社区结构与功能转向，人地关系快速解构，区域空间不断生产，村寨在非均衡的旅游影响“干扰”下呈现人地关系的时空演进规律与特征。

随着贵州民族地区旅游村寨数量、规模极速扩大，村寨社会角色与分工极速转化，村寨文化异化明显，民族村寨社会空间扩张与生产，社会各要素参与民族旅游村寨空间实践。在全球现代主义影响占据主导的今天，需要在民族村寨社会发展的过程中审视人地关系的变化，摒弃一味的“旅游万能论调”以及“旅游破坏论调”[②]，追溯本源，从解析村寨旅游开发下社会文化因子、要素时空变迁特征规律着手，量化出旅游影响之于村寨社会文化

① “物属”是将村寨置于客体角度并审视其社会属性。
② “旅游万能论调”“旅游破坏论调”分别指代旅游影响完全积极论调以及旅游影响完全消极论调。

的循环累积与弹性的“解构力”①；剥茧抽丝，从事物发展过程中推演出村寨社会文化结构与功能的时空特性；回归地方，从民族村寨“人、地、时空”三要素的耦合中探析村寨居民地方社会文化依恋变迁过程背后的时空机理；还原流变，在村寨形态功能的时空物理变化规律探索下，借由社会-空间辩证法的分析视角，揭示村寨旅游影响下社会文化不断生产的空间诉求与实践表征的过程机理；发展理路，开展民族旅游村寨社会文化可持续发展时空判别，从文化生态性视角把握村寨社会文化系统和谐发展的阈限。

本研究始终站在“过程解剖”的角度，强调重点“关注民族村寨旅游介入后的时空本身，而非时空中的要素”，之于民族旅游村寨社会文化变迁而言，应用变化的视角看待变化，“二维变化观”②是本研究所展开的哲学论调，即摒弃村寨社会文化客观与静态的思维观，而应看到村寨本身不断变化的时空惯常性特征。基于此，在理论上，本研究从村寨群落旅游属性的差异出发对民族旅游村寨社会文化变迁影响机制的时空演化研究，不仅能提供系统研究框架，并以微知著，探讨旅游影响的普遍规律，为贵州乃至西南其他地区的相关研究提供参考和借鉴；在实践上，为文化遗产保护、旅游协同、和谐村寨空间重构、旅游影响调适与可持续发展等提供依据与对策。

1.2 研究审视、回顾与重申

1.2.1 研究审视

1. 民族旅游村寨“识别”

民族村寨是民族文化和孕育产生此文化的自然环境的结合体，也是民族地区居民生产生活的聚居地。从传统意义上讲，民族村寨旅游是指以传统民族村寨或社区为载体，以体验民族文化、自然风光等异质景观为驱动，并满足游客探寻“新、异、乐、知”等心理诉求的旅游活动。当旅游介入民族村寨，其构成要素更为复杂，并逐步演化为民族旅游村寨，即为满足多元主体(如政府、企业、居民与游客)社会、经济、文化与环境等方面利益而进行旅游实践的民族村寨③。

2. 民族旅游村寨研究“风起云涌”

事物的发展具有一定的效应性，在循环累积的过程中，旅游发展对民族村寨产生多重效应。正是鉴于这股现代之流产生的存在效应，民族村寨在旅游的驱动下快速融入现代性的时空范畴。列维·斯特劳斯(2005)在《忧郁的热带》中指出，无论在何时，只要存在着应付他者不同性的必要，人类通常就会运用人的禁绝策略与吞噬策略。民族村寨因旅游吞噬快速融入流动的现代，自身对外来体的容纳、吸收、吞没与代谢让其与接纳体不再差异

① 旅游之于村寨社会文化的“解构力”指代村寨社会生产过程中，旅游推动其社会文化发生解消与重构的效力。
② “二维变化观”即前文提及的将事物变化放置于时空变化的维度思考。
③ Ndivo Rayviscic Mutinda，Lorenzo Cantoni. 2016. Rethinking local community involvement in tourism development. Annals of Tourism Research，57：234-288.

化而形成对异己成分的“非异化”，在此种背景与现状下，多方标榜的“主义者”[①]与学者如雨后春笋般涌出，开启多学科、多角度的民族旅游村寨研究，尤其是关于村寨社会文化变迁的研究。

3. 民族旅游村寨社会文化变迁的“正义”与“正视”

随着旅游的介入，关于民族村寨社会文化变迁的相关研究似乎变得较为“敏感”，这种敏感性更多表现的是对“旅游”二字的态度。旅游对于民族村寨社会文化影响的研究，成了学者站在“文化遗产保护与可持续发展”诉求点上的自我内心审视与撬动。在早期研究中，大部分学者欲撬动的正是关于旅游效应评价的“黑白分明”，亦好亦坏？关于“好坏”命题的判断成了民族旅游村寨研究的归宿，对其的“正义”[②]顺潮而流。

对民族旅游村寨的“正义”中，实证研究占据了主体地位。在民族村寨旅游影响与村寨社会文化发展变迁二元关系的探讨中，多关注单个或独立村寨村民的经济状况、生计模式、社会角色、居住方式、民族文化、思想意识、价值趋向、道德观念、人际关系、寨权制度与生存状态变化(付保红和徐旌，2002；茆长荣，2006；夏赞才和任燕，2008)。从社区宏观性发展方面思考，民族村寨旅游开发研究关注景观的价值、景观系统开发、生态性、开发与保护、物质与非物质要素统一。从民族旅游村寨市场化路径视角思考，村寨商品开发、基础设施建设、体验性产品、培育品牌、营造文化、注重质量建设、商标建设、培育和科学运营对策研究等受到关注(汪俊，2012；孙小龙和郜捷，2016；曾丽萍，2016)。从民族村寨旅游社区参与视角思考(李玲，2010；孙向前，2014；卢丽娟等，2014)，居民参与的重要性、必要性、伦理性、优势、原则、途径、利益分配机制、法律保障、资源产权、征地拆迁补偿制度、参与层次和途径、“工分制”成为透视民族旅游村寨可持续的“镜子”。从人的视角思考(肖佑兴等，2012；冯晓华和孟晓敏，2013)[③]，社区居民现代化示范效应感知，居民多维感知、游客感知、社会结构中的女性权利、人际交往、道德与文化、意识与价值观念等研究成了评判民族村寨中旅游角色好坏的“标尺”。

系统分析法、旅游地静态平衡分析法、游客属性法、时空对比分析法、发展阶段差异分析法、居民旅游影响尺度的量化模型分析等逐渐成了“正义”工具；云南、贵州、湘西、广西的单一民族旅游村寨研究逐渐成了“正义”的突破口。从人文社科类学者到地理学者，国内旅游学者逐渐形成的过程也是民族旅游村寨“正义”研究的过程。近年来，角度多样、方法独特的研究逐渐增加，文化性的探索以及社会性的思辨成了“正义”舞台的中心，在这一过程中，学者开始变得理性，“正义”的意味开始朝向“正视”[④]，对于村寨变迁过程的旅游机理解析开始成为思潮。

① 表明不同学科、具有不同观点的学者参与到民族村寨相关研究中，其中，钟洁等(2005)、李瑞(2010)、黄亮(2010)、廖军华(2011)等学者开展过主题为“民族旅游村寨”的综述，内容呈现在行文中。

② “正义”代指学者试图尝试论出“旅游到底是有利于还是不利于村寨社会文化发展”，带有一些行为或者“学术运动”的过程。

③ 2010～2014 年居民感知视角的民族村寨社会文化研究数量较多，多为单一村寨的实证分析，研究方法主要为借助于问卷调查的定量分析。

④ “正视”代指学界聚众开展民族村寨旅游影响后的反思，逐渐看到旅游作为村寨发生的过程，而非结果；其是一种研究视角转变的行为与态度。

不可否认的是，源于本土思考的主流性慢慢形成，“华南思潮”与“华东思潮”[①]成了主流思考群体的代表，前者注重社会学、人类学、现象学等人文情怀的解疑，而后者注重地理学、心理学、统计学等时空规律的总结。诚然，“正视”思考的背后亦是方法论调的抉择，民族旅游村寨社会文化是“人、地、时空”人地关系的凝聚，关于其变迁的思考理应是时空规律与人文情愫的归并。因此，民族旅游村寨社会文化变迁的“正义”到“正视”，需要综合性、多角度的共融式思考。

4. 民族旅游村寨社会文化变迁的“心态”

旅游所导致的村寨社会文化变迁是不可规避的。民族旅游村寨社区文化变迁的实质是原生文化和外来文化系统之间持续碰撞发生的交互适应；在主客互动的文化双向扩散过程中，民族村寨社区社会文化受影响程度大于旅游者受目的地社会文化影响的程度，大量的研究已经传递出民族旅游村寨社会文化变迁不一定是坏事，简单的好与坏、对与错不能阐述旅游对于村寨社会文化的影响，传统文化需要保护，但并不意味着传统文化不能经历改变。

多数旅游人类学者(孙九霞，2010)经过大量田野调查论证得出，民族村寨在旅游跨文化传播的过程中，复杂的影响既可以摧残原有的认同心理，导致旅游村寨逐渐失去个性和特色，也可能凸显和增强社区居民原有的认同感和文化自尊感。弱势文化与强势文化的碰撞是全球现代化生产过程中的必然。试想，排开旅游，是否存在其他主导驱动力凌驾于民族村寨？从物质流动的特征看，答案一定是肯定的。因此，在社会文化旅游效应两面性的本质属性下，关注的“心态”应该是村寨社会文化“借鉴过程”，而非村寨旅游影响意义的重复性反思，正确对待有助于社会文化变迁背景下村寨可持续发展。

1.2.2 民族旅游村寨社会文化变迁视角评述

民族旅游村寨研究“风起云涌”，相关研究逐渐形成一定的聚类特征，关注的焦点主要集中于民族旅游村寨发展模式、发展对策、发展影响(宏观描述性)、开发研究、社区参与、市场化、资源评价等方面。近5年来，借助相关学科理论与方法的个案研究逐渐增多，研究“心态”也更加开阔，旅游对于民族村寨的消极论调减少；同时，研究从现象描述、规律总结逐步转向原因分析、机理探索。

1. 关注村寨社区族群

民族旅游村寨社会文化变迁源于“人”，源于主与客的“人”。主与客的“见面”催生出同质与异质的人的对撞，族群的概念体现意义，众多研究的开展从社区族群视角切入。当个体选择旅游这一后现代形式逃离世俗生活时，游客与目的地居民主客的“对峙”关系形成，族群认同意识开始相互出现，即产生“主客凝视”，处于被动地位的东道主居民在大量异质文化的冲击下，自身社会文化必然发生涵化(Hitchcock，1999)。从研究趋势来看，

① 从近年来的研究走势看，研究活跃的分别为中山大学/华南师范大学、南京大学/南京师范大学等单位。

因旅游推动形成的族群差异进而导致的民族村寨文化冲击论逐步削弱，旅游凝视催促的“他者”与“内部东方性”[①]反而得到大量的论证；在异质族群对峙与互动过程中，相较于不断“涵化”的村寨社会文化，旅游推动民族文化复兴与觉醒的功能性更加突出；相较于不断解构的村寨社会文化，民族身份与精神的再建构不断展现，为东道主社会文化的传承、生产与演化提供了场景空间与舞台。

2. 关注村寨权利利益

民族村寨转变为民族旅游村寨的过程中，多方参与者的博弈方式与程度势必影响村寨社会文化变迁的方向走势。博弈的焦点是权利，亦是利益，博弈的交锋体是政府、企业，亦是“私欲横流”的外来商人与“欲望胁迫”的原生居民。已有的研究可以证实政府在民族村寨社区参与中的主导地位并不是主导一切，而应该是有限主导，政府的作用应该发挥于政策制定、搭建平台以及协调管理等方面(孙九霞和保继刚，2005)。相较于西方社区的主动参与性，国内社区参与几乎都是被动参与，社区权利模糊(保继刚和孙九霞，2008)。在博弈逐渐失衡的背景下，旅游为社区带来可持续的经济收益，在居民生活水平提升的同时，收入差异现象明显增强，大部分利益流向地方精英、外来开发商及政府机构，村寨经济增权与去权并存；旅游发展提升了民族自豪感和民族文化价值意识的同时，原生居民利益分配不均以及参与机会逐渐减少，悲观沮丧的心理明显，心理增权与去权并存；旅游提升了社区整合度，推动了社区发展的同时，外来价值观的融入与经济利益的“瓜葛”导致村寨社区混乱和堕落，社会增权与去权并存；村寨原有社区政治结构逐向“现代化的管理模式”转变，居民很难参与决策并获取权利，政治增权与去权并存。博弈视角的介入，对民族旅游村寨社会文化变迁研究而言更具有过程性、机理性的探索。

3. 关注村寨符号结构

列维·斯特劳斯在《野蛮的心灵》中提到“有些人在时间层面上展开叙述，而另一些人在空间层面上展开叙述。”可见，民族旅游村寨社会文化性往往通过人的“物性”以及凝聚在人与地中的社会文化的“所指”[②]表现而出，而这种表现的方式就是索绪尔等学者提出的建构于文化和社会之上的符号，这些符号有着潜在的结构和规律。正是因为村寨社会文化的符号特性，部分人类学者从符号的角度去关注村寨社会文化变迁的研究。

旅游人类学关注到村寨社会文化的符号性使得民族村寨旅游呈现“一种表演艺术”、“原始赝品”、“旅游艺术”和“社会文化的展演”，即关注被借以滥用的符号与村寨社会文化的真实性。从本土丽江大研古城的案例到泸沽湖的案例(孙九霞，2014；魏雷等，2015)，云南单个民族旅游村寨的符号结构视角透视传递出跨学科“西学东用”的信号。发展旅游是推动民族地区走出贫困的有效途径，借用罗兰·巴尔特符号“飘忽不定的能

① “他者”与“内部东方性”均指的是族群之间形成的差异。
② 注解为事物本身。

指”[①]论断，村寨社会文化的价值性快速融入现代消费社会，鲍德里亚特眼中的“符号之海”，成为民族旅游村寨社会文化符号的指向；当符号指向发生飘忽不定时，旅游使村寨居民的经济收入结构、消费结构、性别意识、思想观念等发生了较多变化。从研究角度来看，人类学者和社会学者是重要的隐忧群体，他们为传统文化所经受的冲击担心，主张在“保护中开发、在开发中保护”。大多数学者认为，社会文化符号是为经济服务的，保护的目的是发展。

从实证研究特点看，旅游对村寨社会文化影响的研究涉及层面主要为语言景观、地方知识、节事风俗、社区化、商业化、现代性、民族意识等方面。这些层面的变化中，“物态化”的文化特征显著，不同文化交往以及不同利益主体的资源博弈导致了新的文化符号的建构，民族村寨旅游的命运取决于现代性与后现代性的较量。此外，旅游对民族村寨符号的捡拾论断也被提及，“文化碎片化”过程中对民族文化传承、演变、重构可以借用村寨特色符号使得村寨地方社会文化符号被重新认知、接受和解读；旅游者凝视过程中对村寨文化符号的认同与再现，可以强化村群认同、提高居民文化认同和自豪感，推促旅游地呈现可持续发展趋势。

4. 关注村寨社会建构

雅克·德里达认为“解构不是一种方法或者某种工具，你不能将其用到外部之物。解构是正在发生的事情，发生在内部的事情”。对于德里达而言，解构是积极的，它震颤、颠覆，但是先“破”后“立”，这样新事物才有成长的空间[②]。多数旅游学者将建构主义论断用于民族旅游村寨社会变迁研究，其中，以西藏、云南等地区单个村寨为案例的相关研究占比较大。在全球化进程中，虚无的消费方式逐渐扩散到各个领域，丽江的“酒吧文化”、大理的“栖居文化”、西藏的“仪式文化”均是建构的虚无文化移嫁目的地被解构的真实文化的缩影，虚无的地点、虚无产品、虚无社会文化等缺乏特色和实质性内容的消费形式普遍存在。

然而，村寨的社会文化不应看作是时间凝固下的“珍藏品”，而应该像索绪尔、拉康、克里斯塔瓦等学者[③]关于村寨社会建构发展阐释的一样，从变化的视角去看待旅游背景下村寨社会文化的变化。正如有些学者认为，旅游活动注重异质性文化特征的“实在”，这与全球化充斥的“虚无”形成辩证关系，族群与村寨从未像现在这样热衷于表露自己的文化特色，将自身的与众不同与“如此值钱”划上等号。村寨社区文化由“厌恶的自在”转化为“汲取的自觉”，社区主客互动，通过“旅游者凝视”以及“族群他者性”让当地居民看到了自身文化的价值，守住了逐渐被全球化冲击成碎片的民族自豪感和认同感，这其实就是旅游之于民族社会文化的拯救性价值。因此，鼓励村寨居民参与到旅游化的社区中，居民会愈加忠于自身社会文化传统。

① “飘忽不定的能指”以及“符号之海”均代指文化符号不只有表征性，往往还具有经济性、价值性等不能给予确定的、广泛的含义。
② 出自《黄昏后的契机-后现代主义》，作者：奥顿奈尔。
③ 带有建构主义思想的学者认为人与社会是不断发展与建构的。

5. 关注村寨文化资本

近年来，关于旅游影响下民族村寨社会文化变迁的研究涉及机理，渐渐从村寨社会文化的资本性视角展开研究。马克思政治经济学理论将商品化定义为经济价值被附加到尚未运用经济学考虑的一些事务中，包括思想等非物质性事务。根植于村寨当地人的生产与生活中的社会文化，其传承方式的形成有其内在的合理性，随着商品经济的发展与世俗文化的兴盛，原本作为非买卖交换事项的社会文化开始进入商业化生产的链条中。逐渐商品化的村寨社会文化通过异地商品化、本地商品化影响其社会文化的传承发展。景区化的社区演化成"文化资本型飞地"，边缘化的社区成为"文化内源型自留地"①，异质与同质的社会文化"粒质"互溶，文化斑块逐渐形成，村寨文化生态系统在外来资本要素的推促下加快异化，于此，对文化资本内外系统规则的有效解析将成为民族村寨社会文化变迁机理研究的新路径。

6. 关注村寨社会空间

民族旅游村寨社会文化变迁的研究，既关注村寨社会文化在物理空间上的人地关系，也关注自身结构表现出的社会空间性。

民族村寨转型发展的问题症结不在于"传统"与"现代"的矛盾，而是社会经济利益的分工合作、经济创造、利益分配与再分配等所折射的社会空间实践逻辑。在社会性的时空中，诱导性的市场因素逐渐改变着民族村寨的产业结构，村寨发展进入新的变迁与转型时期。民族村寨以旅游的方式参与到当代全球化社会和经济的必要性尤为显著，"弱势"的民族村寨群体在以何种"姿态"接受或者拒绝现存的时代问题，村寨的社会空间变化是最为直观的表征。村寨社会文化结构的演变是内部社会结构要素之间配置、分化和重组的过程，在社会生产力与生产关系、经济基础与上层建筑矛盾作用下推动着社会文化结构由"后进"形态向"先进"形态演变转化(覃雪梅，2010)。民族村寨社会结构的变迁是政治、社会、文化要素导致的经济价值或市场显化背后的生产关系和利益关系的调整下村寨社会结构层次、内容及运行规则被社会组织实体所规制的过程，这一过程也是生产的过程，正确合理看待民族旅游村寨社会空间生产过程是审视村寨社会文化变迁的重要视角。

总之，早期，旅游影响下村寨社会文化变迁的研究多从要素的整体宏观性入手，要素模糊性分析多，但村寨社会文化可持续性的判别略带个人情感的主观抉择；中期，研究着力于村寨旅游影响下社会文化变迁居民感知研究视角，源于心理学的量化分析方法逐渐被引入，研究也从表象特征上升至结构机理的探索，"人"的分析多，但是影响机理的研究模型也略带主观挑选的随机性；当下，相关视角极具哲学性、社会性思考，社会文化自身特性分析多，思考涉及的方向、方式与方法多针对单个独立村寨的案例解析。回看民族旅游村寨的内涵，村寨自身社会文化应该是包含"人、地、时空"特征的凝聚与集合，因此，从人文地理学经典人地关系出发，围绕要素、人、地以及社会文化时空特性的综合研究才能尽可能接近"真实"地解释民族旅游村寨社会文化变迁的过程，也只有结合不同研

① "文化内源型自留地"指保留了原生文化内核的边缘区。

究时期、阶段的研究方法特征，将普遍用于“人”的定量、定性分析与用于社会文化自身特性的定性分析进行融合，才能尽可能接近“理想”地解释民族旅游村寨社会文化变迁的缘由。

1.2.3 论调重申

贵州多年的旅游实践，逐渐形成了以村寨及村寨群落为核心的山地型群落式全域旅游发展模式。群落中各村寨旅游影响差异性显著，传统村寨群落的时空构面被打破。旅游开发规模大、大众游客涌入多的村寨流通性增加，时间效率快速增加，挤压空间，边缘群落空间形成“脱域”状态①，核心群落空间形成“在域”状态，空间的差异使得村寨群落表征出时间的差异，因此，旅游影响对于民族村寨社会文化变迁规律与机理的研究应着眼于时空分异背景下的村寨群落。同时，贵州省民族村寨空间属性逐渐转向，社区社会文化的要素性逐渐变质，内部结构经历着解与构的生产，村寨功能演化愈演愈烈，因此，只有通过人地合一的思考辩证，将旅游影响对于贵州村寨社会文化变迁的主题从“人、地方、时空”结合视角探索、剖析，才能由表及里，发现机理。民族旅游村寨社会文化变迁的“正义”与“正视”给予关注者辩证的审视“心态”，于此，贵州民族旅游村寨社会文化变迁“心态”应该是关注伴随村寨不断生产与演化的时空过程，这将更为客观地为村寨旅游化过程找寻持续发展的有效路径。

总之，贵州民族旅游村寨社会文化变迁的时空机制研究应兼顾学科理路与实践摸索的双重意义，从人文地理视角出发，考虑村寨地理空间以及社会空间结合性分析，融入多学科研究范式，以“复杂的研究姿态”应对复杂的社会文化问题。

1. 村寨群落的地方性

回顾地理、回归人地、归回地方。全球化、不断增强的流动性及环境变化问题不断威胁地方的存在及人地之间的关系，应该回归地方视角去看待旅游影响之于村寨社会文化变迁的人地关系。地方理论的要义与民族村寨人地关系的双重表征性是吻合的，民族旅游村寨居民的地方感正是反映村寨空间内人与社区地之间的情感联结以及互动形成的人地产物。民族旅游村寨社会文化变迁导致社区内人地塑造形成的地方感的变化，旅游对于村寨的影响转化为对居民地方感的影响。

以段义孚为代表的学者认为地方是人对于大地情感的归结，日常生活的场景能用于探索人地关系的情感连接；从段义孚的“恋地情结”到怀特的“大地虔诚”，再到国内学界对于地方感的理论与实证探索，可看出，地方感呈现的是人在情感上与地方之间的一种深切联结，是一种经过社会与文化特征改造的特殊人地关系；段义孚将广义的地方感划分为根植性(rootedness)与地方感(sense of place)两个维度(朱竑和刘博，2011)，根植体现的是人心理层面的依附与情感满足，地方感表现的则是社会层面上的建构与认同的形成，民族村寨社会文化的内源应包含居民文化依附、情感满足以及社会建构与认同，地方视角与研究主题切合较好。

① 社会的时间与空间相分离，后续“时空压缩”为同义。

此外，地方感以房间、家、社会、村寨等多样化的尺度依附于特有的空间单元，由于社会文化的流变性，社会文化改造下的地方感不断被建构，处于一种非稳定的被创造、操纵的状态；在此基础上，戴维·哈维(2010)等将结构性、流动性、渗透性融入地方，可鉴、变化的地方会引起自身结构、流动以及渗透的变化，这正是村寨社会文化变迁研究需要汲取的。

2. 从普遍到特有：贵州民族旅游村寨群落地方性

地理学家西蒙从人、时间以及空间的互动中探讨人地之间的关系，提出“地方芭蕾”论。贵州少数民族社会文化极具人地互动性，空间内身体上的民族服饰、歌舞、语言、惯习等，空间内地方上的建筑、社会结构、生产关系等均是“人地共舞”的表征。居民在贵州民族村寨特定的空间上演艺具有一定连续性和重复性的“身体芭蕾”，形成规律的“时空常规”。旅游的介入，稳定的地方性逐渐演化成新的地方意义，社区居民在村寨内的时空活动持续发生转向。本研究初步发现，贵州典型少数民族村寨群落居民的“地方芭蕾”在“人、时间、空间”要素的割裂下呈现新的特征：苗、侗边缘村寨保留“原生性古典芭蕾”，苗族过渡区村寨已转变为“真实性现代芭蕾”，侗族过渡区村寨开始转变为“真实性现代芭蕾”，苗、侗核心区村寨演绎为“舞台性古典芭蕾”，而布依村寨群落均呈现“现代芭蕾”①，而这些特征形成的过程与缘由将是研究关注的重点。

Hidalgo 和 Hernández(2001)提出人和特定地方(place)间能产生依恋的感情，这种感情表达了人与环境之间多样的关系，是人在人地互动过程中因回报自然、尊敬感激特定地理环境、投入涉入相邻地方行为后产生的感觉。个人与地方之间的情感并非来源于人的主观感受，而是与内在经验、外在环境和社会参与，以及长期与地方互动而产生深刻的意义。经过20多年民族旅游的发展，贵州民族村寨外部环境、社会参与、地方互动的“影子”在村寨发展演变过程中愈发显现，以西江苗寨、肇兴侗寨为代表的景区型村寨呈现新的地方性。Relph(1976)认为任何地方都具有物质、功能及意义属性；贵州民族旅游村寨社会文化无不渗透出物质、功能与意义的地方“味道”，苗族村寨的鼓藏、侗族村寨的大歌、布依村寨的八音坐唱等符号无不是特有的地方味道。

然而，村寨的地方是独一无二的，但并不意味地方是一个封闭系统，村寨的地方是相互影响的可感、交流的系统，是变异的系统，是一种时空精神建构系统。当现代主义标准化大风席卷贵州典型民族村寨时，部分社区日益呈现出社会文化的同质化，外来冲击的“解构力”逐渐超过自身社会文化的“聚合力”，村寨的地方性开始丧失，地方的真正意义同样开始丧失，Relph所提出的无地方性出现，如西江苗寨群落核心村寨出现各式接待游客的标准化场景，肇兴侗寨群落核心村寨的侗族大歌展演呈现“门票化”与“固定时段化”，但这是Porteous和Smith(2003)认为的地方毁灭吗？研究亟待展开，因为在这一研究主题的背后，要思考的是旅游发展下民族旅游村寨在快速聚变的浪潮中自身文脉与地脉是否瓦解，村寨的“地格”是否松动，创造性的破坏与重构不可怕，地方到无地方再到新地方不可怕，可怕的是在地方演化中丢掉精神并忽视使用动态的社会发展评判标尺。

---

① 作者结合地方芭蕾以及贵州民族旅游村寨社会文化现状提出的论调。

3. 村寨群落的时空性

经过历史沉淀的民族村寨群落内化形成自身的“共同体”，在多种共同体下，人与自然塑造的社会文化同处一种时空。这种时空的概念在涂尔干、段义孚、沙克等大多数学者看来是社会的构造物，村寨社会文化存在的基本形式在本质上是时空性的，它处于不断变化的过程，深深地扎根于社会再生产中。民族村寨发展旅游过程中，外部力量逐渐影响村寨原本时空的社会构造，这些转换是如何完成的？在相对封闭的民族村寨很容易给出答案。

旅游逐渐成为争夺村寨时空的社会建构形式，由于区域核心-边缘性的存在，在争夺村寨时空的过程中，被“控制”的核心空间引起时间的“规训”，从此，村寨核心区空间演化为工厂，被凝聚的时空带有浓郁的现代性。随着旅游的深入，货币成为瓦解村寨原有统一时空的重要的“物”，货币的资本、财富、信用、权利甚至信仰“所指”影响着社会文化中的时空关系，村寨的时空关系开始变得复杂；融入现代的核心区开始加速，加速的时间使得空间被消灭，村寨群核心区空间与现代空间相连接，空间视野收缩，而边缘区空间留存原有时间。因此，旅游推动的时空关系的革命，不仅破坏围绕先前村寨时空体系建立起来的生活方式和社会实践，而且“创造性地破坏”嵌入在村寨中的社会文化。从村寨群落的角度出发，能够清晰地捕获社会文化之客观性质方面的快速变化，“时空压缩”在村寨空间尺度上呈现，村寨现有的空间特性表现出一定的时间差异性。因此，探索民族旅游村寨社会文化变迁的时空性，可以从研究涉及的社会文化立意，即将社会文化承载的社会性时空思维与社会文化依附的物理性时空思维转化，从旅游影响之于村寨群落的时间差异总结社会文化空间差异，从村寨群落社会文化的空间差异推演时间差异，进而抽离时空性机理。

4. 从普遍到特有：贵州民族旅游村寨群落时空性

不同的时空实践建构不同的价值，影响村寨社会文化价值，民族旅游村寨时空的压缩导致地方差异的形成。贵州民族村寨群落在旅游的外部加压下，村寨的时空关系就变成流程的(processual)、不定的和动态的，而不是预先注定的和静止的，地方在核心村寨空间向边缘村寨空间过渡中产生着变化，贵州民族村寨群落因旅游影响被压缩的社会文化时空能够呈现地方的逐渐消亡性吗？探索诺伯格-舒尔茨阐述的场所精神[①]，是揭示村寨群落地方时空特征的有效途径。场所精神阐明并不是一味地复制旧模式，其更看重的是过程，强调在变化中保持地方秩序，贵州典型民族旅游村寨社会文化变迁探讨应顾及地方场所精神的时空过程，能够为抽离研究机理奠定基础。

地方是较于时空而言的，被赋予了某种含义的时间、空间，是具有社会属性的精神和文化灵魂。旅游介入，“空间的征服”开始变得现代化与机械化，从旅游影响的外围村寨到核心村寨，蕴含地方的贵州民族旅游村寨群落的时空压缩性研究能够揭示其社会文化变迁的机理。回看地理的物理时空，试从历史的推演、实证分析与经验中，总结出社会空间

① 注解为保留地方社会文化本质。

如何与物理空间交相融合，进而推动村寨社会文化时空的变迁。

随着全球化趋势的加强，旅游加速推动村寨的物理-社会二维地理空间不断生产，对贵州民族村寨群落时空压缩的地方精神的探析是挖掘其社会文化变迁机理的有效着力点；不断“吞没的空间”让贵州民族旅游村寨逐步迈入沉重与轻巧的现代性，空间“须臾”(in “no time”)在部分群落村寨产生，村寨居民的感情、感觉、思想、知识、信仰、惯习、行动、行为在旅游浪潮中通过“大地情怀”重新表征而出，“人、时间、空间”组成的地方如何在其中呼应与响应，地方情愫的时空分离与压缩是否呈现规律，亟待探索。

1.2.4 研究启示

贵州民族旅游村寨诸多社会问题的症结不在于“传统”与“现代”，而在于它们在市场参与中的位置与地位，在于它们对市场边缘性参与的事实，彰显出权利关系、民族认同、传统文化与社会变迁之间存在逻辑关系。综上，将村寨社会文化发展与旅游影响的二元关系置于多角度权衡的阈限，站在更为客观的评价高地上审视旅游给予村寨社会文化变迁的外因与内核，运用一种动态的、深入村寨社区的心态去见证其时空变化过程，摒弃将破碎的社会文化归因于某一时刻的“古今对比”。站在多方利益点思考，运用变化的视角去看待变化，这是当下贵州典型民族旅游村寨社会文化变迁探索的关键所在。

从现象到归因、从感性到理性，抛开人之于村寨社会文化的情愫，通过地理学分析理路、借助地理学空间分析手段，尝试开展贵州典型民族旅游村寨社会文化变迁的时空观测与探析。项目研究实证涵盖贵州三大典型少数民族村寨群落，经过景区化打造的西江苗寨群落、肇兴侗寨群落以及音寨布依族群落形成“高强度、潜接触”的主客融合关系，游客在景区平均逗留两天左右，景区更多地以展演的形式呼应游客自身建构的异质族群认同意识，主客之间的接触只是浅层的、表面的。在商业化旅游侵袭村寨的现代性社会结构中，东道主居民受到外来文化的影响调整改变自身社会文化，并对自身族群认同有了明确的认识，贵州绝大多数典型民族旅游村寨文化的内核仍然存在，社会文化保护与发展的辩证性依存，这是项目研究开展的前提。

贵州民族旅游村寨社会文化在不断生产过程中完成自身的过渡与转型，群落发展的差异导致的时空差异性更是研究开展拟需抓住的主线，唯有于此，才能更好地把握旅游发展与村寨可持续发展之间“度”的良性耦合，这是项目研究科学性、实践转化性的体现。因此，研究应从“实践理性”与“文化理性”原则着手，从村寨人地环境的地方空间变化格局和地理要素的时间变化过程切入，从基础系统、战略系统、关键系统、辅助系统归并的系统性出发，注重做到“工具要素之形”与“社会文化生态要素之神”的统一。

1.3 研究方案与技术路线

1.3.1 研究方案

民族旅游村寨社会文化是“人、地、时空”人地关系的凝聚，关于其变迁的思考理应是时空规律与人文情愫的归并，因此，民族旅游村寨社会文化变迁研究需要考虑时空性、综合性、多源性。本书尝试从物理时空、社会时空这两个地理学时空并进解析视角出发，审视贵州民族旅游村寨社会系统变迁过程与机理：解析村寨旅游影响下社会因子、要素时空变迁特征规律；量化出旅游影响之于村寨社会文化变迁效应的“解构力”；从因子-要素到系统，从整体宏观视角推演出村寨社会文化结构-功能的时空特性；关注村寨“人”的地方文化依恋时空变迁以及“地”的形态功能时空演替，从民族村寨“人、地、时空”三要素的渗透耦合中探析旅游影响下村寨社会文化变迁时空过程及机理，进而开展民族旅游村寨社会文化可持续发展时空判别，为村寨社会文化系统和谐发展提供参考依据。因此，本书属于交叉学科之间的综合性研究。

1. 研究方法

1) 文献资料法

民族旅游村寨社会文化变迁的追述立足时间维度，除了借用社会-空间辩证中“时间分化”分析思路外，传统的地理时空思维同样需要，尤其体现在村寨的形态、功能变化梳理等方面。因此，需要在详细文献资料，特别是《贵州省志·民族志》、《贵州“六山六水”民族调查资料选编》和各县县志、统计资料等地方文献资料的基础上，梳理贵州少数民族村寨社会系统的形成与演变过程。

2) 调查研究法

自 2012 年起，项目组成员连续 7 年开展田野跟踪调查，深入贵州三大典型旅游村寨群落，综合地理学空间调查以及社会学问卷、访谈调查范式，采用典型案例区域网格式详查、典型代表深度访谈、参与式观察等多种方式，深度了解旅游开发对村寨地域社会系统结构-功能效应的形成与演化，以及对村寨人地可持续发展以及对经济社会发展的影响。

3) 点面结合研究方法

除尽可能获取较为全面的面上资料外，以《贵州省乡村旅游发展规划(2006—2020)》确定的首批 11 个示范性旅游村寨群落中的雷山西江苗族村寨群、黎平肇兴侗族村寨群、贵定音寨布依族村寨群为个案，将群落社会时空差异作为村寨时空过程判别标准，推进研究开展；此外，“麻雀”解剖，将逐渐景区化的核心区再依据时空差异性细化出小尺度区域，层层深入，大小尺度嵌套，点面结合，深入揭示其社会系统的时空演化机理。

4) 定性与定量结合的研究方法

以文献与调研资料为基础，以“时空压缩”形成的时空差异逆推分析民族旅游村寨社会系统的形成与演变；借用空间计量分析、时空演绎分析、层次分析、灰色关联分析与因果通径分析等，评估民族旅游村寨社会文化时空关联特征以及驱动因素；运用地理学人地关系以及社会空间辩证法思想，结合地方、凝视、空间生产等理论研究旅游影响的生成过程机制、旅游影响弹力的“解构力”和社会变迁的可持续发展性判别模型。

5) GIS 技术运用

通过 5 年(2012～2016 年)的跟踪调查，依托 GIS(geographic information system，地理信息系统)软件建立贵州典型民族旅游村寨群落旅游开发与社会变迁的空间数据库，建立了反映核心区域村寨社会文化变化规律的三维可视模型，采用 1990～2015 年 6 个时段的遥感数据以及结合调查解析村寨形态-功能变化态势，借用 GIS 空间插值、遥感解译分析等方法探索揭示村寨群落社会变迁的时空演变进程、规律，建立社会文化系统时空演变分析数据库。

2. 样区选择与调查

研究以贵州典型民族村寨群落为例，选择少数民族人口比重较大的苗、布依、侗三个代表性民族村寨作为研究典型，对整个研究而言，其可信度较高，实践性更强。研究样区的选择需考虑整个村寨社会变迁的时空差异和演化机制的研究背景，摒弃独立村寨下的社会文化破碎单元，更能够有效模拟出旅游影响下村寨社会变迁过程中的差异性以及村寨地域社会系统结构-功能效应演化模式。基于论调重申中关于贵州民族旅游村寨的时空性解读，依据三大典型民族村寨群落各自旅游发展水平与现状，将旅游影响更大的核心区域与影响较小的边缘区域抽离，将群落中核心区与现代时空对接，在“时空压缩”的引证下，“展演”出民族旅游村寨群落的时空性，进而服务研究所需。根据社区主客混杂情况、旅游接待水平、游客接待人次、居民旅游收入、距离景区远近程度等指标，结合村寨的实际数据，三大典型民族旅游村寨社会时空性被解压为以下特征，其将作为整个研究中社会时空划定标准(表 1.1)。

表 1.1 调查样区汇总

旅游地	旅游影响	时空性	调查样区
西江千户苗寨村寨群落	核心区	现代空间的征服(较强)	羊排村、平寨村、南贵村、东引村
	过渡区	现代空间的征服(一般)	干荣村、开觉村、营上村
	边缘区	原生时空转向现代时空	控拜村、麻料村、长乌村、乌高村
黎平肇兴侗族村寨群落	核心区	现代空间的征服	肇兴村
	过渡区	现代空间开始征服	厦格村、堂安村
	边缘区	原生时空	已伦村、纪堂村、登江村
音寨布依族村寨群落	核心区	现代空间的征服(较强)	音寨、竹林堡、麦董、石头堡、上洛海、下洛海
	过渡区	现代空间的征服(一般)	湾寨、大坡寨、太平寨、后寨、小平司、洛桑、马坝河、王寨、黄都堡、尤溪堡、平堡
	边缘区	现代空间的征服(较弱)	桐底寨、湾塘、小寨、把坪司、流甲庄、甲召寨

为了建立贵州民族旅游村寨社会文化时空系统数据库，为研究开展提供支撑，3 年跟踪调查采样数据[①]分别为：西江苗族村寨群落 2013 年、2014 年均为 1044 户，2015 年 1276 户[②]；肇兴侗族村寨群落 2013 年、2014 年均为 845 户，2015 年 871 户；音寨布依族村寨群落 2013 年、2014 年均为 736 户，2015 年 606 户[③]。

① 数据采集数量说明：核心区时空变化速率快，采用全面覆盖性调查；过渡区与边缘区时空变化速率慢，采用抽样调查。
② 2015 年入户数量增加为新增居民户数引起，三次入户调查资料做到对应，即连续跟踪，肇兴、音寨情况相同。
③ 音寨布依族村寨群落连续跟踪调查过程中发现，社区居民社会文化时空差异不显著，均呈现现代性，因此，后续监测过程中减少部分入户调查数量。

3. 行文及文献说明

为了更好地将文献梳理与行文相结合，文献将被打碎，从内容、结构等方面融于各章节字里行间，以减少传统文献写作手法过程中简单文字堆叠导致的问题阐述不清现象出现。

1.3.2 技术路线

研究以理论分析为依据，对旅游影响下民族村寨社会文化变迁的时空性给予论述，结合样地跟踪调查以及文献收集获取的资料，以 GIS 与数理统计分析为手段，把定量分析与定性分析相结合，把面上重点调查与点上的全面深入相结合，把时空静态现状研究与动态过程演绎相结合，多角度、多层面反映研究主题(图 1.1)。

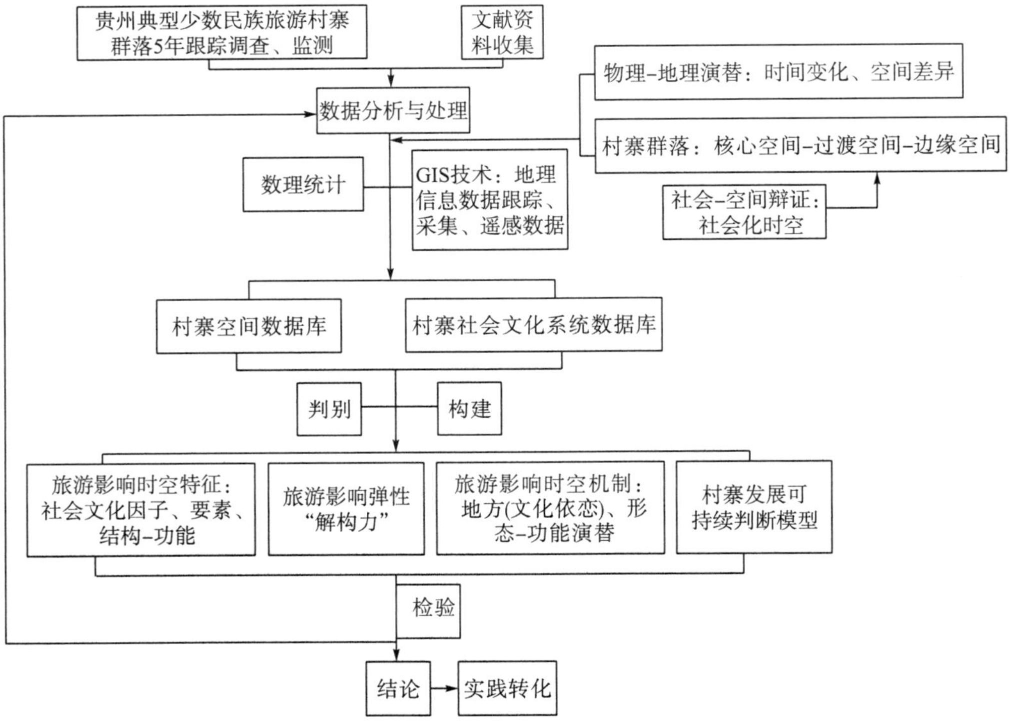

图 1.1 研究技术路线

参考文献

奥顿奈尔，2004. 黄昏后的契机[M]. 王萍丽，译. 北京：北京大学出版社.

保继刚，孙九霞，2008. 雨崩村社区旅游：社区参与方式及其增权意义[J]. 旅游论坛，1(1)：58-65.

戴维·哈维，2010. 正义、自然和差异地理学[M]. 胡大平，译. 上海：上海人民出版社.

冯晓华，孟晓敏，2013. 喀纳斯景区少数民族居民旅游影响感知及旅游参与初探[J]. 城市发展研究，20(1)：103-107.

付保红，徐旌，2002. 曼春满村寨民族旅游中村民社会角色变化调查研究[J]. 云南地理环境研究，14(1)：43-49.

黄亮，2010. 国内外少数民族村寨旅游研究进展[J]. 资源开发与市场，26(6)：563-566.

李玲，2010. 社区参与与民族村寨旅游可持续开发[D]. 桂林：广西师范大学.

李瑞，2010. 近 10 年中国民族村寨旅游研究进展与展望[J]. 地理科学进展，29(4)：411-421.

廖军华，2011. 民族村寨旅游环境问题探析[J]. 湖北农业科学，50(13)：2795-2798.

列维・斯特劳斯，2005.忧郁的热带[M]. 王志明，译.上海：生活・读书・新知三联书店.

刘婷，2002. 浅论少数民族地区的传统文化和自然生态的保护及可持续发展——来自建设“民族文化生态村”彝族村寨的调查[J]. 楚雄师范学院学报，17(5)：53-58.

卢丽娟，曹务坤，辛纪元，2014. 民族村寨社区参与旅游扶贫开发的财产制度瓶颈与破解[J]. 贵州民族研究，5：116-119.

罗永常，2003. 民族村寨旅游发展问题与对策研究[J]. 贵州民族研究，23(2)：102-107.

罗永常，2006. 民族村寨社区参与旅游开发的利益保障机制[J]. 旅游学刊，21(10)：45-48.

茆长荣，2006. 旅游开发对传统村寨的文化影响研究[J]. 南京晓庄学院学报，22(4)：91-95.

苏彦捷，2016. 环境心理学[M]. 北京：高等教育出版社.

孙九霞，2010. 旅游对目的地社区族群认同的影响——基于不同旅游作用的案例分析[J]. 中山大学学报(社会科学版)，50(1)：170-177.

孙九霞，2014. 民居文化变迁中的“虚无”与“实在”——以丽江古城客栈为例[J]. 广西民族大学学报(哲学社会科学版)，(6)：67-74.

孙九霞，保继刚，2005. 社区参与的旅游人类学研究：阳朔遇龙河案例[J]. 广西民族大学学报(哲学社会科学版)，27(1)：85-92.

孙向前，2014. 困境与路径：民族村寨旅游社区参与的问题研究[D].南宁：广西民族大学.

孙小龙，郜捷，2016. 少数民族村寨过度商业化个案研究——以贵州西江千户苗寨为例[J]. 热带地理，36(2)：245-252.

覃雪梅，2010. 民族文化资本化与民族村寨社会转型——以云南为例[J]. 思想战线，36(3)：141-142.

汪俊，2012.社区管理创新视野下的云南民族村寨旅游发展研究[D]. 昆明：云南财经大学.

魏雷，钱俊希，朱竑，2015. 谁的真实性？——泸沽湖的旅游凝视与本土认同[J]. 旅游学刊，30(8)：66-76.

夏赞才，任燕，2008. 旅游伦理：旅游高等教育中重大缺失[J]. 湖南师范大学教育科学学报，7(2)：122-126.

肖佑兴，何向，胡丽芳，2012. 黔东南州居民旅游感知比较研究——以西江苗寨与肇兴侗寨为例[J]. 江苏商论，1：111-114.

曾丽萍，2016. 少数民族村寨居民参与旅游开发的路径初探[J]. 经济研究导刊，9：164-165.

钟洁，陈飙，杨桂华，2005. 中国民族村寨旅游效应研究概述[J]. 贵州民族研究，25(5)：85-90.

朱竑，刘博，2011. 地方感、地方依恋与地方认同等概念的辨析及研究启示[J]. 华南师范大学学报(自然科学版)，1：1-8.

Hidalgo M C，Hernández B，2001. Place attachment：conceptual and empirical questions[J]. Journal of Environmental Psychology，21(3)：273-281.

Hitchcock M，1999. Tourism and ethnicity：situational perspectives[J]. International Journal of Tourism Research，1(1)：17-32.

Porteous J D，Smith S E，2003. Domicide：the global destruction of home[J]. Housing Studies，18(2)：269-272.

Relph E C，1976. Place and Placelessness[M].London：Routledge Kegan & Paul.

Ndivo R M，Lorenzo C. 2016. Rethinking local community involvement in tourism development. Annals of Tourism Research，57：234-278.

第2章 旅游影响下民族村寨社会文化因子的时空差异研究

随着全球旅游规模不断扩大，地方和民族重新受到重视，民族文化成了推动地方经济发展的重要资源(姜辽，2014)，并逐渐转化为文化资产和商品，传统文化也因舞台化而失去本真性(鲍金，2008；李文勇和张汉鹏，2012；孙九霞和吴韬，2015)。旅游打开了传统村寨与外界联系的渠道，外来文化进入，村寨内各文化相互碰撞、融合(何谨然，2007；曹端波和刘希磊，2008)，地域民族社会文化受到持久而剧烈的影响(孙九霞，2010)，进而导致社会文化变迁(周大鸣，2001)。

旅游对目的地的社会文化影响是旅游研究中的一个重要课题(杨俭波，2001)，学者们从社会学、人类学、民族学等方面出发(李建欣，1999；张进福和肖洪根，2000；周宵，2003)，探讨旅游开发视角下民族村寨社会文化变迁的研究范式，对歌舞、建筑、居住环境、手工艺、节日习俗、语言文化景观、制度、宗教习俗等多个文化因子进行精细研究(韩红星和赵仕新，2002；杨桂华，2003；潘秋玲，2005；李华，2007；赵耀等，2007；李娜等，2007；张利，2008；邹君和田仁波，2009；胡星，2009；窦开龙，2009)，但尚未明确构建起旅游影响下民族村寨社会文化变迁的因子体系。另一方面，实证研究多以单一村寨为样地(付保红和徐旌，2002；唐雪琼和车震宇，2004；伍锦昌，2005；黄亮等，2006；茆长荣，2006；夏赞才，2008；王挺之和李林，2009)，缺乏地理视角下群落型空间尺度的社会文化变迁分析，研究的深度、广度、角度等仍需要不断地拓展。

基于前人理论概要、体系与框架的基础(吴晓萍，2000；吴必虎和余青，2000；田敏，2003；潘秋玲和李文生，2004；刘安全，2011；郭文和黄震方，2013；刘姝萍，2014)，本研究将视角转向村寨群落空间体系及其社会文化变迁因子体系(即“两个体系”)的研究，宏观上，将村寨群落“时空压缩”形成的时空构面“置换”村寨物理时空维，为“短期内难于开展村寨社会文化时空变迁监测研究”问题的解决提出新思路；微观上，通过两年时间的跨度监测社会文化因子变化趋势，判断因子变化特性。本研究选取贵州典型民族旅游村寨——西江苗寨村落群、肇兴侗族村落群以及音寨布依族村落群作为样地，从影响地理要素时空变化的因子“本源”着手，立足民族村寨内部“人地关系”交互形成的物质文化、精神文化、制度文化以及社区环境氛围四大维度(西江苗寨村落群69个因子、肇兴侗寨村落群81个因子、音寨布依族村落群77个因子)，将因子呈现的时空特征进行整合、归类与比对，梳理地理学“因子-要素-结构”分析范式下旅游影响给予村寨自身社会文化产生变迁的因子，采用小尺度的时间序列变化数据(2013～2015年)，透视旅游影响下村寨群落社会文化因子时空差异(胡最等，2013；李星明等，2015)。

2.1　西江苗寨群落社会文化因子的时空透视

2.1.1　物质文化因子时空差异

1. 经济因子

经济因子主要包含“生计模式”“生活支出”两个内容。随着村寨旅游开发的深入，旅游“集聚”与“扩散”效益凸显，传统苗寨农耕社区逐渐向苗寨旅游社区转变，空间生产主体由原来的以苗寨村民为主的生产范式向以旅游利益相关者和游客为主、社区村民为辅的生产范式转向，传统苗寨社区空间生产核心要素发生变化。直接反映生计模式变化的村民经济收入在空间结构上总体呈现由靠近景区的核心村寨(以下简称“核心区”)到远离景区的边缘村寨(以下简称“边缘区”)递减的趋势，同时，在时间上呈现逐年增长的变化趋势。

(1)村民月均收入总体呈现由西江苗寨群落核心区到边缘区减少的趋势。空间上，村寨空间差异显著，其中，南贵村、平寨村平均月收入最高，羊排、东引、营上、控拜 4 村处于中等水平，皆因南贵、平寨村居核心区位而控拜村(银匠村)生产结构迥异等要素导致。时间上，11 个村寨总体呈现收入逐年增长的趋势；其中，过渡区村民收入增长趋势显著，而边缘区村民总体收入呈下降趋势，这主要是核心区向外围辐射旅游效应外溢性减弱以及控拜、麻料等边缘区银器销售受核心区旅游商品业态发展冲击所致(图 2.1)(图中，横轴村寨自左向右表示空间上远离核心区的距离，以下不做说明)。

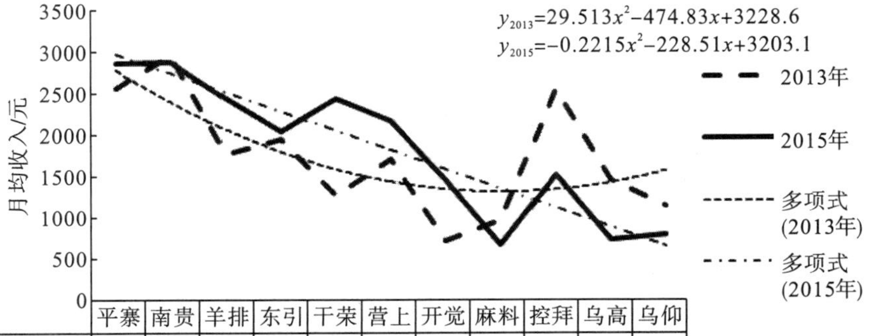

	平寨	南贵	羊排	东引	干荣	营上	开觉	麻料	控拜	乌高	乌仰
2013年	2564.35	2961.22	1784.38	1955.60	1269.23	1719.79	720.45	965.00	2555.00	1462.50	1152.17
2015年	2873.62	2882.50	2438.03	2050.85	2434.31	2170.00	1460.81	673.91	1517.30	734.21	804.35

图 2.1　西江苗寨群落各村寨村民平均月收入情况时空特征图

(2)村民农业耕作收入占比空间差异不显著。空间上，边缘区村寨整体上农耕所占收入比重略高于核心区和过渡区。长期受农耕文明影响，西江苗寨群落大部分村寨仍然“以农为本”，种植水稻“自给自足”，其中边缘区村寨其农耕经济特征更明显。时间上，由于旅游开发用地需求和旅游产业的拉动，核心区南贵、平寨村以及过渡区干荣村农耕收入呈现逐年减少趋势，其中干荣村下降趋势最显著；其他边缘区村寨数据年度变化比较稳定

(图 2.2)，村民生产生活方式仍以农业为主导。

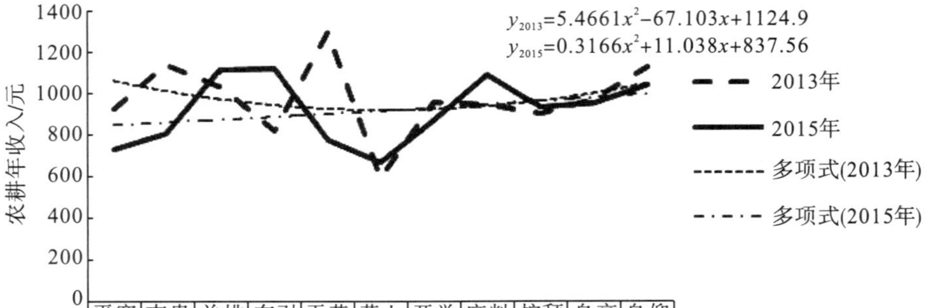

	平寨	南贵	羊排	东引	干荣	营上	开觉	麻料	控拜	乌高	乌仰
2013年	928.37	1137.84	1032.37	818.81	1300.00	592.68	958.00	946.67	900.00	970.00	1126.09
2015年	728.25	807.94	1113.59	1123.14	772.34	667.35	871.43	1091.30	934.78	952.63	1039.13

图 2.2 西江苗寨群落各村寨村民农耕收入情况时空特征图

(3) 村民生计模式时空差异显著，从核心区至边缘区村民生计模式呈现“旅游生计-外出务工-外出务工与农耕混合”的变化趋势(图 2.3)。时间上，核心区村民外出务工生计逐渐弱化，旅游生计得到强化，旅游从业人数增加；过渡区村民外出务工生计和旅游生计意识均得到强化，农耕意识逐年减弱；鉴于旅游经济要素没有渗透到乌高、乌仰等边缘区，村民“以农为本”和外出务工求生；保留有银手工艺品制作工艺的控拜、麻料等边缘村寨村却因旅游商品加工而成为旅游生计“飞地”。

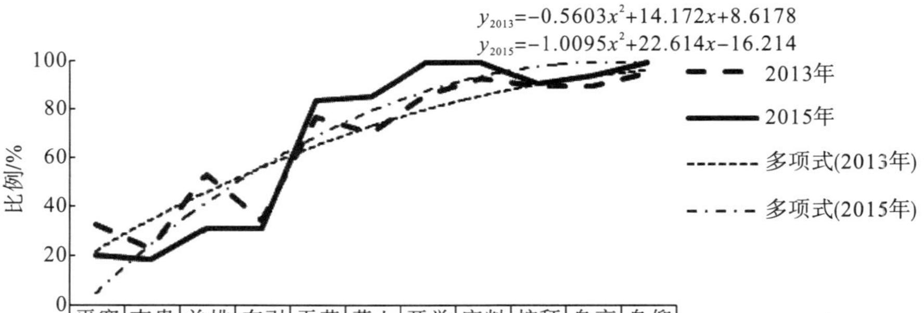

	平寨	南贵	羊排	东引	干荣	营上	开觉	麻料	控拜	乌高	乌仰
2013年	32.87	23.13	53.13	34.40	76.92	70.83	86.36	93.33	90.00	90.00	95.65
2015年	20.34	18.57	31.38	31.15	84.31	86.00	100.00	100.00	91.30	94.74	100.00

图 2.3 西江苗寨群落各村寨村民外出务工情况时空特征图

(4) 旅游创收对家庭收入贡献比重的时空差异较为明显。从核心区至边缘区旅游影响空间衰变，导致村寨村民旅游收入对家庭的贡献率由强至弱。时间上，核心区村民家庭来源于景区管理、房屋租赁、旅游运输、接待服务等的旅游收入占比逐渐上升；过渡区中的开觉、干荣两个村寨近 3 年旅游收入占家庭总收入 10%以上的村民明显增加，而乌高、乌仰村寨村民很少参与旅游活动，旅游要素渗入较慢(图 2.4)。

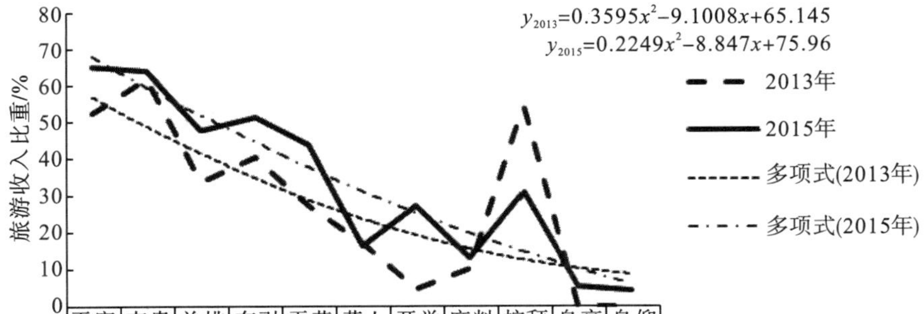

	平寨	南贵	羊排	东引	干荣	营上	开觉	麻料	控拜	乌高	乌仰
2013年	51.85	61.22	33.33	40.00	26.92	16.67	4.55	10.00	53.33	0	0
2015年	64.48	63.57	47.34	50.82	43.14	16.00	27.03	13.04	40.43	5.26	4.35

图 2.4 西江苗寨群落各村寨旅游收入占家庭经济收入情况时空特征图

(5)旅游年均收入、旅游经营类型总体呈现从核心区至边缘区“空间衰减、时间递增”而局地“时空跳跃”的不规则现象(图 2.5)。在时间上，由于旅游经济集聚效应增强，外来人流、资金流、信息流的涌入，南贵、东引以及平寨村民与外来者博弈，旅游经营“飞地化”现象越趋严重；同时旅游效应扩散，旅游服务区逐渐漫溢至营上村、干荣村，这两村旅游收入上升明显；受外来旅游商品冲击的影响，麻料村、控拜村的旅游经营收入呈现年际下降。

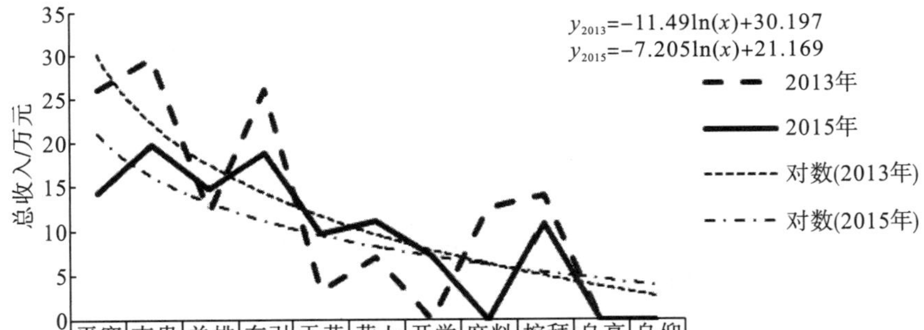

	平寨	南贵	羊排	东引	干荣	营上	开觉	麻料	控拜	乌高	乌仰
2013年	26.21	29.76	12.20	26.20	3.30	7.00	0	12.50	13.96	0	0
2015年	14.23	19.76	14.84	18.91	9.78	11.18	7.17	0	10.89	0	0

图 2.5 西江苗寨群落各村寨旅游年均收入时空特征图

(6)村民经济支出与收入呈正相关，经济支出呈现由核心区向边缘区递减(图 2.6)。核心区、过渡区因接待游客增加和地价、物价上涨村民开支增加。边缘区村民受整体上经济收入以及村民生计模式的影响，其生活消费支出呈现年际略减。时间上，村民生活费开支逐年增加，人情客往开支波动变化，文化教育与休闲娱乐开支下降。

2. 服饰文化因子

民族服饰是民族村寨社会文化的物质表征之一，也是民族村寨特有的物质文化符号。村民服饰穿着习惯、村民民族服饰制作以及对民族服饰态度感知等更能反映服饰文化因子的时空差异。

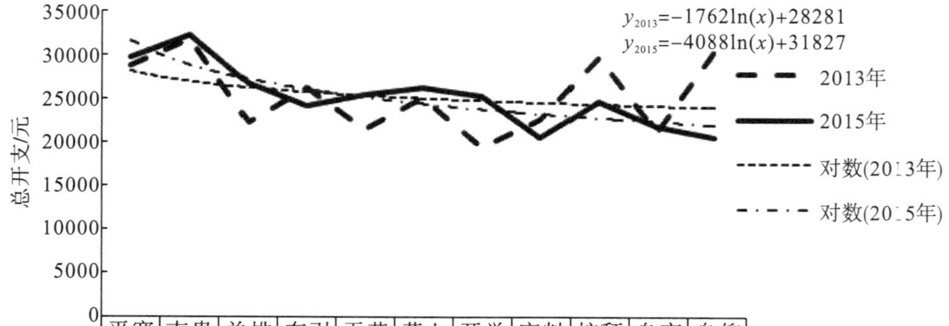

	平寨	南贵	羊排	东引	干荣	营上	开觉	麻料	控拜	乌高	乌仰
2013年	28912.04	32006.80	22369.79	26320.00	21538.46	25208.33	19500.00	22666.67	29833.33	21250.00	30652.17
2015年	29844.83	32392.82	26835.11	24262.29	25588.24	26300.00	25405.41	20652.17	24782.61	21842.11	20652.17

图 2.6 西江苗寨群落各村寨生活总开支情况时空特征图

(1) 民族服饰穿着频次在时间上逐年递增，空间上由边缘区向核心区逐渐递减（图 2.7）。无论哪个村寨，传统节事活动期间，村民多着盛装。因民族服饰被旅游符号化、资本化，以及村民对自身文化的认同感加强，核心区、过渡区村民在日常生活、旅游接待中穿着民族服饰频次提高。

	核心区			过渡区			边缘区		
	平时	节日	招待旅游者	平时	节日	招待旅游者	平时	节日	招待旅游者
2013年	82.35	81.03	11.47	1.04	45.84	0	1.94	96.12	0
2015年	51.89	95.41	54.73	34.78	91.30	16.67	52.27	94.32	2.27

图 2.7 西江苗寨群落各区域民族服装不同时间穿着比例的时空特征图

(2) 时间上，各村寨村民中民族服饰技艺传承人所占比例逐年减少。空间上，从核心区村寨到边缘区的村寨拥有传统服饰技艺传承人比例波动上升，但年际变化大（图 2.8）。

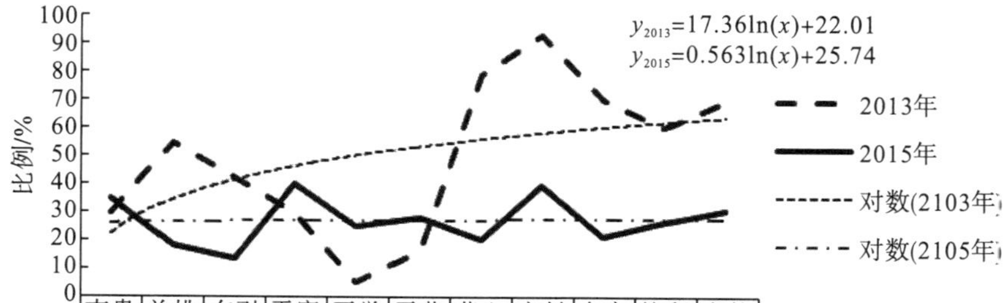

	南贵	羊排	东引	平寨	开觉	干荣	营上	麻料	乌高	控拜	乌仰
2013年	29.25	54.17	41.60	29.17	4.55	15.38	79.17	93.33	70.00	60.00	69.57
2015年	34.29	17.55	13.11	39.66	24.32	27.45	20.00	39.13	21.05	26.09	30.43

图 2.8 西江苗寨群落各村寨拥有民族传统服饰技艺传承人的比例时空特征图

其中，平寨村拥有传统技艺传承人的数量年际增多，皆因旅游业发展的“双向性”(即民族文化涵化和服务型生产、生活方式)使村民放弃传统技艺；而旅游使传统文化价值提升与资产化，反哺于传统技艺的传承。

(3) 民族服饰制作面料选择上，传统面料使用比例呈逐年减少趋势，其使用也呈现由核心区村寨向边缘区村寨“两边较高、中间较低”的趋势(图 2.9)。核心区村寨和边缘区村寨村民采用传统面料制作服饰皆有不同动因，前者是因文化增值、游客的凝视效应和地方性建构，而后者却是传统社会文化结构尚未受旅游活动影响而出现“松动”。而且民族服饰中传统面料制作村民投入的时间成本和经济成本逐年增高，所以其使用比例逐年减少。

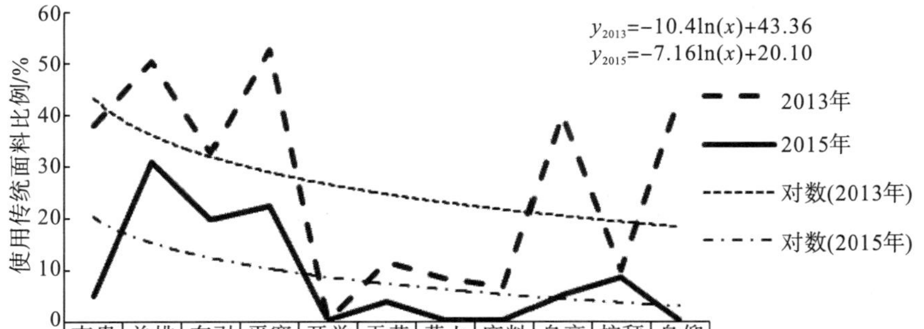

	南贵	羊排	东引	平寨	开觉	干荣	营上	麻料	乌高	控拜	乌仰
2013年	38.10	52.52	32.80	52.78	0	11.54	8.33	6.67	40.00	10.00	43.48
2015年	5.00	30.85	19.67	22.41	0	3.92	0	0	5.26	8.70	0

图 2.9　西江苗寨群落各村寨制作服饰使用传统面料比例的时空特征图

(4) 村民认为本民族服装好看且有特色的比例呈增长趋势。受制于旅游发展的影响，核心区与过渡区村寨村民开始意识到“异质性”的民族服装对游客也有吸引力(图 2.10)。更多村民开始学习传统服饰制作工艺，为自身带来经济效益的同时，也在某种程度上唤起了村民对本民族文化的“觉醒”与“依恋”。

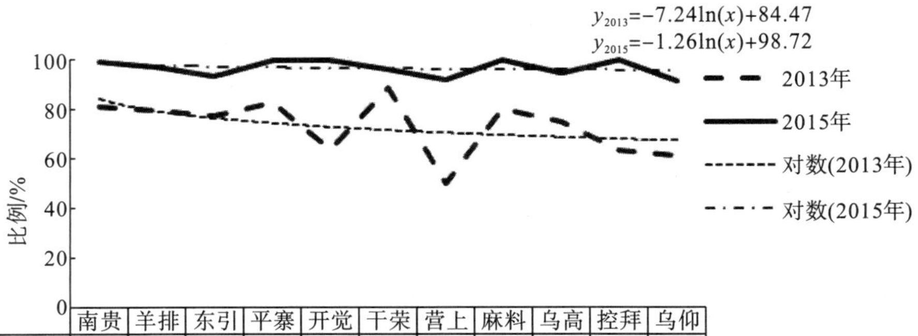

	南贵	羊排	东引	平寨	开觉	干荣	营上	麻料	乌高	控拜	乌仰
2013年	80.95	79.69	77.60	82.87	63.64	88.46	50.00	80.00	75.00	63.33	60.87
2015年	99.29	97.34	93.44	99.66	100.00	96.08	92.00	100.00	94.73	100.00	91.30

图 2.10　西江苗寨群落各村寨认为本民族服装好看有特色的人数比例时空特征图

(5) 民族服饰传统工艺知晓度方面，时间上呈现村民知晓度逐年增加的趋势；空间上呈现从核心区村寨到边缘区村寨知晓度递增趋势；此外，空间上的差异在时间序列上逐渐趋于平衡，时空交错现象明显(图 2.11)。从数据分析看出，核心区南贵村、平寨村，过渡区营上村以及边缘区控拜村、乌高村在 2013 年数据值中占比较高；过渡区开觉村、干荣村，核心区平寨村以及边缘区麻料村在 2015 年数据值中占比较高，空间差异有所变化，但区域整体的差异性较为明显，即过渡区村寨村民民族服饰传统工艺知晓度低于核心区与边缘区村寨村民。

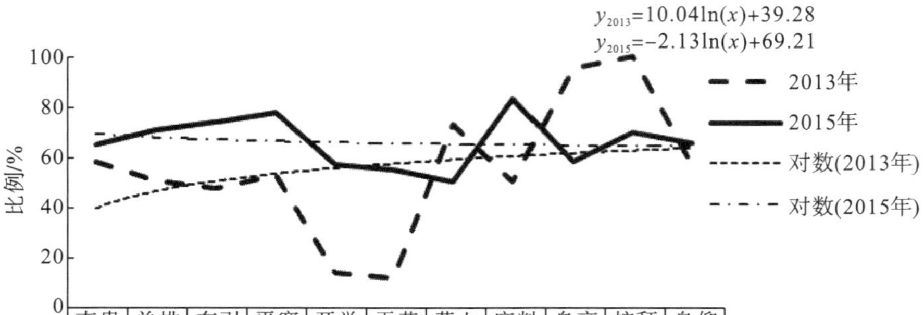

	南贵	羊排	东引	平寨	开觉	干荣	营上	麻料	乌高	控拜	乌仰
2013年	57.82	50.52	47.20	52.78	13.64	11.54	72.92	50.00	95.00	100.00	56.52
2015年	65.00	70.74	73.77	77.59	56.76	54.90	50.00	82.61	57.89	69.56	65.22

图 2.11　西江苗寨群落各村寨了解图案所代表含义的人数比例的时空特征图

3. 民族手工艺文化因子

(1)在民族手工艺类型上，织印染传统手工艺在 11 个村寨的占比均最高，而工具器械制作工艺与传统饮食制作手工艺在村寨中所占比重呈年际增大趋势。随着核心区旅游需求导向的牵引，更多村民开始学习传统手工艺，传统手工艺种类也受旅游活动的影响呈现多元化。但过渡区、边缘区村寨村民对传统手工艺依然偏向于苗族传统类型(图 2.12)。

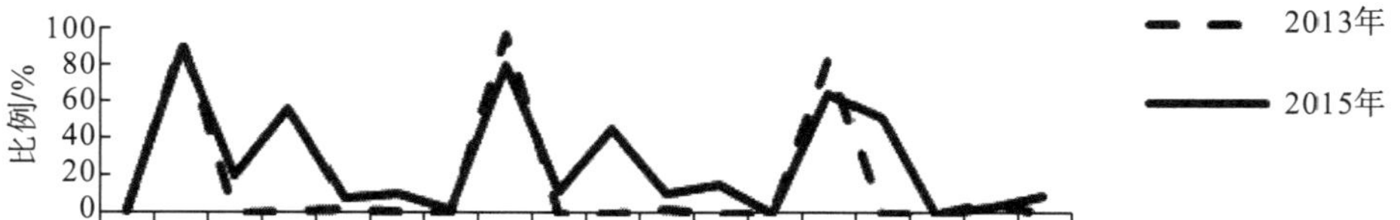

	核心区						过渡区						边缘区					
	雕刻	织印染	工具器械制作	传统饮食制作	金属冶炼加工	传统建筑营造	雕刻	织印染	工具器械制作	传统饮食制作	金属冶炼加工	传统建筑营造	雕刻	织印染	工具器械制作	传统饮食制作	金属冶炼加工	传统建筑营造
2013年	0.36	95.00	0	0.36	1.78	1.25	0	98.20	0	0	1.97	0	0	83.00	0	0	5.68	0
2015年	2.43	90.40	19.90	57.30	8.10	11.00	2.17	81.20	12.30	45.70	10.90	15.20	0	64.80	52.30	0	3.41	9.09

图 2.12　西江苗寨群落各村寨传统手工艺种类的时空特征图

(2)11 个村寨制作传统手工艺村民人数整体上呈上升趋势，其中，边缘区控拜村以及核心区东引、羊排村等村寨传承民族手工艺的村民人数在时间序列上普遍高于过渡区村寨(图 2.13)。

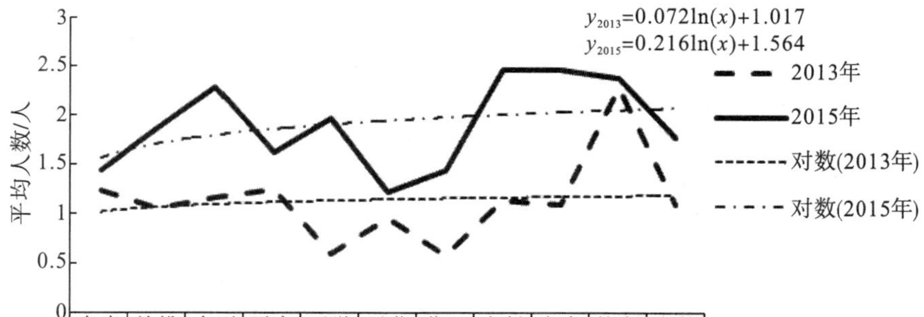

	南贵	羊排	东引	平寨	开觉	干荣	营上	麻料	乌高	控拜	乌仰
2013年	1.24	1.05	1.16	1.25	0.59	0.96	0.58	1.13	1.10	2.30	1.09
2015年	1.44	1.87	2.30	1.63	1.97	1.22	1.44	2.48	2.47	2.39	1.78

图 2.13　西江苗寨群落各村寨会制作传统手工艺的平均人数的时空特征图

(3) 各村寨村民传统手工艺传承方式均以家庭传承方式为主，时空吻合且差异不明显(图 2.14)。

	家庭	培训班	跟师学艺	其他	家庭	培训班	跟师学艺	其他	家庭	培训班	跟师学艺	其他
	核心区				过渡区				边缘区			
2013年	98.74	0	0.90	0.54	94.64	0	1.79	3.58	100.00	0	0	0
2015年	89.59	3.38	7.70	10.54	81.88	0.72	4.35	8.69	95.45	2.27	4.55	4.55

图 2.14　西江苗寨群落各村寨传统手工艺的传承方式的时空特征图

(4) 传统工艺品是一个民族文化的载体和记忆，是活的文化。在边缘区村寨中，传统工艺品多是本村民生产、生活的一部分，原生态保留。而随着旅游开发，核心区村寨的村民明显感知传统工艺伴随游客的审美及生产者对工艺商业价值的追逐而有更多的他者文化附加(图 2.15)。同时，传统工艺品因经济、收藏等功效，增值空间增大的效应也深受核心区村寨村民所喜爱(图 2.16)。

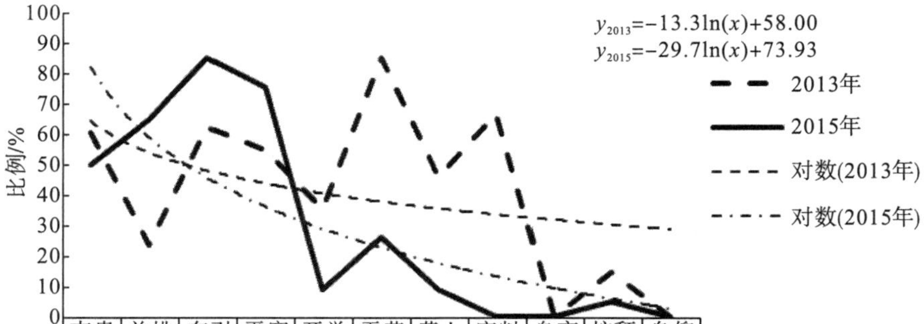

	南贵	羊排	东引	平寨	开觉	干荣	营上	麻料	乌高	控拜	乌仰
2013年	54.42	21.35	56.00	49.54	31.82	76.92	41.67	60.00	0	13.33	0
2015年	45.00	58.51	77.05	67.93	8.11	23.53	8.00	0	0	4.35	0

图 2.15　西江苗寨群落各村寨村民认为本民族工艺因旅游发生变化的人数比例时空特征

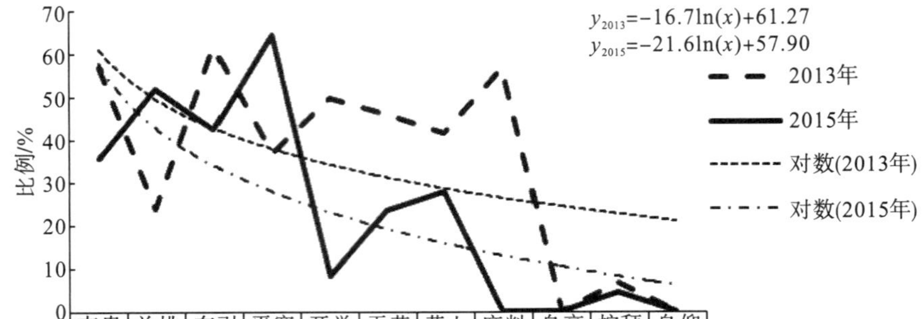

	南贵	羊排	东引	平寨	开觉	干荣	营上	麻料	乌高	控拜	乌仰
2013年	57.14	23.96	61.60	37.04	50.00	46.15	41.67	56.67	0	6.67	0
2015年	35.71	52.12	42.62	64.48	8.11	23.53	28.00	0	0	4.35	0

图 2.16　西江苗寨群落各村寨村民喜欢传统手工艺的人数比例的时空特征图

4. 饮食文化因子

少数民族村寨适生于环境，因地制宜，构建了其文化生态体系中重要组织部分之一的饮食文化。村寨村民饮食文化的细微变化均能较好地反映出其社会文化的转向，成为监测村寨社会文化变化的“温度计”。

(1) 在民族传统饮食喜好度方面，各村寨绝大多数村民认为本民族饮食具有特色，核心区村寨村民喜好度值略低，整体较为平稳；而时序上核心区村寨村民喜好度略有增长，过渡区与边缘区村寨村民喜好度呈小幅下降趋势(图 2.17)。

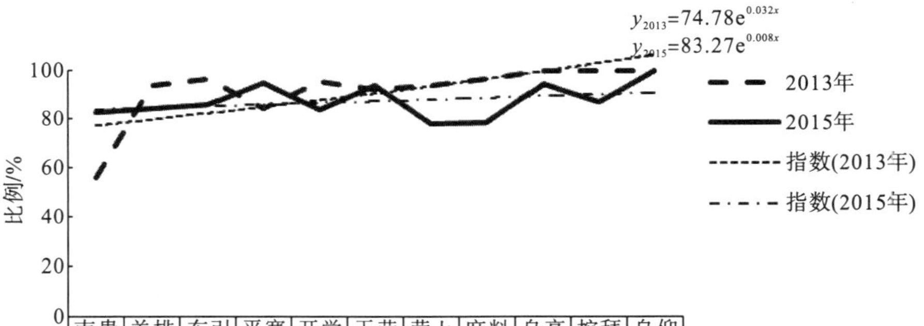

	南贵	羊排	东引	平寨	开觉	干荣	营上	麻料	乌高	控拜	乌仰
2013年	55.78	93.75	96.80	84.26	95.45	92.31	93.75	96.67	100.00	100.00	100.00
2015年	82.86	84.57	86.07	94.83	83.78	94.12	78.00	78.26	94.73	86.96	100.00

图 2.17　西江苗寨群落各村寨认为本民族饮食更具特色的人数比例的时空特征图

(2) 村民对饮食文化受旅游影响感知度方面，空间上呈现核心区向边缘区村寨逐步降低的趋势；时间上，2013～2015 年村寨村民整体感知程度呈小幅下降趋势，波动不大，其中核心区村寨村民感知度较高(图 2.18)。

5. 建筑文化因子

建筑文化作为村寨社会文化的综合载体和符号表征，体现着地域民族的价值观念、社会意识、审美理想、民族性格和民族心理特征。

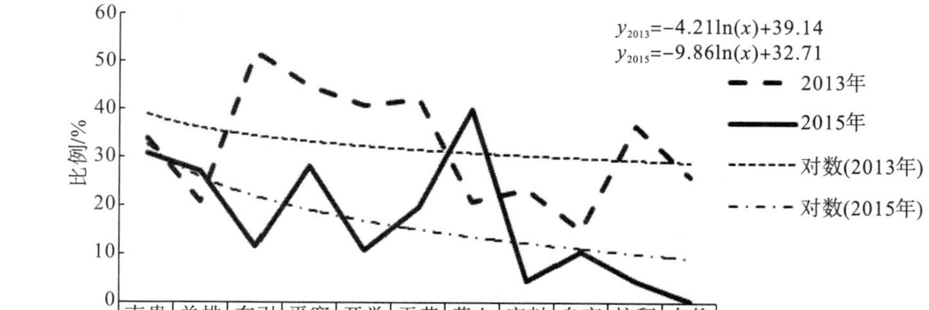

	南贵	羊排	东引	平寨	开觉	干荣	营上	麻料	乌高	控拜	乌仰
2013年	34.01	20.83	52.00	44.91	40.91	42.31	20.83	23.33	15.00	36.67	26.09
2015年	30.71	27.13	11.48	28.28	10.81	19.61	40.00	4.35	10.53	4.35	0

图 2.18　西江苗寨群落各村寨认为饮食习惯因旅游发生变化的人数比例的时空特征图

(1) 村民传统建筑知晓度方面，时间上呈现村民知晓度上升趋势；空间上差异性并不明显，较为均衡(图 2.19)。其中，麻料、干荣等旅游影响较小村寨村民对传统建筑知晓度在时间序列上均较高，而核心区村寨村民知晓度在年际变化上呈略微上升的趋势。建筑景观是直观展现本民族的标志之一，文化旅游的快速发展使得吊脚楼景观成为旅游活动的重要部分，村寨村民对传统建筑知晓度较为均衡。

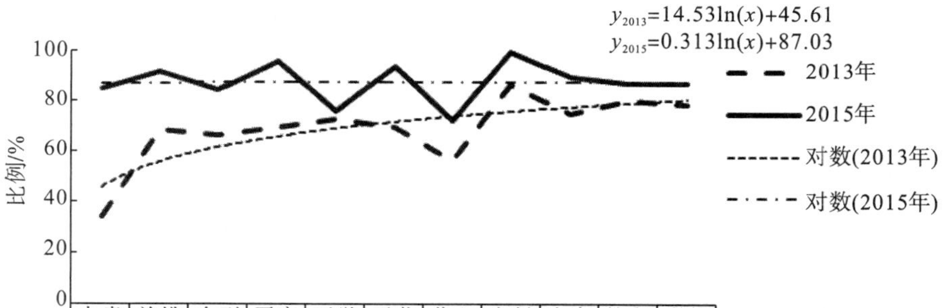

	南贵	羊排	东引	平寨	开觉	干荣	营上	麻料	乌高	控拜	乌仰
2013年	34.01	68.23	66.40	69.44	72.73	69.23	56.25	86.67	75.00	80.00	78.26
2015年	85.00	92.02	84.43	96.21	75.68	94.12	72.00	100.00	89.47	86.96	86.96

图 2.19　西江苗寨群落各村寨了解本民族建筑特色的人数比例的时空特征图

(2) 传统民族建筑体现了本民族的审美理想和价值观念，西江特殊的山地地形催化出民族建筑与地形相契合的文化景观，加之传统建筑实用性强，村寨村民普遍喜欢本民族建筑。此外，核心区村寨村民喜好程度值普遍较高，还源于民族旅游发展的他者利益驱使。南贵村大部分建筑均为西江旅游发展后所新建，而非改造，原有土地居住房屋的功能转向性较弱，缺乏村民依恋建筑的物质前提，在游客需求的驱使下，当地村民对于传统建筑喜好程度普遍低于其他核心区村寨(图 2.20)。

(3) 村民对现代建筑接受度呈现时空交错变化的特征(图 2.21)。2013 年，村民现代建筑接受程度空间上呈现由核心区至边缘区村寨上升趋势，这源于自身经济利益诉求和对现代文明的“迫切追求”，受旅游影响较小的村寨村民更接受现代建筑。2015 年，受旅游刺激驱动、政府推动以及以传统建筑为载体的经营者能取得更好的收益的示范诱导，核心区村寨村民普遍投入传统建筑的现代化改造过程。

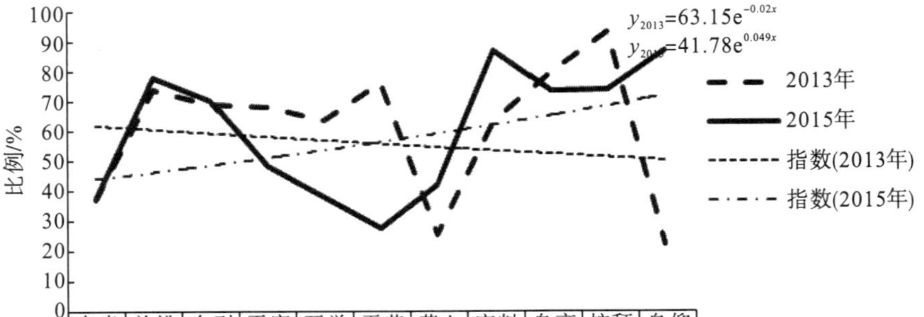

	南贵	羊排	东引	平寨	开觉	干荣	营上	麻料	乌高	控拜	乌仰
2013年	36.73	73.96	68.80	68.06	63.64	76.29	25.00	63.33	80.00	93.33	21.74
2015年	37.14	78.19	70.49	48.28	37.84	27.45	42.00	86.95	73.68	73.91	86.95

图 2.20　西江苗寨群落各村寨喜欢本民族建筑，不喜欢平房大楼人数比例的时空特征图

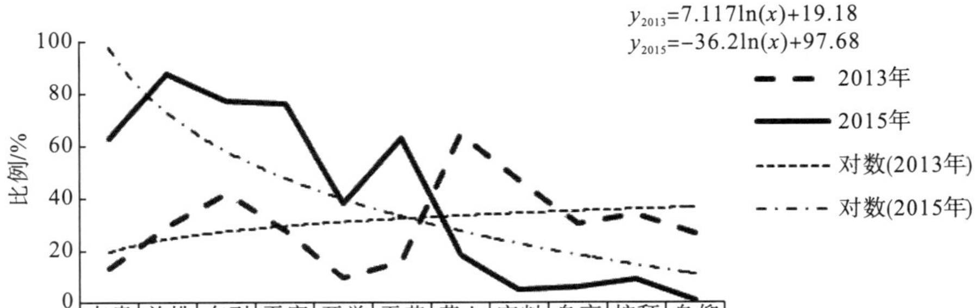

	南贵	羊排	东引	平寨	开觉	干荣	营上	麻料	乌高	控拜	乌仰
2013年	12.93	28.65	41.60	27.31	9.09	15.38	64.58	46.67	30.00	33.33	26.09
2015年	62.86	87.77	77.05	75.86	37.84	62.75	18.00	4.35	5.26	8.69	0

图 2.21　西江苗寨群落各村寨赞同村寨修建现代化建筑的人数比例的时空特征图

2.1.2　精神文化因子时空差异

1. 语言因子

(1) 村民普通话使用情况方面，时间上呈现使用比率上升的趋势；空间上呈现由核心区向边缘区村寨逐渐降低的趋势(图 2.22)。此外，过渡区的营上村、干荣村和边缘区的控拜村占比较高。

(2) 村民日常生活本族语言使用情况方面，时空整体上呈现较为均衡的发展趋势(图 2.23)，本民族语言在家庭成员交流中始终占有很高的比例，表明西江民族语言在旅游影响下尚未发生快速的结构性变化。总之，村民行为范围狭小，开放程度低，语言文化有强大的内聚力，为保持其传统同外来文化相抗衡。外来游客与民族之间存在着一定的语言障阻，非言语语言沟通成为外来游客与民族间进行交流的最重要手段。非言语语言沟通大都通过“示范效应”起作用，“示范效应”又通过“习得行为”的潜移默化将外来信息作用于村民。潜移默化的时间长短、能量大小与示范效应空间大小，决定旅游效应与空间辐射的大小。

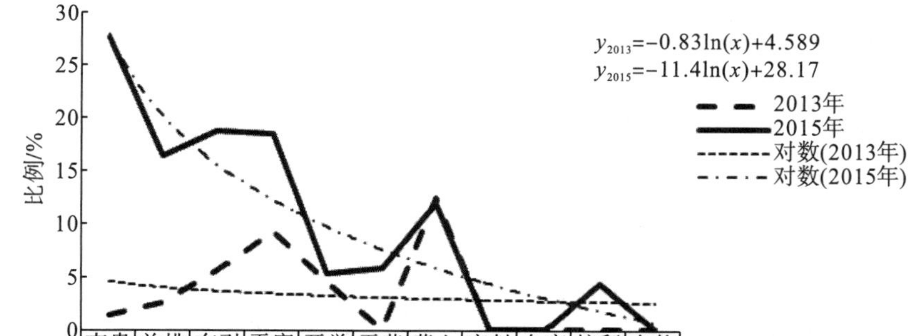

	南贵	羊排	东引	平寨	开觉	干荣	营上	麻料	乌高	控拜	乌仰
2013年	1.36	2.60	5.60	9.26	4.55	0	12.50	0	0	0	0
2015年	27.86	16.49	18.86	18.62	5.41	5.88	12.00	0	0	4.45	0

图 2.22　西江苗寨群落各村寨日常交流采用普通话的人数比例的时空特征图

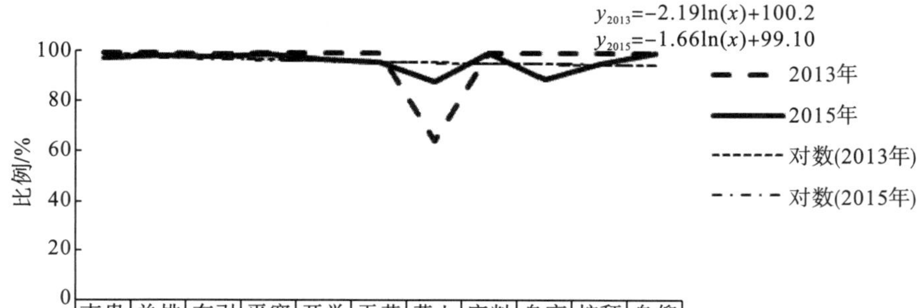

	南贵	羊排	东引	平寨	开觉	干荣	营上	麻料	乌高	控拜	乌仰
2013年	100.00	100.00	99.20	100.00	100.00	100.00	64.58	100.00	100.00	100.00	100.00
2015年	97.86	98.93	98.36	99.31	97.29	96.10	88.00	100.00	89.47	95.65	100.00

图 2.23　西江苗寨群落各村寨家庭交流采用本民族语言的人数比例的时空特征图

2. 歌舞文化因子

(1)村民擅长民族歌舞方面，时间上，呈现整体上升的趋势；空间上，核心区与过渡区村寨擅长歌舞村民占比年际变化不大，而边缘区村寨村民占比呈上升趋势并逐步趋同于核心区、过渡区村寨(图 2.24)。边缘区村寨村民生活方式较为单一，且业余空闲时大多数村民选择外出打工，其往往选择传统方式打发业余生活。受旅游演艺需求催使，旅游活动频繁的核心区村寨村民逐渐开始学习民族歌舞，推动了传统歌舞在村寨中的传承。

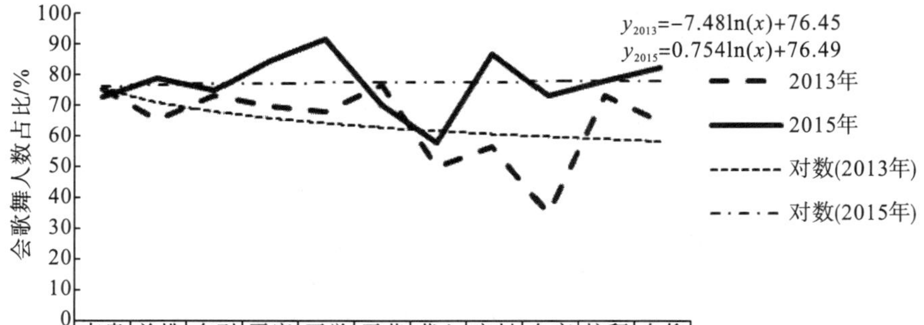

	南贵	羊排	东引	平寨	开觉	干荣	营上	麻料	乌高	控拜	乌仰
2013年	75.51	65.63	73.60	69.91	68.18	76.92	50.00	56.67	35.00	73.33	65.22
2015年	72.86	79.26	75.41	85.17	91.89	75.59	58.00	86.96	73.68	78.26	82.61

图 2.24　西江苗寨群落各村寨会歌舞人数的时空特征图

(2)传承苗歌态度方面，时间上，村民对本民族歌谣认同率上升；空间上，各村寨村民的认同态度有异(图 2.25)。“会走路就会跳舞，会说话就会唱歌”一直都是村民的生活习性，自意识中就有其存在的空间，只是核心区的村民因在旅游歌舞开发中获利，对其的认同感更有利益驱动因子影响。

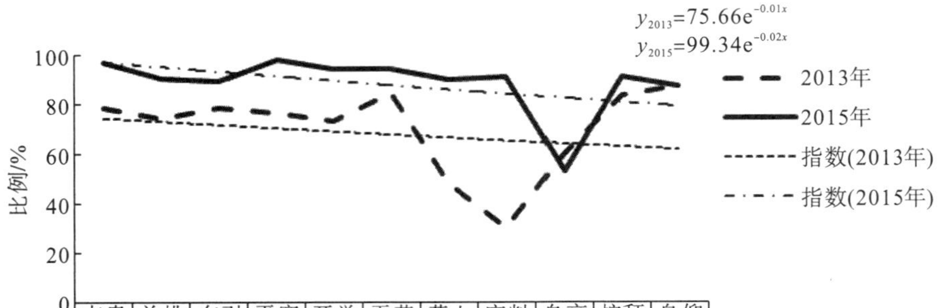

	南贵	羊排	东引	平寨	开觉	干荣	营上	麻料	乌高	控拜	乌仰
2013年	78.23	73.96	78.40	76.39	72.73	84.62	47.92	30.00	60.00	83.33	86.96
2015年	97.14	90.43	89.34	97.93	94.59	94.12	90.00	91.30	52.63	91.30	86.96

图 2.25 西江苗寨群落各村寨认为本民族歌曲有存在必要的人数比例的时空特征图

3. 节事文化因子

(1)村寨传统节事活动数量方面，核心区与边缘区时空差异不明显，边缘区部分村寨呈现时间序列上的波动变化(图 2.26)。其中，麻料村和控拜村节事活动的数量在 2013 年处于高值，而在 2015 年趋于平均值，但村寨传统节事活动数整体波动范围并不明显。

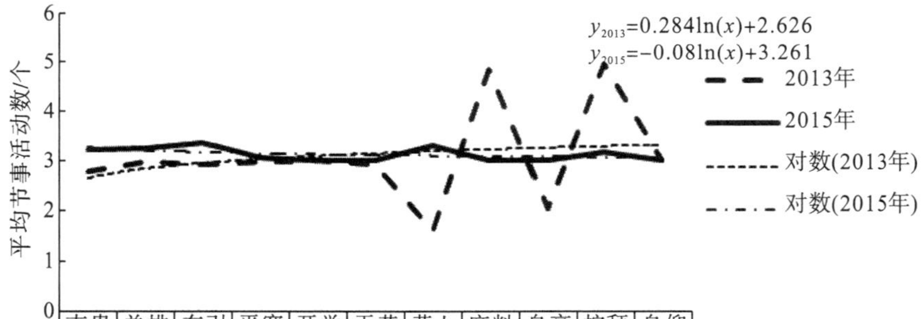

	南贵	羊排	东引	平寨	开觉	干荣	营上	麻料	乌高	控拜	乌仰
2013年	2.78	2.97	2.90	2.95	3.00	2.92	1.58	4.83	2.00	4.93	3.00
2015年	3.20	3.25	3.35	3.04	3.00	3.00	3.30	3.00	3.00	3.17	3.00

图 2.26 西江苗寨群落各村寨平均节事活动总数的时空特征图

(2)村民节事活动参与度方面，空间上呈现村民参与度自核心区向过渡区递减趋势；时间维度上变化趋势不明显，边缘区村寨村民节事活动参与度存在小幅变化(图 2.27)。核心区村寨以及过渡区开觉村村民节事活动参与度在年际变化上呈现小幅上升趋势，旅游影响所带来的村民文化“自醒”现象在节事活动上也得以体现。

(3)节事活动的旅游利益性态度方面，空间上，村寨村民赞同节事活动的旅游利益性；年际变化上，村民的赞同率整体上略有下降(图 2.28)。

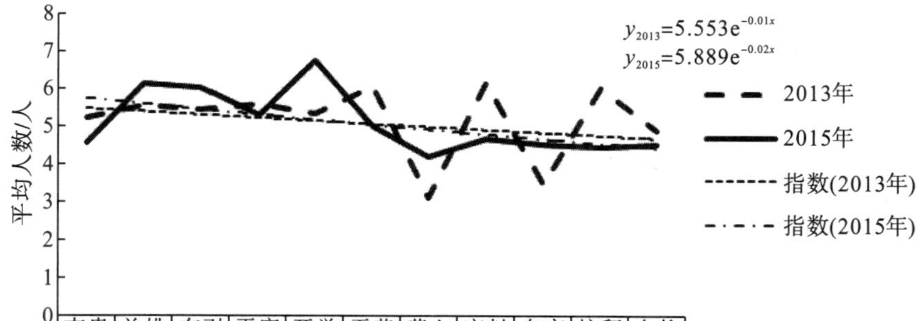

	南贵	羊排	东引	平寨	开觉	干荣	营上	麻料	乌高	控拜	乌仰
2013年	5.23	5.56	5.44	5.57	5.32	6.06	3.10	6.17	3.45	6.02	4.89
2015年	4.54	6.12	6.01	5.30	6.74	4.98	4.17	4.67	4.53	4.46	4.52

图 2.27　西江苗寨群落各村寨节庆活动家庭参与平均人数的时空特征图

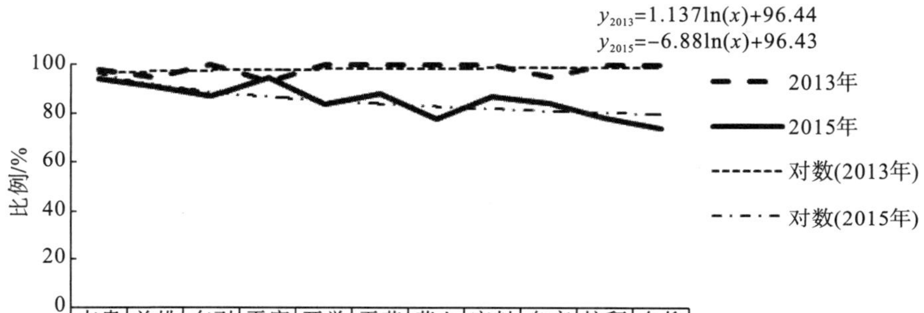

	南贵	羊排	东引	平寨	开觉	干荣	营上	麻料	乌高	控拜	乌仰
2013年	97.96	94.79	100.00	93.06	100.00	100.00	100.00	100.00	95.00	100.00	100.00
2015年	94.29	90.96	86.89	94.83	83.78	88.24	78.00	86.96	84.21	78.26	73.91

图 2.28　西江苗寨群落各村寨认为节日既能庆祝又能吸引游客的人数比例的时空特征图

(4) 节事隆重度感知方面，除了核心区村寨以及过渡区开觉村外，其余村寨村民在时间上呈现感知下降的趋势(图 2.29)。核心区村寨节事活动的“舞台效应”愈发明显，行政手段组织周边村民节事活动参与频次逐渐增加，而基于各村寨生产形态的节事活动更趋于平淡。

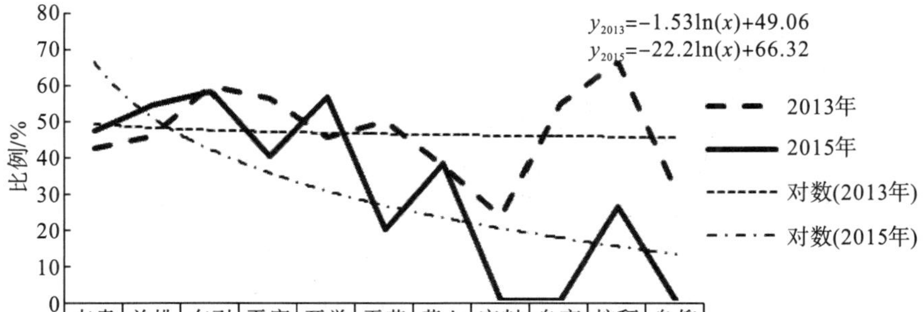

	南贵	羊排	东引	平寨	开觉	干荣	营上	麻料	乌高	控拜	乌仰
2013年	42.18	45.83	60.00	56.48	45.45	50.00	37.50	23.33	55.00	66.67	30.43
2015年	47.14	54.26	58.20	40.00	56.76	19.61	38.00	0	0	26.09	0

图 2.29　西江苗寨群落各村寨认为现在民族节日比以前隆重的人数比例的时空特征

4. 风俗文化因子

随着传统村寨空间生产方式的转变，风俗文化虽具有复杂性和稳定性，但异质性文化因子的渗入和潜移默化影响，使村寨处于封闭状态中的风俗文化逐渐发生“异化”而具有不可恢复性。

(1)“抢亲”习俗保留方面，空间上，整体差异不显著，核心区村寨“抢亲”习俗保留程度高于其他村寨；时间上，“抢亲”习俗保留呈现逐渐下降的趋势(图 2.30)。“抢亲”实际是对母系氏族社会中的姑舅表优婚制度的反抗和变通。核心区村寨更多的是将“抢亲”作为婚礼中的一种娱乐方式而保留。旅游发展推动了现代婚礼文化的快速介入，使得西江各村寨内“抢亲”习俗整体上保留程度较低，时间序列上呈现习俗逐渐消退的趋势。

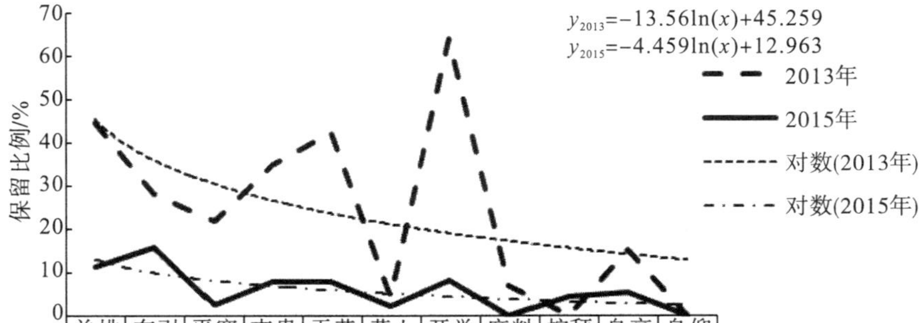

	羊排	东引	平寨	南贵	干荣	营上	开觉	麻料	控拜	乌高	乌仰
2013年	44.27	28.00	21.76	34.69	42.31	4.17	63.64	6.67	0	15.00	0
2015年	11.17	15.57	2.41	7.86	7.83	2.00	8.11	0	4.34	5.26	0

图 2.30 西江苗寨群落各村寨婚俗中“抢亲”习俗保留情况时空特征图

(2)各村寨“哭嫁”习俗保留程度相对较好。苗民聚居区，姑娘出嫁前多以唱歌来抒发对父母、兄弟的感恩之情；姑娘出嫁前都要哭嫁，少则三夜，多则半月。随着旅游影响和现代文明的介入，西江村寨村民“哭嫁”习俗整体上保留得相对较好，但村民保留程度呈下降趋势(图 2.31)。

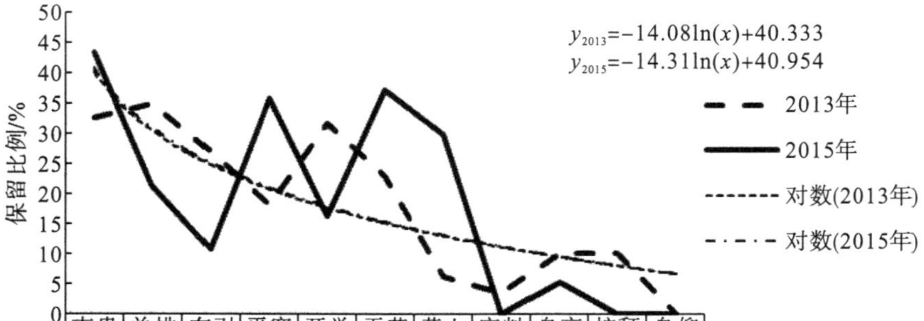

	南贵	羊排	东引	平寨	开觉	干荣	营上	麻料	乌高	控拜	乌仰
2013年	32.65	34.90	27.20	18.06	31.82	23.08	6.25	3.33	10.00	10.00	0
2015年	43.57	21.28	10.66	35.83	16.22	37.25	30.00	0	5.26	0	0

图 2.31 西江苗寨群落各村寨婚俗中“哭嫁”习俗保留情况时空特征图

(3)“偷婚”习俗保留方面，空间上，以东引、羊排为代表的核心区村寨保留程度相对较高；时间上，“偷婚”习俗整体上呈逐渐消退的趋势(图 2.32)。苗族聚居区的“偷婚”是指男方在晚上悄悄地把女方娶回家，在过往历史中，这种婚嫁方式程序简便、花钱少，在家庭贫困的农户中普遍流行。随着社会文化的开化以及家庭养育子女数量的逐渐减少，更多的苗族村民选择“明媒正娶”的婚嫁方式，“偷婚”的习俗整体保留程度较低，婚嫁的形式发生根本性变化。

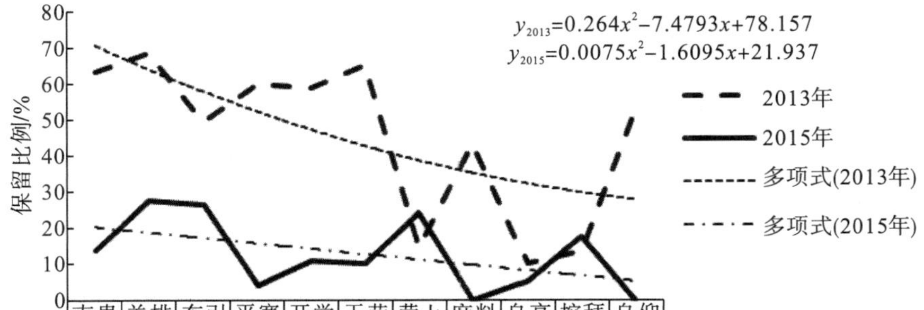

	南贵	羊排	东引	平寨	开觉	干荣	营上	麻料	乌高	控拜	乌仰
2013年	63.27	68.75	49.60	60.19	59.09	65.38	14.58	43.33	10.00	13.33	52.17
2015年	13.57	27.70	26.23	4.14	10.81	9.80	24.00	0	5.26	17.39	0

图 2.32　西江苗寨群落各村寨婚俗中“偷婚”习俗保留情况时空特征图

(4)“新娘饭”(送糯米粑粑)习俗保留方面，时间上，该风俗特征呈现逐渐强化的趋势；空间上，呈现过渡区村寨稍低，核心区和边缘区村寨略高，但整体较为均衡的特征(图 2.33)。苗族村民喜食糯食，在婚礼中男方都会送糯米饭以供路人和宾客食用，随着社会发展，在婚俗文化中，送糯米粑粑的习俗整体上依旧保持较好。

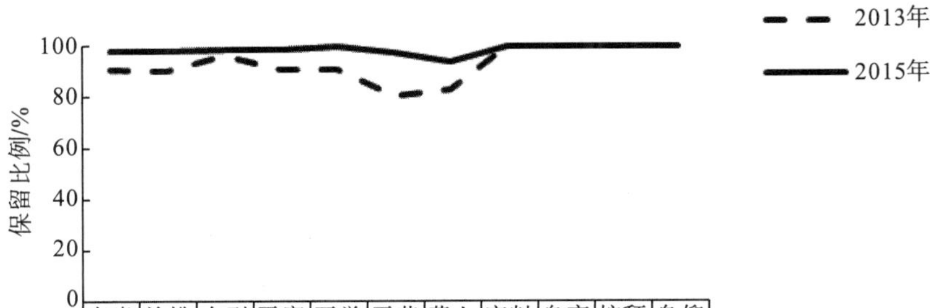

	南贵	羊排	东引	平寨	开觉	干荣	营上	麻料	乌高	控拜	乌仰
2013年	91.16	90.63	96.80	91.20	90.91	80.77	83.33	100.00	100.00	100.00	100.00
2015年	98.57	98.40	99.18	98.97	100.00	98.04	94.00	100.00	100.00	100.00	100.00

图 2.33　西江苗寨群落各村寨婚俗中送糯米粑粑习俗保留情况时空特征图

(5)“涂锅灰”习俗保留方面，时间上整体呈现习俗得以强化的趋势；空间上，各村寨之间差异不大，开觉、干荣和营上村村民“涂锅灰”的习俗仍大体保留(图 2.34)。在西江婚俗文化中，往新郎和男宾客脸上“涂锅灰”习俗的整体性保存程度较好，只是随着社会发展，出于美观、干净的考虑，以前使用的锅灰已经逐渐被红色的颜料所替代，但习俗形式尚未发生变化。

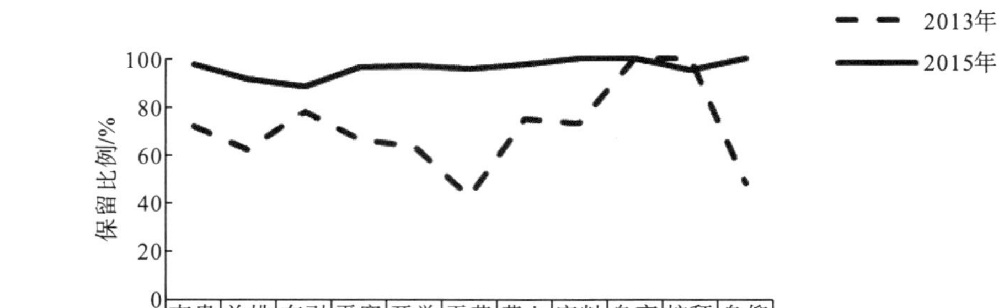

	南贵	羊排	东引	平寨	开觉	干荣	营上	麻料	乌高	控拜	乌仰
2013年	72.11	61.98	78.40	66.67	63.64	42.31	75.00	73.33	100.00	100.00	47.83
2015年	97.86	91.49	88.52	96.55	97.29	96.08	98.00	100.00	100.00	95.65	100.00

图 2.34 西江苗寨群落各村寨婚俗中往新郎脸上“涂锅灰”习俗保留情况时空特征图

(6)捉鱼习俗保留方面，时间上呈现该风俗逐渐强化的趋势；空间上呈现由核心区到边缘区村寨习俗保留程度逐渐上升的趋势(图 2.35)。该习俗除营上村有所弱化外，其他村寨村民整体保留情况较好。

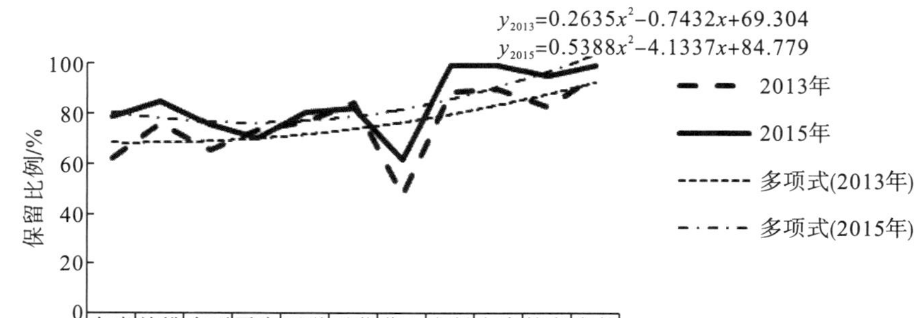

	南贵	羊排	东引	平寨	开觉	干荣	营上	麻料	乌高	控拜	乌仰
2013年	62.59	76.57	65.60	74.07	77.27	84.62	47.92	89.00	90.00	83.33	95.65
2015年	79.29	85.11	76.23	70.69	81.08	82.35	62.00	100.00	100.00	95.65	100.00

图 2.35 西江苗寨群落各村寨捉鱼的习俗保留情况时空特征图

(7)绣鞋习俗保留方面，空间上呈现边缘区村寨普遍多于核心区、过渡区村寨的特征；时间上差异不显著，习俗略呈消退的趋势(图 2.36)。为新娘绣鞋的习俗是为了给新婚的夫妻送上美好的祝愿，此外，在传统社会中，物质极为匮乏，新娘绣鞋也是重要的陪嫁

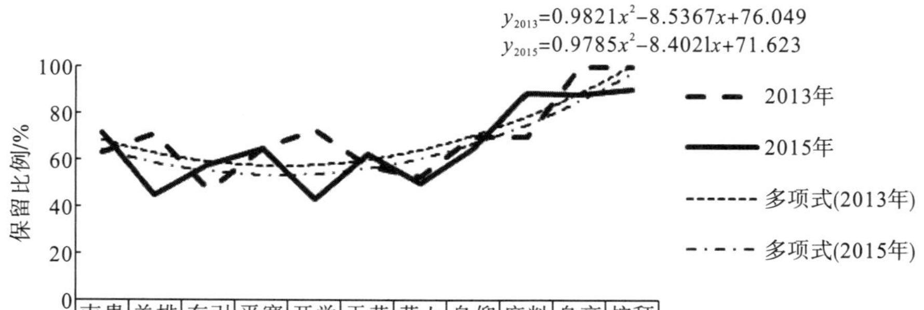

	南贵	羊排	东引	平寨	开觉	干荣	营上	乌仰	麻料	乌高	控拜
2013年	63.27	71.35	47.20	64.81	72.73	57.69	53.00	70.00	70.00	100.00	100.00
2015年	71.43	42.21	58.20	64.83	43.24	62.75	50.00	65.00	89.00	88.00	90.78

图 2.36 西江苗寨群落各村寨绣鞋习俗保留情况时空特征图

物品。近年来，由于村寨村民思想意识逐渐受外来文化影响，加之传统技艺的消退，更多的村民选择到市场购买新娘鞋等婚庆物资。

(8)提亲习俗保留方面，时空差异并不明显，习俗保留较好(图 2.37)。婚俗文化中，男方到女方家提亲的习俗是明媒正娶嫁娶方式中的必备流程，女方家间接或直接“要求”男方家德高望重的老人作为媒人到女方家正式提亲，在这一过程中，双方把定亲、讲“彩礼钱”、嫁娶日子、婚宴规模等事宜谈妥。西江苗寨村民到女方家提亲的习俗保留整体较好，并与现代婚礼形式相融合。

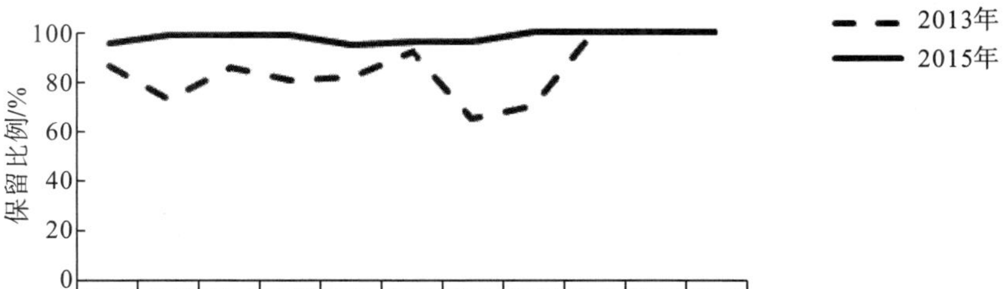

	南贵	羊排	东引	平寨	开觉	干荣	营上	麻料	乌高	控拜	乌仰
2013年	86.39	72.40	85.60	80.56	81.82	92.31	64.58	70.00	100.00	100.00	100.00
2015年	95.00	98.40	98.36	98.97	94.59	96.07	96.00	100.00	100.00	100.00	100.00

图 2.37　西江苗寨群落各村寨婚俗中男方向女方家提亲习俗保留情况时空特征图

(9)“新娘进门后挑水”的习俗方面，空间上整体差异不明显；时间上，该习俗呈快速弱化的趋势(图 2.38)。“新娘进门后挑水”的习俗是新娘到夫家第三天，由小姑领着到井边挑第一桶水。旅游影响加快了村寨社会文化的变化，在传统生计模式逐渐转变的情况下，婚嫁不再过多地要求女方应有农耕家务的能力，因此，这一风俗消退程度较强。

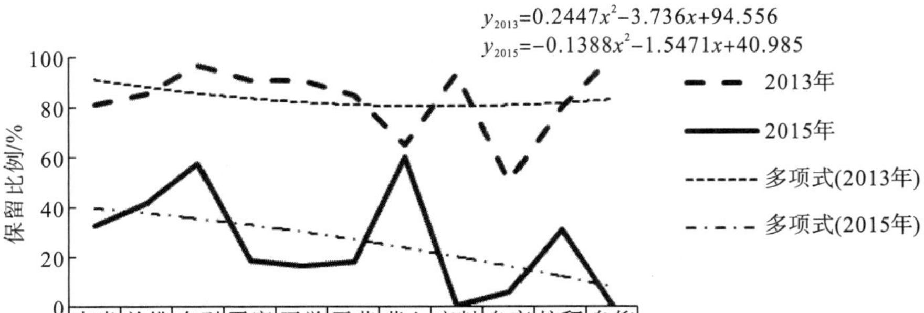

	南贵	羊排	东引	平寨	开觉	干荣	营上	麻料	乌高	控拜	乌仰
2013年	80.95	85.42	96.80	90.74	90.91	84.62	64.58	93.33	50.00	80.00	100.00
2015年	32.14	41.49	57.38	17.93	16.22	17.65	60.00	0	5.26	30.43	0

图 2.38　西江苗寨群落各村寨婚俗中新娘进门后挑水的习俗保留情况时空特征图

(10)“垫尸帛”习俗保留方面，各村寨村民保留程度时空差异不大，保留较好(图 2.39)。西江苗寨丧葬习俗中，但凡家中有年事已高老人，老人本人或家人都会为其准备寿衣，入殓时，儿子、女婿各送一幅“垫尸帛”，从调查数据可以看出，西江这一丧葬习俗在各村寨中保留得较完整。

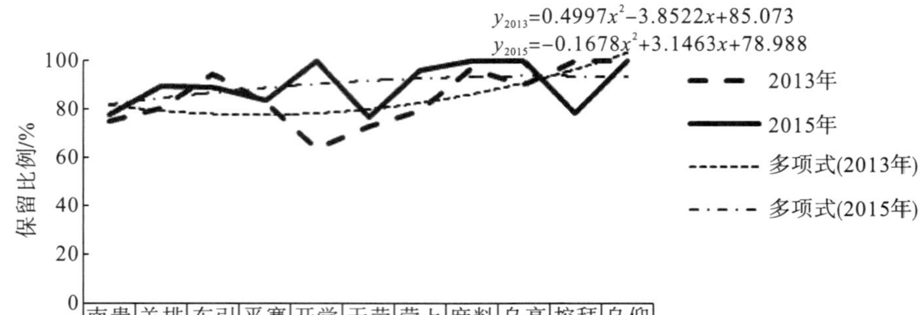

	南贵	羊排	东引	平寨	开觉	干荣	营上	麻料	乌高	控拜	乌仰
2013年	74.83	80.21	94.40	82.41	63.64	73.08	79.17	96.67	90.00	100.00	100.00
2015年	77.86	89.89	89.34	83.79	100.00	76.47	96.00	100.00	100.00	78.26	100.00

图 2.39 西江苗寨群落各村寨丧葬习俗中“垫尸帛”习俗保留情况时空特征图

(11)丧歌习俗保留方面，除部分村寨外，空间上各村寨村民保留差异较小，均有较高程度的保留；时间上该风俗呈现略为强化的趋势(图 2.40)。

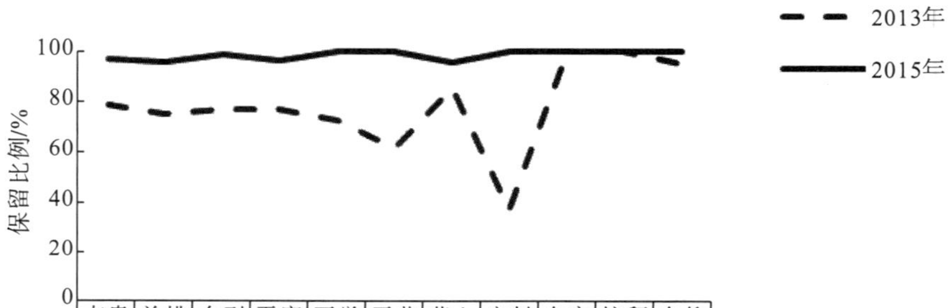

	南贵	羊排	东引	平寨	开觉	干荣	营上	麻料	乌高	控拜	乌仰
2013年	78.91	75.00	76.80	76.85	72.73	61.54	85.42	36.67	100.00	100.00	95.65
2015年	97.14	95.74	99.18	96.89	100.00	100.00	96.00	100.00	100.00	100.00	100.00

图 2.40 西江苗寨群落各村寨唱丧歌习俗保留情况时空特征图

(12)守孝习俗保留方面，时空差异不明显，核心区至边缘区村寨村民守孝习俗保存较好，较为均衡(图 2.41)，虽然部分村民守孝时间、守孝方式逐渐发生变化，但是传统守孝的风俗保留程度仍然较高。

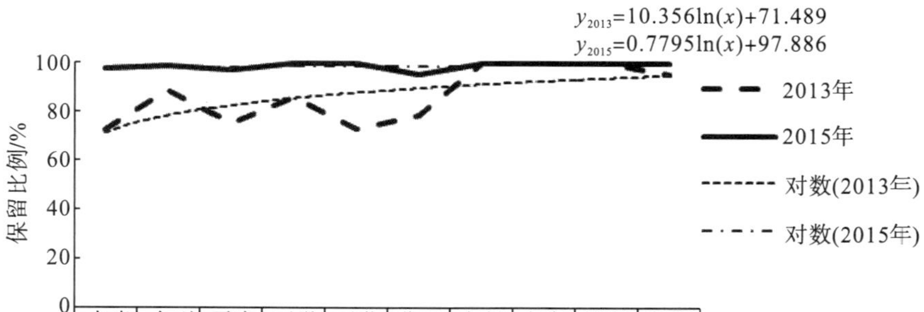

	南贵	东引	平寨	开觉	干荣	营上	麻料	乌高	控拜	乌仰
2013年	72.79	88.80	75.46	86.36	73.08	79.17	100.00	100.00	100.00	95.65
2015年	97.86	99.18	97.59	100.00	100.00	96.00	100.00	100.00	100.00	100.00

图 2.41 西江苗寨群落各村寨守孝习俗保留情况时空特征图

(13)“送背带、打外婆花脸”等传统生育风俗保留方面，时间上，村寨村民整体上未呈现出较大变化趋势；空间上，呈现核心区、边缘区村寨村民比过渡区村寨村民保留程度更高的特征。西江苗寨村民传统的生育习俗主要包括外婆为新生儿准备帽子与背带、“打外婆花脸”、送红鸡蛋与糯米饭等，多数村民会选择在市场上购买成品或半成品，完全自家制作占比逐渐减少。

(14)关于“传统风俗是否发生改变”感知方面，核心区与过渡区村寨村民感知度较为强烈，边缘区村寨村民感知不明显；整体呈现由核心区到边缘区村寨村民感知度下降的趋势(图 2.42)。核心区村寨受外来物质流、信息流和人流影响更大，其对民族风俗文化的冲击强度较大，其中，羊排村、东引村、平寨村村民传统风俗变化呈加剧的趋势，而过渡区、边缘区村寨旅游影响较小，村民“传统民族风俗变化”感知年际变化趋势较弱。

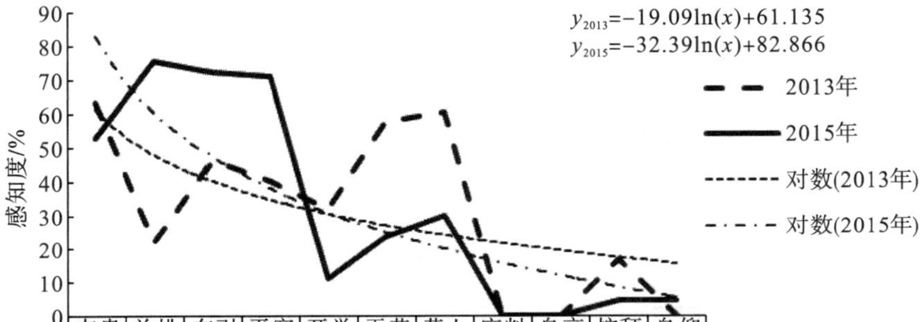

	南贵	羊排	东引	平寨	开觉	干荣	营上	麻料	乌高	控拜	乌仰
2013年	63.27	21.88	46.40	40.28	31.82	57.69	60.42	0	0	16.67	0
2015年	52.86	75.53	72.13	71.03	10.81	23.53	30.00	0	0	4.35	4.35

图 2.42　西江苗寨群落各村寨关于“本民族传统风俗发生改变”感知情况时空特征图

(15)“传统民族风俗改变受旅游影响”感知方面，空间上呈现由核心区村寨到边缘区村寨逐渐下降的趋势；时间上，村民对其感知度整体呈现上升趋势(图 2.43)。

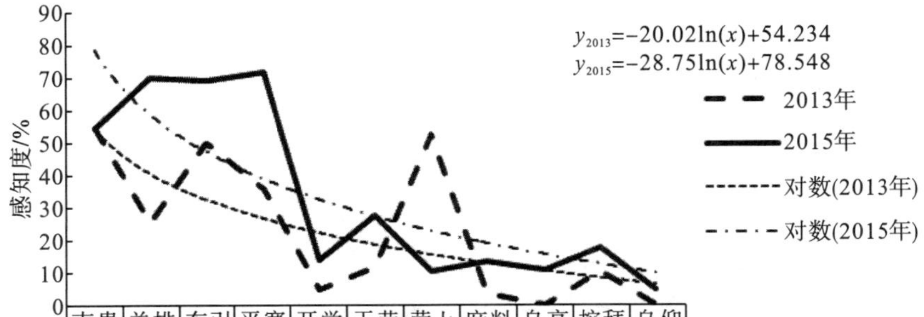

	南贵	羊排	东引	平寨	开觉	干荣	营上	麻料	乌高	控拜	乌仰
2013年	54.42	25.00	49.60	35.65	4.55	11.54	52.08	3.33	0	10.00	0
2015年	54.29	69.68	68.85	71.72	13.51	27.45	10.00	13.04	10.52	17.39	4.34

图 2.43　西江苗寨群落各村寨关于“传统民族风俗改变受旅游影响”感知情况时空特征图

2.1.3　制度文化因子时空差异

1. 村寨权利因子

(1)村寨权利诉求方面，空间上，核心区村民诉求意愿明显高于过渡区和边缘区村寨；时间上，在过渡区和边缘区各个村寨村民意愿呈明显上升趋势(图 2.44)。由于受传统的民族文化习俗影响，西江苗寨村民在出现纠纷或发生矛盾时更多会选择向寨老求助等方式。随着核心区旅游开发的影响，外来文化快速侵入，尤其是经济利益的分配不均等问题的出现使得核心区村寨村民权利诉求意愿明显高于过渡区和边缘区村寨。同时，在面对快速急剧转变的社会环境时过渡区和边缘区村寨村民传统意识开始转变，越来越多的村民愿意通过求助寨老或村支书的方式解决相关问题，权利诉求意愿明显提升。

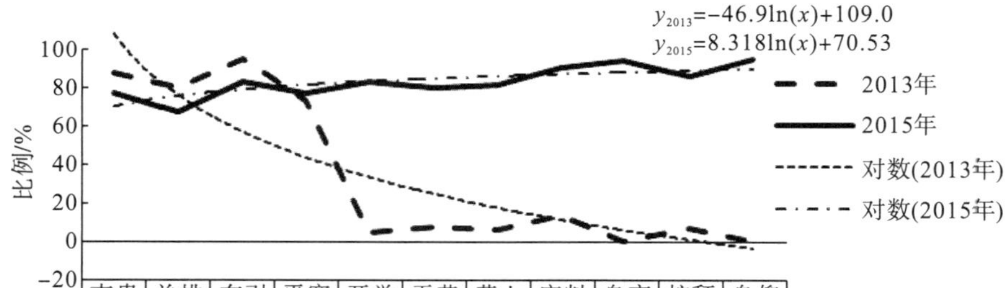

	南贵	羊排	东引	平寨	开觉	干荣	营上	麻料	乌高	控拜	乌仰
2013年	88.44	80.73	96.00	74.07	4.55	7.69	6.25	13.33	0	6.67	0
2015年	77.86	67.55	83.61	77.59	83.78	80.39	82.00	91.30	94.73	86.96	95.65

图 2.44　西江苗寨群落各村寨愿意求助寨老或村支书的人数比例的时空特征图

(2)“活路头指挥农业生产”制度沿袭方面，时间上，除麻料村、乌高村等村寨波动较大(上升明显)外，其他村寨村民沿袭程度和对这一制度的认同度较高，且时间序列上呈上升趋势；空间上，从 2015 年数据看出，核心区羊排村、东引村以及过渡区开觉村、边缘区麻料村、乌高村村民沿袭传统农业生产制度的程度较高，而上述村寨旅游影响相较于平寨村、南贵村而言较小，传统生产方式保留与沿袭程度更强(图 2.45)。

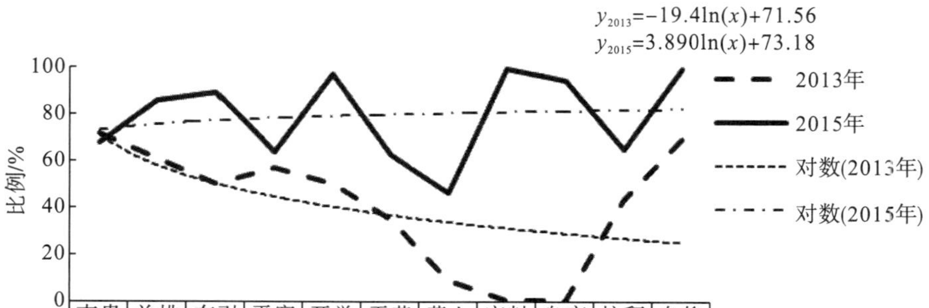

	南贵	羊排	东引	平寨	开觉	干荣	营上	麻料	乌高	控拜	乌仰
2013年	72.11	60.94	50.40	56.94	50.00	34.62	8.33	0	0	43.33	69.57
2015年	67.86	86.17	89.34	63.79	97.29	62.74	46.00	100.00	94.74	65.21	100.00

图 2.45　西江苗寨群落各村寨认为本民族农业生产由活路头指挥的人数比例的时空特征图

(3) 关于“村寨传统管理制度弱化是受旅游影响”命题态度方面，空间上，村民对该命题的认同度呈现由核心区向过渡区村寨递减的趋势；时间上，核心区、过渡区村民对于“旅游开发使村寨传统管理制度弱化”的认同度呈现明显上升趋势(图 2.46)。

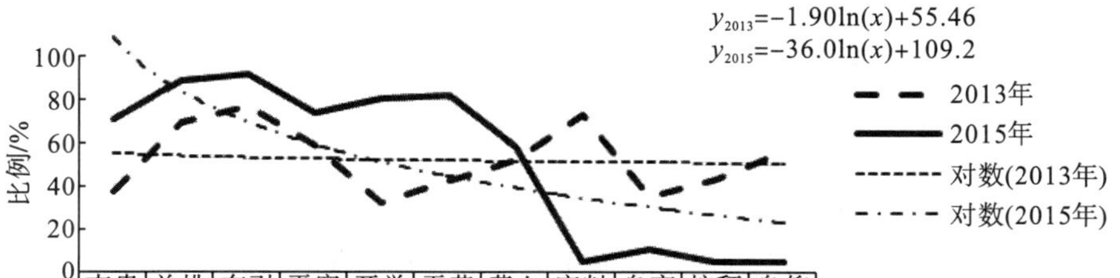

	南贵	羊排	东引	平寨	开觉	干荣	营上	麻料	乌高	控拜	乌仰
2013年	37.41	69.27	76.80	58.80	31.82	42.31	52.08	73.33	35.00	43.33	56.52
2015年	71.43	88.83	91.80	74.14	81.08	82.35	58.00	4.35	10.53	4.34	4.34

图 2.46　西江苗寨群落各村寨认为旅游开发使村寨传统管理制度弱化的人数比例时空特征图

(4) 对“保持传统村寨管理制度”的态度方面，核心区和过渡区村寨村民对“村寨管理制度应像以前一样继续保持”持支持态度的比例呈下降的趋势，而边缘区村寨村民赞同保持村寨管理制度的人数较多并且呈上升趋势(图 2.47)。

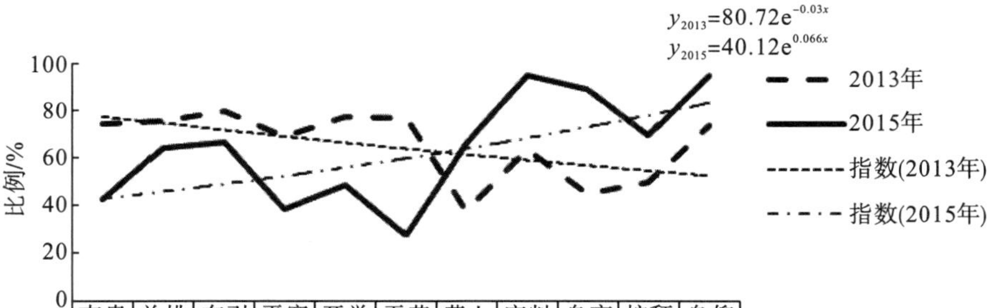

	南贵	羊排	东引	平寨	开觉	干荣	营上	麻料	乌高	控拜	乌仰
2013年	74.15	75.52	80.00	68.98	77.27	76.92	37.50	63.33	45.00	50.00	73.91
2015年	42.86	64.36	66.39	38.62	48.65	27.45	66.00	95.65	89.47	69.57	95.65

图 2.47　西江苗寨群落各村寨认为村寨管理体制应继续保持的人数比例的时空特征图

2. 宗教与崇拜因子

在宗教信仰方面，西江苗寨未形成较呈体系的宗教，原始宗教性突出，表现为祭树、祭龙、祭岩等的自然崇拜和祭鼓、神龛设置等的祖先崇拜。

(1) 祭树崇拜方面，空间上，各村寨村民表现程度差异不显著，风俗保留程度较高，南贵村、平寨村村民整体祭树习俗稍弱于邻近的东引村、羊排村、营上村；时间上，村寨村民祭树习俗普遍得到强化(图 2.48)。

(2) 祭龙崇拜方面，随着时间的推移，空间差异减小，村寨村民接受度趋于均衡(图 2.49)；从整体上看，西江祭龙习俗呈现强化趋势，这主要是受近几年招龙节等活动的重拾以及旅游包装的多因素影响。

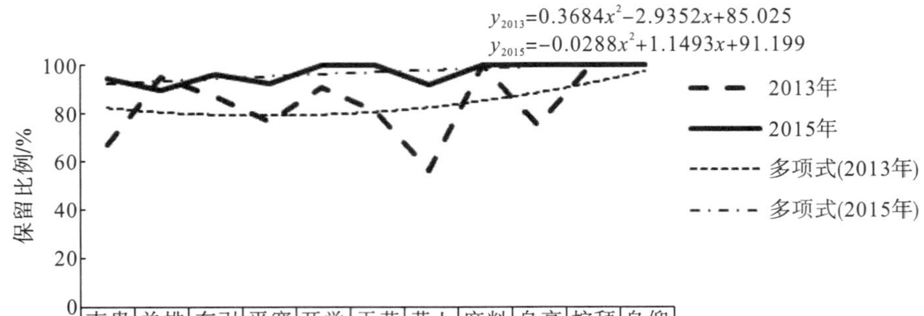

	南贵	羊排	东引	平寨	开觉	干荣	营上	麻料	乌高	控拜	乌仰
2013年	66.67	94.79	87.20	76.39	90.91	80.77	56.25	100.00	75.00	100.00	100.00
2015年	94.29	89.89	95.90	92.41	100.00	100.00	92.00	100.00	100.00	100.00	100.00

图 2.48　西江苗寨群落各村寨祭树习俗保留情况时空特征图

	南贵	羊排	东引	平寨	开觉	干荣	营上	麻料	乌高	控拜	乌仰
2013年	59.86	61.46	52.80	56.48	63.64	61.54	52.08	100.00	65.00	96.67	52.17
2015年	100.00	99.46	95.90	95.86	100.00	100.00	92.00	100.00	100.00	100.00	100.00

图 2.49　西江苗寨群落各村寨祭龙习俗保留情况时空特征图

(3) 祭岩崇拜方面，空间上，各村寨差异不显著，整体占比较高；时间上，各村寨村民祭岩占比普遍上升(图 2.50)。在西江苗寨村民看来，“岩爹、岩妈”是送子添福、保佑后代成长的吉神。

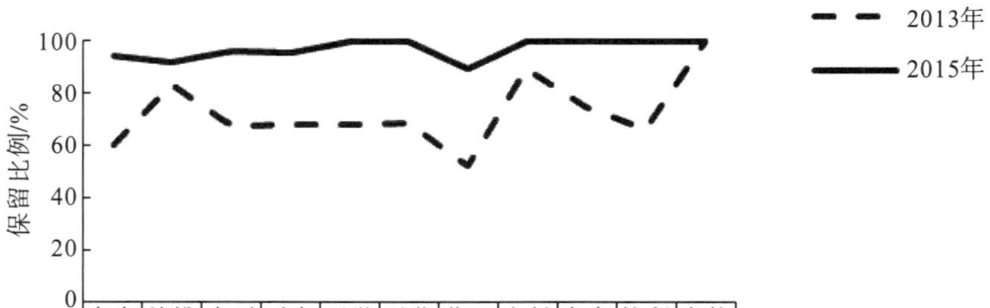

	南贵	羊排	东引	平寨	开觉	干荣	营上	麻料	乌高	控拜	乌仰
2013年	60.54	83.85	68.00	68.06	68.18	69.23	52.08	90.00	75.00	66.67	100.00
2015年	95.00	92.55	96.72	95.86	100.00	100.00	90.00	100.00	100.00	100.00	100.00

图 2.50　西江苗寨群落各村寨祭岩习俗保留情况时空特征图

(4) 祭鼓崇拜方面，时间上呈现明显的上升趋势；空间上，除了过渡区部分村寨外，整体性差异不大，较为均衡(图 2.51)。祭鼓习俗是西江村民崇拜祖先的表现，西江苗寨鼓藏节每 13 年举办一次，平时不单独举行祭鼓活动。近年来，雷山县与西江苗寨联动，着手把鼓藏节逐渐打造成世界苗族同胞欢庆的节日，这使得祭鼓习俗在年际变化上呈强化的趋势。

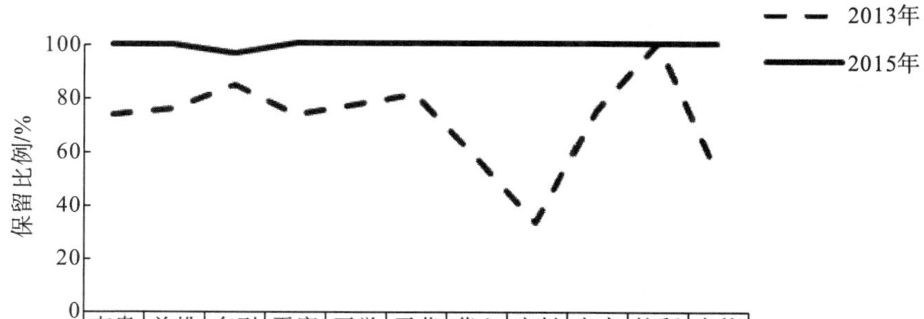

	南贵	羊排	东引	平寨	开觉	干荣	营上	麻料	乌高	控拜	乌仰
2013年	73.47	75.52	84.00	73.15	77.27	80.77	58.33	33.33	75.00	100.00	52.17
2015年	99.29	99.46	95.90	100.00	100.00	100.00	100.00	100.00	100.00	100.00	100.00

图 2.51　西江苗寨群落各村寨祭鼓习俗保留情况时空特征图

2.1.4　村寨氛围与环境因子时空差异

村寨氛围与环境是地域“人地关系”的综合表现。作为村寨物质性与精神性相互结合的体现，社区氛围与环境构造的某种“地方性”也是一种社会构成，是社区社会文化的“交杂性”体现。为了更好地呈现这种情感性更强、较“虚无”的社会文化因子，研究开展过程中立足对村民主体感知的调查，试图将“虚无”转化为“现实”。

1. 环境感知因子

村民对“家乡山水很美”的感知方面，时间上，村民感知程度呈上升的趋势；空间上，自核心区到边缘区村寨，各村寨村民之间的感知度没有明显差异性(图 2.52)。出于村民地方依恋和对家乡保留归属感、自豪感的传统社会文化影响，村寨村民尚未完全融入现代性社会思潮中，绝大多数村民认为传统的家乡山水是很美的。

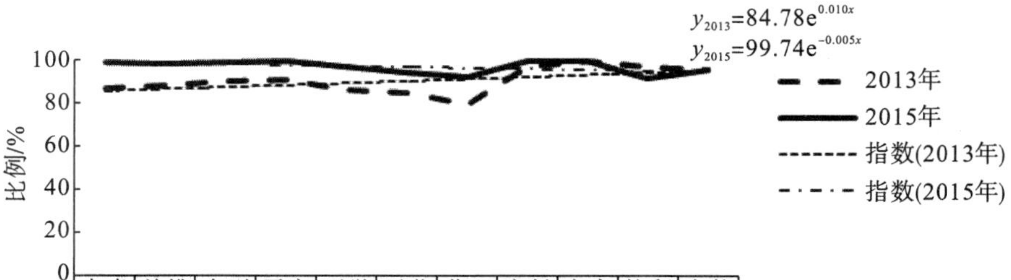

	南贵	羊排	东引	平寨	开觉	干荣	营上	麻料	乌高	控拜	乌仰
2013年	87.07	88.54	90.40	90.74	86.36	84.62	79.17	96.67	100.00	96.67	95.65
2015年	99.28	98.40	99.18	100.00	97.30	94.12	92.00	100.00	100.00	91.30	95.65

图 2.52　西江苗寨群落各村寨认为家乡山水很美丽的人数比例的时空特征图

2. 村寨依恋因子

“自己愿意一直在本村寨居住”的感知方面，村民所持赞同感知度较高(图 2.53)。西江苗寨传统的生活秩序使得村民在功能以及情感上逐渐适应了人地关系作用下所形成的特有社会空间，旅游开发对当地村民社会生活产生了一定影响，但并不能影响村民对家乡的热爱程度，各村寨绝大多数村民依然对自己的家乡有依恋的归属感。

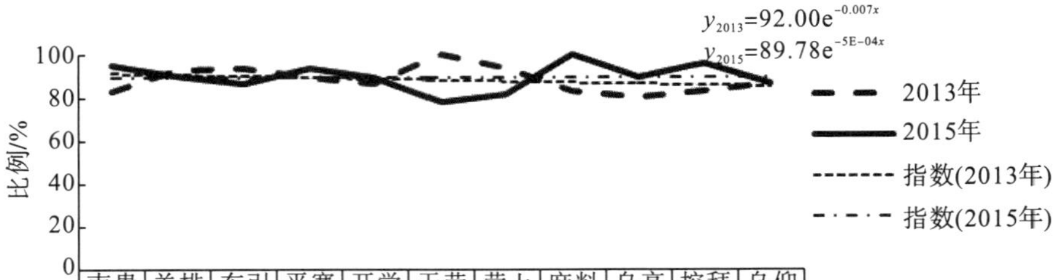

	南贵	羊排	东引	平寨	开觉	干荣	营上	麻料	乌高	控拜	乌仰
2013年	82.99	93.23	93.60	89.81	86.36	100.00	93.75	83.33	80.00	83.33	86.96
2015年	95.00	89.89	86.89	93.45	89.19	78.43	82.00	100.00	89.47	95.65	86.96

图 2.53　西江苗寨群落各村寨愿意一直住在本村寨的人数比例的时空特征图

3. 旅游发展态度因子

(1)“家乡山水应发展旅游”村民感知方面，时间上，各村寨村民对于此观点的赞同率呈现逐渐上升的趋势；空间上，核心区到边缘区的各村寨村民关于此观点的赞同率呈现逐渐下降的趋势(图 2.54)，其中，乌高村赞成感知的村民比例处于低位。

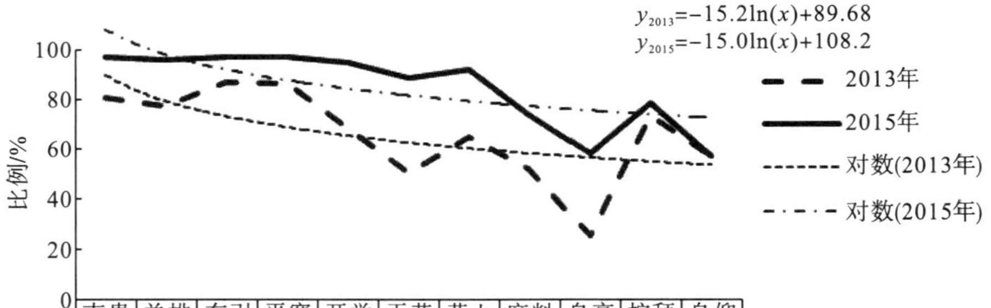

	南贵	羊排	东引	平寨	开觉	干荣	营上	麻料	乌高	控拜	乌仰
2013年	80.27	77.08	86.40	86.11	68.18	50.00	64.58	51.52	25.00	73.33	56.52
2015年	97.14	95.74	96.72	96.89	94.59	88.24	92.00	73.91	57.89	78.26	56.52

图 2.54　西江苗寨群落各村寨认为家乡山水应当发展旅游的人数比例的时空特征图

(2)“开发旅游的好处大于坏处”的村民感知方面，时间上，呈现整体支持度上升的趋势。空间上，时间序列性特征较强(图 2.55)：研究调查初期，核心区至边缘区村寨村民感知呈逐渐减弱的趋势；而研究末期，过渡区、边缘区各个村寨村民感知程度逐渐上升，使得村民整体感知水平基本趋于平稳态势。

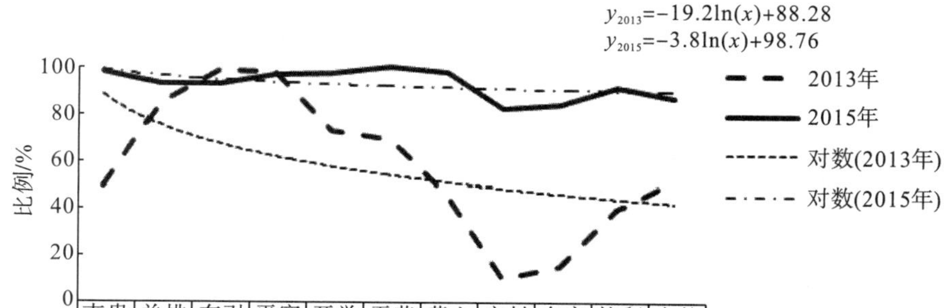

	南贵	羊排	东引	平寨	开觉	干荣	营上	麻料	乌高	控拜	乌仰
2013年	49.98	84.90	98.40	97.69	72.73	69.23	45.83	10.00	15.00	40.00	50.17
2015年	97.86	92.55	92.62	96.55	97.29	100.00	98.00	82.61	84.21	91.30	86.96

图 2.55　西江苗寨群落各村寨认为旅游开发的好处大于坏处的人数比例的时空特征图

4. 民族文化传承氛围因子

(1)“学校课堂有必要讲民族发展历史”的村民感知方面，时间上，村寨村民对该命题的认同度呈现逐渐上升趋势，赞同比重较高；空间上，呈现较为均衡的特征，村寨差异不明显(图 2.56)，均表现出对在课堂上学习民族发展历史的推崇。

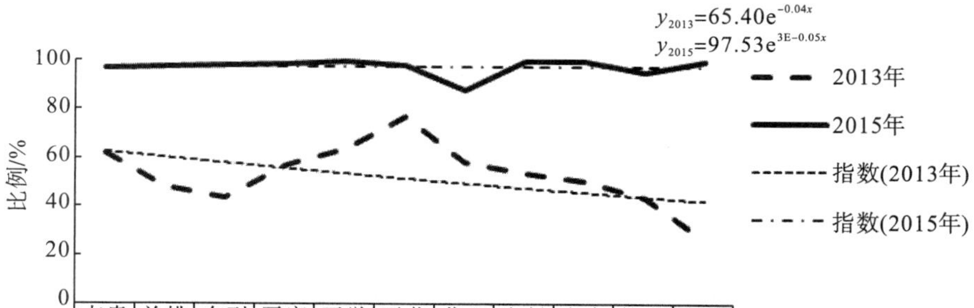

	南贵	羊排	东引	平寨	开觉	干荣	营上	麻料	乌高	控拜	乌仰
2013年	61.90	47.92	43.20	56.94	63.64	76.92	58.33	53.33	50.00	43.33	26.08
2015年	97.14	97.87	98.36	98.62	100.00	98.04	88.00	100.00	100.00	95.65	100.00

图 2.56　西江苗寨群落各村寨认为学校课堂有必要讲民族发展历史的人数比例时空特征图

(2)“通过家庭耳濡目染了解本民族文化”的村民感知方面，时间上，村寨村民对该命题的认同度呈现由波动向整体均衡的改变；空间上，边缘区村寨以及核心区羊排、东引村村民感知度较高的趋势特征逐渐弱化，空间呈现均衡化态势，整体占比呈现高值特征(图 2.57)。

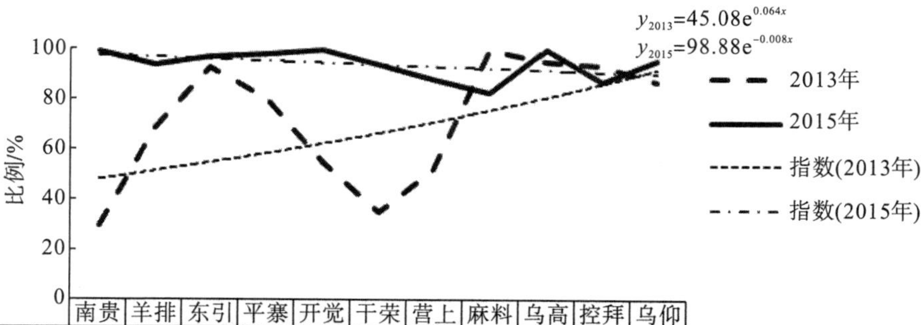

	南贵	羊排	东引	平寨	开觉	干荣	营上	麻料	乌高	控拜	乌仰
2013年	29.25	68.75	92.80	80.09	54.55	34.62	52.08	100.00	95.00	93.33	86.96
2015年	99.28	94.14	97.54	98.62	100.00	94.12	88.00	82.61	100.00	86.96	95.65

图 2.57　西江苗寨群落各村寨通过家庭耳濡目染了解本民族文化的人数比例的时空特征图

(3)“家庭存放的图书类型与本民族文化有关”的村民感知方面，时间上，各村寨越来越多的村民开始存放与本民族文化有关的书籍，村民对此命题整体赞许度呈上升趋势。空间上，核心区向过渡区村民赞同度呈现逐渐降低趋势，营上村、控拜村村民赞同度稍高于周围村寨(图 2.58)。

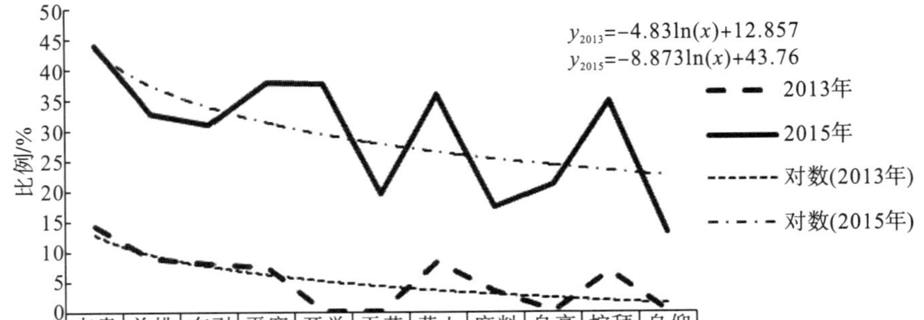

	南贵	羊排	东引	平寨	开觉	干荣	营上	麻料	乌高	控拜	乌仰
2013年	14.29	8.85	8.00	7.42	0	0	8.33	3.33	0	6.67	0
2015年	44.28	32.98	31.15	37.93	37.84	19.61	36.00	17.39	21.05	34.78	13.04

图 2.58 西江苗寨群落各村寨家庭存放书籍与本民族文化有关的家庭比例的时空特征图

(4)“有了解少数民族文化的必要”的村民感知方面，时空吻合，各村寨绝大多数村民认为有必要了解少数民族文化，从年际变化趋势看，对其持赞同态度的村民比例逐年提高(图 2.59)。

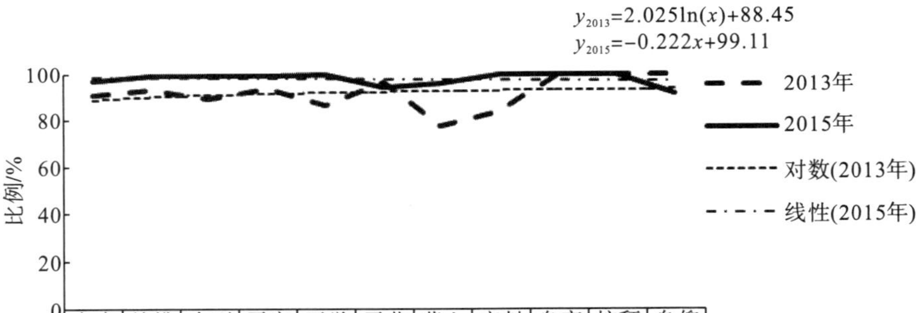

	南贵	羊排	东引	平寨	开觉	干荣	营上	麻料	乌高	控拜	乌仰
2013年	90.48	92.71	88.80	93.52	86.36	96.15	77.08	83.33	100.00	100.00	100.00
2015年	97.14	98.94	99.18	98.97	100.00	94.12	96.00	100.00	100.00	100.00	91.30

图 2.59 西江苗寨群落各村寨认为有了解本民族文化必要的人数比例的时空特征图

5. 外来文化接受与学习氛围因子

(1)“应该接受汉族文化”的村民感知方面，西江苗寨地区各个村寨绝大多数村民整体上认为应该接受汉族文化，时空变化差异较小(图 2.60)。

(2)“自己重视知识的学习”的村民感知方面，时间上，重视知识学习的人数呈现减少的趋势，尤其表现在过渡区、边缘区的村寨村民态度上(图 2.61)。旅游影响下区域经济差异的社会文化性“显现”，透视马斯洛的需求理论，对于边缘区村寨村民而言，迫切提升自身经济收入比知识学习更为重要。

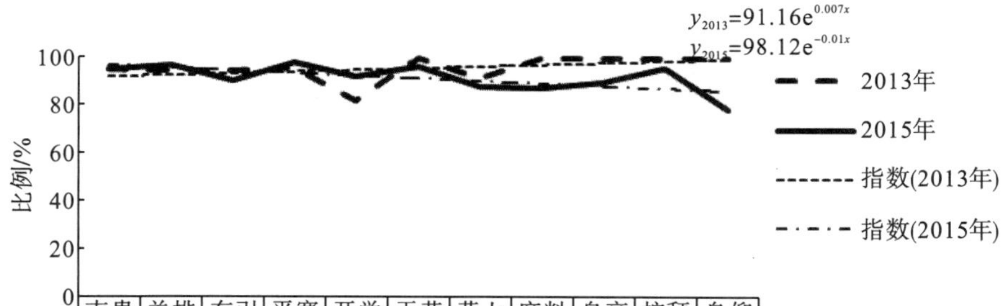

	南贵	羊排	东引	平寨	开觉	干荣	营上	麻料	乌高	控拜	乌仰
2013年	95.24	94.27	94.40	95.37	81.82	100.00	91.67	100.00	100.00	100.00	100.00
2015年	95.00	96.81	90.16	97.93	91.89	96.08	88.00	86.96	89.47	96.65	78.26

图 2.60　西江苗寨群落各村寨认为应接受汉族文化的人数比例时空特征图

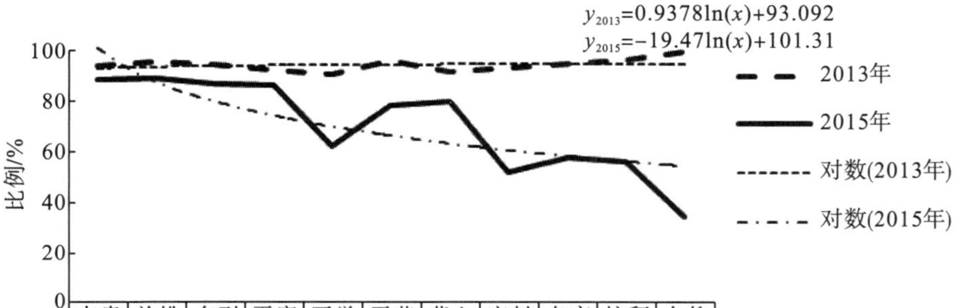

	南贵	羊排	东引	平寨	开觉	干荣	营上	麻料	乌高	控拜	乌仰
2013年	93.88	95.83	94.40	92.59	90.91	96.15	91.67	93.33	95.00	96.67	100.00
2015年	88.89	89.36	86.89	86.55	62.16	78.43	80.00	52.17	57.89	56.52	34.78

图 2.61　西江苗寨群落各村寨重视知识学习的人数比例的时空特征图

6. 旅游社会环境影响感知因子

(1)“旅游使我的家庭比以前更加和谐”感知方面，时间上，赞同的村民人数占比呈逐渐上升趋势，其中核心区村寨村民认同感知上升明显；空间上，呈现核心区至边缘区各村寨认同感知降低的趋势(图 2.62)。

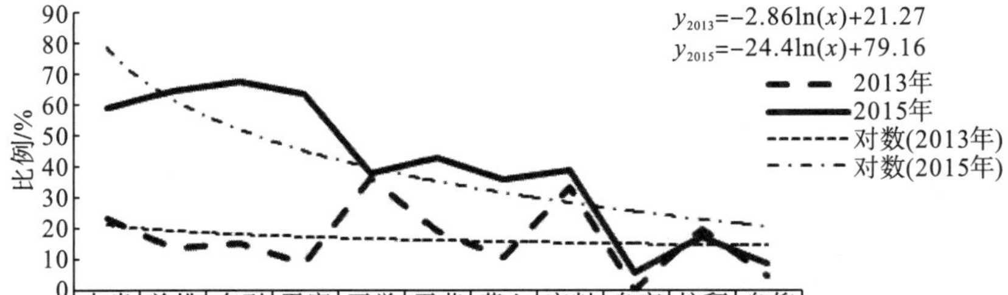

	南贵	羊排	东引	平寨	开觉	干荣	营上	麻料	乌高	控拜	乌仰
2013年	23.13	13.54	15.20	8.33	36.36	19.23	10.43	33.33	0	20.00	4.35
2015年	59.29	64.89	68.03	64.14	37.84	43.14	36.00	39.13	5.26	17.39	8.70

图 2.62　西江苗寨群落各村寨认为旅游使自己家庭更和谐的人数比例的时空特征图

(2)“旅游使我的人际关系更加亲密”感知方面，时间上，村寨村民认为旅游使自己的人际关系更加亲密的人数占比呈现增加趋势；空间上，核心区各村寨村民持赞同态度者占比比过渡区、边缘区村寨村民高且差异程度明显(图 2.63)。核心区村寨旅游活动较为成熟，交通状况较好，各个村寨和地区的联系逐渐加强，村民普遍认为自己与亲戚、朋友联系更加紧密和频繁。

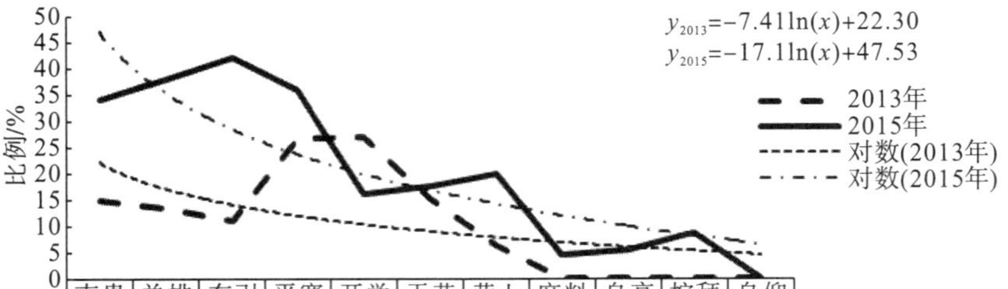

	南贵	羊排	东引	平寨	开觉	干荣	营上	麻料	乌高	控拜	乌仰
2013年	14.97	13.54	11.20	26.85	27.27	15.38	6.25	0	0	0	0
2015年	34.29	38.30	42.62	36.20	16.22	17.65	20.00	4.35	5.26	8.70	0

图 2.63　西江苗寨群落各村寨认为旅游使自己人际关系更密切的人数比例的时空特征图

(3) “旅游使我的人际关系网变大”感知方面，核心区大部分村寨村民赞同态度呈略微上升趋势，而过渡区、边缘区村寨村民赞同态度略微有所下降，呈现反向发展态势(图 2.64)。

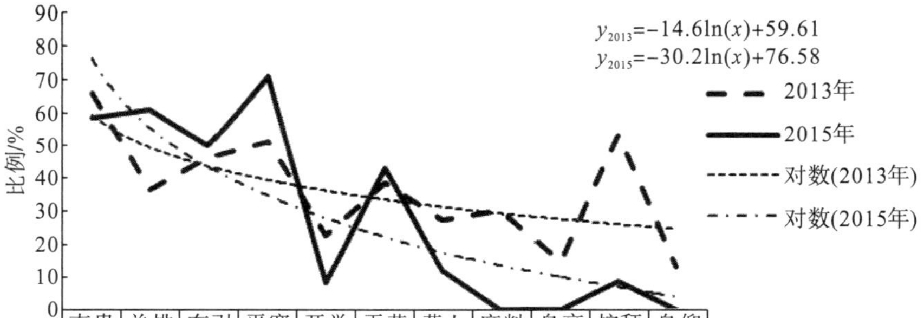

	南贵	羊排	东引	平寨	开觉	干荣	营上	麻料	乌高	控拜	乌仰
2013年	65.99	36.46	46.40	51.39	22.73	39.46	27.08	30.00	15.00	53.33	13.04
2015年	58.57	61.17	50.00	71.03	8.11	43.14	12.00	0	0	8.7	0

图 2.64　西江苗寨群落各村寨认为旅游使自己人际关系网变大的人数比例的时空特征图

7. 旅游经济环境影响感知因子

(1) “外来商人影响自身生活”感知方面，空间上，从核心区到边缘区各村寨村民赞同感知整体呈下降趋势，其中，羊排村、东引村在高值中处于低值水平，干荣村、控拜村则在低值中处于高值水平；时间上，村民整体赞同感知呈现下降趋势，西江苗寨村民旅游经济影响感知处于积极性接受阶段(图 2.65)。

(2) “打算将现有的房屋或土地用来经营农家乐等旅游项目”感知方面，时间上整体呈现接受度下降的趋势(图 2.66)，但羊排村、东引村村民接受度上升，对于经营农家乐的诉求明显增加，皆受南贵村、平寨村“刺激”影响。空间上，从核心区到边缘区，越来越少的村民愿意将现有的房屋或土地用来经营旅游项目，除了村民的“胆怯”心理外，过渡区、边缘区区位劣势也得以显现，村民旅游发展诉求被扼杀，反映了核心区村寨旅游虹吸效应。

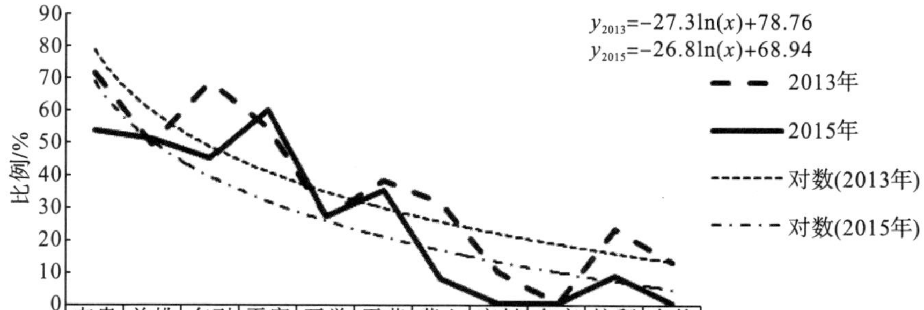

	南贵	羊排	东引	平寨	开觉	干荣	营上	麻料	乌高	控拜	乌仰
2013年	71.43	49.48	68.80	54.63	27.27	38.46	31.25	10.00	0	23.33	13.04
2015年	53.57	51.06	45.08	60.00	27.03	35.29	8.00	0	0	8.70	0

图 2.65　西江苗寨群落各村寨认为外来商人影响自己生活的人数比例的时空特征图

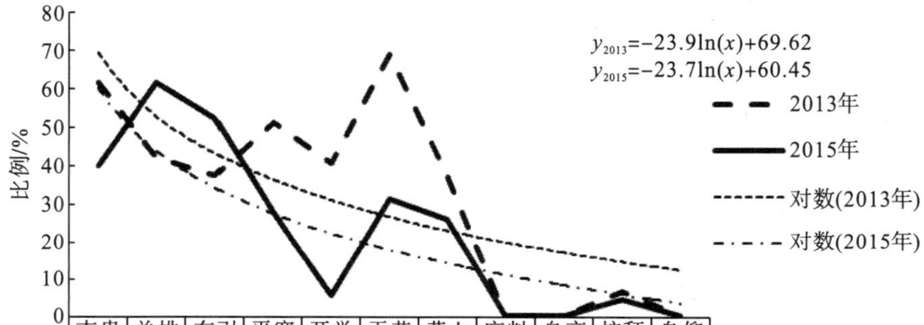

	南贵	羊排	东引	平寨	开觉	干荣	营上	麻料	乌高	控拜	乌仰
2013年	61.90	42.19	37.60	51.39	40.91	69.23	37.50	0	0	6.67	0
2015年	40.00	61.70	52.46	27.93	5.41	31.37	26.00	0	0	4.35	0

图 2.66　西江苗寨群落各村寨打算将现有房屋或土地用来经营旅游项目的人数比例的时空特征

(3)“有必备能力我愿意成为非农职业者”感知方面，村民态度年际变化不显著，各村寨村民对于摆脱土地诉求、“冲破”原有社会结构的愿望强烈(图 2.67)。

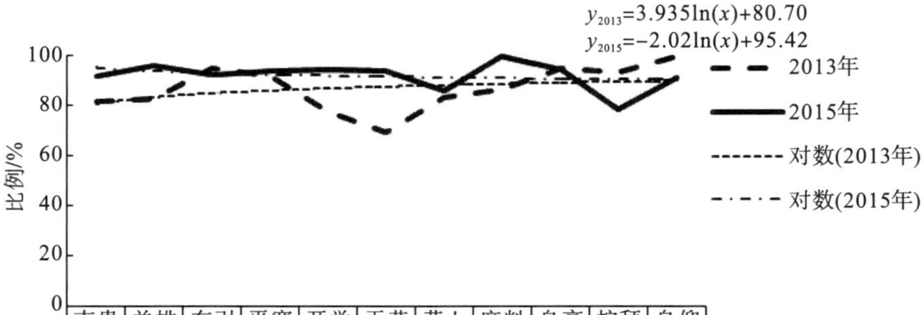

	南贵	羊排	东引	平寨	开觉	干荣	营上	麻料	乌高	控拜	乌仰
2013年	81.63	82.81	95.20	92.13	77.27	69.23	83.33	86.67	95.00	93.33	100.00
2015年	92.14	96.28	92.62	94.14	94.59	94.12	86.00	100.00	94.73	78.26	91.30

图 2.67　西江苗寨群落各村寨认为有必备能力愿意成为非农职业者的人数比例时空特征图

2.2　肇兴侗寨群落社会文化因子的时空透视

2.2.1　物质文化因子时空差异

1. 经济因子

由于肇兴侗寨旅游发展时间短，旅游效益主要在靠近景区的核心肇兴村内部进行集聚，旅游经济要素突出，村民的就业渠道由单一的外出务工转向回家经营旅游项目与外出务工相结合，旅游效应向外扩散能力还较弱，整体呈现旅游在肇兴村的“断崖式”发展，与群落内其他村寨差异明显。

(1)村民农耕收入方面，空间上呈现出肇兴侗寨群落核心区到边缘区减少的趋势；时间上各村寨农耕收入总体呈现逐年减少的趋势(图 2.68)。各村寨时间差异显著，厦格村和己伦村农耕收入明显高于其他村落。旅游开发造成肇兴的三个区域不同程度地受到旅游的影响，部分土地被征用，所产粮食主要用于自给自足，少部分用于出售，村民收入主要来自农耕收入与外出打工所得。

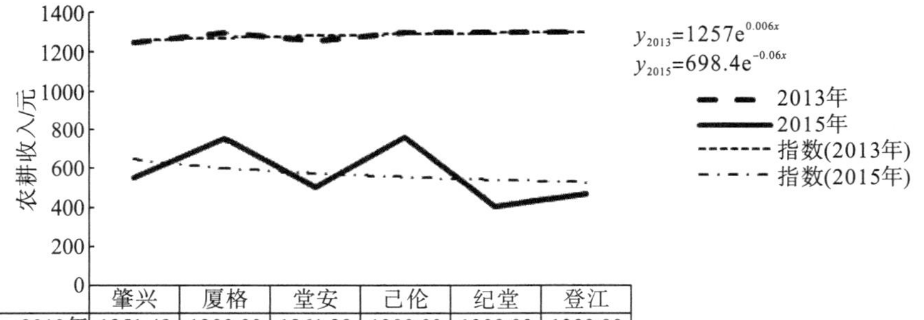

	肇兴	厦格	堂安	己伦	纪堂	登江
2013年	1251.49	1300.00	1261.29	1300.00	1300.00	1300.00
2015年	549.60	757.14	504.55	762.07	407.14	471.43

图 2.68　肇兴侗寨群落各村寨农耕收入时空特征图

(2)村民月收入方面，空间总体上呈现由肇兴侗寨群落核心区到边缘区减少的趋势；时间上三区变化波动较平稳(图 2.69)。

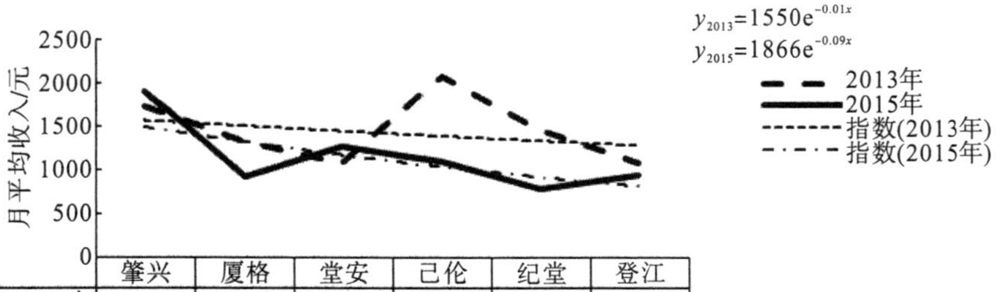

	肇兴	厦格	堂安	己伦	纪堂	登江
2013年	1737.50	1327.78	1083.33	2091.67	1463.33	1074.19
2015年	1922.40	921.67	1274.17	1086.76	768.97	930.00

图 2.69　肇兴侗寨群落各村寨月平均收入时空特征图

(3)旅游创收对家庭收入贡献比重方面，空间上呈现由强至弱的趋势，由核心区向边缘区减少；时间上年度变化较吻合(图 2.70)。

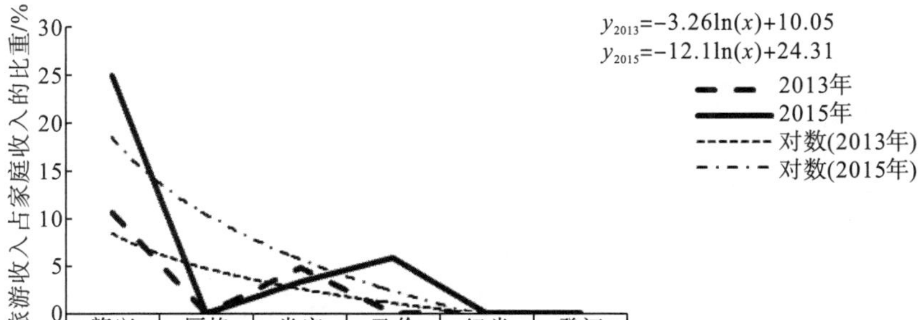

	肇兴	厦格	堂安	已伦	纪堂	登江
2013年	10.71	0	4.76	0	0	0
2015年	25.06	0	3.33	5.88	0	0

图 2.70　肇兴侗寨群落各村寨旅游收入占家庭经济收入的比重时空特征图

(4)旅游项目年均收入总体上呈现“空间衰减、时间递增”的变化特征，但局部区域存在“时空压缩”的不规则现象(图 2.71)。除了堂安村从事旅游项目经营的人数减少之外，其余村寨呈逐年增加的趋势，相应的旅游收入比重逐年增加，肇兴村村民参与旅游经营较其他村寨多。

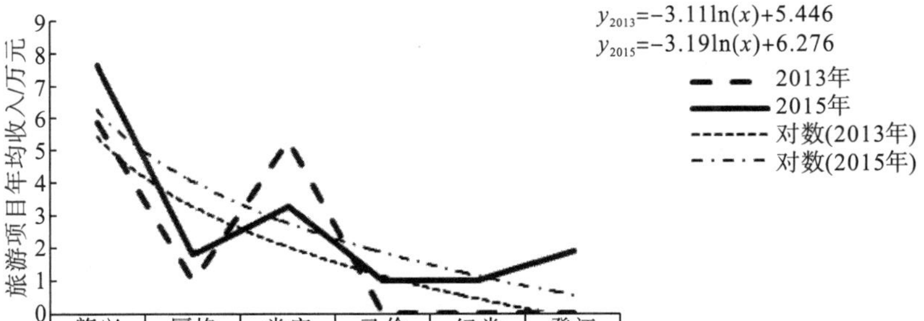

	肇兴	厦格	堂安	已伦	纪堂	登江
2013年	5.88	1.00	5.30	0	0	0
2015年	7.68	1.78	3.27	1.00	1.00	1.88

图 2.71　肇兴侗寨群落各村寨经营旅游项目年均收入时空特征图

(5)旅游项目经营户方面，时空差异明显(图 2.72)。空间上呈现由核心区向边缘区减少的趋势；时间上差异明显，各个村寨村民经营的旅游项目显著增多。

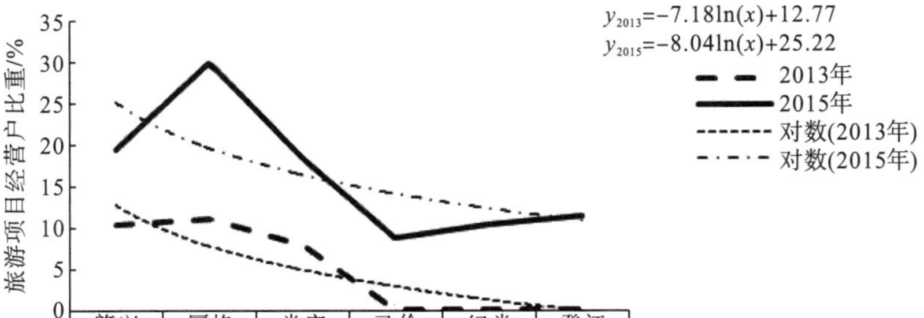

	肇兴	厦格	堂安	已伦	纪堂	登江
2013年	10.31	11.11	7.94	0	0	0
2015年	19.51	30.00	18.33	8.85	10.34	11.43

图 2.72　肇兴侗寨群落各村寨旅游项目经营户比重时空特征图

(6)村民职业与旅游直接相关比重空间上呈现出核心区向边缘区减少的趋势；时间上从事与旅游相关的村民人数增多(图 2.73～图 2.75)。

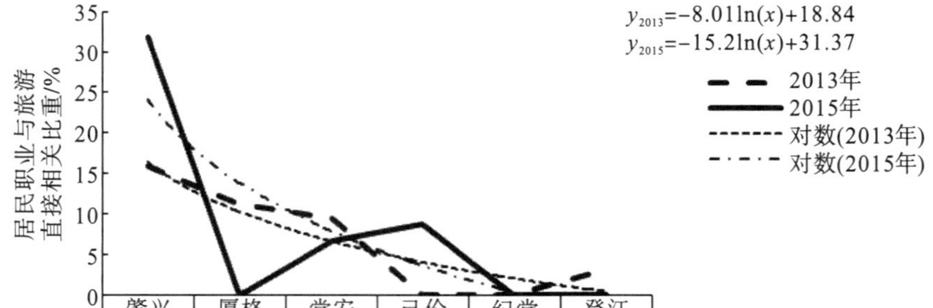

	肇兴	厦格	堂安	己伦	纪堂	登江
2013年	16.00	11.11	9.52	0	0	3.23
2015年	31.95	0	6.67	8.82	0	0

图 2.73　肇兴侗寨群落各村寨村民职业与旅游直接相关比重时空特征图

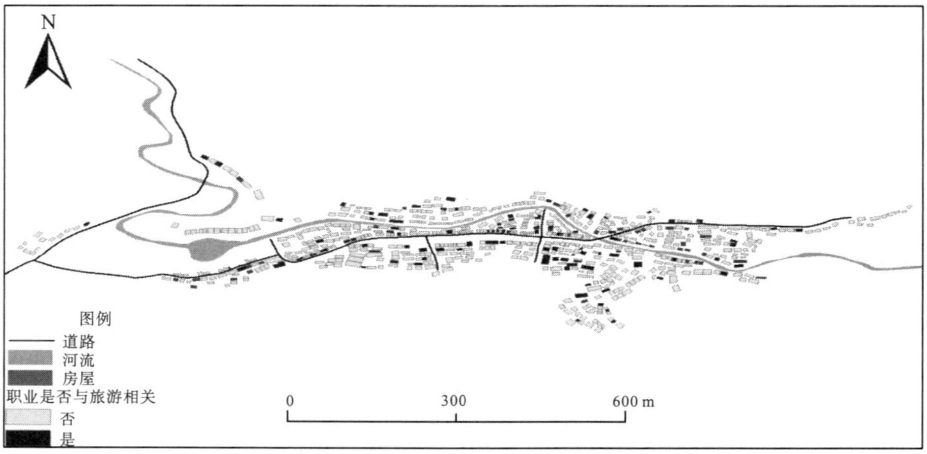

图 2.74　2013 年肇兴侗寨村民职业与旅游是否直接相关空间特征图

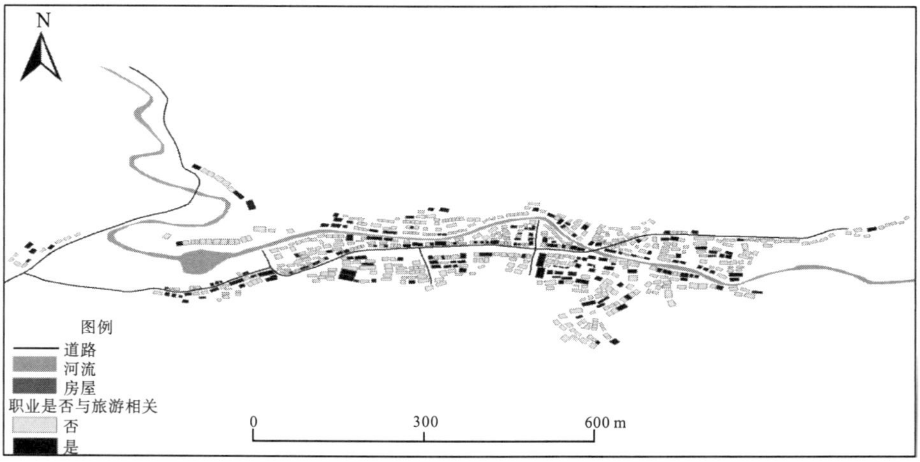

图 2.75　2015 年肇兴侗寨村民职业与旅游是否直接相关空间特征图

(7) 村民与游客接触的平均天数方面，时空差异明显。空间总体上呈现由核心区向边缘区减少的趋势；时间上，核心区肇兴村、过渡区堂安村、边缘区己伦村村民每周与旅游者接触的平均天数逐年增多，过渡区的厦格村、边缘区的纪堂村和登江村游客量逐年降低（图 2.76）。

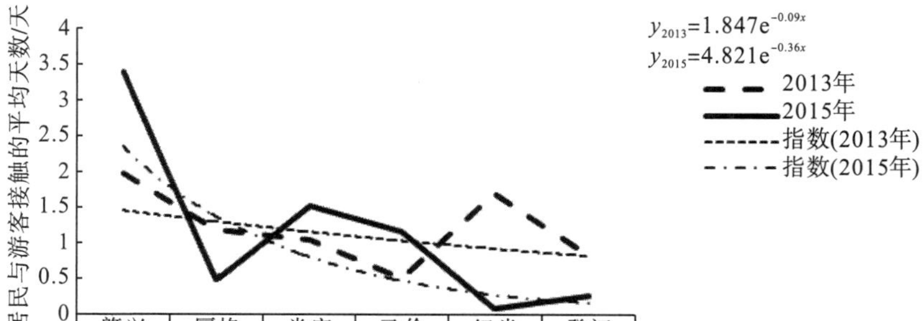

	肇兴	厦格	堂安	己伦	纪堂	登江
2013年	1.98	1.17	1.04	0.50	1.70	0.82
2015年	3.90	0.48	1.52	1.15	0.07	0.26

图 2.76　肇兴侗寨群落各村寨村民与游客接触的平均天数时空特征图

(8) 村民外出打工方面，空间上总体呈现出边缘区向核心区减少的趋势；时间上，肇兴村与己伦村村民外出打工的人数比重显著下降，过渡区厦格村、堂安村与边缘区纪堂村、登江村村民外出打工的比重都有所增加（图 2.77）。

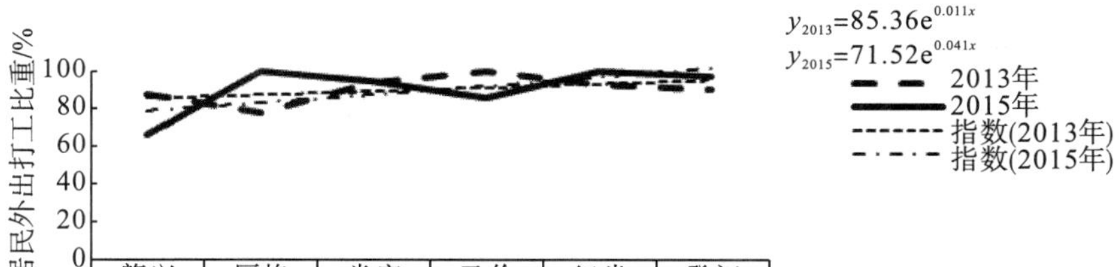

	肇兴	厦格	堂安	己伦	纪堂	登江
2013年	87.43	77.78	93.65	100.00	93.33	90.32
2015年	66.10	100.00	95.00	85.29	100.00	97.14

图 2.77　肇兴侗寨群落各村寨村民外出打工比重时空特征图

(9) 村民的生活开支方面，空间上整体呈现出由核心区向边缘区减少的趋势；时间上，核心区肇兴村生活开支水平要高于过渡区和边缘区（图 2.78），厦格村与堂安村村民生活开支水平较低，边缘区登江村村民生活开支水平高于肇兴村。

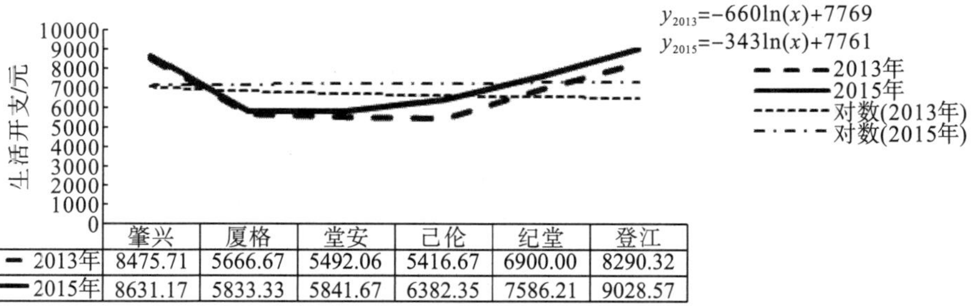

	肇兴	厦格	堂安	己伦	纪堂	登江
2013年	8475.71	5666.67	5492.06	5416.67	6900.00	8290.32
2015年	8631.17	5833.33	5841.67	6382.35	7586.21	9028.57

图 2.78　肇兴侗寨群落各村寨村民生活开支水平时空特征图

(10)村民人情客往开支方面，空间上呈现出由核心区向边缘区逐渐递减的特点；时间上肇兴侗寨群落各村寨村民人情客往年开支呈现逐年增长的趋势(图 2.79)。

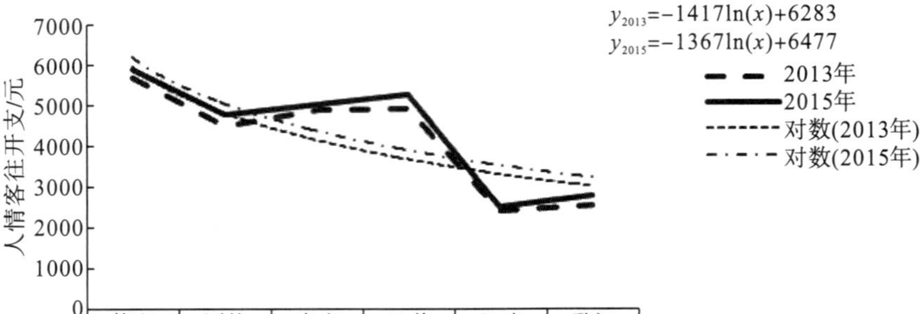

	肇兴	厦格	堂安	己伦	纪堂	登江
2013年	5692.86	4500.00	4904.76	4916.67	2400.00	2564.52
2015年	5915.58	4800.00	5033.33	5279.41	2534.48	2785.71

图 2.79 肇兴侗寨群落各村寨村民人情客往开支时空特征图

(11)村民休闲娱乐开支空间上无明显差异，从时间上看，肇兴侗寨群落各村寨村民的休闲娱乐活动开支呈现逐年降低的特点(图 2.80)。随着旅游开发的深入，核心区村民的闲暇时间减少，由于做生意、外出打工、新修民房等，休闲娱乐要素对村民的吸引力降低。

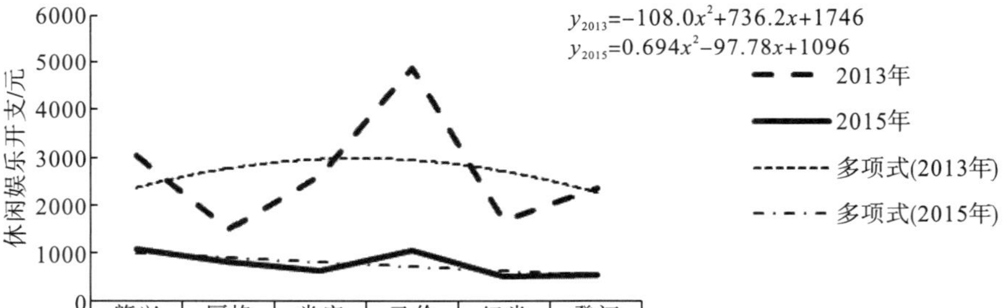

	肇兴	厦格	堂安	己伦	纪堂	登江
2013年	3060.00	1500.00	2634.92	4875.00	1666.67	2370.97
2015年	1081.17	800.00	633.33	1044.12	500.00	528.57

图 2.80 肇兴侗寨群落各村寨村民休闲娱乐开支时空特征图

(12)村民文化卫生教育开支总体上呈现由核心区向边缘区减少趋势；时间上差异明显，肇兴、纪堂、登江 3 个村寨村民的文化卫生教育开支有所降低，厦格、堂安、己伦 3 个村寨的这项开支有所增加(图 2.81)。

(13)村民家庭生活开支空间上总体呈现出由核心区向边缘区减少的趋势；时间上，家庭生活开支逐年减少。其中核心区肇兴、过渡区厦格、边缘区己伦 3 个村的特征值较高(图 2.82)。旅游的发展，外地经济要素的强势进入，促使当地物价上涨，肇兴村村民的生活开支相对其他村寨较高，厦格村与己伦村由于接触到游客的机会较多，相应的生活水平较高，生活支出相应较多。

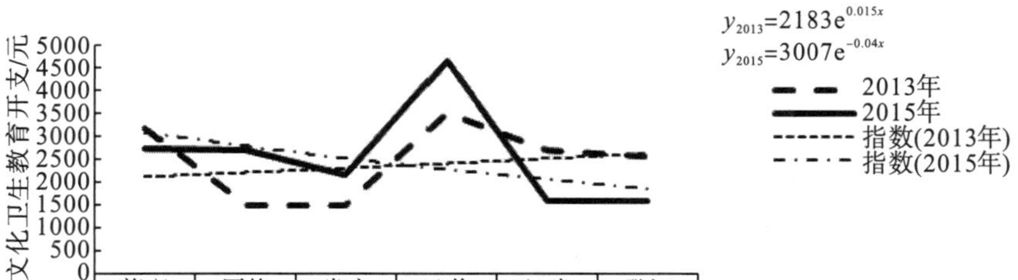

	肇兴	厦格	堂安	己伦	纪堂	登江
2013年	3184.29	1500.00	1500.00	3500.00	2700.00	2564.52
2015年	2728.57	2716.67	2175.00	4647.06	1603.45	1585.71

图 2.81　肇兴侗寨群落各村寨村民文化卫生教育开支时空特征图

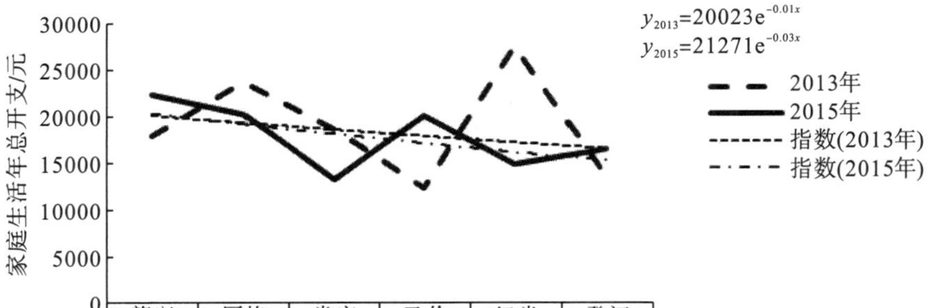

	肇兴	厦格	堂安	己伦	纪堂	登江
2013年	18050.00	23888.89	18809.52	12500.00	27666.67	13709.68
2015年	22532.47	20333.33	13333.33	20294.12	15000.00	16714.29

图 2.82　肇兴侗寨群落各村寨村民家庭生活年总开支时空特征图

(14) 村民家庭结余空间上总体呈现出由核心区向边缘区减少，波动平缓的趋势；时间上，肇兴、堂安 2 个村寨村民的家庭结余呈现下降趋势，而己伦、纪堂、登江、厦格 4 个村寨村民的家庭结余有所上升(图 2.83)。肇兴村在支出增多的情况下，结余仍然远高出其他村寨。

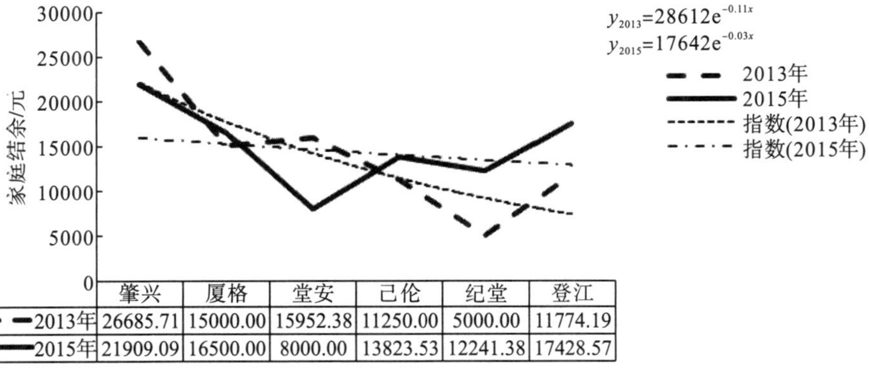

	肇兴	厦格	堂安	己伦	纪堂	登江
2013年	26685.71	15000.00	15952.38	11250.00	5000.00	11774.19
2015年	21909.09	16500.00	8000.00	13823.53	12241.38	17428.57

图 2.83　肇兴侗寨群落各村寨村民家庭结余情况时空特征图

2. 服饰文化因子

(1) 民族服饰的穿着频次方面，空间上，整体呈现出由核心区向边缘区降低的趋势；

时间上，各村寨差异明显，变化波动较大（图 2.84）。各个村寨村民在过节时多穿着侗服，肇兴村村民在招待旅游者时穿侗服的频次在明显上升。

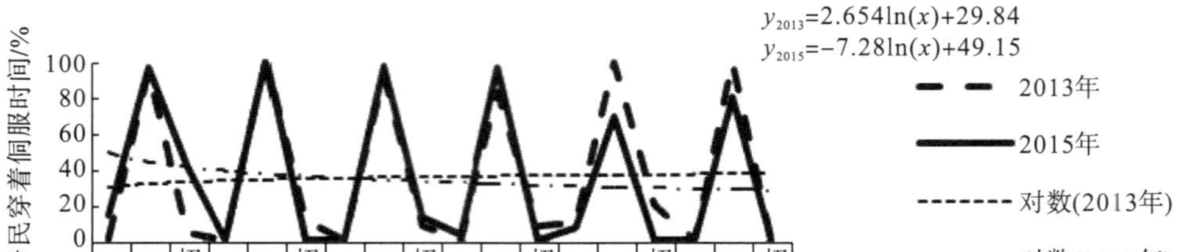

	肇兴			厦格			堂安			己伦			纪堂			登江		
	平时	节日	招待旅游者	平时	节日	招待旅游者	平时	节日	招待旅游者	平时	节日	招待旅游者	平时	节日	招待旅游者	平时	节日	招待旅游者
2013年	0.74	95.00	3.68	0	100.00	11.10	0	93.70	7.94	0	83.30	8.33	10.00	100.00	20.00	0	100.00	0
2015年	13.50	97.20	41.50	0	100.00	0	0	98.30	13.30	2.94	97.10	0	6.90	69.00	0	0	80.00	0

图 2.84　肇兴侗寨群落各村寨村民穿着侗服时空特征图

（2）节日穿侗服感知方面，各村寨村民对其感知高，赞成节日穿着侗服的比例较高（图 2.85）。

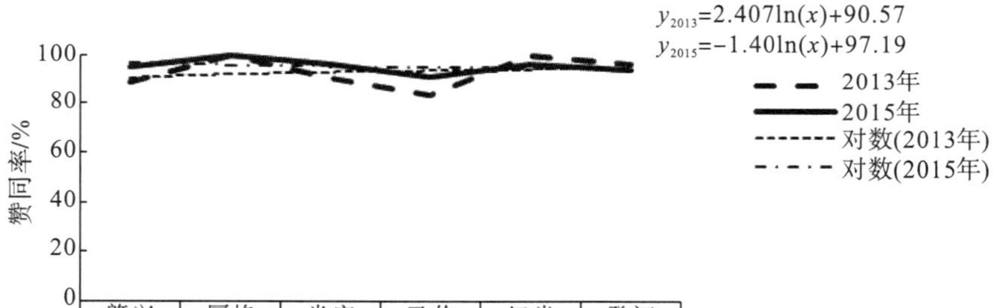

	肇兴	厦格	堂安	己伦	纪堂	登江
2013年	88.71	100.00	90.48	83.33	100.00	96.77
2015年	95.24	100.00	96.67	91.18	96.00	94.29

图 2.85　肇兴侗寨群落各村寨村民赞成节日时穿着侗服的比重时空特征图

（3）村民民族服饰的原材料主要来源于购买和自制。空间上，自制总体呈现出核心区与过渡区高于边缘区的特点；时间上，三个区域中购买原材料的比重呈现下降趋势（图 2.86）。

（4）侗服特色感知方面，村民皆认为侗服富有特色，其特色感知度逐年上升（图 2.87）。传统民族服饰是民族的符号，肇兴村村民意识到“异质性”的民族服装对游客也具有吸引力，加强了对自身文化的认同，旅游也促使传统服饰文化价值提升与资产化。

（5）村民制作侗服方面，空间尺度上整体呈现出由核心区向过渡区减少的特点；时间上差异明显（图 2.88），肇兴、厦格、堂安、己伦 4 个村寨村民会自己制作传统侗服的人数逐年增多，纪堂村与登江村的人数逐年减少。

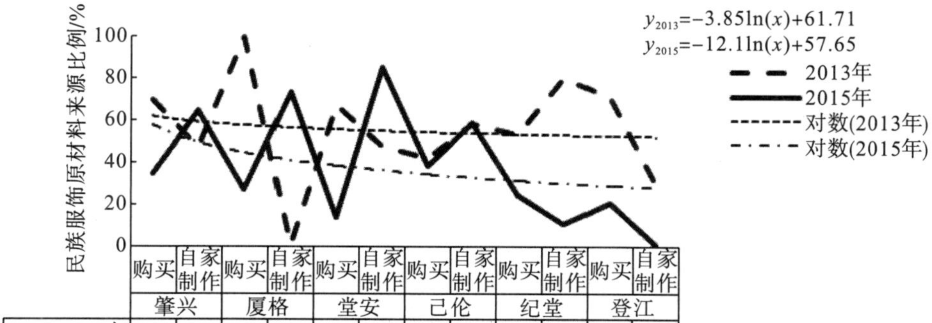

	肇兴		厦格		堂安		己伦		纪堂		登江	
	购买	自家制作	购买	自家制作	购买	自家制作	购买	自家制作	购买	自家制作	购买	自家制作
2013年	69.22	46.64	100.00	0	66.67	47.62	41.67	58.33	53.33	80.00	70.91	29.03
2015年	34.25	64.67	26.67	73.33	13.33	85.00	38.24	58.82	24.14	10.34	20.00	0

图 2.86　肇兴侗寨群落各村寨村民民族服饰原材料来源时空特征图

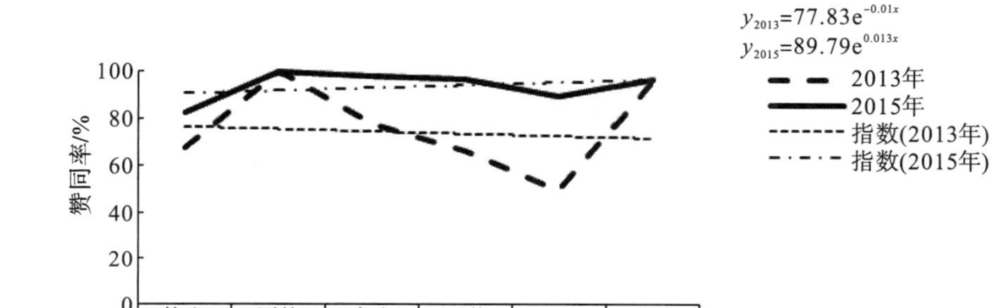

	肇兴	厦格	堂安	己伦	纪堂	登江
2013年	67.71	100.00	77.78	66.67	50.00	96.77
2015年	82.86	100.00	98.33	97.06	89.66	97.14

图 2.87　肇兴侗寨群落各村寨村民赞成侗服富有特色的比重时空特征图

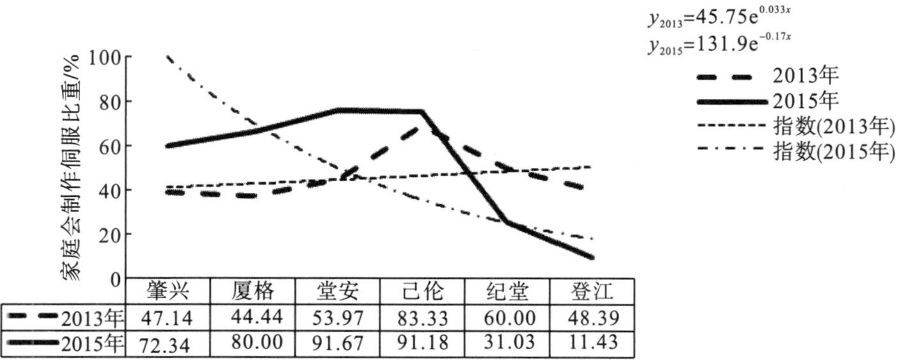

	肇兴	厦格	堂安	己伦	纪堂	登江
2013年	47.14	44.44	53.97	83.33	60.00	48.39
2015年	72.34	80.00	91.67	91.18	31.03	11.43

图 2.88　肇兴侗寨群落各村寨家庭会制作侗服比重时空特征图

(6)村民侗衣制作技艺方面，空间上总体呈现出由核心区向边缘区降低的趋势；时间上，各个村寨传统侗服制作技艺的传承人数呈现出逐年降低的特点，过渡区厦格村与边缘区己伦村技艺传承人数下降明显(图 2.89)。旅游开发的深入，外来文化与本土文化的碰撞与融合，促使旅游村寨的村民开始模仿外来人员的生活方式，尤其是年轻人开始追求更现代更时髦的穿着风格，不再学习传统民族服饰的制作工艺，制作侗服的村民集中在父母一辈的中老年人这一区间，其中，堂安村开设了民族手工艺培训班，所以传承情况最佳。

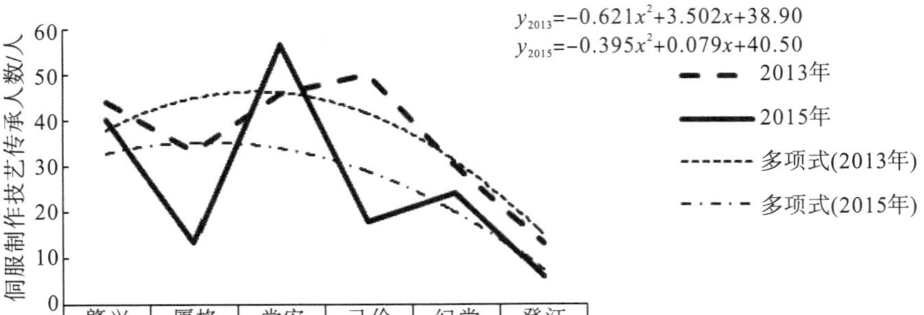

	肇兴	厦格	堂安	己伦	纪堂	登江
2013年	44.00	33.33	46.03	50.00	30.00	12.90
2015年	40.13	13.33	56.67	17.65	24.14	5.71

图 2.89　肇兴侗寨群落各村寨侗衣制作技艺传承情况时空特征图

(7) 村民对侗服图案知晓方面，空间上总体呈现出由核心区向边缘区减少的趋势；时间上，肇兴村、堂安村了解侗服上图案含义的村民人数增多，堂安村人数上升显著，己伦村、厦格村、纪堂村、登江村 4 个村寨则有所减少(图 2.90)。侗寨旅游的兴起使核心区与过渡区的村民开始关注本民族传统文化，而边缘区游客少，旅游要素融入性差，加之外出打工的青壮年人数增多，侗服制作技艺的传承人数减少，相应的对传统服饰不再过多关注。

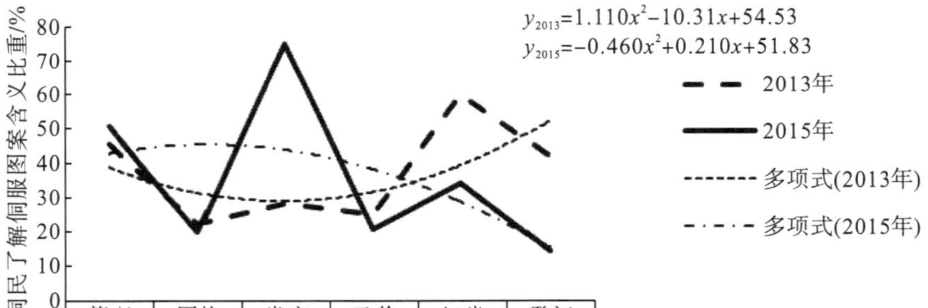

	肇兴	厦格	堂安	己伦	纪堂	登江
2013年	45.57	22.22	28.57	25.00	60.00	41.94
2015年	50.65	20.00	75.00	20.59	34.48	14.29

图 2.90　肇兴侗寨群落各村寨村民对侗服图案了解情况时空特征图

3. 民族手工艺文化因子

(1) 民族特色的手工艺类型方面，各村寨时空差异明显(图 2.91)。肇兴村依旧主要以织印染为主，伴随旅游开发，会制作传统饮食和传统建筑营造工艺的人数也随之增加。其中，肇兴村与过渡区的堂安村、边缘区的己伦村在传统手工艺制作上皆有良好的传承性。

(2) 民族手工艺传承人方面，有旅游开发的堂安村家庭会制作传统手工艺的人员占比逐年增长(图 2.92)，皆因增加家庭收入和向外来游客展示传统手工艺。

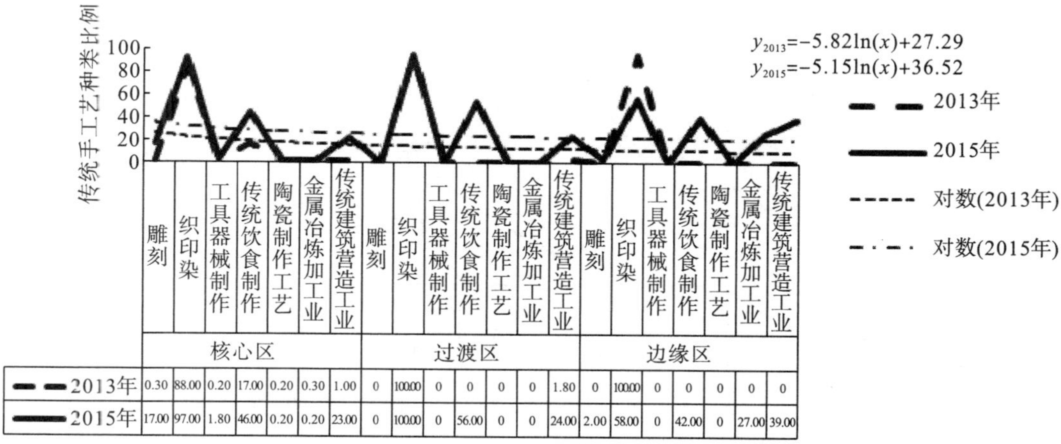

核心区	雕刻	织印染	工具器械制作	传统饮食制作	陶瓷制作工艺	金属冶炼加工业	传统建筑营造工业
2013年	0.30	88.00	0.20	17.00	0.20	0.30	1.00
2015年	17.00	97.00	1.80	46.00	0.20	0.20	23.00

过渡区	雕刻	织印染	工具器械制作	传统饮食制作	陶瓷制作工艺	金属冶炼加工业	传统建筑营造工业
2013年	0	100.00	0	0	0	0	1.80
2015年	0	100.00	0	56.00	0	0	24.00

边缘区	雕刻	织印染	工具器械制作	传统饮食制作	陶瓷制作工艺	金属冶炼加工业	传统建筑营造工业
2013年	0	100.00	0	0	0	0	0
2015年	2.00	58.00	0	42.00	0	27.00	39.00

图 2.91　肇兴侗寨群落富含民族特色的传统手工艺种类比例时空特征图

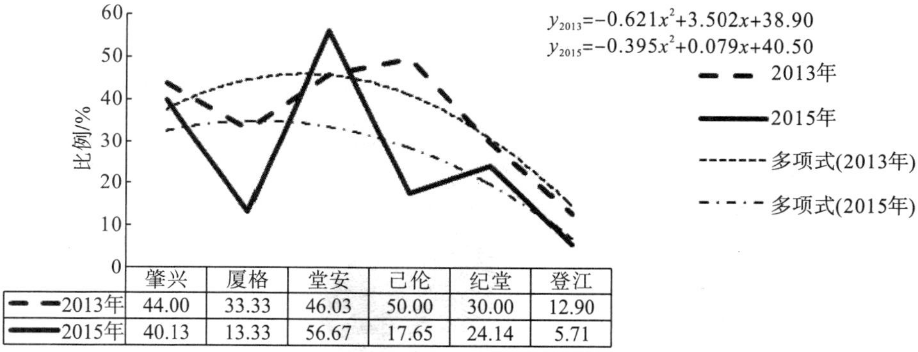

	肇兴	厦格	堂安	己伦	纪堂	登江
2013年	44.00	33.33	46.03	50.00	30.00	12.90
2015年	40.13	13.33	56.67	17.65	24.14	5.71

图 2.92　肇兴侗寨群落家庭会制作传统手工艺的人员占比时空特征图

(3)传统手工艺传承以家庭为主，伴随着旅游商品的发展，培训班和跟师学艺缓慢兴起(图 2.93)。

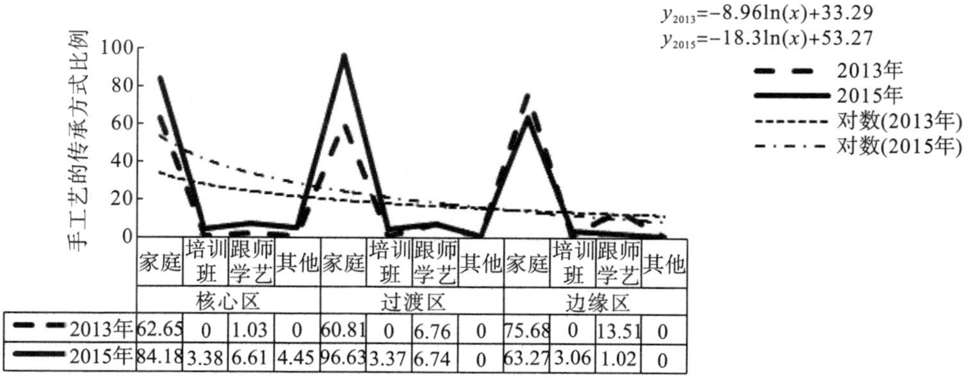

	核心区				过渡区				边缘区			
	家庭	培训班	跟师学艺	其他	家庭	培训班	跟师学艺	其他	家庭	培训班	跟师学艺	其他
2013年	62.65	0	1.03	0	60.81	0	6.76	0	75.68	0	13.51	0
2015年	84.18	3.38	6.61	4.45	96.63	3.37	6.74	0	63.27	3.06	1.02	0

图 2.93　肇兴侗寨群落传统手工艺的传承方式比例时空特征图

(4)村民认为销售的手工艺品越来越趋同、单一(图 2.94)。

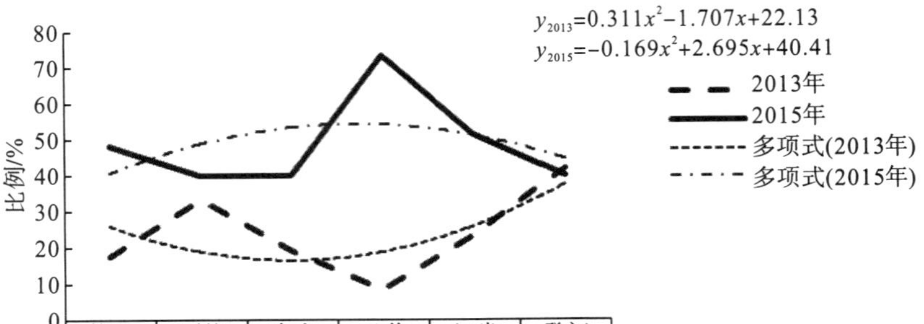

	肇兴	厦格	堂安	已伦	纪堂	登江
2013年	17.71	33.33	19.05	8.33	23.33	41.94
2015年	48.18	40.00	40.00	73.33	51.72	40.00

图 2.94 肇兴侗寨村民认为销售的手工艺品大同小异，缺乏特色的人数比例时空特征图

(5) 核心区、边缘区村寨村民感知到了传统手工艺的生活商品属性因旅游潜移默化影响向旅游商品属性的转移(图 2.95)。

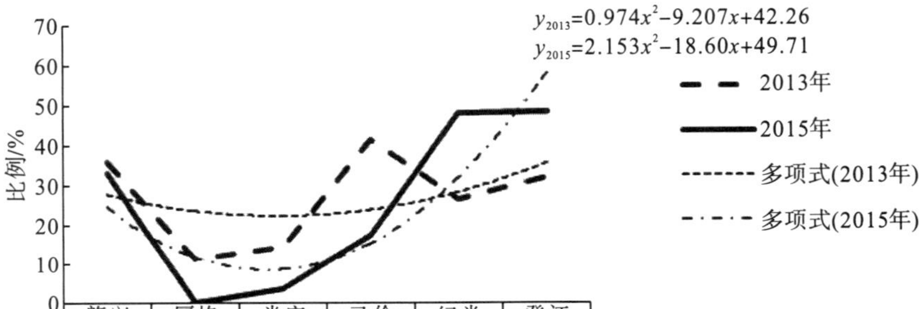

	肇兴	厦格	堂安	已伦	纪堂	登江
2013年	36.14	11.11	14.29	41.67	26.67	32.26
2015年	33.12	0	3.33	17.65	48.28	48.57

图 2.95 肇兴侗寨群落村民认为本民族的传统手工艺因旅游发生变化的人数比例时空特征图

(6) 边缘区村寨的村民把传统手工艺品看成是生活的一部分，具有朴素的自我认同与本真情感；核心区村寨村民更因游客对生活性的传统手工艺品的需求加强了对其的喜爱与生产经营(图 2.96)。

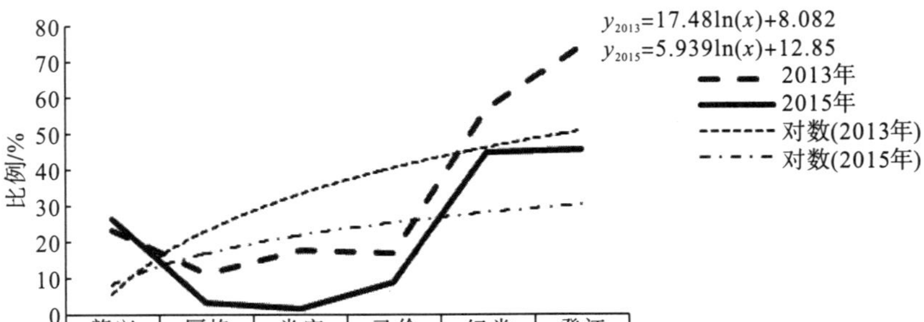

	肇兴	厦格	堂安	已伦	纪堂	登江
2013年	23.14	11.11	17.46	16.67	56.67	74.19
2015年	26.23	3.33	1.67	8.82	44.83	45.71

图 2.96 肇兴侗寨群落喜欢传统手工艺的人数比例时空特征图

4. 饮食文化因子

(1) 从空间看，边缘区村寨村民对本民族饮食认同度高于核心区、过渡区；从时间看，各村寨村民对民族传统饮食的喜好程度下降(图 2.97)。

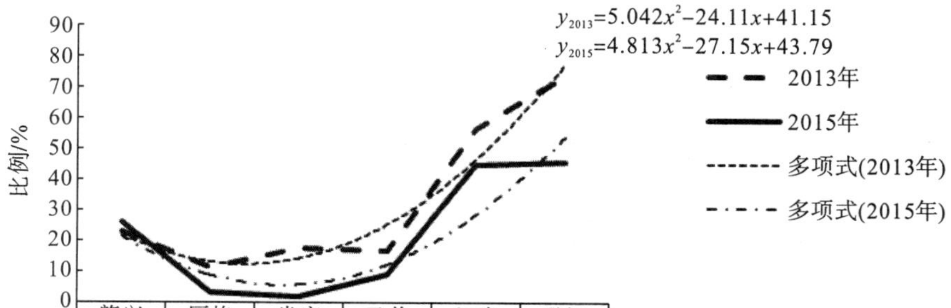

	肇兴	厦格	堂安	己伦	纪堂	登江
2013年	23.14	11.11	17.46	16.67	56.67	74.19
2015年	26.23	3.33	1.67	8.82	44.83	45.71

图 2.97　肇兴侗寨群落村民觉得自己的饮食习惯与外民族的饮食习惯相比更有特色的人数比例时空特征图

(2) 基于对传统饮食文化的认同，边缘区村寨村民更认可为迎合游客改变自身的饮食习惯；核心区村寨村民为让游客感受到“异”，在迎合中求变。在时间上，核心区和过渡区的村民认为自己饮食习惯发生改变的比例逐年增长(图 2.98)。

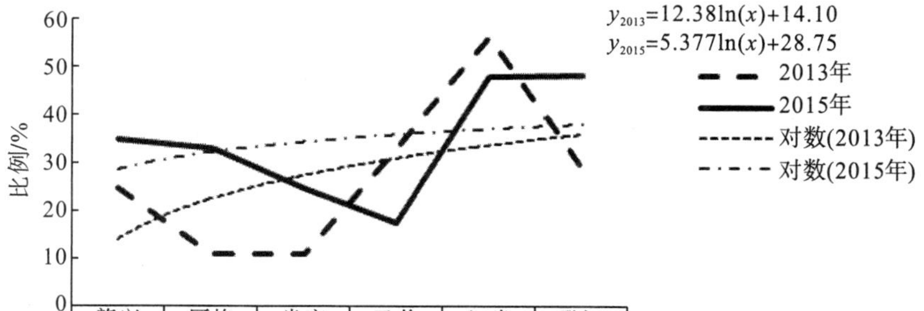

	肇兴	厦格	堂安	己伦	纪堂	登江
2013年	24.86	11.11	11.11	33.33	56.67	29.03
2015年	35.06	33.33	25.00	17.65	48.28	48.57

图 2.98　肇兴侗寨群落旅游开发后，家庭的饮食习惯发生变化时空特征图

5. 建筑文化因子

(1) 建筑文化作为村寨社会文化的综合载体和符号表征，干栏式吊脚楼、鼓楼代表着侗寨。村民对自身建筑文化的认同、异域者旅游凝视下的商业价值、政府在建筑空间与符号上权利的扩张，使村民对传统建筑的知晓度(图 2.99)逐年增加，并呈现核心区村寨向边缘区村寨下降变化。核心区村寨建筑趋向大体量、多用途，边缘区村寨建筑保存其原生活形态。村民对传统建筑的喜好度逐年下降(图 2.100)。

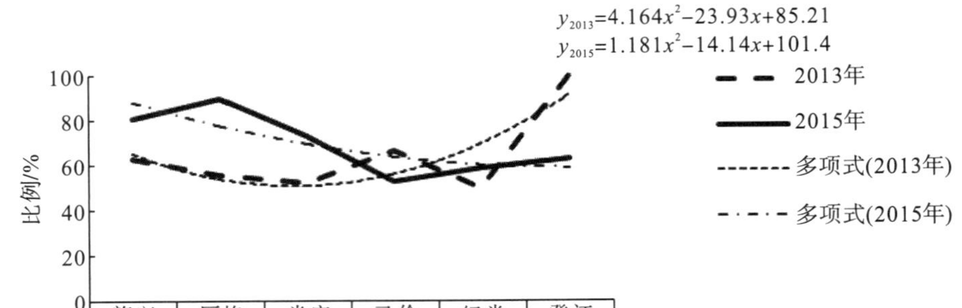

	肇兴	厦格	堂安	己伦	纪堂	登江
2013年	63.00	55.56	52.39	66.67	50.00	100.00
2015年	81.11	90.00	73.33	52.94	58.62	62.86

图 2.99　肇兴侗寨群落各村寨了解本民族建筑特色的人数比例时空特征图

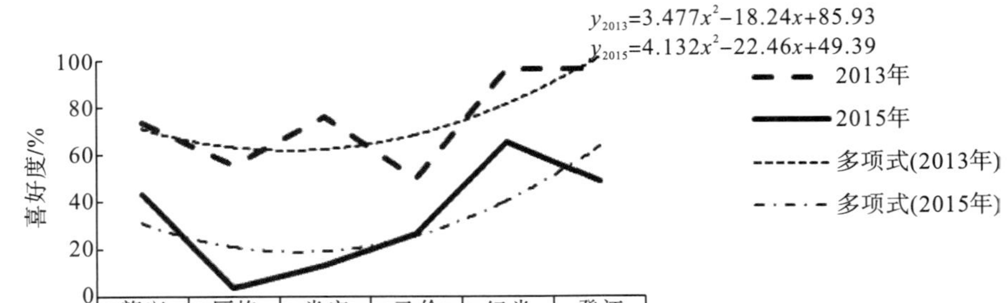

	肇兴	厦格	堂安	己伦	纪堂	登江
2013年	73.57	55.56	76.19	50.00	96.67	96.77
2015年	43.32	3.33	13.33	26.47	65.52	48.57

图 2.100　肇兴侗寨群落村民传统建筑喜好度时空特征图

(2) 村民对现代建筑感知方面，空间上总体呈现由核心区村寨向边缘区村寨减少；时间上差异明显，肇兴村、堂安村、己伦村村民赞成利用民居改建成酒吧、餐厅、旅馆等用途的人数逐年增多(图 2.101)。

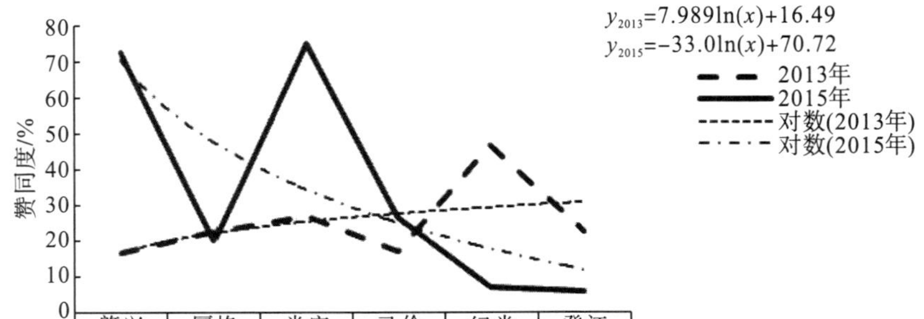

	肇兴	厦格	堂安	己伦	纪堂	登江
2013年	16.43	22.22	26.98	16.67	46.67	22.58
2015年	72.81	20.00	75.00	26.47	6.90	5.71

图 2.101　肇兴侗寨群落村民对修建现代化建筑(如酒吧、餐厅、旅馆)赞同度时空特征图

2.2.2　精神文化因子时空差异

1. 语言因子

(1)村民普通话使用情况方面，时间上呈现使用比例上升的趋势；空间上呈现由核心区向边缘区村寨逐渐降低的趋势(图 2.102)，其中肇兴村、堂安村和登江村日常交流采用普通话的人数逐年增多。

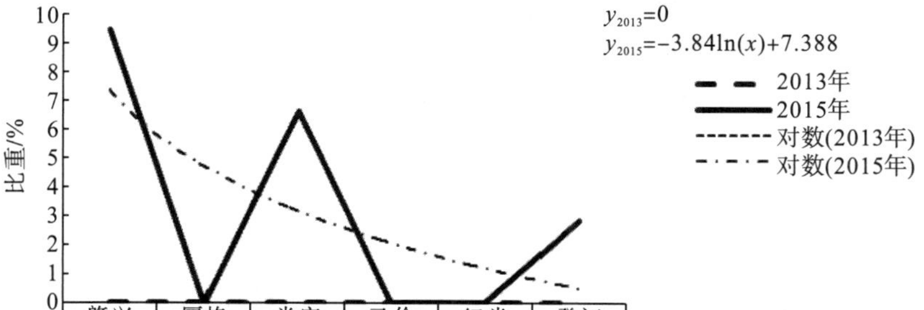

	肇兴	厦格	堂安	已伦	纪堂	登江
2013年	0	0	0	0	0	0
2015年	9.52	0	6.67	0	0	2.86

图 2.102　肇兴侗寨群落村民日常交流都采用普通话比重时空特征图

(2)村民日常生活中仍然使用侗语，传统语言文化有强大的内聚力(图 2.103)。

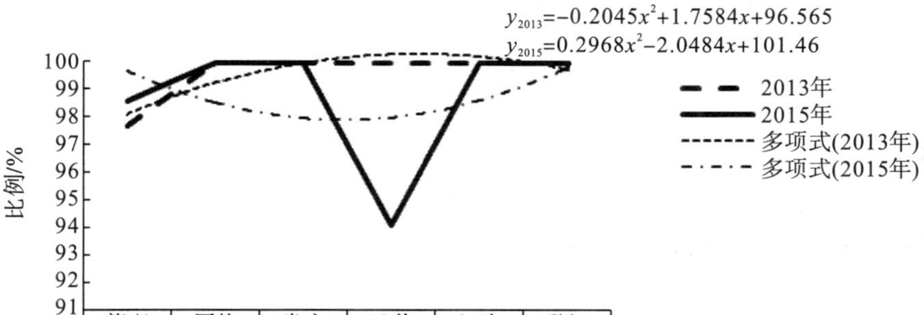

	肇兴	厦格	堂安	已伦	纪堂	登江
2013年	97.71	100.00	100.00	100.00	100.00	100.00
2015年	98.62	100.00	100.00	94.12	100.00	100.00

图 2.103　肇兴侗寨群落家庭成员交流采用侗语比重时空特征图

2. 歌舞文化因子

(1)侗族大歌是世界非物质文化遗产，歌舞文化已浸透到侗家人的骨子里。在过渡区、边缘区村寨村民自发传习歌舞(图 2.104)，核心区的肇兴村迎合游客需求，旅游公司将传统歌舞舞台化而缺失生活气息。

(2)鼓楼是侗族各家族集会、活动的场所，也是歌舞演唱场所，侗家多在传统节庆活动和社交中表演侗族歌舞(图 2.105)。而随着旅游开发，核心区肇兴村建起的景区表演场成为人流新聚集地，歌舞表演也随游客多少而场次化。

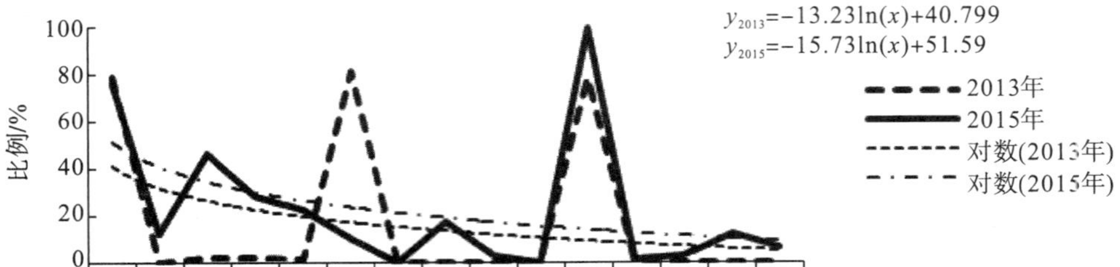

	核心区					过滤区					边缘区				
	自发	企业	旅游公司	政府	其他	自发	企业	旅游公司	政府	其他	自发	企业	旅游公司	政府	其他
2013年	79.00	0	2.00	2.00	1.00	81.00	0	0	0	0	78.00	0	0	0	0
2015年	76.00	12.00	46.00	28.00	22.00	10.00	0	17.00	3.00	0	99.00	1.00	3.00	12.00	6.00

图 2.104　肇兴侗寨群落歌舞组织者占比时空特征图

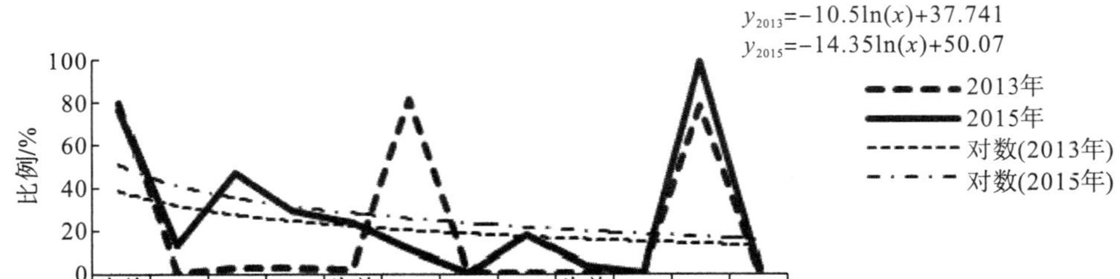

	核心区				过渡区				边缘区			
	为旅游者每天	原有节日	社交需要	其他	为旅游者每天	原有节日	社交需要	其他	为旅游者每天	原有节日	社交需要	其他
2013年	79.00	0	2.00	2.00	1.00	81.00	0	0	0	0	78.00	0
2015年	76.00	12.00	46.00	28.00	22.00	10.00	0	17.00	3.00	0	99.00	1.00

图 2.105　肇兴侗寨群落民族歌舞活动举行时间占比时空特征图

(3)各村寨村民高度认同传统歌谣(图 2.106)，也认为其是吸引游客的重要文化(图 2.107)。核心区村寨村民通过演唱侗歌，扩大了社交，增加了收入，示范带动更多村民加入传承队伍(图 2.108)。而边缘区村寨村民没有从歌舞表演中获得收益，只把其作为一种生活形态。

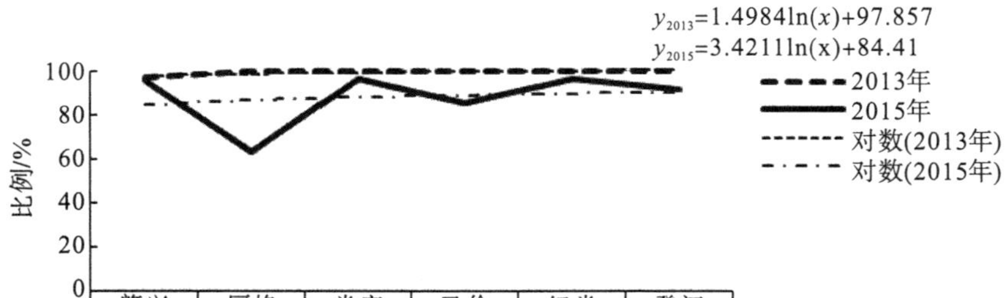

	肇兴	厦格	堂安	已伦	纪堂	登江
2013年	97.00	100.00	100.00	100.00	100.00	100.00
2015年	95.70	63.33	96.67	85.29	96.55	91.43

图 2.106　肇兴侗寨群落村民觉得本民族歌谣很好听，有存在必要比例时空特征图

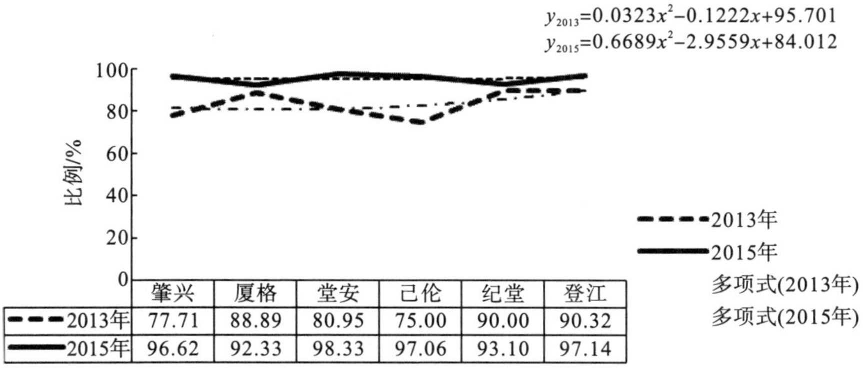

	肇兴	厦格	堂安	已伦	纪堂	登江
2013年	77.71	88.89	80.95	75.00	90.00	90.32
2015年	96.62	92.33	98.33	97.06	93.10	97.14

图 2.107　肇兴侗寨群落村民认为传统歌舞最能吸引旅游者的比例时空特征图

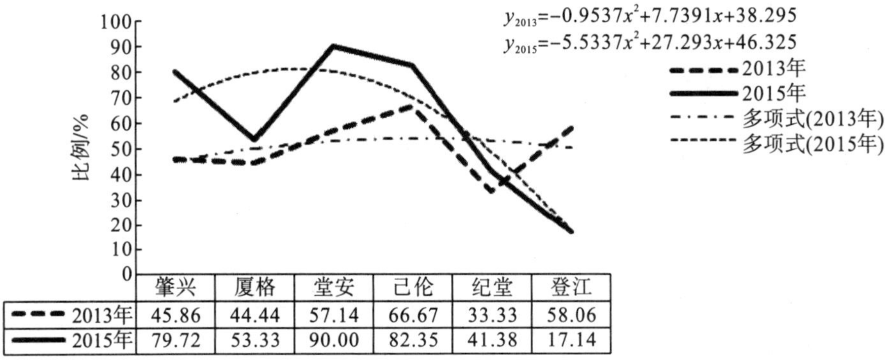

	肇兴	厦格	堂安	已伦	纪堂	登江
2013年	45.86	44.44	57.14	66.67	33.33	58.06
2015年	79.72	53.33	90.00	82.35	41.38	17.14

图 2.108　肇兴侗寨群落会本民族歌舞人数比例时空特征图

3. 节事文化因子

(1)村寨传统节事活动数量方面，肇兴村、厦格村、已伦村富含本民族特色节庆活动总数逐年增加，隆重程度加强。其他村寨因村民外出打工，节庆活动逐年减少。

(2)节庆活动在边缘区多为家庭成员皆参与，而核心区个人参与增多(图 2.109)。

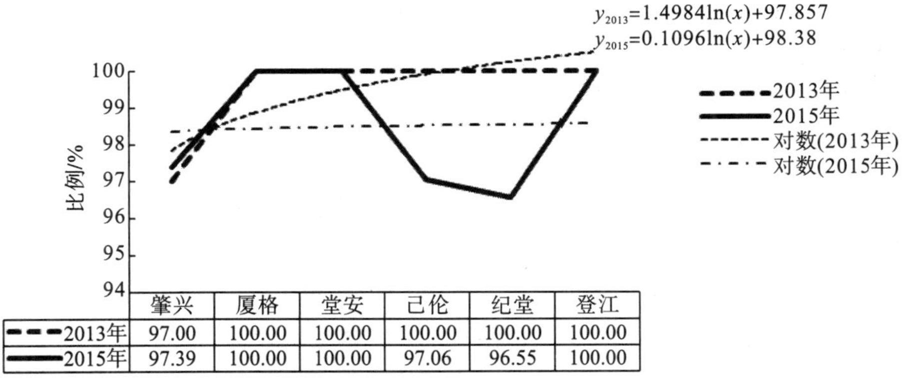

	肇兴	厦格	堂安	已伦	纪堂	登江
2013年	97.00	100.00	100.00	100.00	100.00	100.00
2015年	97.39	100.00	100.00	97.06	96.55	100.00

图 2.109　肇兴侗寨群落节庆活动家庭参加的人员比例时空特征图

4. 风俗文化因子

(1)“行歌坐月”、女子婚后“坐家”习俗的保留总体呈现由核心区村寨向边缘区村寨增长(图 2.110)，肇兴村、厦格村、堂安村、已伦村恋爱习俗在逐年减少。

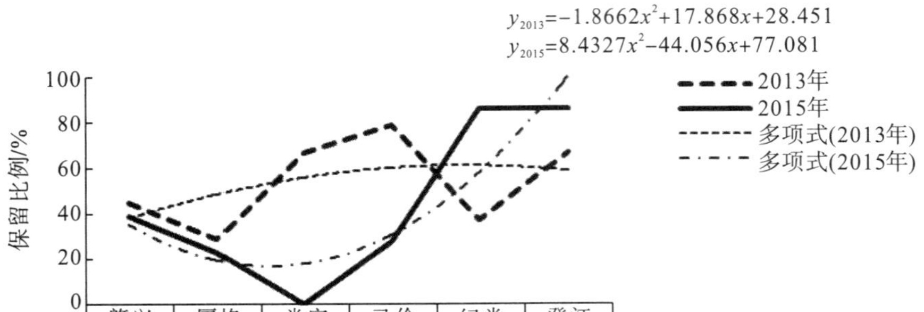

	肇兴	厦格	堂安	已伦	纪堂	登江
2013年	52.57	33.33	77.78	91.67	43.33	77.42
2015年	45.66	26.67	0	32.35	100.00	100.00

图 2.110　肇兴侗寨群落男女青年“行歌坐月”的恋爱习俗保留情况时空特征图

(2)“女子婚后享受父母和自己积累的私房以及分得少量姑娘田”的习俗逐年弱化，空间上总体呈现由核心区村寨向边缘区村寨增长，过渡区表现最为明显。

(3)“姑舅表婚”(姑与舅的子女互为婚配)的习俗在厦格村还有保留，其他村寨此习俗逐年递减(图 2.111)。

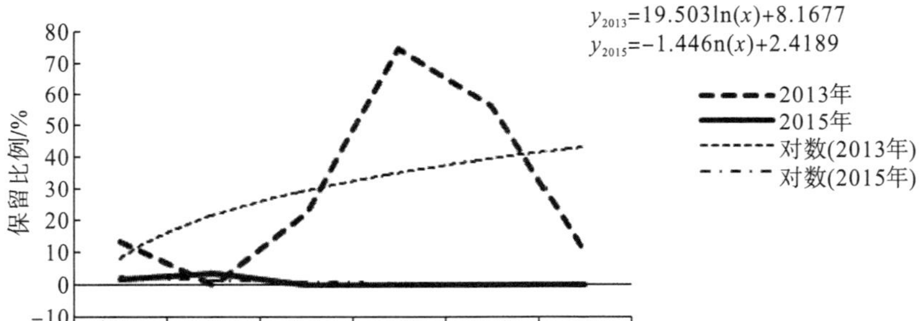

	肇兴	厦格	堂安	已伦	纪堂	登江
2013年	13.57	0	22.22	75.00	56.67	9.86
2015年	1.67	3.33	0	0	0	0

图 2.111　肇兴侗寨群落“姑舅表婚”的习俗保留情况时空特征图

(4)“停棺待葬”的习俗堂安村减少明显，其他村寨该习俗大幅度增加。所有村寨都延续土葬，近两年呈增长趋势。

(5)在边缘区的纪堂村和登江村头胎儿女摆“三朝酒”(“三朝”是指三天，即在小孩出生后十天内，选其中某个单数日子进行祝贺)的习俗保留较好，其他村寨逐年递减。

(6)村民明显感知传统风俗在改变，其中核心区的肇兴村村民多认为其变化因旅游所起(图 2.112)。

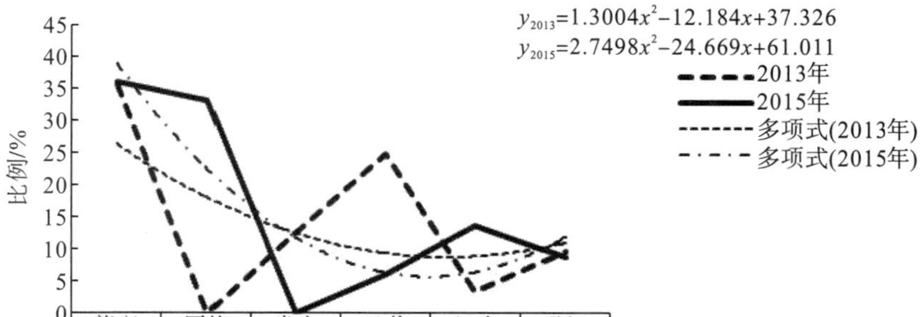

	肇兴	厦格	堂安	己伦	纪堂	登江
2013年	35.71	0	12.70	25.00	3.33	9.68
2015年	36.25	33.33	0	6.06	13.79	8.82

图 2.112　肇兴侗寨群落村民认为传统风俗改变的原因是旅游影响的人数比例时空特征图

2.2.3　制度文化因子时空差异

1. 村寨权利因子

(1) 村寨权利诉求方面，纪堂村、己伦村和登江村在村里人与别人发生纠纷时，更愿意求助寨老或者村支书(图 2.113)。

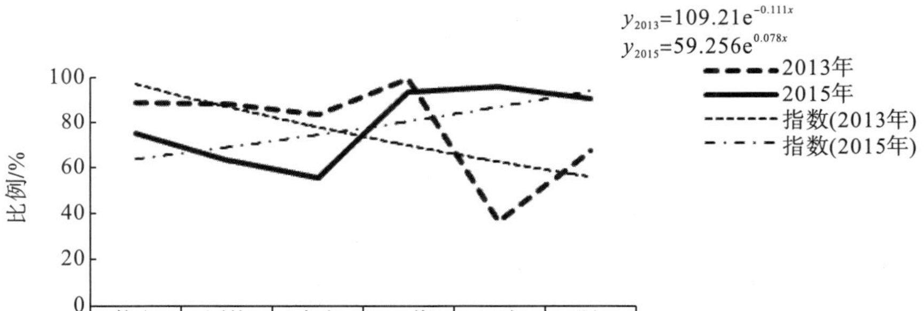

	肇兴	厦格	堂安	己伦	纪堂	登江
2013年	89.43	88.89	84.13	100.00	36.67	67.74
2015年	75.69	63.33	55.93	94.12	96.55	91.43

图 2.113　肇兴侗寨群落各村寨村民因纠纷更愿意求助寨老或者村支书时空特征图

(2) “活路头指挥农业生产”制度沿袭由核心区向边缘区增加(图 2.114)。

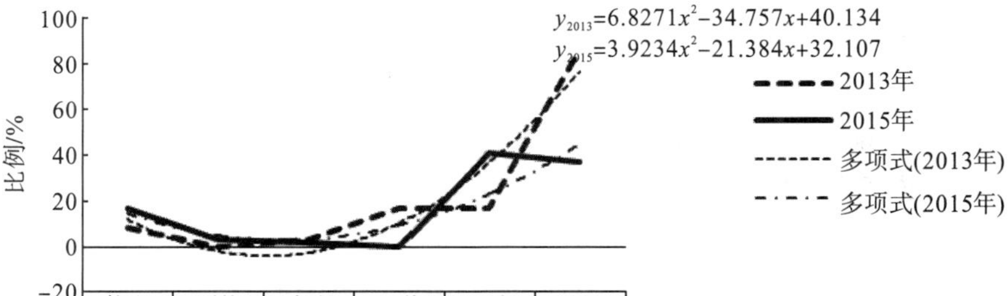

	肇兴	厦格	堂安	己伦	纪堂	登江
2013年	8.57	0	3.17	16.67	16.67	87.10
2015年	17.08	3.33	1.67	0	41.38	37.14

图 2.114　肇兴侗寨群落活路头指挥农业生产时空特征图

(3)自然管理体制在肇兴村、堂安村、己伦村、纪堂村保留较好，而厦格村与登江村因旅游开发弱化(图 2.115)。

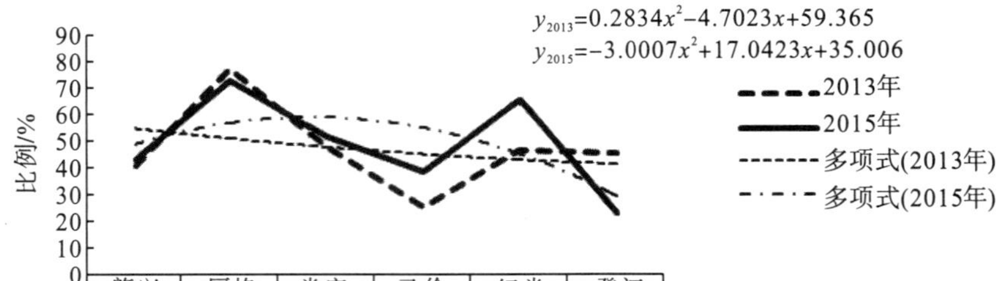

	肇兴	厦格	堂安	己伦	纪堂	登江
2013年	41.00	77.78	47.62	25.00	46.67	45.16
2015年	43.23	73.33	51.67	38.24	65.52	22.86

图 2.115 肇兴侗寨群落旅游开发使本村寨自然管理体制弱化的认知比例时空特征图

2. 宗教与崇拜因子

祭萨是侗族人重要的活动，各村寨村民对其认同率高(图 2.116)，皆建萨岁庙以祭祀。侗家建筑中也设有“神龛”，祭祀祖先。

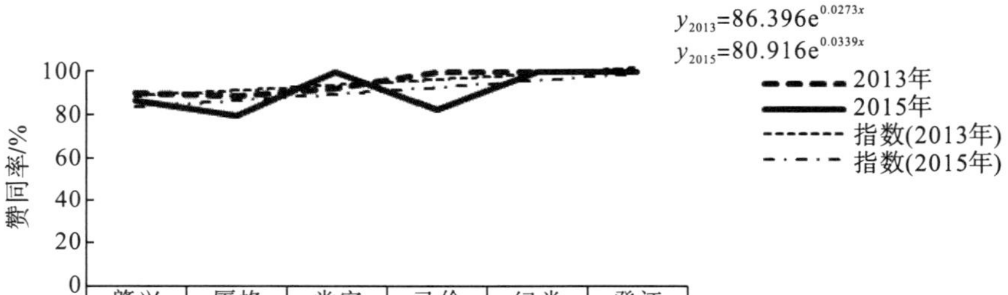

	肇兴	厦格	堂安	己伦	纪堂	登江
2013年	90.14	88.89	92.06	100.00	100.00	100.00
2015年	86.76	80.00	100.00	82.35	100.00	100.00

图 2.116 肇兴侗寨群落村民认为建萨岁庙有必要的人数比例时空特征图

2.2.4 村寨氛围与环境因子时空差异

1. 环境感知因子

村民对“家乡山水很美”的感知方面，空间上呈现由核心区向边缘区增长；时间上，肇兴村村民认为家乡山水很美的人数呈上升趋势(图 2.117)。

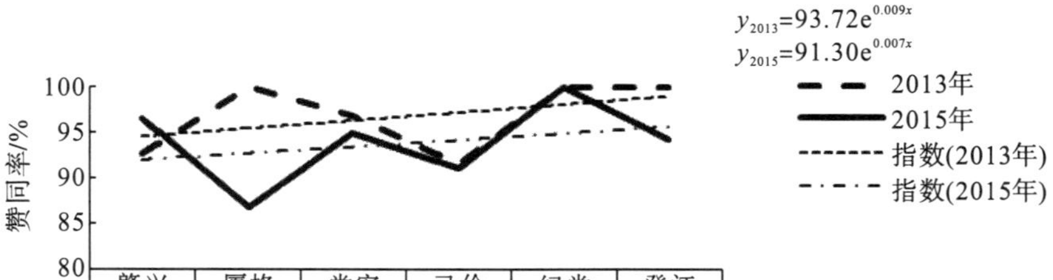

	肇兴	厦格	堂安	己伦	纪堂	登江
2013年	92.71	100.00	96.83	91.67	100.00	100.00
2015年	96.47	86.67	95.00	91.18	100.00	94.29

图 2.117 肇兴侗寨群落村民赞成家乡山水很美的比重时空特征图

2. 村寨依恋因子

“自己愿意一直在本村寨居住”村民感知方面，村民所持赞同感知度较高(图 2.118)，各村寨绝大多数村民愿意一直居住在本村寨。而登江村村民的依恋度最高。

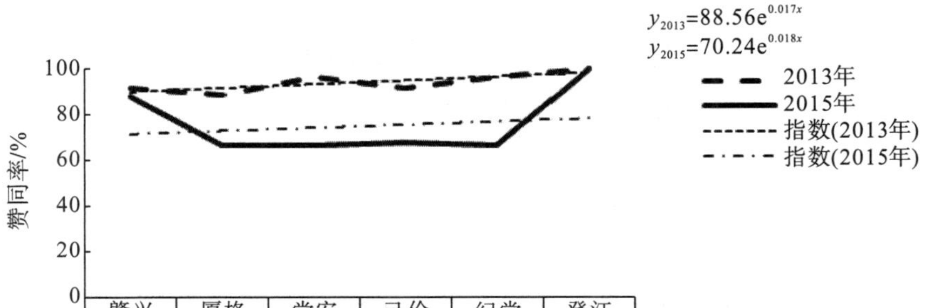

	肇兴	厦格	堂安	己伦	纪堂	登江
2013年	91.86	88.89	96.83	91.67	96.67	100.00
2015年	88.17	66.67	66.67	67.65	66.67	100.00

图 2.118　肇兴侗寨群落村民赞成一直在本村寨居住的比重时空特征图

3. 旅游发展态度及经济影响感知因子

(1) “家乡山水应发展旅游”村民感知方面，空间上呈现出由核心区村寨向边缘区村寨减少；时间上，支持家乡发展旅游业的人数明显增多(图 2.119)，特别是肇兴村、己伦村、登江村，皆因此得利或希望得利。

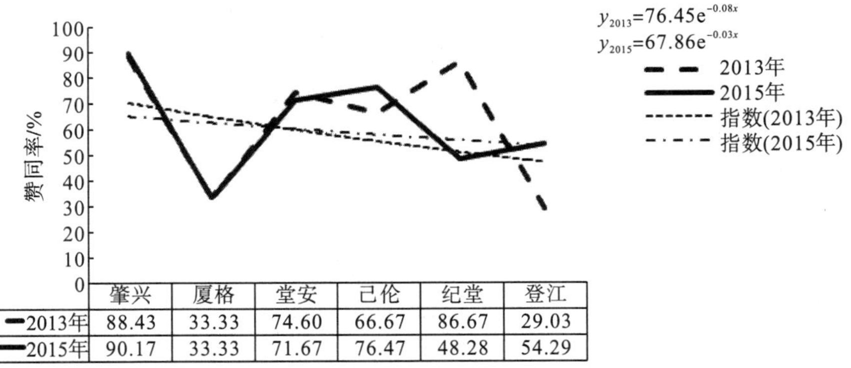

	肇兴	厦格	堂安	己伦	纪堂	登江
2013年	88.43	33.33	74.60	66.67	86.67	29.03
2015年	90.17	33.33	71.67	76.47	48.28	54.29

图 2.119　肇兴侗寨群落村民赞同家乡发展旅游业的比重时空特征图

(2) 各村寨村民希望将现有房屋改成用于经营旅游项目的比重逐年下降，也呈现出由核心区向边缘区减少的趋势(图 2.120)。

4. 民族文化传承氛围因子

村民认为应更多了解本民族文化(图 2.121)，认同通过家庭耳濡目染了解本民族文化，但在空间尺度上村民的认同感由核心区向边缘区减少(图 2.122)。村民也赞同通过学校教育传承本民族文化(图 2.123)。

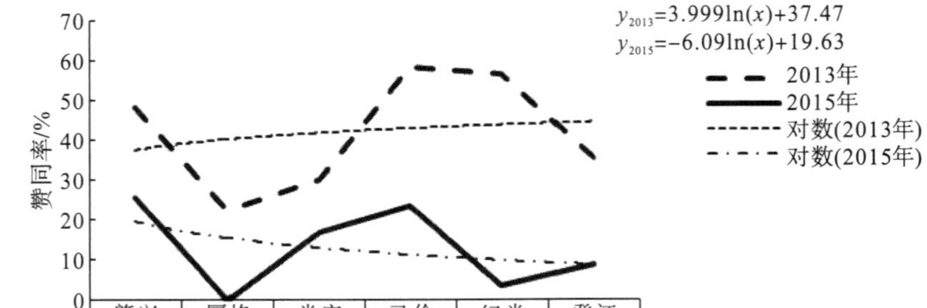

	肇兴	厦格	堂安	己伦	纪堂	登江
2013年	48.29	22.22	30.16	58.33	56.67	35.48
2015年	25.50	0	16.67	23.53	3.45	8.57

图 2.120　肇兴侗寨群落村民赞成将现有房屋用于经营旅游项目的比重时空特征图

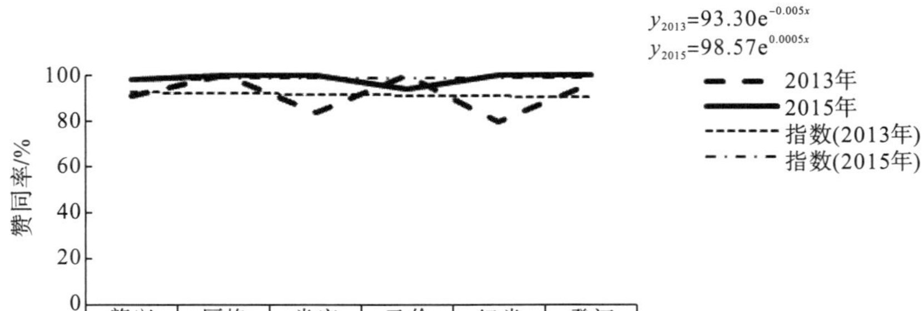

	肇兴	厦格	堂安	己伦	纪堂	登江
2013年	90.86	100.00	84.13	100.00	80.00	96.77
2015年	98.46	100.00	100.00	94.12	100.00	100.00

图 2.121　肇兴侗寨群落村民赞成通过耳濡目染的方式了解民族文化的比重时空特征图

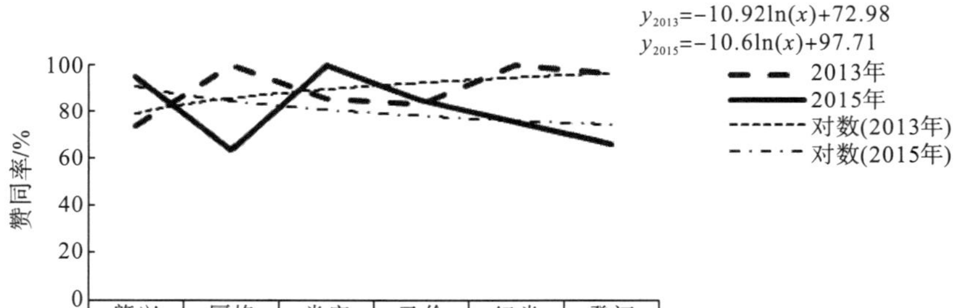

	肇兴	厦格	堂安	己伦	纪堂	登江
2013年	73.71	100.00	85.71	83.33	100.00	96.77
2015年	95.55	63.33	100.00	85.29	75.86	65.71

图 2.122　肇兴侗寨群落村民赞成了解少数民族文化的比重时空特征图

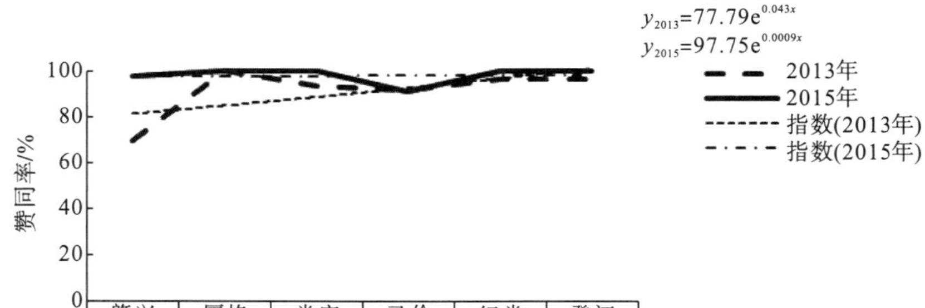

	肇兴	厦格	堂安	己伦	纪堂	登江
2013年	69.43	100.00	93.65	91.67	96.67	96.77
2015年	97.54	100.00	100.00	91.18	100.00	100.00

图 2.123　肇兴侗寨群落村民赞成学校教育中涉及民族历史的比重时间特征图

5. 外来文化接受与学习氛围因子

肇兴侗寨群落各村寨村民认为应该接受汉族文化(图 2.124)，重视自身学习(图 2.125)。从时间上看，重视知识学习的人数呈现减少的趋势，尤其表现在过渡区、边缘区的村寨村民态度上。

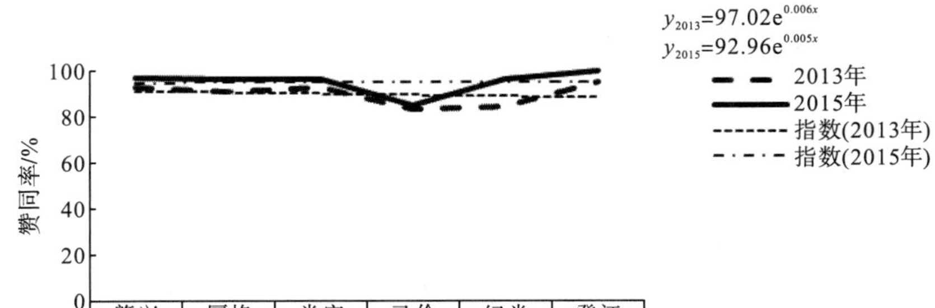

	肇兴	厦格	堂安	己伦	纪堂	登江
2013年	93.12	91.12	93.21	83.23	84.34	95.56
2015年	96.86	96.67	96.67	85.29	96.55	100.00

图 2.124　肇兴侗寨群落村民赞同接受汉族文化的比重时空特征图

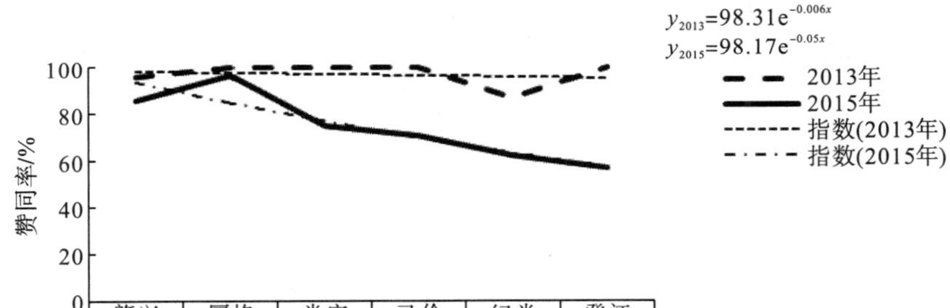

	肇兴	厦格	堂安	己伦	纪堂	登江
2013年	95.71	100.00	100.00	100.00	86.67	100.00
2015年	85.87	96.67	75.00	70.59	62.07	57.14

图 2.125　肇兴侗寨群落村民赞同应该重视自身学习的比重时空特征图

6. 旅游社会环境影响感知因子

(1) 生活在核心区村寨的村民明显感受到外来商人影响自身生活，认为其能够提供就业机会，增加收入；发展旅游也能扩大人际关系网(图 2.126)。而边缘区村寨还是以传统生活、生产方式为主，没有感受到这些变化。

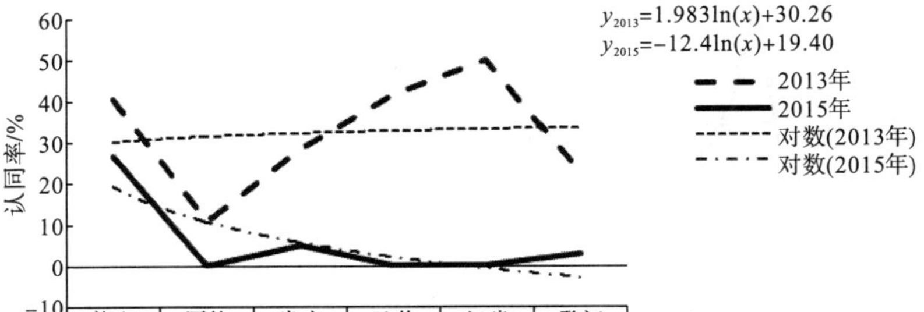

	肇兴	厦格	堂安	己伦	纪堂	登江
2013年	40.71	11.11	28.57	41.67	50.00	22.58
2015年	26.73	0	5.00	0	0	2.86

图 2.126　肇兴侗寨群落村民认为旅游使自己认识了更多外地人的比重时空特征图

(2)边缘区村寨村民邻里关系好于核心区村寨，但肇兴村村民认为与邻里关系逐年转好。

2.3 音寨群落社会文化因子的时空透视

2.3.1 物质文化因子时空差异

1. 经济因子

(1)音寨群落大部分村寨保留着“以农为本”“自己自足”的农耕生活方式，边缘区农田耕作收入略高于核心区和过渡区村寨(图 2.127)。核心区竹林堡更多村民从事旅游，农耕收入逐年减少；石头堡、中洛海虽接待游客，但数量少，收入依然依靠农耕。

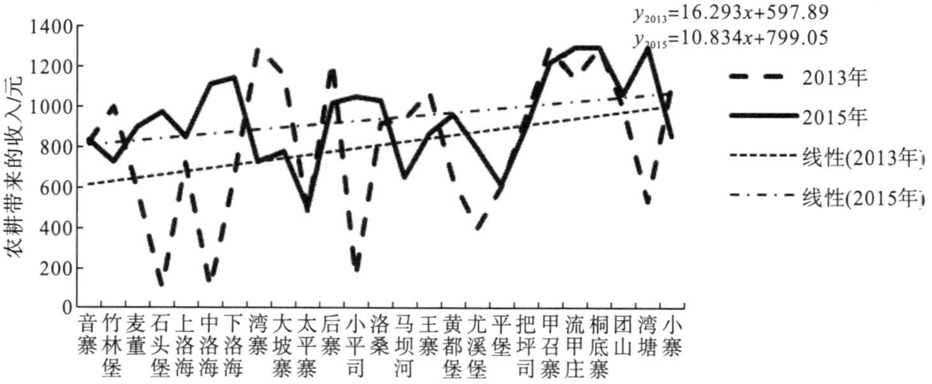

图 2.127 音寨群落各村寨农耕收入时空特征图

(2)音寨各村寨村民月均收入整体上呈现增加的趋势，但不同村寨平均收入差距较大(图 2.128)。接待旅游的音寨、竹林堡、麦董村寨因游客量下降，村寨平均收入明显降低；以外出务工为主的石头堡、太平寨、后寨、平堡及边缘区的桐底寨、湾塘等村寨月均收入明显增加。

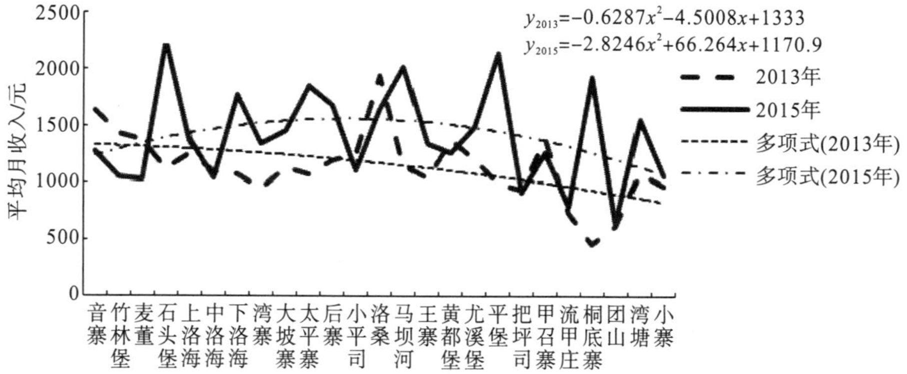

图 2.128 音寨群落各村寨月平均收入时空特征图

(3) 音寨旅游呈据点式发展，核心区旅游收入占家庭总收入的比重逐年上升(图 2.129)。过渡区的洛桑、马坝河、平堡村寨整体上旅游收入占家庭收入比重较高；边缘区村寨则无。

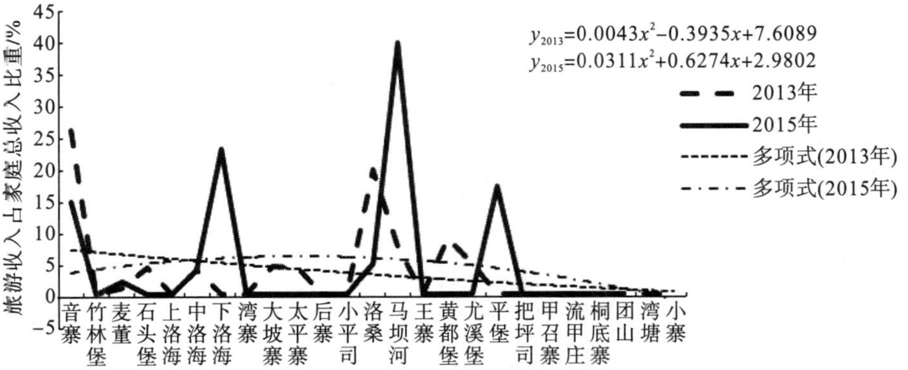

图 2.129　音寨群落各村寨旅游收入占家庭经济收入的比重时空特征图

(4) 家庭经营旅游项目年总收入(图 2.130)在空间上呈现由核心区到边缘区逐渐递减的趋势，且村寨间差异性较大。时间上，音寨家庭经营旅游项目年总收入呈现逐年递减的趋势。

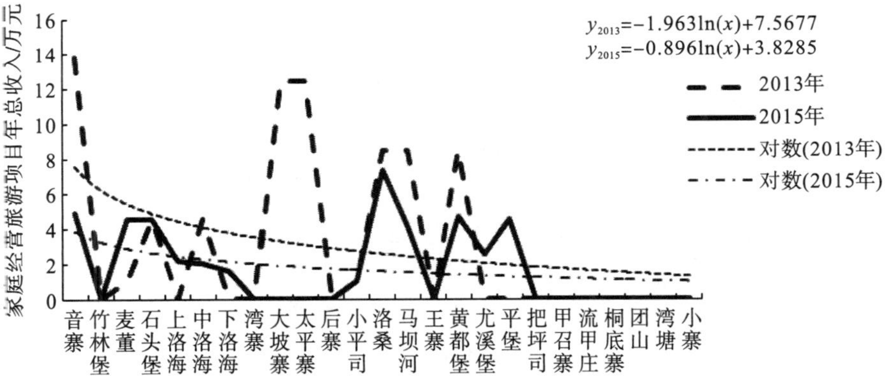

图 2.130　音寨群落各村寨经营旅游项目年总收入时空特征图

(5) 家庭经营旅游项目数量呈逐年增多，其中下洛海、马坝河、尤溪堡等个别村寨增加明显；空间上，呈现出核心区到边缘区经营旅游项目数量递减(图 2.131)。下洛海、洛桑和黄都堡由于农家乐发展较为成熟，其旅游项目数量明显高于其他村寨。

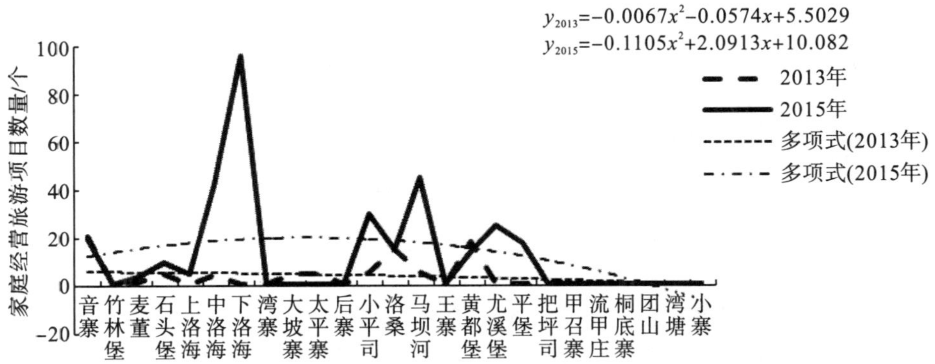

图 2.131　音寨群落各村寨经营旅游项目数量时空特征图

(6)村民旅游从业人数(图 2.132)和每周与游客接触的天数(图 2.133)在村寨间差异较大，呈据点式表现。由于发展水平不稳定，青壮年外出务工人数呈逐年上升的趋势(图 2.134)，特别是中洛海、后寨、流甲庄和湾塘。

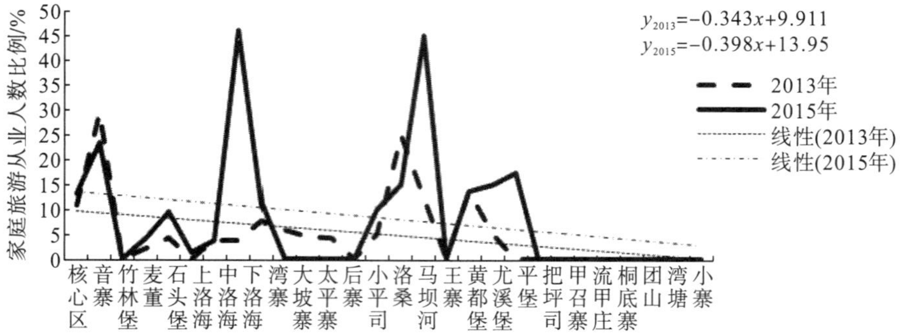

图 2.132 音寨群落各村寨村民从事旅游业人数比例时空特征图

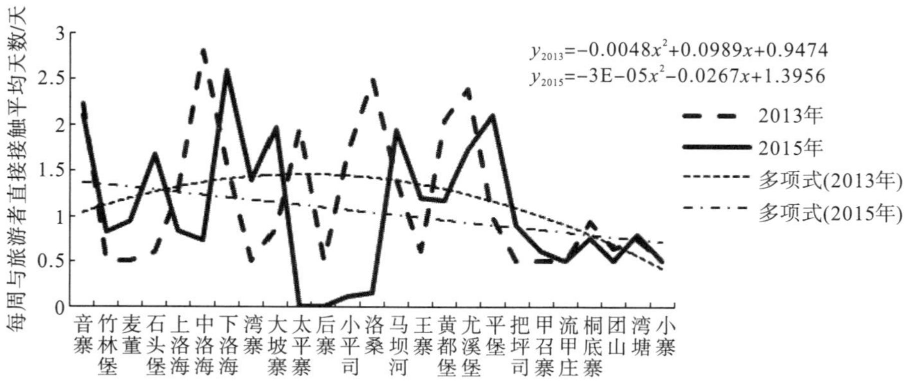

图 2.133 音寨群落各村寨每周与游客接触的天数时空特征图

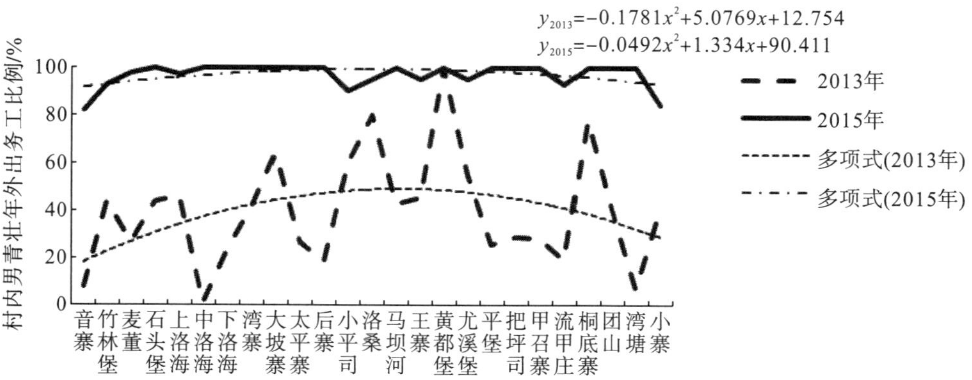

图 2.134 音寨群落各村寨外出务工情况时空特征图

(7)村寨间年度生活费开支差异有所减小，空间上核心区生活费开支相对较高(图2.135)。随着经济的发展，人情客往费和休闲娱乐开支也随之增长(图 2.136、图 2.137)。

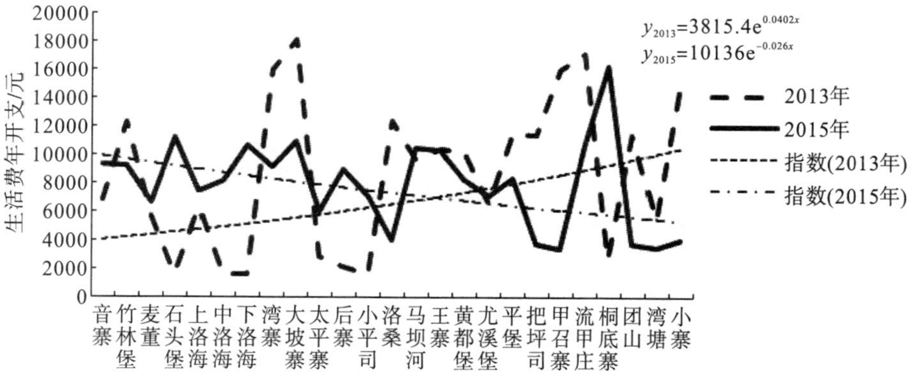

图 2.135　音寨群落各村寨生活费开支情况时空特征图

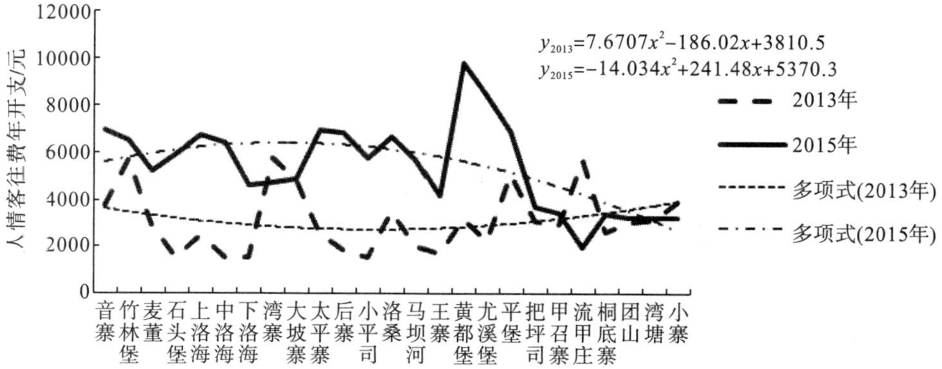

图 2.136　音寨群落各村寨人情客往费开支情况时空特征图

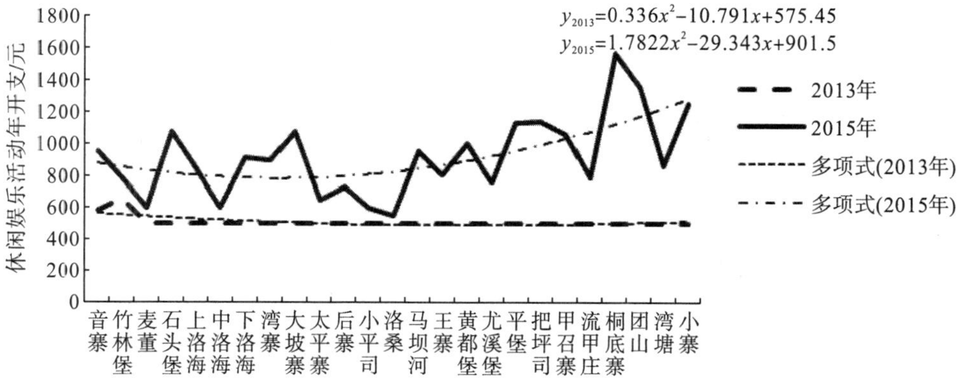

图 2.137　音寨群落各村寨休闲娱乐活动情况时空特征图

(8) 村寨间文化卫生教育开支逐年增长，并存在较大差异(图 2.138)。随着生活水平的提高及旅游发展，人们更加重视人口素质的提升及旅游相关的培训，相应的文化卫生教育的开支增加。

(9) 由于外出务工人数增加，收入水平提高，加之文化卫生教育费用增加，边缘区村寨家庭总开支增多(图 2.139)。但村民家庭结余在逐年增加(图 2.140)。

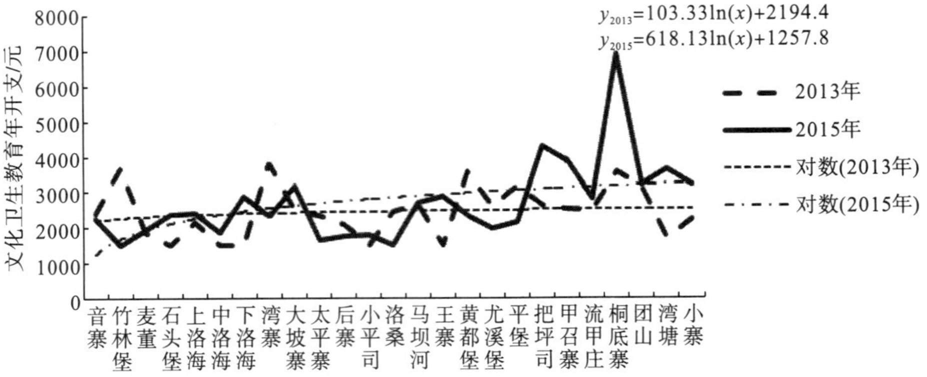

图 2.138　音寨群落各村寨文化卫生教育开支时空特征图

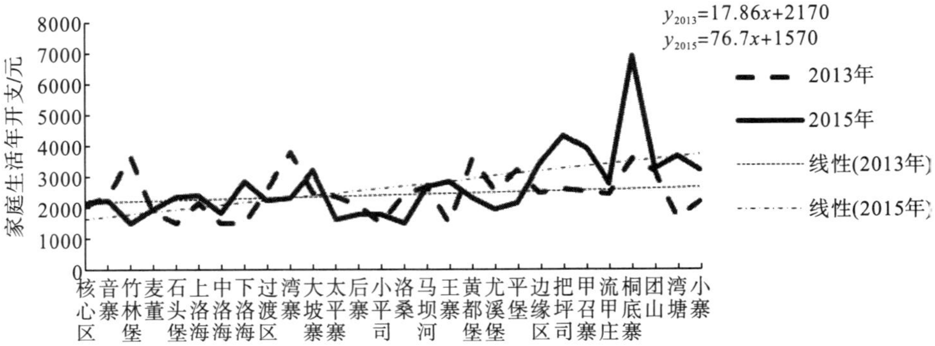

图 2.139　音寨群落各村寨家庭生活总开支时空特征图

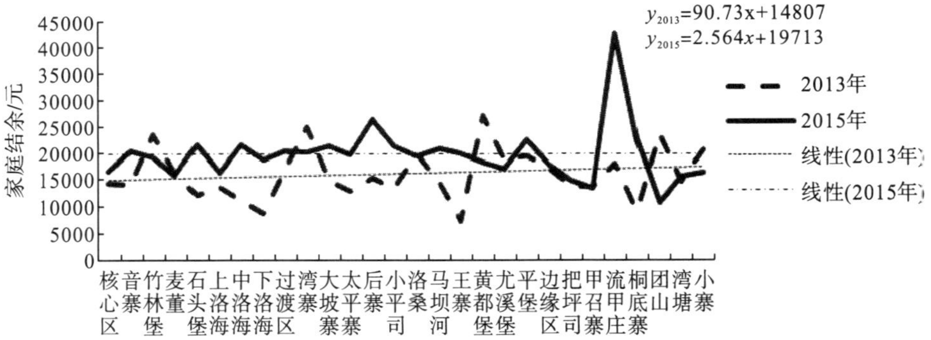

图 2.140　音寨群落各村寨家庭结余时空特征图

2. 服饰文化因子

(1) 村民民族服饰穿着频率在时间上逐年递增(图 2.141)，多以节日着装为主，各村寨间村民着民族服饰存在着显著差异，其中，石头堡、中洛海村民除节日外，有游客时也着民族服饰。

(2) 时间上村民对民族服饰传统工艺的知晓度和认同度明显增加(图 2.142、图 2.143)，而空间上各村寨村民认知差异大，其中石头堡、后寨、黄都堡、湾塘村民对民族服饰有更深的了解和认同。

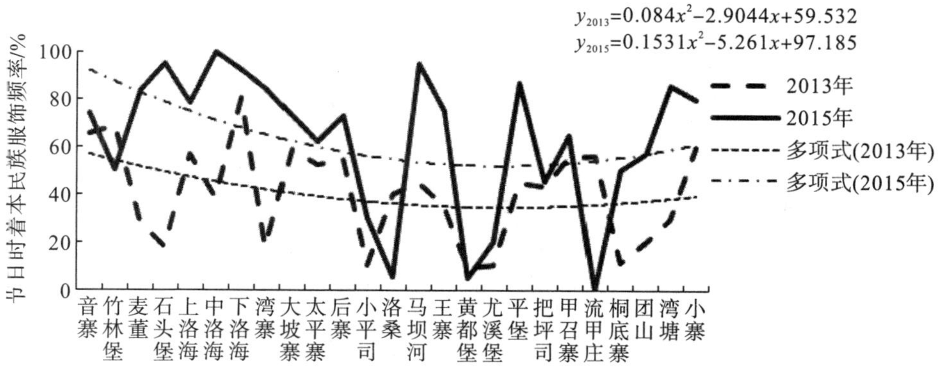

图 2.141　音寨群落各村寨村民节日时着本民族服饰频率时空特征图

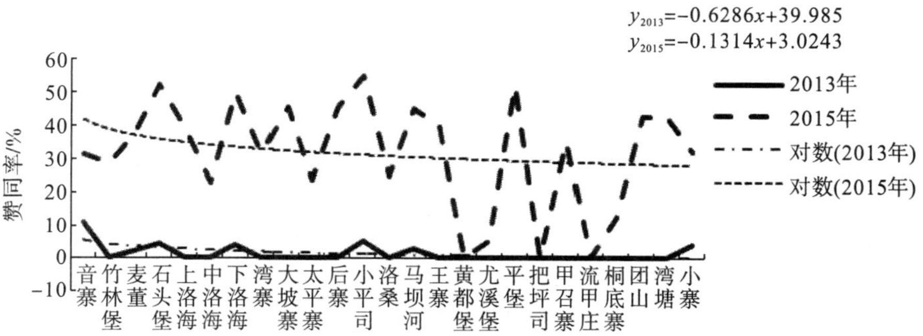

图 2.142　音寨群落各村寨村民了解民族服饰图案含义时空特征图

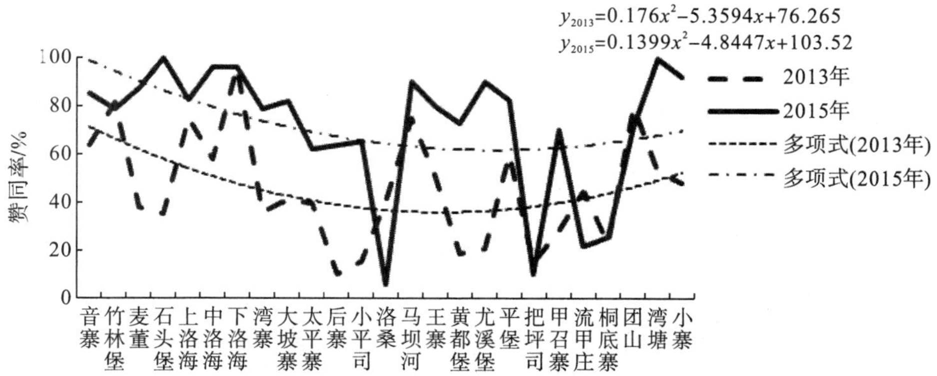

图 2.143　音寨群落各村寨村民认为本民族服饰好看有特色时空特征图

(3)村民制作本民族服饰的人明显减少，而空间上呈由核心区村寨向边缘区村寨递减的趋势(图 2.144)。

3. 民族手工艺文化因子

(1)村寨布依族手工艺传承人逐年增加，其中，边缘区村寨会制作传统手工艺的人数最多(图 2.145)。

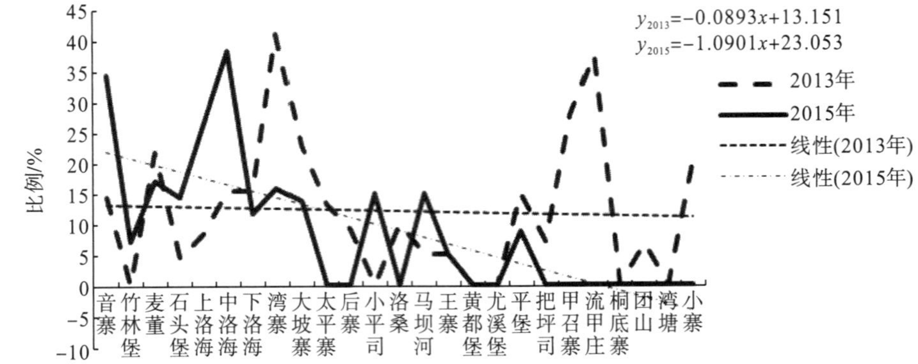

图 2.144 音寨群落各村寨家庭会自行制作民族服饰时空特征图

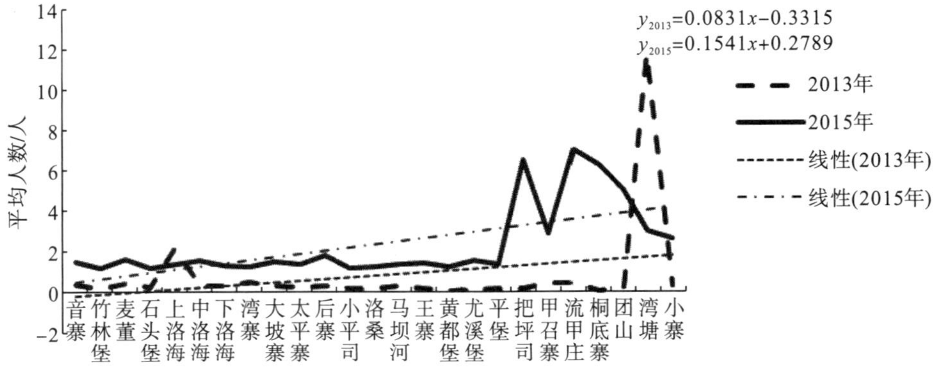

图 2.145 音寨群落各村寨家庭会制作传统手工艺的平均人数时空特征图

(2)各村寨村民对手工旅游商品的认知差异大，总体上呈现手工旅游商品大同小异(图 2.146)，受外来文化和旅游活动等因素影响，传统手工艺等融入了一些外来元素(图 2.147)，边缘区域村民对传统手工艺的认可度较高(图 2.148)。

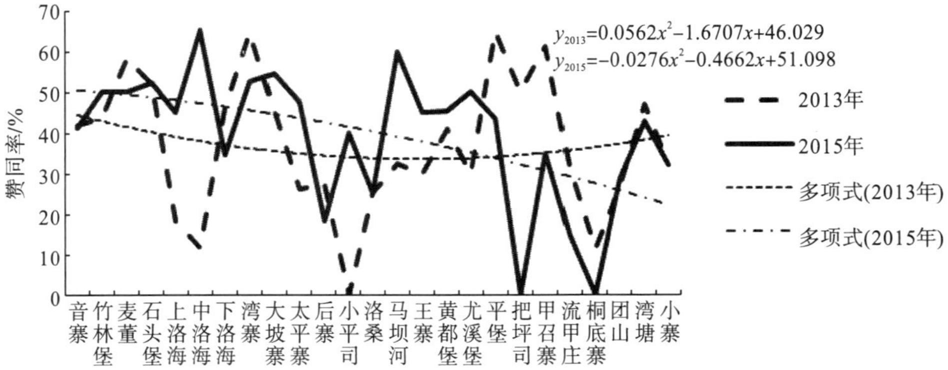

图 2.146 音寨群落各村寨手工旅游商品大同小异，缺乏特色时空特征图

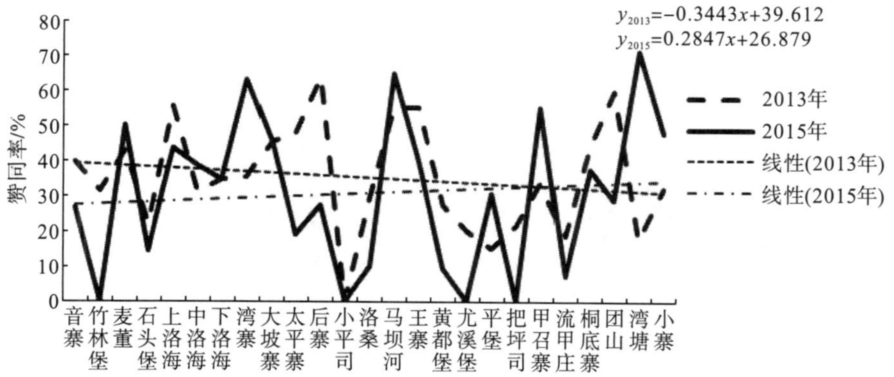

图 2.147　音寨群落各村寨本民族的传统手工艺因旅游发生变化时空特征图

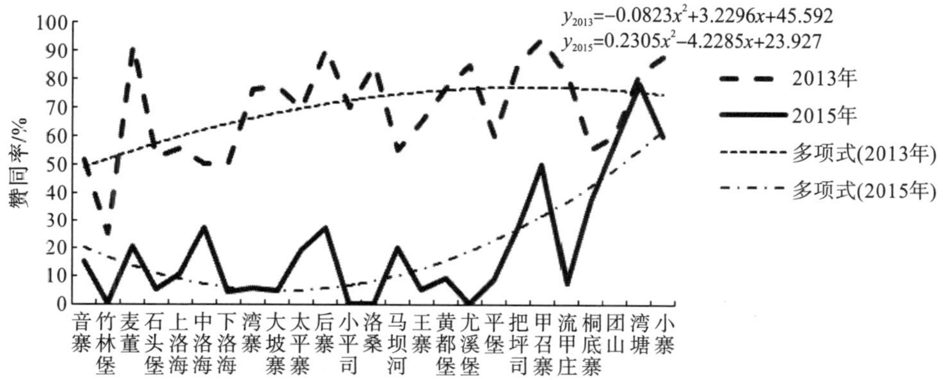

图 2.148　音寨群落各村寨村民喜欢传统手工艺的改变时空特征图

4. 饮食文化因子

时间上，各村寨村民认为本民族传统饮食有特色的人有所增加；空间上，呈现由核心区村寨向边缘区村寨村民的认同度递减(图 2.149)。旅游开发后各村寨村民饮食习惯并没有发生较大的变化(图 2.150)。

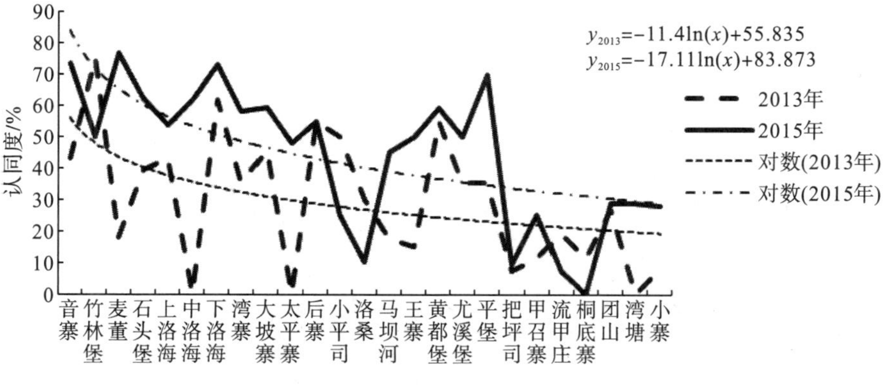

图 2.149　音寨群落各村寨村民认为本民族传统饮良有特色时空特征图

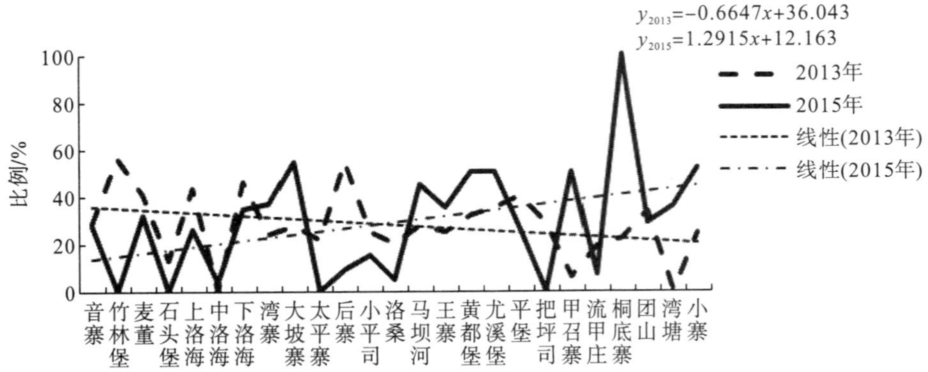

图 2.150 音寨群落各村寨村民觉得旅游开发后饮食习惯发生变化时空特征图

5. 建筑文化因子

(1)村民传统建筑知晓度方面，时间上，核心区和过渡区村寨村民对传统建筑的知晓度在逐年上升，边缘区呈逐年下降趋势；空间上，整体呈现出由核心区村寨到边缘区村寨递减的趋势(图 2.151)，其中受旅游影响极小的团山村、湾塘村、小寨村村民对传统建筑知晓度较高。

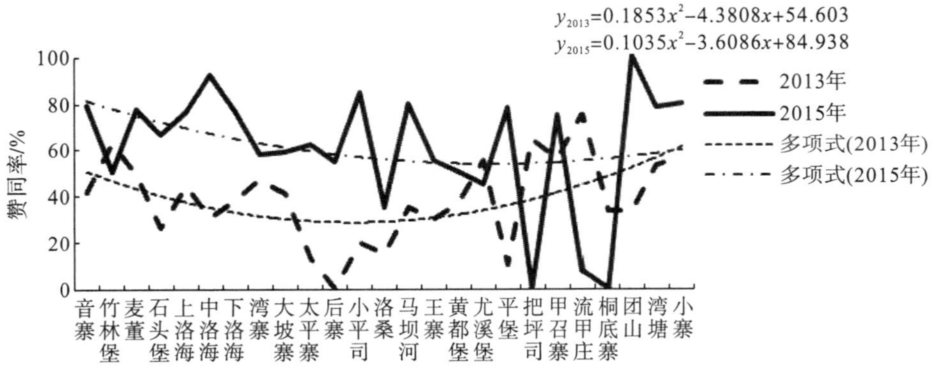

图 2.151 音寨群落各村寨村民对本民族建筑特色了解时空特征图

(2)村寨村民对传统建筑的喜好度逐年下降(图 2.152)，因现代化建筑因素融入，民族原真性保留不够完整，整体上音寨布依族群落现代建筑增多且空间差异大(图 2.153)。

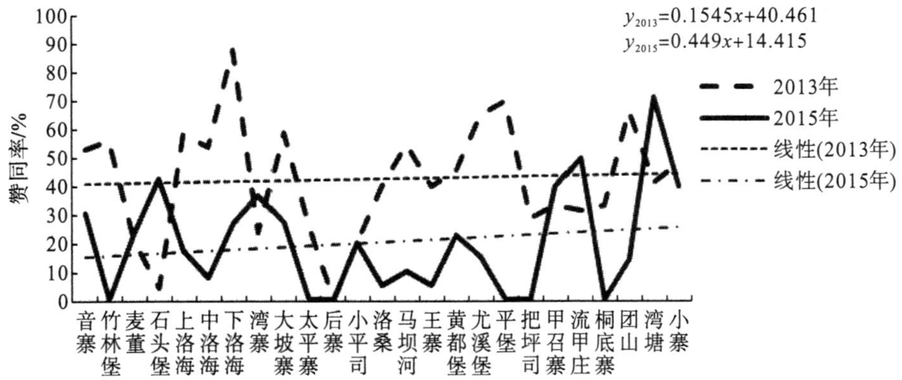

图 2.152 音寨群落各村寨村民觉得居住在本民族的特色建筑里好时空特征图

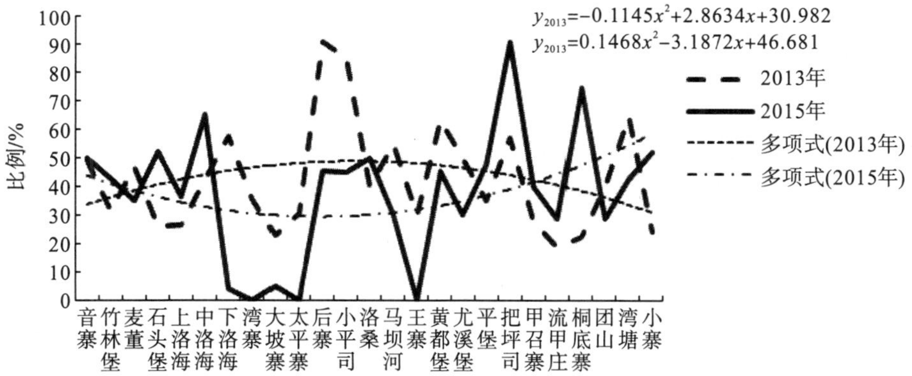

图 2.153　音寨群落各村寨修建现代化建筑时空特征图

2.3.2　精神文化因子时空差异

1. 语言因子

开放的环境下，村民外出务工或接待游客，使普通话的使用率整体提高而村寨间差异明显(图 2.154)。而游客对“异”的心理诉求加上政府有意的引导，使村民逐渐意识到本民族语言的文化性与经济性，加强了音寨村民对本民族文化的认同感和语言的使用率(图 2.155)。

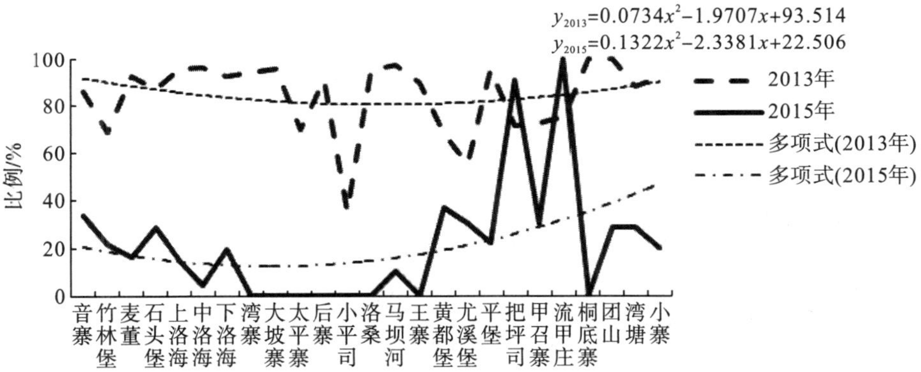

图 2.154　音寨群落各村寨日常交流都采用普通话时空特征图

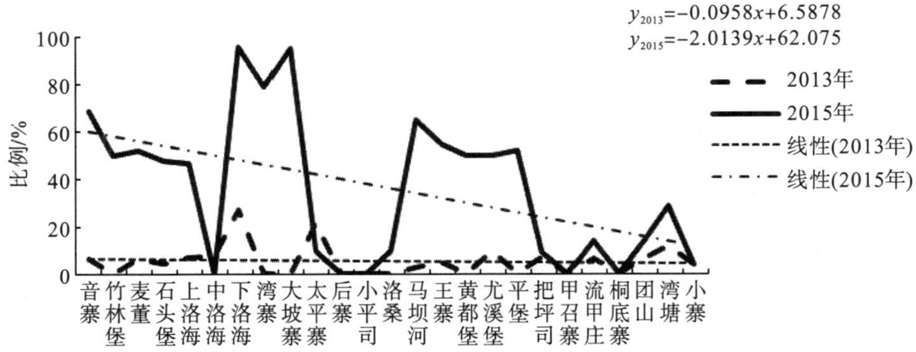

图 2.155　音寨群落各村寨家庭成员交流使用本民族语言时空特征图

2. 歌舞文化因子

(1)会民族歌舞的村民所占的比例在空间上各村寨间差异显著，无明显三区规律；时间上呈现交错变化特征，核心区会民族歌舞的人数逐年上升，边缘区人数下降明显。

(2)村民会唱本民族歌谣的比例在空间上呈核心区、边缘区村寨高于过渡区村寨，在时间上呈人数逐年上升的趋势(图 2.156)，其中核心区村寨上升幅度较大，边缘区甲召寨和湾塘会唱本民族歌谣的村民也显著增加。

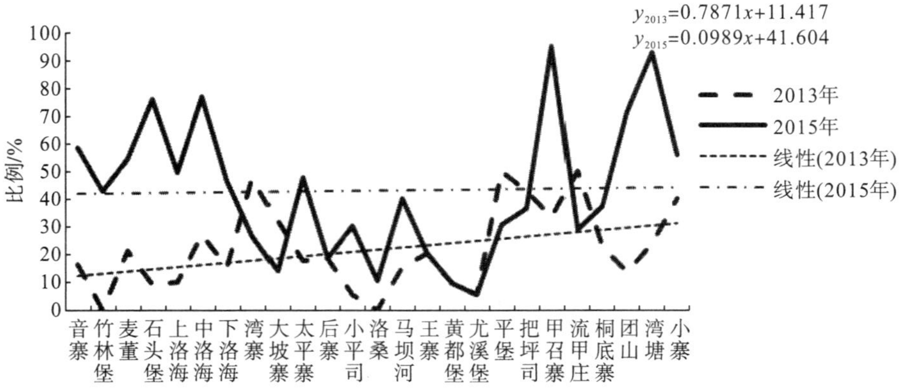

图 2.156 音寨群落各村寨村民会唱本民族的歌谣时空特征图

(3)越来越多村民觉得本民族歌谣好听且有存在的必要，但各村寨间村民对其认同感差异较大(图 2.157)。

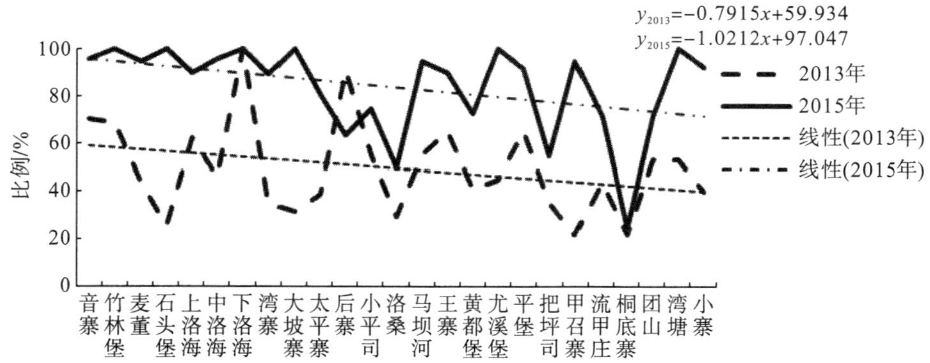

图 2.157 音寨群落各村寨村民觉得本民族歌谣很好听，有存在的必要时空特征图

3. 节事活动因子

各村寨传统节事活动数量差异不明显(图 2.158)，各村寨村民大多认为本民族节日既能起到祭祀、庆祝等作用，又能吸引旅游者(图 2.159)。所以，时间上村民对节事活动隆重程度感知度上升(图 2.160)，空间上村寨村民感知差异显著，无明显三区规律。

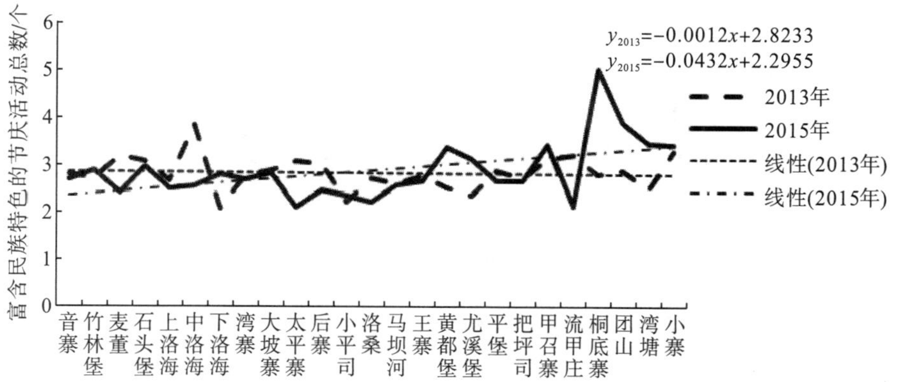

图 2.158　音寨群落各村寨本民族富含民族特色的节庆活动总数时空特征图

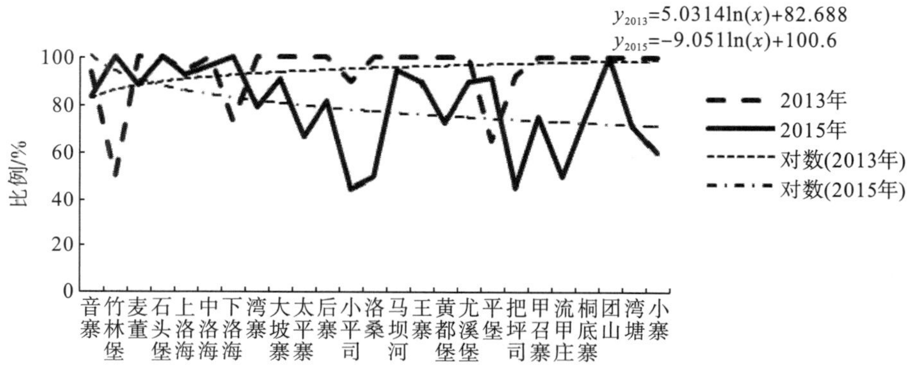

图 2.159　音寨群落各村寨本民族节日既能起到祭祀、庆祝等作用又能吸引旅游者时空特征图

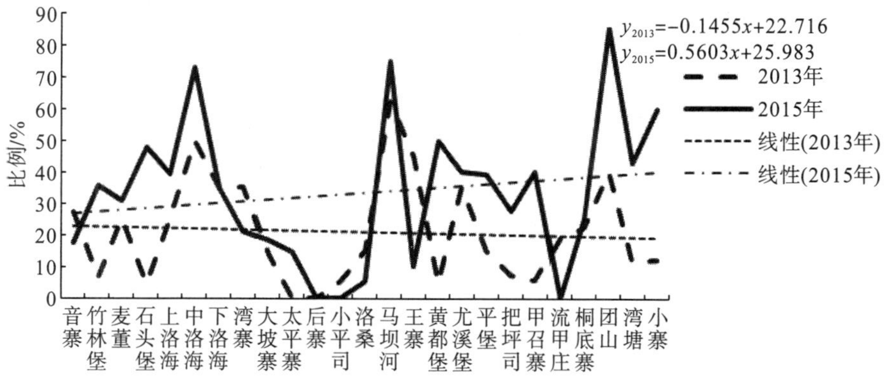

图 2.160　音寨群落各村寨本民族节事活动比以前隆重时空特征图

4. 风俗文化因子

风俗文化作为精神文化的重要组成部分，主要由婚嫁、丧葬、信仰等习俗构成。不同的习俗依据村寨不同的发展程度呈现出不同的特征。

(1)“赶表”是布依族青年男女以歌唱形式结识朋友或表达爱情的社交活动。“赶表”习俗保留情况在时间上呈现核心区、过渡区村寨减弱明显，边缘区整体上升的趋势(图 2.161)。

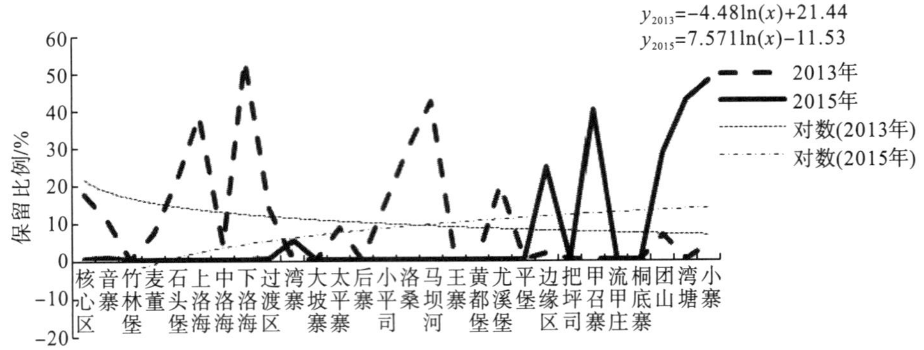

图 2.161 音寨群落各村寨“赶表”习俗保留情况时空特征图

(2)村寨大部分都保留着原始的男方上门提亲的习俗(图 2.162)。提亲习俗保留程度呈逐年上升趋势(图 2.163)，各村寨保留有波动。

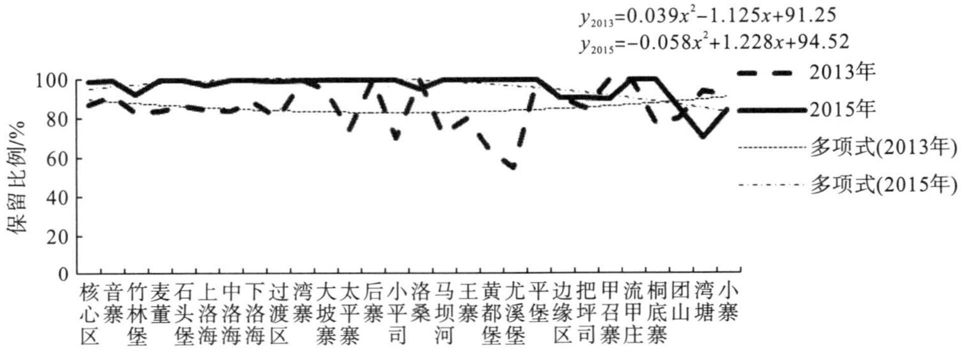

图 2.162 音寨群落各村寨男方上门提亲习俗保留情况时空特征图

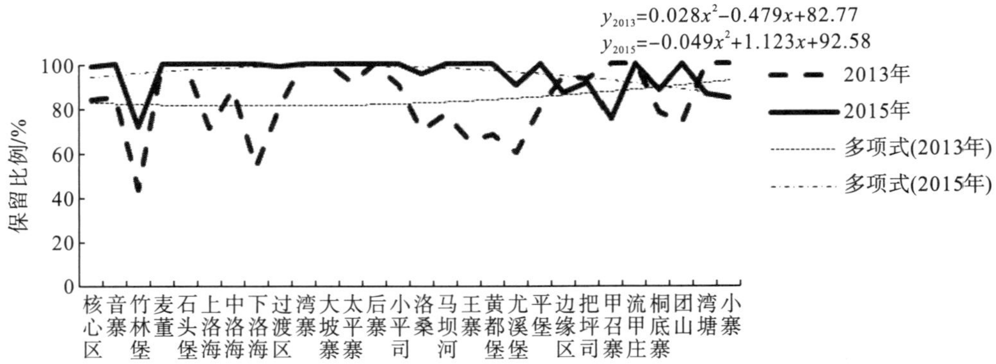

图 2.163 音寨群落各村寨“嵌皆”仪式习俗保留情况时空特征图

(3)婚前“拿生辰八字”习俗保留完整(图 2.164)。“拿生辰八字”又叫“讨八字酒”“摸八字”，是指男女青年经过恋爱、说媒之后，双方父母无异议，需择婚期。订婚前，男方媒人来讨八字，女方要在堂屋的神案前摆上八碗家酿米酒，并将生辰八字写在纸上，再压酒碗底，这时，媒人凭直觉去揭八字，揭起若没有，就将酒喝完再揭，直至揭出八字为止。

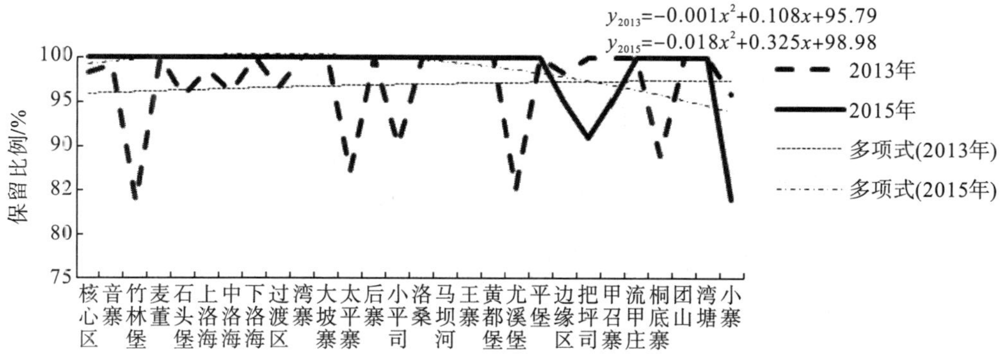

图 2.164　音寨群落各村寨“拿生辰八字”的习俗保留情况时空特征图

(4)婚后“坐家”习俗保留较好(图 2.165)。“坐家”是指按照风俗习惯，新娘要在娘家住。在此期间，男方家在农忙时节或有什么大屋小事时，由新郎的母亲或妹妹接新娘去帮忙。在男方家期间，新郎新娘同吃同住，每次农忙活路、大屋小事结束后，新娘就返回娘家。就这样循环往复几年，一直到女方怀上小孩后，女方感到在娘家已不好意思，才正式到男方家“坐家”。

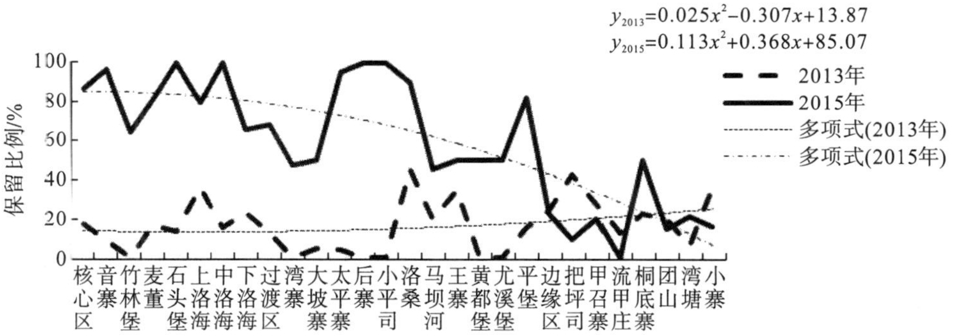

图 2.165 音寨群落各村寨“坐家”习俗保留情况时空特征图

(5)“唱荷包”习俗的保留程度随着时间的推移整体上有小幅度下降；空间上，该习俗的保留程度在各村寨间波动较大，三区无明显规律(图 2.166)。所谓“唱荷包”，就是布依族青年结婚“闹新房”的主要内容之一。其形式就是唱《荷包歌》要“荷包”，一般由两人一组，一人主唱，一人帮腔，男女不限，老少不拘，但都必须唱足 12 首《荷包歌》才能得到一个“荷包”，少一首都不行，说情更是不允许，得了“荷包”以后，还要唱《多谢歌》才能离去。

(6)棺材脚下点“长明灯”习俗的保留方面，时间上呈逐年上升的趋势；空间上，核心区和过渡区趋势平稳，边缘区起伏较大(图 2.167)。布依族老人去世后，丧家及时向外家及至亲好友报丧，请阴阳先生择定出丧安葬吉日和安葬地点，请布摩先生“开路办灵”，族中孝男孝女披麻戴孝，守灵素食，装殓棺木置于堂屋，棺木有顺梁放置或脚蹬大门放置两种，灵前祭供酒饭，点烛烧香，插上死者灵牌，点脚灯一盏，停丧二至三天，孝女每人做一箩糯米饭供灵。

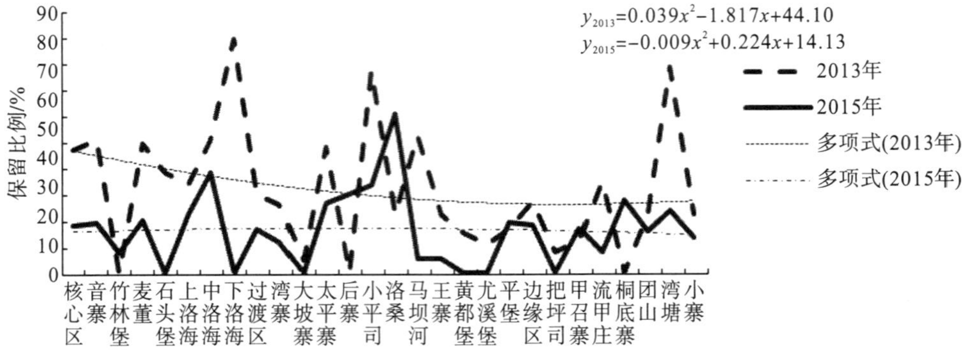

图 2.166　音寨群落各村寨“唱荷包”习俗保留情况时空特征图

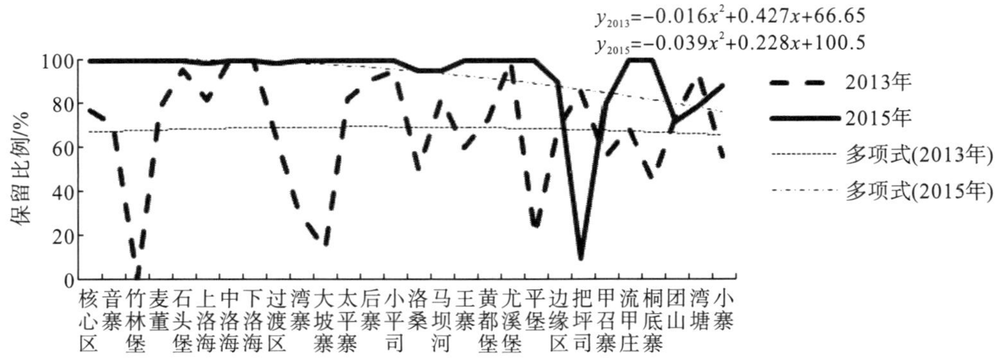

图 2.167　音寨群落各村寨棺材脚下点“长明灯”的习俗保留情况时空特征图

(7)烧“落气纸”习俗保留较好(图 2.168)。烧“落气纸”是指布依族老人归天之后，在出殡那天，送葬队伍前面有很长一队人扛着五彩缤纷的纸火工艺(旗罗伞盖、执事仪仗、龙虎狮象等)，到墓地葬了死者后，这些纸火一定要按照规定位置摆放好，才由布摩先生念咒焚烧。

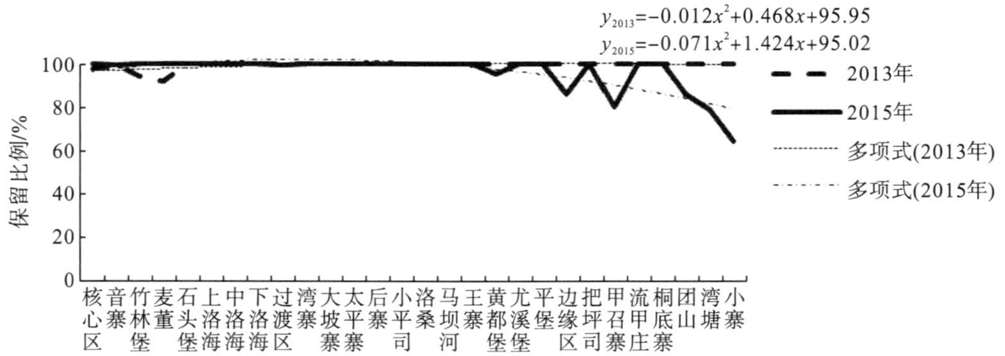

图 2.168 音寨群落各村寨烧“落气纸”的习俗保留情况时空特征图

(9)生前做寿衣习俗保留方面，时间上除边缘区部分村寨保留度略有下降外，其他村寨均呈现上升趋势(图 2.169)。

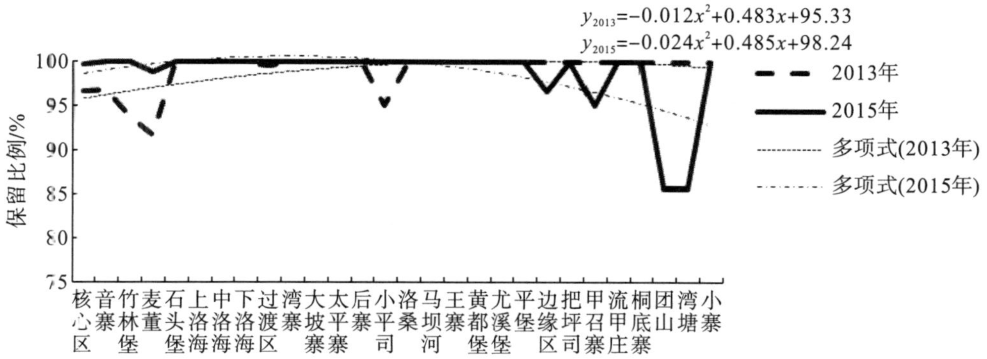

图 2.169 音寨群落各村寨生前做寿衣的习俗保留情况时空特征图

(10)“砍牛”习俗的保留方面，时间上核心区保留度有所降低，其他区呈交错变化特征；空间上呈现出由核心区到边缘区保留度递增的趋势(图 2.170)。布依族人民自古以来都依靠牛耕耘，把丰稔的希望寄托在牛身上，因此，每当布依族中有成年以上的人去世，在出殡之日，都要举行很隆重的“砍牛”仪式，希望死去的人在阴间也同在人间一样有牛耕地。随着社会和经济的发展，以及外来文化的大量涌入，许多布依族山寨已不再进行砍牛仪式，但在丧葬仪式中还较好地保留着念“砍牛经”的传统习俗。

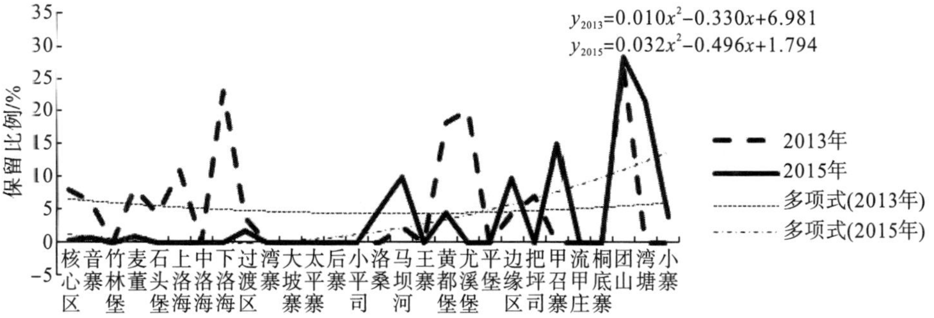

图 2.170 音寨群落各村寨“砍牛”习俗保留情况时空特征图

(11)“复山谢土”习俗的保留方面，时间上该习俗的保留度呈下降趋势；空间上该习俗保留度呈现出由核心区向边缘区递增的特征(图 2.171)。亡人葬后满三天后，孝子带鸡、酒等到新坟祭供“谢土”“复山”(或称“复三”)，祭拜的人就地捡一把柴草带回家丢在柴堆表示带财，“复三”即来去不走原路。

(12)“送金竹”习俗保留方面村寨间差异大，时间尺度上，该习俗的保留度呈逐年上升趋势(图 2.172)。“送金竹”又叫“改都雅”(敬门神)，是指新媳妇怀第一胎时，为了让她能顺利生下长子或长女，要在家中举行该仪式，设坛奉献猪肉、公鸡、酒、糯米饭等祭品。比仪式由舅家选择一对竹节一致、高矮相同的金竹，派两名男性长者送竹前来祝贺，意为“神竹送子”。

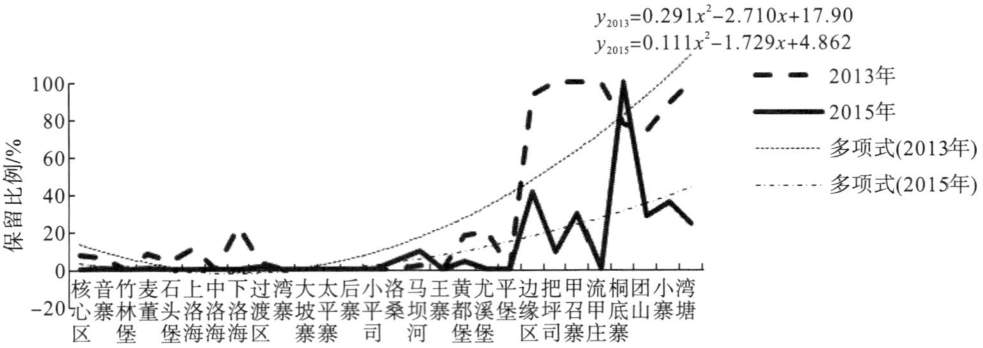

图 2.171　音寨群落各村寨“复山谢土”习俗保留情况时空特征图

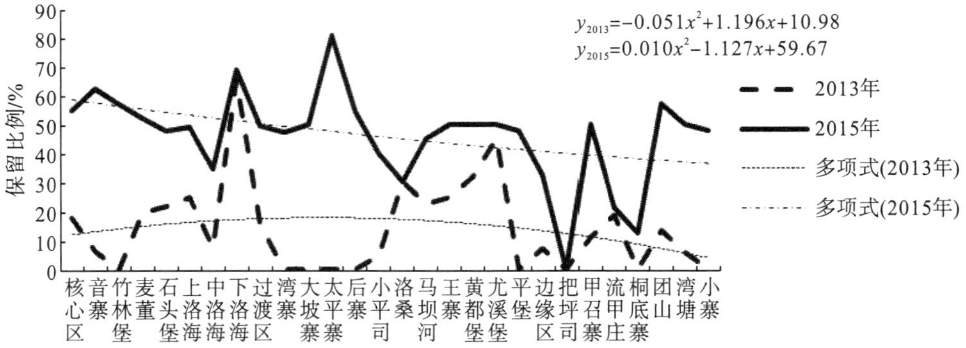

图 2.172　音寨群落各村寨“送金竹”习俗保留情况时空特征图

(13)村民对“传统风俗是否发生改变”感知方面，时空差异不明显(图 2.173)，音寨群落各村寨由于受旅游和外来文化影响程度不一，传统风俗发生变化的程度也不尽相同。

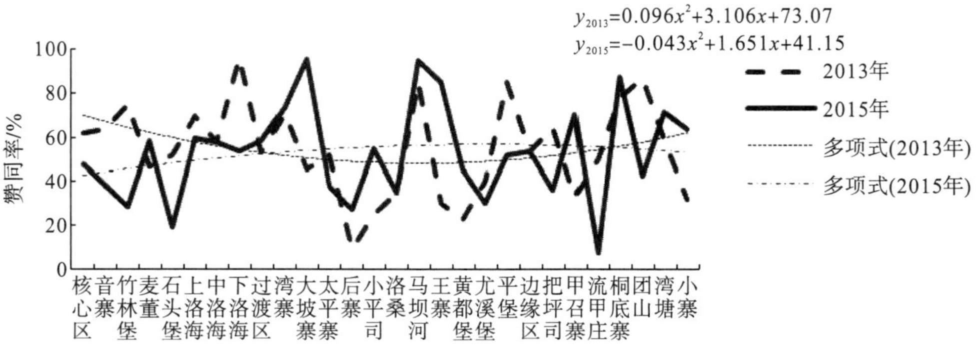

图 2.173　音寨群落各村寨村民认为传统风俗发生变化时空特征图

(14)“传统民族风俗改变受旅游影响”感知方面，时间上感知度整体呈现出逐年下降的趋势；空间上村寨间差异显著(图 2.174)。

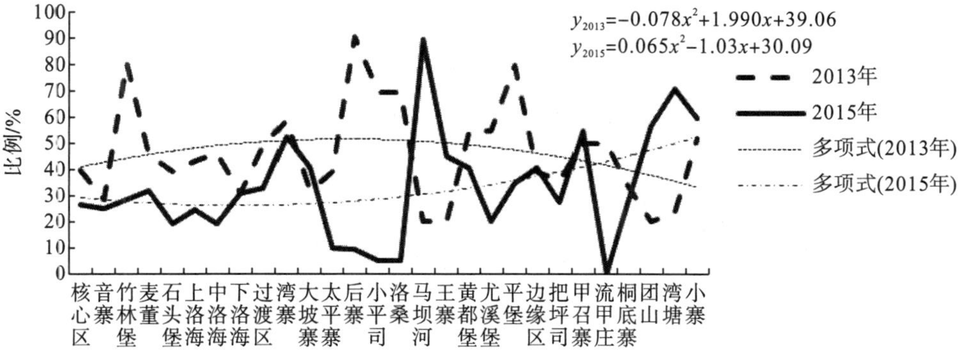

图 2.174　音寨群落各村寨传统风俗改变的原因是旅游的影响情况时空特征图

2.2.3　制度文化因子时空差异

(1)崇拜祖先在布依族比较突出和普遍，平时亲戚朋友送礼或遇节日，都要先供祖先，接亲嫁女更要祭祖。崇拜祖先及多神信仰方面，时间上该宗教习俗占比总体呈逐年上升的趋势；空间上趋于平稳，部分寨子有小幅度波动(图 2.175)。

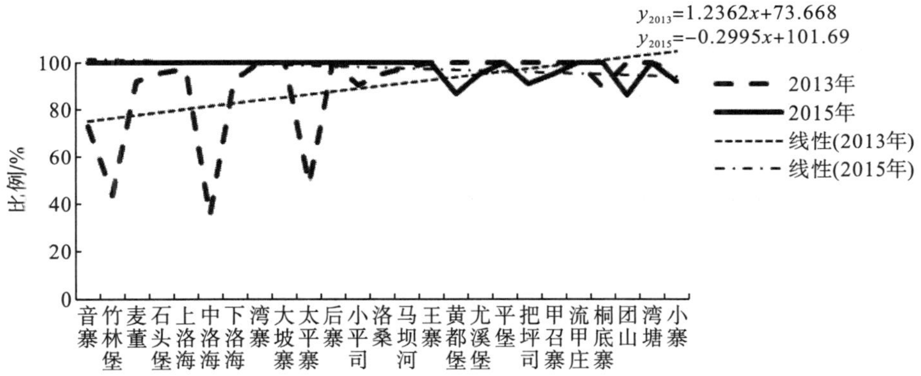

图 2.175　音寨群落各村寨保留崇拜祖先及多神信仰时空特征图

(2)个别村寨还保留有以鱼蛟龙作为图腾的宗教习俗，除甲召寨和湾塘在时间序列上呈上升趋势外，其他村寨该习俗占比均呈下降趋势(图 2.176)。

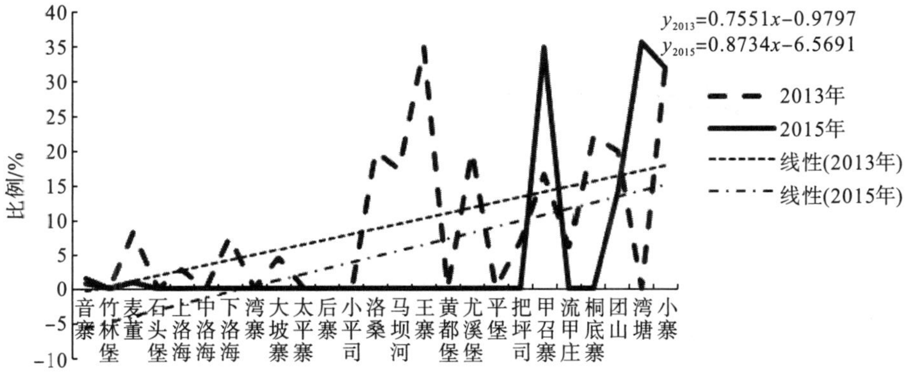

图 2.176　音寨群落各村寨以鱼蛟龙作为图腾时空特征图

(3) 布依族住房的正堂屋内普遍都设有“挂壁式”或“香案形”的神龛，也喜欢仿照汉族供奉“天地君亲师”神位和祖家牌位。从调查数据中可以看出，音寨群落屋内设神龛的占比均处于高值(图 2.177)，说明村寨内绝大多数村民家内都设有神龛。

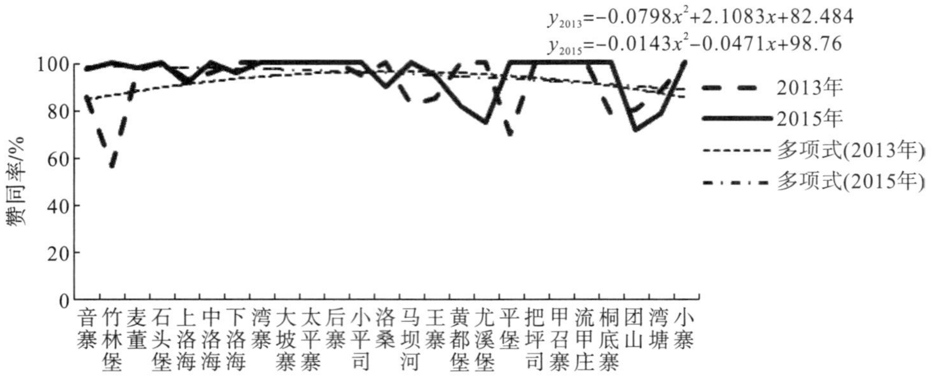

图 2.177　音寨群落各村寨屋内设有神龛时空特征图

2.3.4　村寨氛围与环境因子时空差异

(1) 村寨依恋与环境感知方面，大多数村民认为自己家乡的山水很美，大都愿意一直在本村寨居住(图 2.178、图 2.179)。

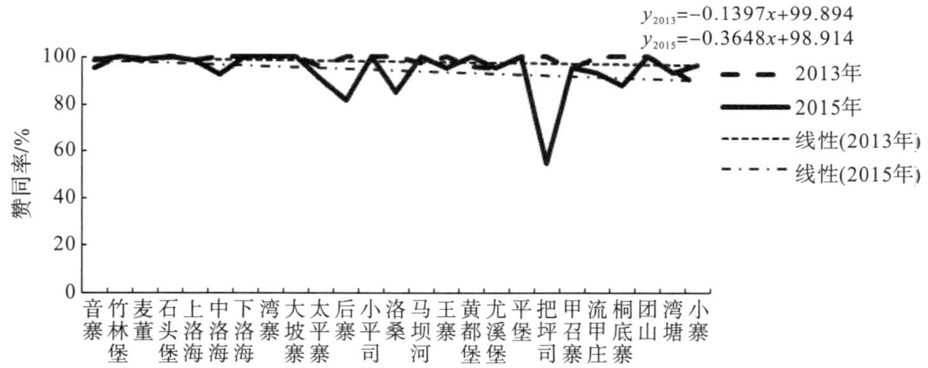

图 2.178　音寨群落各村寨村民认为家乡山水很美丽时空特征图

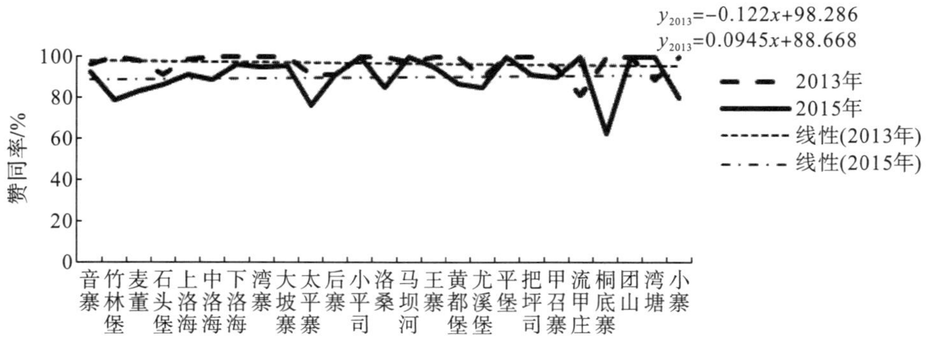

图 2.179　音寨群落各村寨村民愿意一直在本村寨居住时空特征图

(2)“通过家庭耳濡目染了解本民族文化”村民感知方面，时间上核心区村寨赞同率呈上升趋势，过渡区和边缘区村寨呈下降趋势；空间上呈现出由核心区村寨向边缘区村寨递减的特征(图 2.180)。

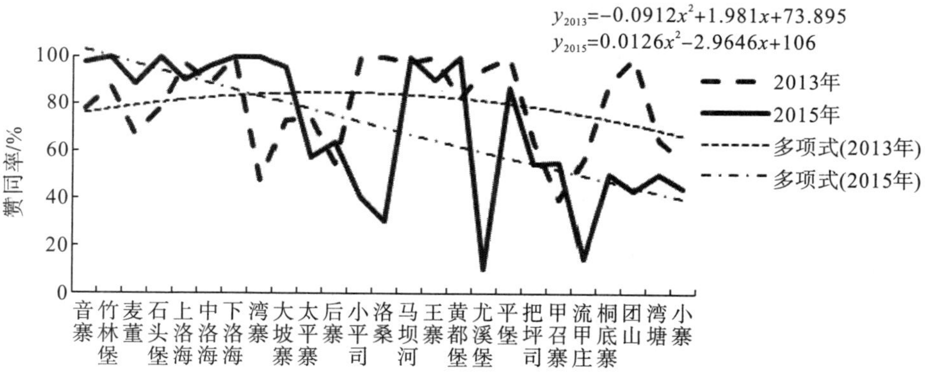

图 2.180　音寨群落各村寨村民通过家庭耳濡目染来了解本民族文化时空特征图

(3)越来越多的村民在家存放与本民族文化有关的图书(图 2.181)，认为有了解少数民族文化的必要(图 2.182)，只有边缘区个别村寨赞同比例随时间推移略有下降，占比较低。

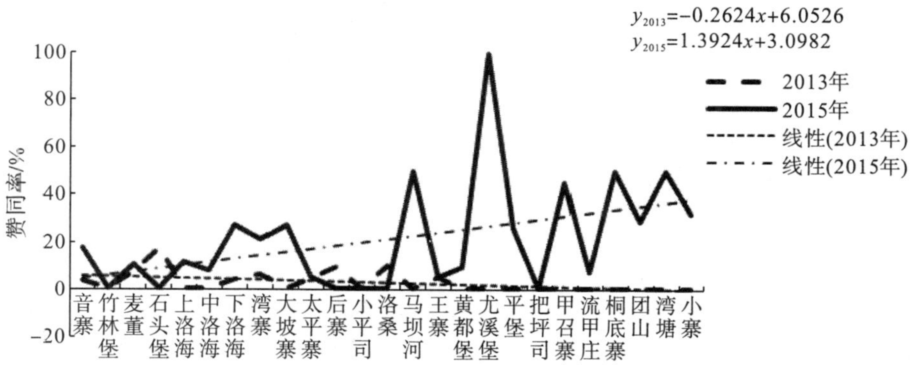

图 2.181　音寨群落各村寨村民家里存放与本民族文化有关的图书类型时空特征图

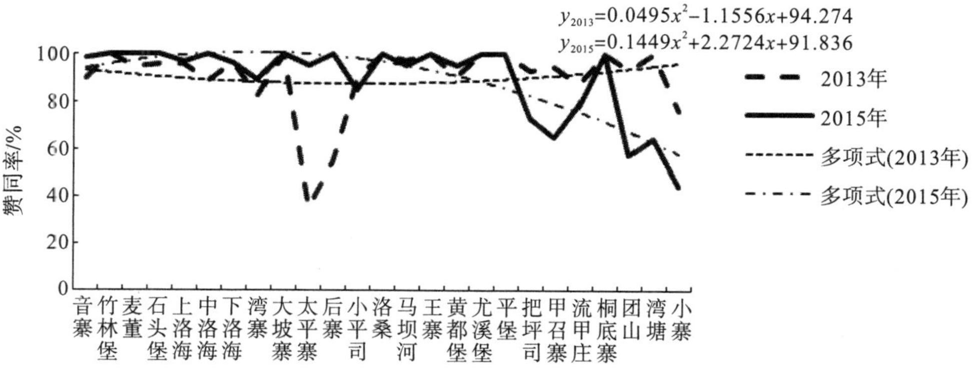

图 2.182　音寨群落各村寨村民认为有必要了解少数民族文化时空特征图

(4)村民皆感受到旅游开发的好处，大多赞同家乡发展旅游业(图 2.183)。

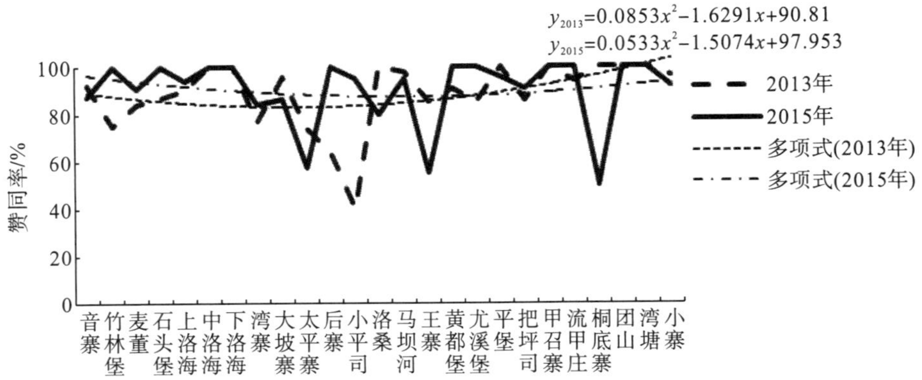

图 2.183　音寨群落各村寨村民赞同家乡山水用作发展旅游业时空特征图

(5)大多数村民认为应该接受汉文化，重视知识学习(图 2.184)。

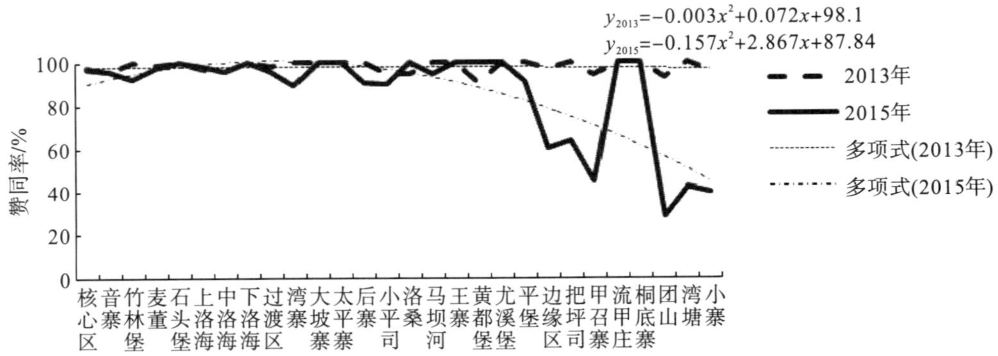

图 2.184　音寨群落各村寨村民赞成接受汉族文化时空特征图

(5)“打算将现有的房屋或土地用来经营农家乐等旅游项目”感知方面，时间上整体呈现接受度下降的趋势，但边缘区部分村寨村民接受度上升，对于经营农家乐的诉求明显增加；空间上，从核心区到边缘区，越来越多的村民愿意将现有的房屋或土地用来经营旅游项目(图 2.185)。

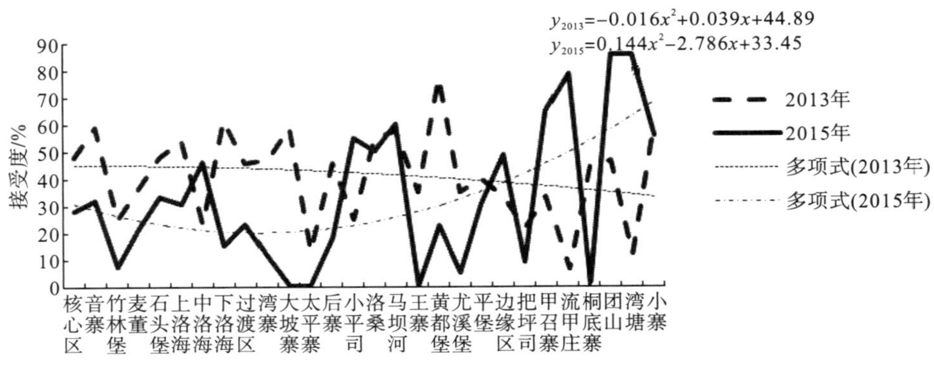

图 2.185　音寨群落各村寨村民打算将现有房屋或土地用来经营农家乐等旅游项目时空特征图

(6) 村民认同"旅游使我的家庭比以前更加和谐，人际关系更加亲密"(图 2.186、图 2.187)。

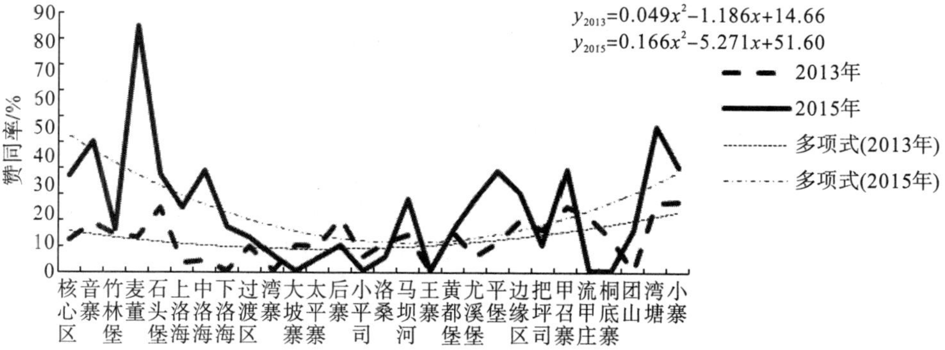

图 2.186　音寨群落各村民村寨认同"旅游使我的家庭比以前更加和谐"情况时空特征图

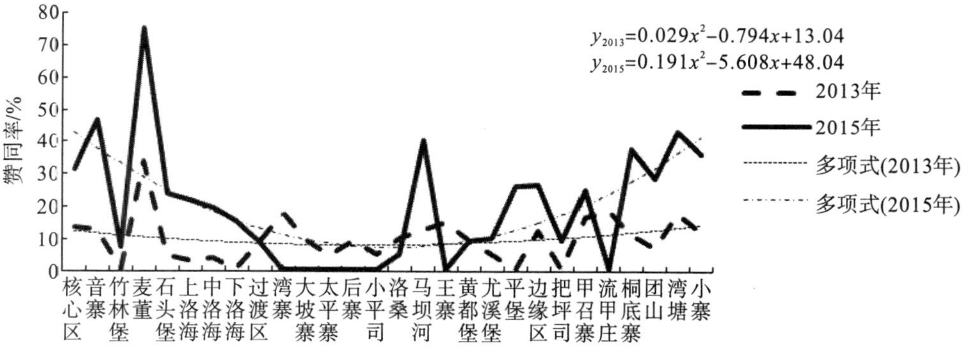

图 2.187　音寨群落村民各村寨认同"旅游使我周围的邻里关系更加亲密了"情况时空特征图

2.4　旅游影响下民族村寨社会文化因子时空变化特征

为了更直观地总结三个典型样区"两个体系"的耦合关系，拟构建符号化的表达方式以表征社会文化因子的时空变化规律。空间上，因子对应示意符号自左向右的变化趋势表示核心区至边缘区村寨在该因子上研究末期(2015年)的整体性空间差异规律；时间上，因子示意符号相对复杂，这源于空间上的时序性往往差异明显，空间上的时间变化并不是呈现整体的变化趋势，时空交错现象明显。因此，从两个方面解读符号含义：①空间上时间变化若呈现整体推移变化趋势，示意符号为单一的向上或者向下箭头，以表示因子年际变化上的上升或下降趋势，箭头的粗细代表变化程度的高低；②时间变化若在空间上形成交错波动的特征，示意符号由空间表象符号与时间表象符号共同构成，其中，横向自左向右表示核心区、过渡区、边缘区村寨，上下箭头表示对应区域时间序列上的增长或下降趋势，若指示区域内无箭头，则表明该区域范围内村寨对于因子时间变化不明显。时空变化程度通过对因子时空特征进行综合判定获取，判定时分为以下几种情况：①因子时空变化不明显，表明该因子在旅游影响下较难发生变化，社会文化"根着性"较强，将此类因子划归为“滞变型”因子；②因子空间变化不明显，时间上呈现整体单向性变化趋势，即表明旅游对此类因子的“破坏驱动力”不强，村寨旅游影响程度的差异性未转化成其社会文化的异同，这些因子的变化往往与社会现代性发展相关，旅游诱导力特征不明显，将这类因子定义为“缓变型”因子；③因子空间变化明显，而时间上变化趋势不显著，说明村寨旅游影响程度的差异性逐渐转化成空间上社会文化的差异，因子发生空间上的“分裂”变化，而时间上变化不明显的特征说明因子易变但时间效率较低，因而将其定义为“裂变型”因子；④因子时空变化均显著时，表明旅游影响的驱动力在强度、速率上对因子均产生了较强的变化，且时间变化规律在空间上呈现整体性，时空尚未交错，旅游影响在“分裂”空间的基础上快速推动时间变化的加剧，此时，将这类因子归为“促变型”因子；⑤因子时空变化均显著，但时间变化在空间上呈现差异，此类因子往往具有压缩村寨社会文化时空效应的特征，快速“破坏”村寨某项社会文化的均衡性，依托时间效率拉大村寨空间差异，致使村寨社会文化发生复杂变化，可将其类比于“原子聚变产生的”效应，因此，将此类因子定义为“聚变型”因子。

2.4.1 西江苗寨

靠山而居的西江苗寨村民一直以来以较为封闭的民族社区型模式自我发展，旅游业的发展使封闭的聚落逐渐向外展示其自身特有的文化魅力。经过 20 多年的发展，村寨在追求经济附加值的道路上悄然转变，这种变化可能体现在当地村民嘴边的一句话、身上的一件衣，也有可能体现在村寨的一砖一瓦、一街一巷，更有可能体现在“人地”多年积淀基础上赋予村寨的那些独特“气质”，而这些变化能够通过解释事物发展过程的因子得到最为直观的呈现。西江苗寨作为社区，人地关系的复杂变化应体现在“区”所对应的地理空间，同时，也应该体现在凌驾于地理空间上推动空间发展的“社”上，社会主体为核心的社会文化与系统成了“区域”研究最重要的范式。

当然，导致西江苗寨社会文化产生时空变化的原因不是单一的，将其放在社会文明发展的历史轨迹中，现代性变迁因子更加难以把握，然而，把握事物发展主要矛盾是我们在分析与解决问题时要时刻注意的。因此，当旅游作为西江苗寨社会文化与系统发展、变化的主要驱动力时，解构村寨社区自身社会文化变化既具针对性，又对事物的发生发展给予了把控。对于旅游影响与民族村寨社区社会文化变化二者之间的耦合，试图从影响事物发展的因子出发，从时空变迁客观现状着手，通过上述调查数据分析，可以总结出一定的共性去表达旅游影响背景下西江苗寨社会文化因子的时空变化规律与特征。

立足物质文化、精神文化、制度文化、氛围与环境四大维度，将西江苗寨村落群 11 个村寨四大维度所对应的 69 个具体因子所呈现的时空特征进行整合、归类与比对，相关特征如表 2.1 所示。为了更加直观地将西江苗寨各村寨社会文化对应因子所呈现的时空变化特征给予表征，研究过程中引入特定的示意符号，在此基础上综合判定总结出各因子时空变化程度，运用聚类研究视角，依据因子变化时效差异对旅游影响下的社会文化因子进行归类总结。

表 2.1　西江苗寨社会文化因子时空变化特征及程度

因子	空间变化规律（核心区—过渡区—边缘区）	时间变化规律	时空变化程度
村民月均收入	↘	⬆	促变型
村民农业耕作收入占比	↗	↓	促变型
村民生计模式	↘	↑	促变型
外出务工	↗	↓	促变型
旅游创收对家庭收入贡献	↘	↓	促变型
旅游业态项目数量以及旅游业态总收入	↘	⬆	促变型
村民生活开支	↘	↑↓↓	聚变型
民族服饰穿着频次	◡	↓	促变型
民族服饰技艺传承	—	↓	缓变型
民族服饰制作面料选择	↘	⬇	促变型
村民民族服饰态度与感知	—	⬆	缓变型
民族服饰传统工艺知晓度	↗	↑	促变型
村民制作民族服饰	—	⬆	缓变型
民族手工艺类型	—	—	滞变型
民族手工艺传承人员	◡	⬆	促变型
传统手工艺传承方式	—	—	滞变型
传统工艺受旅游影响感知	↘	↑↓↓	聚变型
传统手工艺变化态度	↘	↓	促变型
民族传统饮食喜好度	—	—	滞变型
饮食文化受旅游影响感知度	↘	↓	促变型
村民传统建筑知晓程度	—	↑	滞变型
村民传统建筑喜好度	◡	↓	聚变型
村民现代建筑接受度	↘	↑↓	聚变型
村民普通话使用情况	↘	↑↓	聚变型
村民日常生活本族语言使用情况	—	—	滞变型
擅长民族歌舞	◡	↑	促变型
传承苗歌态度	—	↑	缓变型
村寨传统节事活动数量	—	↓	缓变型
节事活动的旅游利益性态度	—	↓	缓变型
节事隆重程度感知	↘	↑↓↓	聚变型
“抢亲”习俗保留	—	↓	缓变型

续表

因子	空间变化规律(核心区—过渡区—边缘区)	时间变化规律	时空变化程度
哭嫁习俗保留	↘	——	裂变型
“偷婚”习俗保留	——	⬇	缓变型
“新娘饭”习俗保留	——	↑	缓变型
“涂锅灰”习俗保留	——	↑	缓变型
捉鱼习俗保留	↗	↑	促变型
绣鞋习俗保留	↗	——	裂变型
提亲习俗保留	——	↑	缓变型
“新娘进门后挑水”习俗保留	——	⬇	缓变型
“垫尸布”习俗保留	——	——	滞变型
丧歌习俗保留	——	↑	缓变型
守孝习俗保留	——	↑	缓变型
“送背带、打外婆花脸”等传统生育风俗保留	⌣	——	裂变型
“传统风俗是否发生改变”感知	↘	↑↓↓	聚变型
“传统民族风俗改变受旅游影响”感知	↘	↑	促变型
村寨权利诉求	——	↑↑	缓变型
“活路头指挥农业生产”制度沿袭	——	⬆	缓变型
“村寨管理制度弱化是受旅游影响”态度	↘	↑↑↓	聚变型
“保持传统村寨管理制度”态度	⌣	↓↓↑	聚变型
祭树崇拜	——	↑	缓变型
祭龙崇拜	——	↑	缓变型
祭岩崇拜	——	↑	缓变型
祭鼓崇拜	——	↑	缓变型
“家乡山水很美”村民感知	——	↑	缓变型
“自己愿意一直在本村寨居住”村民感知	——	——	滞变型
“家乡山水应发展旅游”村民感知	↘	↑	促变型
“开发旅游的好处大于坏处”村民感知	——	↑↑	缓变型
“课堂有必要讲民族发展历史”村民态度	——	↑	缓变型
“家庭耳濡目染了解民族文化”村民态度	——	↑↓	缓变型
“家庭存放的图书类型与本民族文化有关”村民态度	↘	⬆	促变型
“有了解少数民族文化的必要”村民态度	——	↑	缓变型
“应该接受汉族文化”村民态度	——	——	滞变型

续表

因子	空间变化规律(核心区—过渡区—边缘区)	时间变化规律	时空变化程度
“自己重视知识的学习”村民态度			促变型
“旅游使我的家庭比以前更加和谐”感知			聚变型
“旅游使我的人际关系更加亲密”感知			促变型
“旅游使我的人际关系网变大”感知			聚变型
“外来商人影响自身生活”感知			促变型
“打算将现有的房屋或土地用来经营农家乐等旅游项目”态度			聚变型
“有能力我愿意成为非农职业者”态度	——	——	滞变型

根据西江苗寨 11 个村寨调查数据，对旅游影响下推动村寨社会文化发生时空变化的因子进行归类总结，依据构建的因子时空变化程度判定标准，从因子层面透视西江苗寨旅游对村寨社会文化影响时空变化可以总结出以下规律。

(1) 旅游影响下西江苗寨社会文化因子易出现松动，其中，研究中所监测调查的 60 个因子开始逐渐发生变化，占所有观测因子总数的 86.96%；35 个因子导致村寨群落原本较为均衡的社会文化开始发生空间上的差异变化，而其中 32 个因子推促村寨社会文化发生剧烈、快速的时空变化，占所有观测因子总数的 46.38%，说明大多数因子容易在旅游的影响下诱导西江苗寨自身社会文化发生程度较大的时空变化。

(2) 横向来看，西江苗寨物质文化因子中开始出现变化的因子数量为 19 个，占物质文化观测因子总数(23 个)的 82.61%，时空剧烈且快速变化的因子数量为 16 个，所占比重为 69.57%；精神文化因子中开始出现变化的因子数量与时空快速剧烈变化因子数量分别为 20 个、6 个，所占比重分别为 90.91%、27.27%；制度文化中，所有因子均开始出现变化，其中发生快速剧烈变化的因子只有两个，所占总因子比重为 25.00%；引起村寨氛围与环境方面发生变化的因子数量为 13 个，占比为 81.25%，其中 8 个因子促使村寨社会文化快速剧烈的时空变化，所占比重为 50.00%。表明，西江苗寨社区四大维度的社会文化因子均逐步开始“破碎”，但程度差异显著。其中，物质文化和村寨氛围环境是村寨社会文化中的显性因子，外界扰动下，前者最容易发生快速剧烈的“破碎”，后者“破碎”概率较大；精神文化与制度文化是村寨社会文化的根基，具有隐性因子的特征，它内聚力强并有一定防御功能和扰动反应滞后性，旅游影响对其“破碎”速率与程度较低，较难发生快速剧烈的时空变化。

(3) 从因子变化不规律特征来看，时空易碎程度较高的物质文化因子中，也有不易发生时空维度变化的因子，如村民关于本民族服饰技艺传承以及态度感知等，表明西江苗寨文化特性较强的物质文化内核尚未松动。从精神文化以及制度文化中发现，村寨村民普通话使用情况、民族歌舞擅长情况、节事隆重程度、传统风俗发生改变感知以及村寨管理制度等因子与整体变化趋势相背离，其时空变化程度较明显，精神与制度文化中与村民生产、生活及节事相关的因子易受到旅游影响而触动村寨传统社会文化。

2.4.2 肇兴侗寨

肇兴侗寨因拥有独特的侗族文化而逐渐从吸引欧美背包客的侗乡文化遗产地发展成以文化为载体的民族村寨型景区。经过十多年的开发，其基础设施不断完善，交通可进入性和通达性随之提高。但由于肇兴群落中各个村寨区位较偏僻，村寨内社会文化自我循环，低层次、低水平积累，使区域旅游要素时空渗透在各村寨存在明显变化。本研究从物质文化、精神文化、制度文化、氛围及环境四大维度 81 个因子所呈现的时空特征进行整合、归类与比对，相关特征如表 2.2 所示。

表 2.2 肇兴侗寨社会文化因子时空变化特征及程度

因子	空间变化规律 （核心区—过渡区—边缘区）	时间变化规律	时空变化程度
村民农耕收入	⟶	↓	促变型
村民月收入	⟶	↓	聚变型
旅游创收对家庭收入贡献	⟶	↑	聚变型
旅游项目年收入	⟶	↓	聚变型
旅游项目经营户	⟶	⬆	促变型
村民与旅游直接相关职业	⟶	↑↑↓	聚变型
村民与游客接触的平均天数	⟶	↑↑↓	聚变型
外出打工	⟶	↓	聚变型
生活开支	⟶	⬆	促变型
人情客往开支	⟶	⬆	促变型
休闲娱乐开支	——	↓	缓变型
文化卫生教育开支	⟶	↑↑↓	聚变型
家庭生活开支	⟶	↓	聚变型
家庭结余	⟶	↓	聚变型
民族服饰的穿着时间	⟶	↑↑↓	聚变型
村民节日穿侗服感知	——	↑	聚变型
民族服饰的原材料来源	⟶	↑↓	聚变型
侗服富有特色感知	——	⬆	促变型
制作侗服	⟶	↑↓	聚变型
侗衣制作技艺情况	⟶	↓	聚变型

续表

因子	空间变化规律（核心区—过渡区—边缘区）	时间变化规律	时空变化程度
村民对侗服了解情况	↘	↑↑↓	聚变型
富含民族特色的手工艺种类	↘	⬆	聚变型
家庭会制作传统手工艺的人数	↘	↑↑↓	聚变型
传统手工艺传承	↗	↑↑↓	聚变型
村民对销售的旅游商品感知	↗	⬆	聚变型
传统手工艺受旅游影响程度	↗	↑↓	聚变型
村民对传统手工艺变化态度	↗	↓	聚变型
村民对民族传统饮食喜好度	↗	↓	聚变型
村民对饮食文化受旅游影响感知	↗	↑↓	聚变型
村民对传统建筑知晓程度	↘	↑↓	聚变型
村民对传统建筑喜好度	↗	↓	促变型
村民对现代建筑感知	↘	↑↓	聚变型
村民普通话使用方面	↗	⬆	促变型
村民日常生活本民族语言使用情况	↗	↓	聚变型
歌舞种类方面	↘	↓	聚变型
歌舞组织者	↘	↑	聚变型
歌舞传承方式	—	↑	缓变型
歌舞举行地点	↗	↑	聚变型
举行歌舞时间	↘	↑	聚变型
村民利用传统方式打发业余时间情况	—	↓	缓变型
村民对文化资源感知	—	↓	促变型
民族歌谣传承方面	↘	↑	聚变型
村民对“本民族歌谣很好听，有存在的必要”感知	—	↑	缓变型
村民会跳舞情况	↘	↑↓↓	聚变型
村寨传统节事活动数量	↘	↑↓↓	聚变型
节事活动类型	↗	↑↑	聚变型
家庭成员参加节庆活动	↘	↓	聚变型
节庆资金来源方面	↗	↑	聚变型
节日活动的旅游利益性态度	↘	↑↓↓	聚变型
节事隆重程度感知	—	↓	缓变型

续表

因子	空间变化规律（核心区—过渡区—边缘区）	时间变化规律	时空变化程度
“行歌坐月”习俗保留	—↗	—↑	聚变型
女子婚后“坐家”的习俗保留	—↘	↓	聚变型
女子婚后享受父母和自己积累的私房以及分得少量姑娘田的习俗保留	—↗	↓	促变型
“姑舅表婚”习俗保留	——	↓	缓变型
“停棺待葬”习俗保留	—↗	↑	聚变型
土葬习俗保留	——	↑	缓变型
头胎儿女摆“三朝酒”的习俗保留	—↗	↓	聚变型
“帮盘”习俗保留	—↘	↓	聚变型
“传统风俗是否发生改变”感知	—↗	↑—↓	聚变型
“传统民族风俗改变受旅游影响”感知	—↘	⬆	聚变型
村寨权利诉求	—↗	—↑↑	聚变型
“活路头指挥农业生产”制度沿袭	—↗	↑↑—↓	聚变型
村民对“村寨管理制度弱化是受旅游影响”命题态度	—↘	—↑↑	聚变型
村民对“保持传统村寨管理制度”命题态度	—↘	↓	聚变型
修建“萨庙”方面	—↗	↓	聚变型
设置“神龛”方面	—↘	↓	促变型
村民对“家乡山水很美”感知	—↗	↑—↓	聚变型
“自己愿意一直在本村寨居住”村民感知	——	↓	缓变型
“家乡山水应发展旅游” 村民感知	—↘	⬆	聚变型
村民对房屋用于经营旅游项目感知	—↘	↓	促变型
村民愿意成为非农人员感知	——	⬆	缓变型
“通过家庭耳濡目染了解本民族文化”村民态度	—↘	↑	聚变型
“家庭存放的图书类型与本民族文化有关”村民态度	——	↑	缓变型
村民对“有了解少数民族文化的必要”态度	——	↑	缓变型
“学校课堂有必要讲民族发展历史”村民态度	——	↑	缓变型
村民对“应该接受汉族文化”态度	——	↑	缓变型
村民对“自己重视知识的学习”态度	—↘	↓	促变型
村民对“旅游使我的家庭比以前更加和谐”感知	—↘	↓	聚变型
村民对“外来商人影响自身生活”感知	—↘	↓	促变型
邻里关系感知	—↗	↓	聚变型

续表

因子	空间变化规律 （核心区—过渡区—边缘区）	时间变化规律	时空变化程度
“旅游使我的人际关系网变大”感知		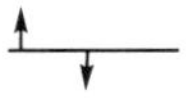	促变型

依托肇兴侗寨 6 个村寨调查数据，依据构建的因子时空变化程度判定标准，肇兴侗寨旅游对村寨社会文化时空变化影响从因子层面透视可以总结出以下规律：

(1) 从宏观角度来看，肇兴侗寨社会文化因子受旅游影响较为突出，其中，研究中所监测调查的 65 个因子开始逐渐发生变化，占所有观测因子总数的 80.25%；而其中 35 个因子推促村寨社会文化发生剧烈、快速的时空变化，占所有观测因子总数的 43.21%，表明肇兴侗寨社会文化受旅游影响明显，时空有较明显的差异。

(2) 从微观角度来看，肇兴侗寨物质文化因子中开始出现变化的因子数量为 29 个，占物质文化观测因子总数的 90.63%，其中时空剧烈且快速变化的因子数量为 21 个，所占比重为 65.63%；精神文化因子中开始出现变化的因子数量与时空快速剧烈变化因子数量分别为 21 个、10 个，所占比重分别为 75.00%、47.62%；制度文化中，所有因子均开始出现变化，其中发生快速剧烈变化的因子只有 2 个，所占总因子比重为 33.33%；引起村寨氛围与环境方面发生变化的因子数为 9 个，占比为 60.00%，其中 4 个因子促使村寨社会文化快速剧烈的时空变化，所占比重为 44.44%。肇兴侗寨四大维度的社会文化因子均逐步开始“断崖式”发展，程度差异显著，其中物质文化因子最容易发生快速剧烈的变化，精神文化因子其次，而制度文化与氛围与环境方面发生变化的速度与程度相对较低。

(3) 从因子变化不规律特征来看，时空易碎程度较高的物质文化因子中，也有不易发生时空维度变化的因子，如村民关于休闲娱乐开支、本民族服饰感知以及是否会制作侗服等；从精神文化以及制度文化中发现，村寨村民对传统歌舞的组织者、歌舞举行的时间、是否会唱本民族歌谣、文化资源的感知、节事隆重程度、传统风俗发生改变感知以及村寨管理制度弱化等因子与整体变化趋势相背离，其时空变化程度较明显。

2.4.3　音寨布依寨

与西江苗族村寨群落和肇兴侗族村寨群落不同，音寨布依族群落是隶属于贵阳市“1 小时经济圈”内的城郊型民族村寨，周边厂矿较多，汉文化冲击剧烈，传统社会文化逐渐同化，原有村寨的独特文化环境逐渐消失。在现代化、旅游驱动、村民自我认同感较低等多重错综复杂的内外作用力共同影响下，音寨布依群落社会文化变迁呈现出完全不同的“碎片化”现象。立足物质文化、精神文化、制度文化以及氛围与环境四大维度，对音寨布依族村落群 25 个村寨四大维度所对应的 77 个具体因子所呈现的时空特征进行整合、归类与比对，相关特征如表 2.3 所示。

表 2.3　音寨布依族群落社会文化因子时空变化特征及程度

因子	空间变化规律 （核心区—过渡区—边缘区）	时间变化规律	时空变化程度
村民农业耕作收入占比			促变型

续表

因子	空间变化规律（核心区—过渡区—边缘区）	时间变化规律	时空变化程度
村民月均收入	—	↑	缓变型
旅游创收对家庭收入贡献	↘	↓	促变型
旅游业态总收入	↘	↓	促变型
旅游业态项目数量	↘	⬆	促变型
旅游从业人数	↘	↑↑—	聚变型
村民每周与旅游者接触天数	↘	↓—	聚变型
外出务工	—	↑	缓变型
村民生活费开支	↘	↑↓↑	聚变型
人情客往费开支	↘	↑	促变型
休闲娱乐开支	↗	↑	促变型
文化卫生教育开支	—	↑	缓变型
家庭生活年开支	—	—↑	缓变型
家庭结余	—	↑	缓变型
民族服饰的穿着时间	↘	↑	促变型
村民对民族服饰传统工艺知晓度	↘	⬆	促变型
村民民族服饰态度与感知	∪	↑	促变型
民族服装一般家里人会做	∪	↓	促变型
家庭会自行制作民族服饰	↘	↑—	聚变型
民族手工艺传承人员	↗	↑	促变型
村民对旅游商品的认知	↘	↑↑↓	聚变型
村民对传统工艺受旅游影响感知	—	—	滞变型
村民对传统手工艺变化态度	↗	⬇	促变型
村民对民族传统饮食喜好度	↘	↑	促变型
村民对饮食文化受旅游影响感知度	↗	↓↑	聚变型
村民对传统建筑知晓程度	↘	↑↑↓	聚变型
村民对传统建筑喜好度	∪	↓	促变型
村民对现代建筑接受度	∪	—	裂变型

续表

因子	空间变化规律（核心区—过渡区—边缘区）	时间变化规律	时空变化程度
村民普通话使用情况		↓	促变型
村民日常生活本族语言使用情况		↑	促变型
会民族歌舞村民的比例			聚变型
打发业余生活的方式		——	缓变型
民族文化资源最能吸引旅游者		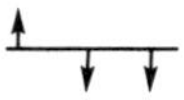	聚变型
会唱本民族歌谣的村民比例		↑	促变型
村民对传承民族歌谣态度		↑	促变型
民族歌舞传承			聚变型
村寨传统节事活动数量	——	——	滞变型
村民节事活动参与度	——	——	滞变型
村民对节事活动的旅游利益性态度			聚变型
村民对节事隆重程度感知	——	——	滞变型
“赶表”习俗的保留		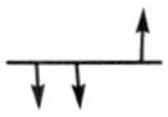	聚变型
男方上门提亲习俗的保留	——	↑	缓变型
婚前“拿生辰八字”仪式的保留	——	↑	缓变型
婚后“坐家”习俗的保留		↑	促变型
“唱荷包”习俗的保留	——	↓	缓变型
棺材脚下点“长明灯”习俗的保留		↓	促变型
烧“落气纸”习俗的保留	——	——	滞变型
生前做寿衣习俗的保留	——	——	滞变型
“倒头饭”习俗的保留			聚变型
插“魂幡”习俗的保留		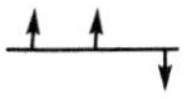	聚变型
“砍牛”习俗的保留			聚变型
“复山谢土”习俗的保留		↓	促变型
为求第一胎顺产“送金竹”习俗的保留		↑	缓变型
“载花竹”习俗的保留		——	裂变型
关于“传统风俗是否发生改变”的村民感知	——	——	滞变型
“传统民族风俗改变受旅游影响”的村民感知	——	↓	缓变型
崇拜祖先及多神信仰	——		缓变型
以鱼蛟龙作为图腾宗教习俗	——	↓	缓变型

续表

因子	空间变化规律（核心区—过渡区—边缘区）	时间变化规律	时空变化程度
屋内设有神龛	——	——	滞变型
“家乡山水很美”村民感知	——	——	滞变型
“自己愿意一直在本村寨居住”村民感知	——	↓	缓变型
“通过家庭耳濡目染了解本民族文化”村民态度	↘	↑↓↓	聚变型
“家庭存放的图书类型与本民族文化有关”村民态度	↗	↑	促变型
“有了解少数民族文化的必要”村民态度	——	↑↑↓	聚变型
“开发旅游的好处大于坏处”村民感知	——	——	滞变型
“开发旅游的坏处大于好处”村民感知	——	——	滞变型
“家乡山水用作发展旅游业”村民态度	——	——	滞变型
“学校课堂有必要讲民族发展历史”村民态度	↘	↑	促变型
村民对“应该接受汉族文化”态度	——	↓	缓变型
村民对“自己重视知识的学习”态度	↘	↓	促变型
村民对“打算将现有的房屋或土地用来经营农家乐等旅游项目”态度	↗	↓↓↑	聚变型
村民对“有必备能力我愿意成为非农职业者”态度	——	——	滞变型
村民对“旅游使我的家庭比以前更加和谐”感知	∨	↑——	聚变型
“旅游使我的人际关系更加亲密”	∨	↑↑	聚变型
村民对“旅游使我的人际关系网变大”感知	∨	——	缓变型
村民对“外来商人影响自身生活”感知	∨	——	缓变型

依托音寨布依族群落 25 个村寨调查数据，将关于旅游影响下推动村寨社会文化发生时空变化的因子给予归类总结，依据构建的因子时空变化程度判定标准，音寨布依族群落旅游对村寨社会文化时空变化影响从因子层面透视可以总结出以下规律。

(1)旅游的发展加之全球化和现代化浪潮的冲击，音寨传统民族文化内涵和外部呈现方式都在产生不同程度的解构。其中，研究中所监测调查的包括生计模式、民族服饰、饮食、歌舞、节事和民族风俗在内的 65 个因子开始产生渐变，占所有观测因子总数的 84.42%；49 个因子开始在空间维度上产生差异，而其中 44 个因子在时空两个维度都产生剧烈快速的变化，占所有观测因子总数的 57.14%。

(2)横向来看，音寨布依族群落物质文化因子中开始逐渐变化的因子数量为 27 个，占物质文化观测因子总数(28 个)的 96.43%，其中时空剧烈且快速变化的因子数量为 20 个，所占比重为 71.43%；精神文化因子中开始出现变化的因子数量与时空快速剧烈变化因子数量分别为 23 个、16 个，所占比重分别为 82.14%、57.14%；制度文化中，只有两个因子开始产生渐变，变化比较缓慢；引起村寨氛围与环境方面发生变化的因子数量为 12 个，占比为 70.59%，其中 7 个因子促使村寨社会文化快速剧烈的时空变化，所占比重为 41.18%。可见，音寨布依族村寨四个维度的社会文化因子均逐步开始“破碎”“解构”，但变化程度存在显著差异，其中物质文化因子最容易发生快速剧烈的时空“破碎”，精神文化因子其次，社会文化因子发生“破碎”化概率较大，而村寨氛围与环境与制度文化“破碎”速率与程度较低。

(3) 音寨村寨社会文化变迁观测因子的变化存在明显的不规律特征。时空易破碎程度较高的物质文化因子中也有传统手工艺传承以及态度感知等因子不易发生时空变化。精神文化因子中，村寨村民关于节事活动的数量和参与度以及个别传统民族风俗保留程度等因子也不易发生时空变化。村寨村民语言使用情况、民族歌舞因子、民族文化资源以及节事活动旅游利益性感知态度方面与整体变化趋势相背离，呈现出显著的时空变化特征。

参考文献

鲍金，2008.文化商品化的两个层次[J].内蒙古师范大学学报(哲学社会科学版)，37(4)：133-136.

曹端波，刘希磊，2008. 民族村寨旅游开发存在的问题与发展模式的转型[J]. 经济问题探索，(10)：128-132.

窦开龙，2009.神圣帷幕的跌落：民族旅游与民族宗教文化的世俗化变迁——以甘南拉卜楞为个案[J].宁夏大学学报(人文社会科学版)，31(6)：102-105.

付保红，徐旌，2002.曼春满村寨民族旅游中村民社会角色变化调查研究[J]. 云南地理环境研究，14(1)：43-49.

郭文，黄震方，2013. 基于场域理论的文化遗产旅游地多维空间生产研究——以江南水乡周庄古镇为例[J].人文地理，2：117-124.

韩红星，赵仕新，2002.村落空间与民俗事象——贵州安顺幺铺镇石板村案例[J]. 安顺师范高等专科学校学报，4(4)：42-45.

何谨然，2007.旅游的跨文化交际性研究[J].理论月刊，(7)：87-89.

胡星，2009 贵州天龙屯堡旅游开发与地戏文化变迁研究[J].贵州教育学院报，25(10)：48-50.

胡最，刘沛林，曹帅强，2013.湖南省传统聚落景观基因的空间特征[J].地理报，68(2)：219-231.

黄亮，陆林，丁雨莲，2006.少数民族村寨的旅游发展模式研究——以西双版纳傣族园为例[J].旅游学刊，21(5)：53-56.

姜辽，2014.旅游发展背景下周庄古镇社会空间变迁研究[D].芜湖：安徽师范大学.

李华，2007.龙胜壮族女性传统文化与现代变迁——以龙脊壮寨为个案分析[D].桂林：广西师范大学.

李建欣，1999.国外旅游社会学研究管窥[J].桂林旅游高等专科学校学报，S2：64-68.

李娜，许从宝，梁玥琳，2007.旅游驱动的少数民族建筑景观变迁研究——以九寨沟为例[J].华中建筑，25(11)：129-131.

李文勇，张汉鹏，2012.本真视角的少数民族旅游文化符号舞台化研究[J].人文地理，3：34-38.

李星明，朱媛媛，胡娟，等，2015. 旅游地文化空间及其演化机理[J]. 经济地理，35(5)：174-179.

刘安全，2011.旅游与民族地区社会文化变迁研究评述[J].贵州民族研究，32(1)：65-69.

刘姝萍，2014.基于空间生产视角的旅游小城镇空间形态演变研究[D].昆明：昆明理工大学.

吕宛青，2008.基于旅游产业视角的文化变迁主源构成及其解读——以纳西族集聚地丽江市为例[J].思想战线，34(6)：60-65.

茆长荣，2006.旅游开发对传统村寨的文化影响研究[J].南京晓庄学院学报，(4)：91-95.

潘秋玲，2005.旅游开发对语言文化景观的影响效应研究——以西安为例[J].旅游学刊，20(6)：19-25.

潘秋玲，李文生，2004.我国近年来旅游对目的地社会文化影响研究综述[J].经济地理，24(3)：412-415.

孙九霞，2010.旅游对目的地社区族群认同的影响——基于不同旅游作用的案例分析[J].中山大学学报(社会科学版)，50(1)：170-177.

孙九霞，吴韬，2015. 民族旅游地文化商品化对文化传承的影响——以小黄侗族大歌为例[J]. 华南师范大学学报(社会科学版)，(2)：73-82.

唐雪琼，车震宇，2004.哈尼村寨旅游开发的社会文化影响的初步研究——以元阳县箐口村为例[J].红河学院学报，2(3)：79-82.

田敏，2003.民族社区社会文化变迁的旅游效应再认识[J]. 中南民族大学学报(人文社会科学版)，23(5)：40-44.

王挺之，李林，2009.旅游开发对小族群传统文化的影响——对四川平武白马藏族的个案研究[J]. 西南民族大学学报(人文社科版)，5：152-157.

吴必虎，余青，2000.中国民族文化旅游开发研究综述[J].民族研究，4：85-94.

吴晓萍，2000.浅析民族地区旅游可持续发展的某些限制性因素[J].旅游学刊，5：42-46.

伍锦昌，2005. 旅游开发与民族文化变迁[D].桂林：广西师范大学.

夏赞才， 2008.旅游对少数民族传统道德的影响研究：以湘西苗族村寨为例[D]. 长沙：湖南师范大学.

杨桂华， 2003.民族生态旅游接待村多为价值的研究——以香格里拉霞给村为例[J]. 旅游学刊，18(4)：76-79.

杨俭波，2001.旅游地社会文化环境变迁机制试研究[J].旅游学刊，16(6)：70-74.

张进福，肖洪根，2000.旅游社会学研究初探[J].旅游学刊，4(1)：53-58.

张利，2008.四川泸沽湖摩梭旅游经济发展与婚姻家庭的承继与变迁[J].贵州民族研究，28(2)：148-155.

赵耀，吴忠军，王雪莲， 2007.龙脊梯田景区平安村寨村民旅游感知调查分析[J]. 沿海企业与科技，2： 151-154.

周大鸣，2001.论族群与族群关系[J].广西民族学院学报(哲学社会科学版)，23(2)：13-25.

周宵，2003.人类学视野——论旅游的本质及其社会文化影响[J].湖北大学学报(哲学社会科学版)，30(5)：114-116.

邹君，田仁波，2009.论民族民间手工艺的保护与传承——以鹤庆新华村为例[J]. 红河学院学报，7(6)：21-23.

第3章 旅游影响下民族村寨社会文化的时空变迁规律研究

随着民族村寨旅游不断升温，旅游影响下民族地区社会文化变迁逐渐成了学者们的研究重点（杨俭波，2001；宗晓莲，2013），国内有关社会文化变迁的研究多从社会学和人类学的角度出发，也有学者从传播学的角度探讨了旅游对地方认同的影响（申葆嘉，1996；肖洪根，2002；周宵，2003）。旅游过程是一种文化扩散过程，也是一种跨文化交流活动，旅游促使不同文化之间交流和碰撞（陈慧琳等，2007；何谨然，2007），受文化涵化和旅游凝视的影响，民族村寨居民学习和效仿游客的行为，导致了传统民族村寨社会文化发生变迁（李旭东，2006；把多勋等，2009）。

众多学者将民族文化分为物质文化（外层）、精神文化（中层）、制度文化（内层）等层面，分析其在旅游影响下的变迁过程（伍锦昌，2005；赵建军，2007）。也有学者有针对性地研究这些层面下单个要素的变迁，如传统民族服饰、传统建筑、传统民族节庆、传统饮食、语言、民族认同等（孙九霞和张倩，2011；高婕和李欣欣，2013）。旅游开发使得民族文化成为“引诱资本之物”，为民族旅游村寨带来经济效益和社会效益（马翀炜，2001），但同时又引发了民族文化外、中、内三个层次的变迁，使民族文化空壳化。随着研究的深入，有学者引入地理空间思维，从空间上将旅游地划分为核心区、过渡区、边缘区，宏观探索旅游影响下三区空间分异的不均衡性（王瑛和王铮，2000；杨新军等，2004；李东和等，2007），保护民族文化的原真性（龚胜生和何小芊，2007），并且基于空间生产理论（孙九霞和张士琴，2015），揭示其变迁规律。综合各学者研究成果，本书以空间换时间，将旅游影响程度不同的民族村寨划分为核心区、过渡区、边缘区；从因子达及要素，从物质文化、精神文化、制度文化、社区环境四个维度，在群落社会文化“时空压缩”的宏观时空维度上，抽离出村寨群落旅游影响差异下社会文化时空演进的差异与规律。

3.1 研究方法及过程

利用SPSS 19.0软件中因子分析模块对各项目层要素指标进行降维处理，提取公因子，进而计算出各公因子的得分以及综合得分。

3.1.1 总体样本特征

利用SPSS 19.0统计软件，对西江、肇兴和音寨三个民族村寨物质文化、精神文化、制度文化和社区环境四个项目层的指标项进行降维处理，剔除公因子方差中变量共同度的解释度小的题项，最终提取出每个层面的指标项，进而得到不同文化层的指标的单变量描述统计量。

3.1.2 分析过程

1. 因子可行性检验

检验采用 Bartlett 球形检验和 Kaiser-Meyer-Olkin（KMO）检验。根据 Kaiser 的观点，KMO 值小于 0.5 时，不宜进行因子分析。利用 SPSS 19.0 软件进行处理得到 2013 年与 2015 年 KMO 的检验值，Bartlett 相应的显著性概率小于 0.001 为高度显著。如果 KMO 的检验值大于 0.5、Bartlett 显著性概率小于 0.001，说明原指标体系中各指标之间显著相关，因此可以通过因子分析对原指标体系进行进一步的降维处理，相反，则不宜进行因子的降维处理。

2. 主成分分析

通过计算各指标之间的相关系数，并求解相关系数矩阵的特征值、特征向量和贡献率，基于特征值大于 1 的原则，提取出 2013 年和 2015 年社会文化不同层面的公因子，公因子特征值累计贡献率必须达到满足因子分析大于 50%的基本要求，进而分别获取 2013 年和 2015 年社会文化四个项目层公因子的特征值碎石图。

3. 公因子提取及命名

通过 SPSS 进行模拟计算，采用最大方差法进行载荷矩阵旋转，得出各个因子在每个指标上的载荷量，得到旋转成分矩阵表，并依据各个公因子中每个题项所揭示的含义对每个公因子进行命名。

为了方便分析描述，用 M_1、$M_2 \cdots M_n$ 来代替 2013 年物质文化所包含的题项，M_1'、$M_2' \cdots M_n'$ 来代替 2015 年物质文化所包含的各个题项；S_1、$S_2 \cdots S_n$ 来代替 2013 年精神文化所包含的各个题项，S_1'、$S_2' \cdots S_n'$ 来代替 2015 年精神文化所包含的题项；用 I_1、$I_2 \cdots I_n$ 来代替 2013 年制度文化所包含的题项，用 I_1'、$I_2' \cdots I_n'$ 来代替 2015 年制度文化所包含的题项；社区环境则用 C_1、$C_2 \cdots C_n$ 和 C_1'、$C_2' \cdots C_n'$ 来代替 2013 年和 2015 年的各个题项（n 表示项目个数）。2013 年公因子用 F_1、$F_2 \cdots F_i$ 来表示；2015 年公因子用 F_1'、$F_2' \cdots F_i'$ 来表示（其中 i 代表公因子个数）。

4. 公因子得分

原始数据的度量标准存在差异，为消除变量带来的单位影响和不同变量数据的数量级的影响，基于村寨尺度对原始数据进行分标准化处理。原始数据已进行正向化处理，处理方法为采用极差标准化，具体公式如下：

$$y_{ij} = \frac{x_{ij} - \min\left(x_j\right)}{\max\left(x_j\right) - \min\left(x_j\right)} \tag{3.1}$$

为了得到三个民族村寨群落各村寨社会文化的空间特征结果，需要计算各村寨在物质文化、精神文化、制度文化和社区环境四个层面中不同公共因子的综合得分，以此作为综合评价的依据。根据各项基本指标在公共因子上的得分系数构建社会文化空间特征综合评价模型，其模型为

$$\mathrm{FAC}_{ij}=\sum_{k=1}^{n}M_{im}L_{jm} \tag{3.2}$$

式中，FAC_{ij}表示第 i 个村寨在第 j 个公因子上的综合得分，i=1，2…6，j=1，2…5；M_{im}为第 i 个村寨第 m 个题项的均值；L_{jm}为第 m 个题项对于第 j 个公因子的载荷；n 为第 j 个公因子的项目数。

根据 2013 年和 2015 年各公因子的得分，结合公因子旋转后特征值构建社会文化的综合评价模型，该模型为

$$F_{综}=\sum_{i=1}^{n}\left(v_i / p\right)f_i \tag{3.3}$$

式中，v_i为公因子方差贡献率；f_i为各个村寨在公共因子上的得分；p 为指标的个数。

根据模型可以求得各个村寨在社会文化方面的综合得分。

3.1.3　分析结果

依据前文分析方法与过程，对 2013 年和 2015 年三个民族村寨群落物质文化、精神文化、制度文化和社区环境四个维度进行主成分分析，并对各个公因子进行命名，然后借助式(3.1)～式(3.3)计算出物质文化、精神文化、制度文化和社区环境四个项目层各公因子的得分及综合得分①。

3.2　物质文化要素的时空变迁规律

3.2.1　旅游经济

1. 西江苗寨

(1)2013 年西江苗寨的旅游经济要素(F1)整体呈正向变迁②，村寨间“波动”变化，呈现出核心区→过渡区→边缘区的空间递减规律[图 3.1(a)]。具体来看：①南贵、平寨、控拜、羊排、东引 5 个村寨旅游经济要素得分较高，旅游经济影响显著；其次为干荣村与营上村；麻料、开觉、乌仰、乌高 4 个村寨旅游经济影响最弱。②处于边缘区的控拜村不符合整体的空间演进规律，在旅游经济要素层面具有特殊性，在于控拜村是远近闻名的“银匠村”，旅游的发展使银器消费的主体从本地人向旅游者“流变”，对银器的需求随之急剧上升，旅游银器的制作与加工也成为控拜村居民的重要经济来源。

(2)2015 年西江苗寨的旅游经济要素(F1′)呈正向变迁，11 个村寨呈波动分布，存在

① 为提升公因子的整体解释度，对因子载荷度低于 0.5 的题项予以剔除。
② 旅游经济要素的正向变迁是指旅游发展带动当地居民朝收入水平提升、生活质量提高的方向发展。

明显差异，整体呈现边缘区→过渡区→核心区变迁程度递增的空间分异规律[图 3.1(b)]。其中：①核心区的南贵村、平寨村、羊排村和东引村得分最高，旅游经济要素的介入性和融入性较好，影响程度较高；过渡区的干荣村、开觉村、营上村和边缘区的控拜村次之；麻料村、乌高村和乌仰村最低，旅游活动影响程度较弱。②“银匠村”控拜仍然是旅游经济要素层面的特殊案例，与银器的旅游商品地位日益凸显有关。

(3) 2013～2015 年[①]，西江苗寨旅游经济要素层面呈正向演替，区域差异逐渐缩小，核心区→过渡区→边缘区表现出为“渐变→快速→缓慢”演替态势[图 3.1(c)]。

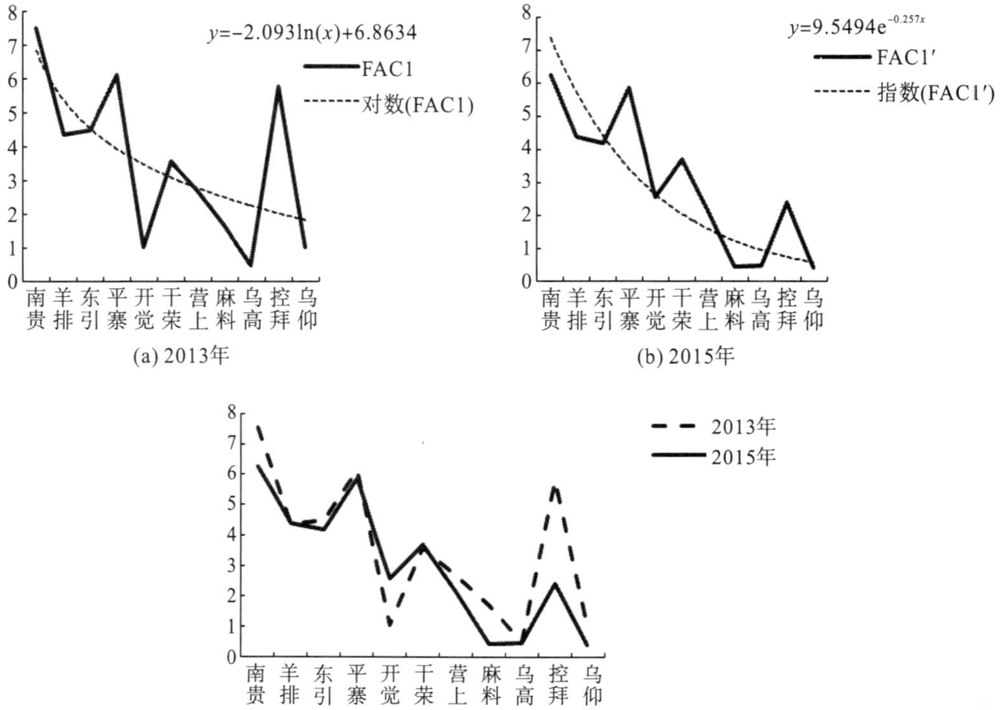

(a) 2013年 (b) 2015年

(c) 对比图

图 3.1　2013～2015 年西江苗寨旅游经济要素变迁图

具体来看：①外来资本不断涌入参与竞争，旅游经营户出现了生计模式的转向，部分经济效率较低的旅游经营户转为其他非旅游职业，少数村民从其他职业转向从事旅游相关职业，因此 2015 年“家庭是否经营旅游项目”因子消失。②随着旅游经济的“扩散”，边缘区村寨在经济收入上与核心区村寨的差异逐渐减少，空间差异性趋同。③作为特殊个案，边缘区的控拜村受旅游经济利益的刺激，外来手工艺生产商、销售商纷纷进入西江苗寨以及距离较近的凯里市等地，原有的民族手工艺的生产、销售格局受到影响，因此，控拜村村民的旅游经济收入和参与度均受到影响。

① 在旅游经济要素公因子上，2013 年与 2015 年的共同题项包括“职业是否与旅游业直接相关”、“旅游收入占家庭收入的比重”、“旅游从业人口”、“家庭经营旅游项目年总收入”、“每周与旅游者直接接触的平均天数”、“家人或亲戚是否有人从事旅游工作”6 个。公因子内的差异项为：2013 年出现“家庭是否经营旅游项目”、“平均月收入”2 个题项；2015 年出现“自己从事的工作类型是否与旅游相关”项。

2. 肇兴侗寨

(1) 2013 年肇兴侗寨的旅游经济要素(F1)正向变迁，村寨间呈现明显的“断崖式”波动，总体基本符合核心区→过渡区→边缘区的空间递减规律[图 3.2(a)]。肇兴村得分最高，旅游经济特征表现比较明显，旅游经济要素融入较强；厦格村、堂安村两个村寨次之，旅游经济影响最弱的为己伦村、纪堂村、登江村 3 个村寨。

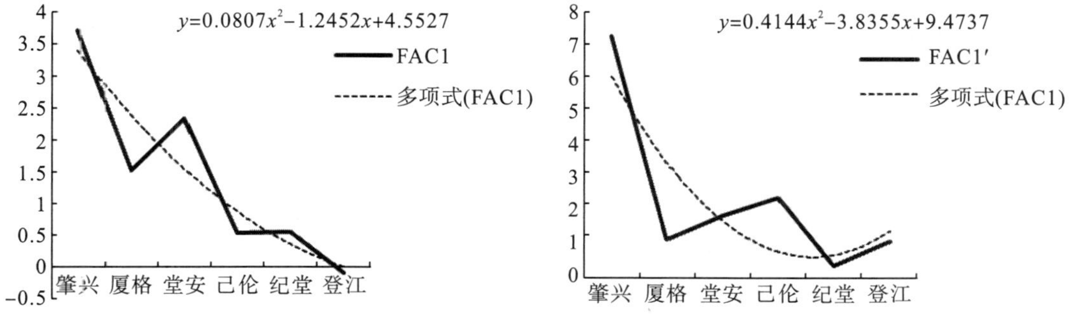

(a) 2013年　(b) 2015年

图 3.2　2013～2015 年肇兴侗寨旅游经济要素变迁图

(2) 2015 年的肇兴侗寨旅游经济要素(F1′)正向变迁，各村寨呈现“断崖式”分布态势，空间差异明显，整体符合核心区→过渡区→边缘区递减的衰减规律[图 3.2(b)]。其中：①居民开始从事旅游相关活动，外出务工人员开始回流，居民的家庭收入旅游收益比重增加。②肇兴村旅游经济要素得分显著高于其他村寨，旅游经济特征表现最明显，旅游经济要素融入程度最强。

(3) 2013～2015 年[①]，肇兴侗寨旅游经济要素层面呈正向演替，整体符合核心区→过渡区→边缘区递减的空间分异规律，村寨间的演替呈“断崖式”态势，差异逐渐缩小。

具体来看：①核心区和边缘区(纪堂村除外)加速发展，过渡区变迁不显著。②村寨逐渐景区化，交通可进入性的提升使得大量游客涌入村寨，居民接触游客的时间拉长。②2013 年旅游的集聚效益主要在核心区表现突出，而 2015 年旅游的集聚效益开始出现扩散现象，过渡区与边缘区开始出现旅游经济要素的渗透现象，出现了生计模式的旅游化转向。③2013～2015 年，三个区域居民收入结构与水平从均匀转为差异显著。

3. 音寨布依寨

(1) 2013 年音寨布依寨的旅游经济要素(F1)影响程度呈正向变迁，村寨间呈“据点式”变化的态势，整体呈现边缘区→过渡区→核心区递增的空间分异规律[图 3.3(a)]。其中：①把坪司等边缘区村寨受旅游经济影响最弱，得分普遍较低；②音寨坐拥“金海雪山”等旅游核心观光景观，加上“冰脆酥李节”等旅游节庆活动的助推，得分明显高于其他村寨。

① 在旅游经济要素公因子上，2013年与2015年的共同题项包括“职业是否与旅游业直接相关”、“旅游收入占家庭收入的比重”、“家人是否从事旅游项目”、“家庭经营旅游项目年总收入”、“家人或亲戚是否有人从事旅游工作”5个。公因子内的差异项为：2013年出现“每周与旅游者直接接触的平均天数”1个题项；2015年出现“旅游从业人口”、“平均月收入”项。

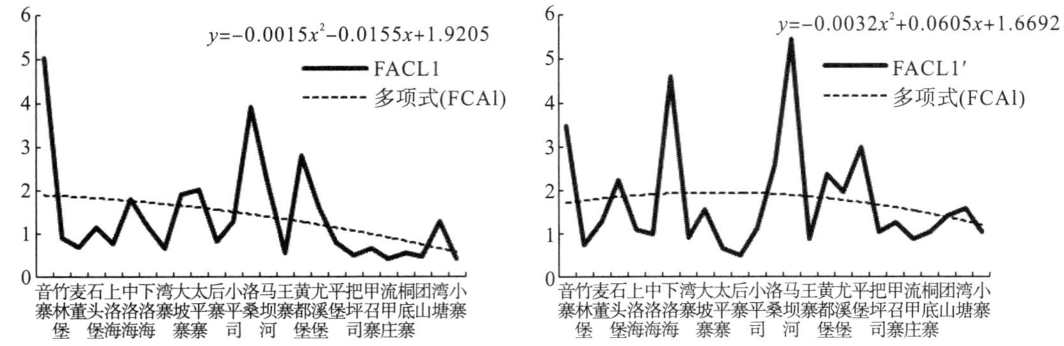

(a) 2013年 (b) 2015年

图 3.3 2013～2015 年音寨布依村寨群落旅游经济要素变迁图

(2)2015 年音寨布依寨旅游经济要素(F1′)影响程度呈正向变迁，25 个村寨呈“据点式”发展态势，得分存在较大的差异，整体呈现边缘区→过渡区→核心区倒 U 形空间变迁分异规律[图 3.3(b)]。具体来看，音寨、马坝河、下洛海等村寨的得分明显高于其他村寨，后寨、竹林堡得分较低，其中，音寨旅游经济要素变迁较为明显，旅游经济要素融入较强。

(3)2013～2015 年[①]，音寨布依族旅游经济要素层面整体呈现边缘区→过渡区→核心区倒 U 形空间变迁分异规律，即核心区和边缘区呈逐年增加，过渡区呈逐年减少的规律，村寨间呈“据点式”变化态势。

具体来看：①旅游经济层面交替变化发展，以马坝河、下洛海、平堡为代表的村寨增加趋势较大，太平寨和音寨的下降趋势明显。②旅游促使就业渠道增多，音寨聚落居民能更多地参与到旅游活动中去，各村寨也表现出空间的差异，因此，“自己从事的工作类型是否与旅游相关”在旅游经济要素公因子上出现。

3.2.2 生活开支

1. 西江苗寨

(1)2013 年西江苗寨的村民生活开支要素(F2)正向变迁[②]，各村寨“波动”变化，整体呈现生活开支边缘区→过渡区→核心区递增的空间演替规律[图 3.4(a)]。具体为：①村寨间差异较大，南贵、控拜、平寨、东引 4 个村寨村民生活开支相对较高；羊排、干荣、营上次之；麻料、乌仰、乌高、开觉 4 个村寨村民生活开支最少。②控拜村因为旅游经济要素相对区域内其他村寨要明显，村民生活开支与核心区水平相当。

① 在旅游经济要素公因子上，2013 年与 2015 年的共同题项包括“职业是否与旅游业直接相关”、“旅游收入占家庭收入的比重”、“旅游从业人口”、“家庭经营旅游项目年总收入”、“每周与旅游者直接接触的平均天数”、“家人或亲戚是否有人从事旅游工作”6 个。公因子内的差异项为：2015 年出现“自己从事的工作类型是否与旅游相关”项。

② 生活开支正向变迁是指朝生活开支水平逐渐提升和开支结构得以完善的方向发展。

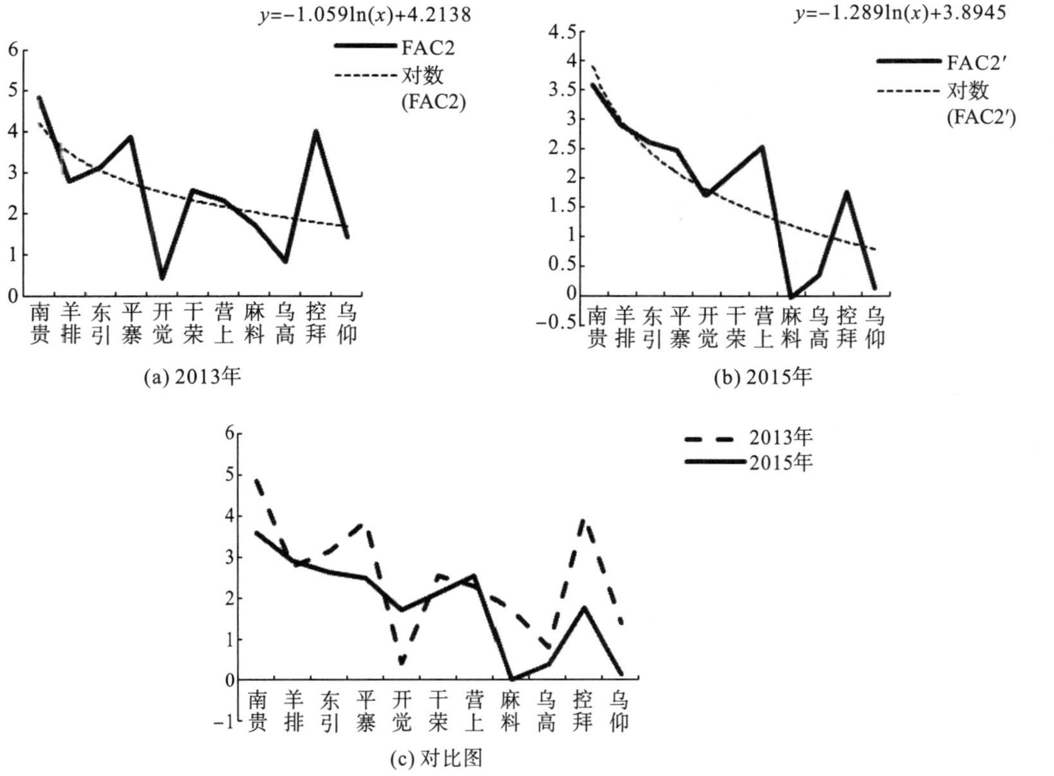

图 3.4 2013～2015 年西江苗寨村民生活开支要素变迁图

(2) 2015 年西江苗寨村民生活开支要素(F2′)呈正向变迁，各村寨变迁程度差异明显，整体呈现边缘区→过渡区→核心区生活开支递增的空间分异规律[图 3.4(b)]。具体来看，南贵、羊排、东引、平寨和过渡区的营上得分最高；其次是干荣、控拜和开觉；麻料、乌高、乌仰得分最低。

(3) 2013～2015 年①，西江苗寨的村民生活开支要素呈正向演替，消费水平逐减趋同，各村寨的差异性逐渐缩小，整体呈现边缘区→过渡区→核心区生活开支递增的空间分异规律[图 3.4(c)]。

具体来看：①随着旅游发展程度的加深，核心区村寨南贵与羊排村居民支出更加理性，生活支出模式得以重新构建，并趋向稳定发展；过渡区村寨居民的旅游参与程度提升，经济收入呈现增加的趋势，经济支出能力增强，村寨间差异减小；边缘区村寨生活支出差异性缩小。②旅游影响的深入使得当地居民对现代文化、现代教育的重视程度加强，而受经济条件的制约，各区域表现出不同的教育支出能力与支出意愿，所以 2015 年出现 “文化卫生教育开支”公因子项。

① 在生活开支因子上，2013 年与 2015 年的共同题项包括“家庭生活年总开支”、“休闲娱乐活动年开支”、“人情客往费年开支”3 个。公因子内的差异为：2013 年出现“生活费开支”项；2015 年出现“文化卫生教育开支”项。

2. 肇兴侗寨

(1)2013 年肇兴侗寨的村民生活开支(F2)正向变迁，呈现边缘区与核心区程度较高的 U 形空间分异规律[图 3.5(a)]。其中：①在生活开支要素层面过渡区正向变迁程度最低，核心区与边缘区正向变迁程度较高的现象符合 U 形空间分异规律。②居民生活开支结构多样化，生活开支水平与经济收入正向相关。③肇兴村村民在生活开支因子上得分相对较高，与其他村寨差异较明显，己伦村、纪堂村、登江村次之，厦格村与堂安村得分较低。

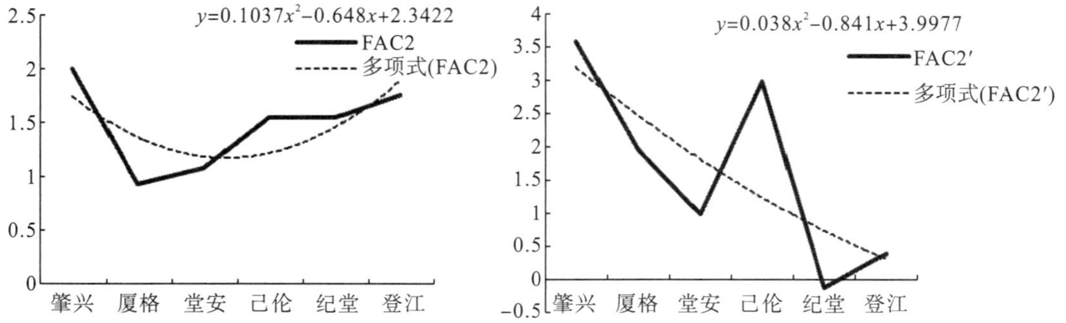

(a) 2013年　　(b) 2015年

图 3.5 2013～2015 年肇兴侗寨村民生活开支要素变迁图

(2)2015 年肇兴侗寨的村民生活开支(F2′)正向变迁，各村寨开支曲线呈 W 形分布态势，差异较大，区域间呈现核心区与边缘区较高，过渡区较低的 U 形空间分异规律[图 3.5(b)]。其中，肇兴村与己伦村的村民家庭生活开支要素得分显著高于其他村寨。

(3)2013～2015 年①，肇兴侗寨的村民生活开支要素整体正向演替，差异逐渐缩小，呈现出边缘区与核心区程度较高，过渡区低的 U 形空间分异规律。

具体来看：①三个区域居民的生活开支因子呈现逐年渐变规律，核心区生活开支正向变迁程度较其他区域高，边缘区与过渡区的差异在逐渐减小。②相比 2013 年，肇兴各个村寨的变迁程度都有所加深，居民的生活支出开始增多，支出内容与结构更加复杂多样。③核心区肇兴村、边缘区己伦村居民的家庭生活年总开支呈现上升趋势。

3. 音寨布依寨

(1)2013 年音寨布依寨的村民生活开支(F3)正向变迁，村寨间呈现差异较大的“据点式”波动特征，整体无明显的空间分异规律[图 3.6(a)]。

(2)2015 年音寨布依族的村民生活开支(F2′)呈现明显的正向变迁，村寨间呈现“波动式”空间发展态势，整体并无明显空间分异规律[图 3.6(b)]。

(3)2013～2015 年②，音寨布依寨的村民生活开支要素内容和结构逐渐复杂，且呈“波

① 在生活开支因子上，2013 年与 2015 年的共同题项包括“家庭生活年总开支”、“休闲娱乐活动年开支”、“人情客往费年开支”3 个。公因子内的差异为：2013 年出现“生活费开支”项；2015 年出现“文化卫生教育开支”项。

② 在生活开支因子上，2013 年与 2015 年的共同题项包括“生活费年开支”、“人情客往费年开支”、“文化卫生教育开支”3 个。公因子内的差异为：2015 年出现“家庭生活年总开支”、“休闲娱乐活动年开支”2 项。

动式”发展态势，核心区和过渡区水平呈逐年增加，边缘区逐年减少。

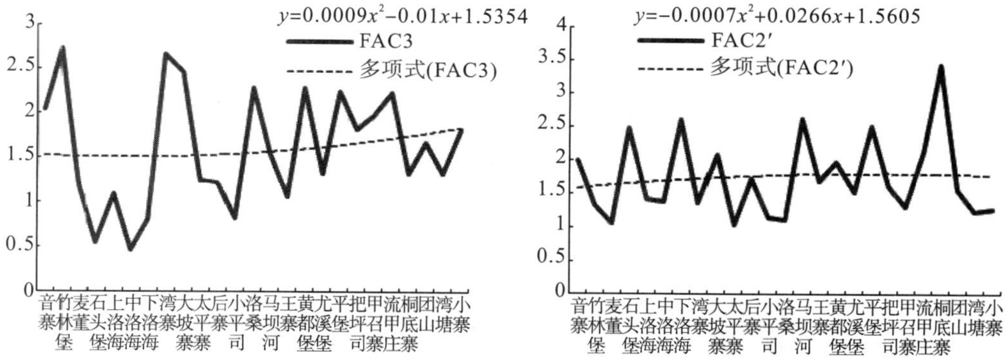

(a) 2013年　(b) 2015年

图 3.6　2013～2015 年音寨布依村寨群落生活开支要素变迁图

具体来看：①2015 年，核心区和过渡区增加较为明显，尤其是石头堡、下洛海和桐底寨的得分增加趋势最为明显，家庭支出方面变迁程度较高。②旅游影响下，各村寨村民基本生活水平差距逐渐增加，区域间“家庭生活年总开支”的差异在缩小，所以 2015 年在家庭支出公因子中出现“家庭生活年总开支”和“休闲娱乐活动年开支”项。

3.2.3　建筑文化

1. 西江苗寨

(1) 2013 年西江苗寨的传统建筑文化(F3)负向变迁①，各村寨表现出 W 形波动分布的特征，整体无明显的空间分异规律，差异性不显著，存在特殊个案[图 3.7(a)]。其中：①营上、乌仰、麻料 3 个村寨得分最高，建筑文化认同度较弱；开觉、控拜、羊排、平寨 4 个村寨得分最低，建筑文化上认同度反之。②以位于景区交通要道的营上村为例，在旅游带来的外来文化的影响下，居民对现代居住方式的诉求较强，但对传统文化保护与破坏之间的关系认识并不清晰，因此营上村的传统建筑形态与内涵受到较大冲击，传统建筑的异化现象尤为明显。

(2) 2015 年西江苗寨的传统建筑文化(F7′)在核心区主要呈正向变迁②，在其他区域呈负向变迁，各村寨变迁差异明显，整体变迁程度呈现倒 U 形分异规律[图 3.7(b)]。其中：①开觉、营上和南贵得分最高；其次是干荣、羊排、东引和平寨；边缘区的 4 个村寨得分最低。②由于过渡区交通条件的改善，居民对现代宽敞明亮的居住环境的生活诉求加强，传统建筑文化在与其他文化的接触过程中发生消退或混合，文化变迁的异化趋向明显。

① 传统建筑文化负向变迁主要表现为传统建筑形态的消失、现代建筑形式的融入、传统建筑的内涵消失等方面。
② 传统建筑文化的正向变迁是指朝传统建筑文化形态得到复苏、传统建筑文化得到保护、建筑文化的认同度逐渐提高的方向发展。

(3) 2013～2015年①，西江苗寨的传统建筑文化要素整体呈正向变迁趋向，变迁程度呈倒U形分异规律，在旅游利益驱动下，居民保护意识程度逐年增强[图3.7(c)]。

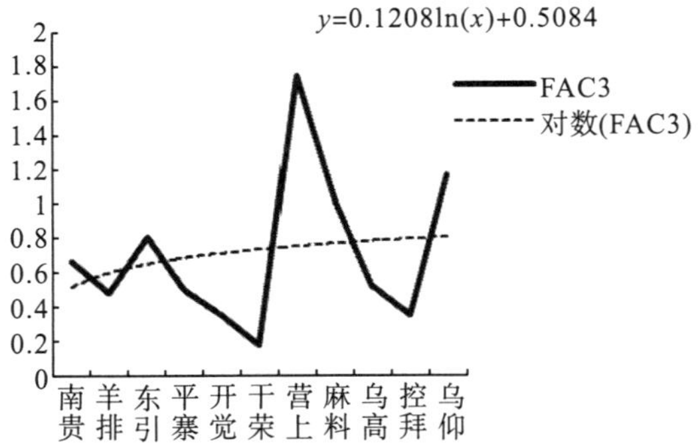

(a) 2013年

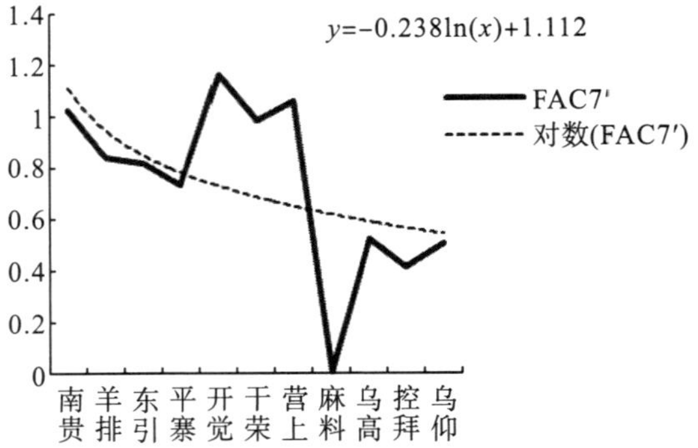

(b) 2015年

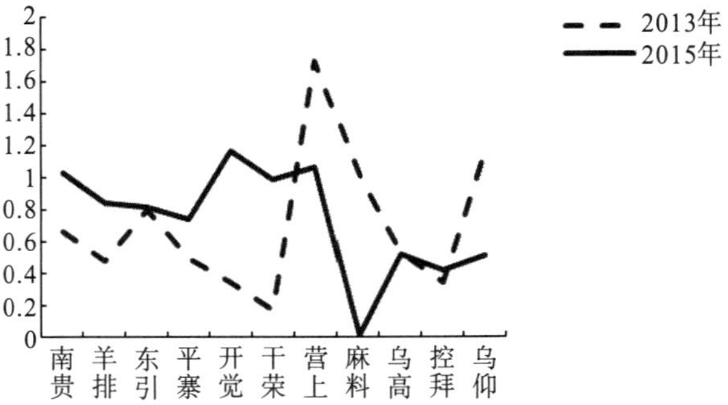

(c) 对比图

图3.7　2013～2015年西江苗寨建筑文化要素变迁图

具体来看：①旅游的现代性使得边缘区村寨居民对居住建筑表现出更大的生活诉求，对“不喜欢现代的平房大楼”因子表现出比较明显认同的差异，所以2015年在公因子“建筑文化变迁”上消失。②传统建筑文化变迁程度呈现变迁程度增强的演替规律，营上村、麻料村、乌仰村等村寨呈变迁程度减弱的演替规律。③旅游经济利益使居民逐渐意识到民族独特建筑文化的价值，居民各村寨对建筑文化的认同度呈现趋同的演替规律。

2. 肇兴侗寨②

2013年肇兴侗寨的传统建筑文化(F5)负向变迁，整体上呈现出边缘区与核心区较高的U形空间分异规律(图3.8)。其中：①传统建筑文化要素在肇兴各村寨得分均不高。②村寨间差异显著，以登江村为代表的边缘区和以肇兴村为代表的核心区的传统建筑文化变迁度得分最高，映射出非传统建筑文化的认同度较低。

① 2013年与2015年传统建筑文化因子共同题项包括“民族旅游村寨修建现代化建筑(如酒吧、餐厅、旅馆)”。传统建筑文化公因子内的差异为：2013年出现“觉得居住在本民族的特色建筑里好，不喜欢现代的平房大楼”项；2015年出现“对本民族建筑特色了解”项。

② 2015年肇兴侗寨无公因子。

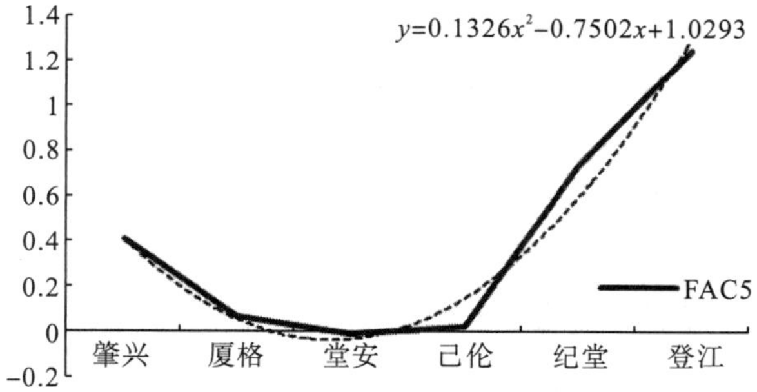

图 3.8 2013 年肇兴侗寨建筑文化要素变迁图

3. 音寨布依寨[①]

2013 年音寨布依寨传统建筑文化(F6)负向变迁，村寨总体得分较低，呈“据点式”波动的分布特征，变迁程度的差异性不大，整体无明显空间分异规律(图 3.9)。

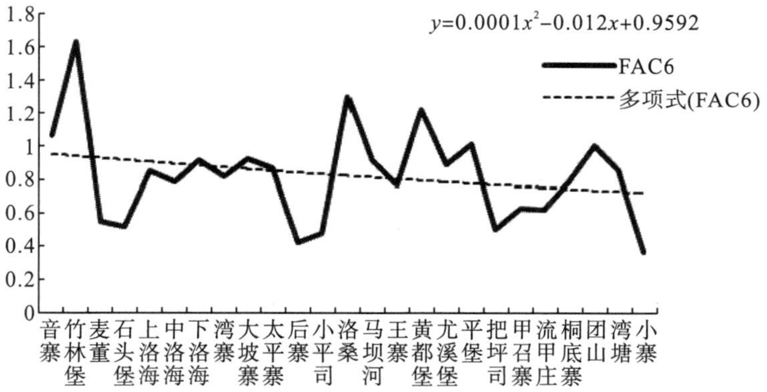

图 3.9 2013 年音寨布依村寨群落建筑文化要素变迁图

3.2.4 手工艺文化

1. 西江苗寨

(1)2013 年西江苗寨的传统手工艺文化(F4)在核心区正向变迁[②]，过渡区、边缘区负向变迁，村寨间“波动”变化，整体呈现边缘区→过渡区→核心区递增的空间演替规律[图 3.10(a)]。此外，南贵、干荣、东引、平寨、麻料 5 个村寨在手工艺变迁项上得分较高，手工艺变迁比较显著；其次为营上、开觉、羊排、控拜、乌仰、乌高，手工艺变迁呈负向变迁。

(2)2015 年西江苗寨的传统手工艺文化(F3′)在核心区呈正向变迁，其他区域异化显著，各村寨呈“断崖式”演替形态，差异非常明显，整体变迁程度呈现边缘区→过渡区→核心区递增的空间规律[图 3.10(b)]。其中：①核心区的南贵、平寨、东引和羊排得分最

① 2015 年音寨布依族无公因子。
② 传统手工艺正向变迁是指传统手工艺得到较好的传承，在与外来文化的整合中得到创新发展，工艺得到创新与改进。

高；其次是过渡区的三个村寨和边缘区的控拜；得分最低的是边缘区的麻料、乌高和乌仰。②旅游影响下，核心区手工艺得以强化，其他区域手工艺异化[①]显著。③边缘区的控拜村受旅游活动影响较大，在传统工艺在市场需求的规制下不断得到改进，变迁相对显著。

(3) 2013～2015 年时空演替规律[②]：西江苗寨的传统手工艺要素整体呈正向变迁趋向，区域变迁差异逐渐增强、变迁程度减弱的时间演替规律；整体呈现变迁程度由边缘区→过渡区→核心区变迁程度递增转变到“断崖式”的空间演替规律[图 3.10(c)]。

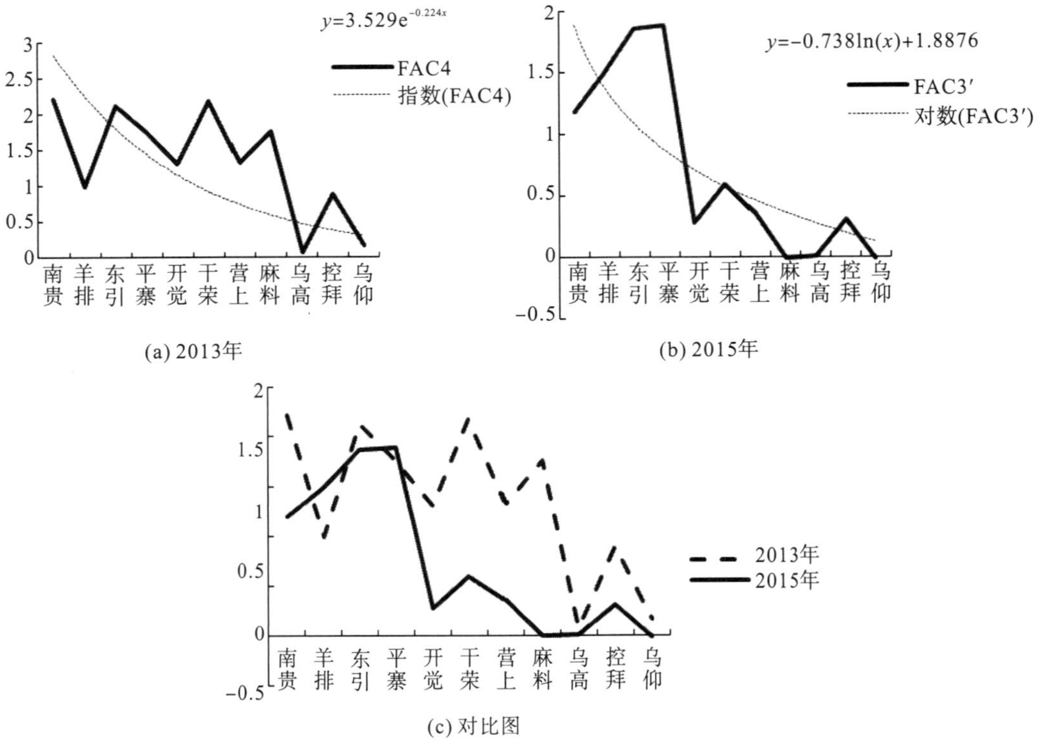

图 3.10 2013～2015 年西江苗寨手工艺文化要素变迁图

具体来看：①随着时间的演替，核心区与周围村寨的差异逐渐扩大，过渡区与边缘区村寨变迁的程度逐渐趋同。②核心区传统手工艺功能由满足日常生产生活转变成为旅游服务，而其他区域主要的生产生活方式没有显著变化，区域差异逐渐显著。③“手工艺文化”也是民族文化的重要表现形式，旅游的开发使居民开始重视对传统手工艺的保护。

2. 肇兴侗寨[③]

2015 年肇兴侗寨的传统手工艺(F3′)负向变迁[④]，6 个村寨的得分存在较大的差异，整体来看，边缘区与核心区程度较高，过渡区较低的 U 形空间分异(图 3.11)。具体来看，

① 传统手工艺异化是朝指传统手工艺文化逐渐退化，趋于消亡的方向发展。
② 2013 年与 2015 年手工艺变迁公因子均包括“喜欢传统手工艺的改变”、“本民族的传统手工艺因旅游发生变化”两个题项。表明两年这两个题项的相关程度较强。
③ 2013 年肇兴侗寨无公因子。
④ 负向变迁指原始制作技艺、手工艺文化内涵以及民族特色的流失，传统技艺继承人减少，工艺传承受到阻滞。

边缘区纪堂村与登江村在传统手工艺变迁上得分最高，其次是核心区肇兴村，而堂安、己伦、厦格 3 个村寨得分较低。

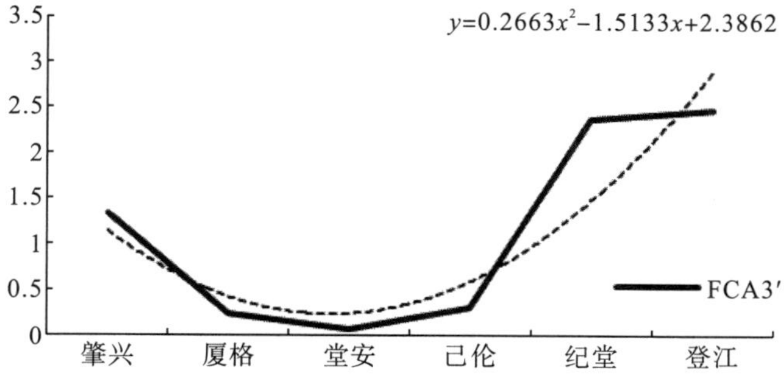

图 3.11　2015 年肇兴侗寨手工艺文化要素变迁图

3. 音寨布依寨

(1)2013 年音寨布依寨传统手工艺文化(F2)表现为明显的负向变迁，各个村寨间有明显的“波动”态势，整体上表现为边缘区→过渡区→核心区递减的空间分异规律[图 3.12(a)]。这与音寨受汉族文化影响较深入，汉化程度较高，社区“破碎化”程度深，民族手工艺文化逐渐退出音寨居民日常生活有关。

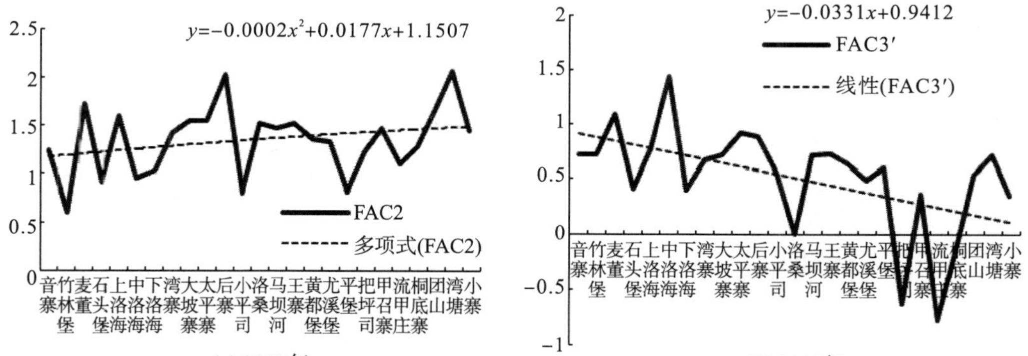

(a) 2013年　(b) 2015年

图 3.12　2013～2015 年音寨布依村寨群落手工艺文化要素变迁图

(2)2015 年音寨布依寨的传统手工艺文化(F3′)呈负向变迁，各个村寨的得分波动显著，整体上呈边缘区→过渡区→核心区逐渐递增的空间分异规律[图 3.12(b)]。具体表现、把坪司流甲庄等边缘区村寨的得分小于 0，传统手工艺文化在边缘区的部分村寨变迁程度低，原有手工艺文化保存较好。

(3)2013～2015 年①，音寨布依族的传统手工艺传承要素呈逐年被重视的时间演替态

① 在传统手工艺因子上，2013 包括“富含民族特色的传统手工艺种类”、“家庭会制作传统手工艺的人员总数”、“传承手工艺的传承方式”3 个指标，以及 1 个公因子；2015 年包括“民族旅游村寨销售的旅游商品大同小异，缺乏特色”、“喜欢传统手工艺的改变”、“是否有技艺传承人”、“是否了解图案所代表的含义”4 个指标，以及 2 个公因子。2013 年和 2015 年没有共同的指标和公因子。

势，各个村寨间有明显的“波动”态势，整体上表现为边缘区→过渡区→核心区递减的空间分异规律。

具体来看：①旅游带来的外来文化以及居民思想意识的转变，居民对传统手工的感知和制作方面产生不同程度的态度变化，因此2013年和2015年传统手工艺要素存在差异。②居民对民族传统手工艺的认同感逐年加强，人们逐渐开始重视传统手工艺和服装的制作。

3.2.5 饮食文化

1. 西江苗寨

(1) 2013 年西江苗寨传统饮食文化(F5)正向变迁①，村寨间呈“断崖式”分布，整体为核心区高，过渡区和边缘区低的空间分异规律[图 3.13(a)]。其中：①南贵、干荣、东引、平寨、开觉5个村寨村民在饮食文化变迁感知的因子上的得分较高，饮食文化变迁显著，其余村寨在饮食文化上变迁不明显。②不同的村寨在饮食文化变迁上也呈现出不同的特点：旅游参与度较低的羊排村自身饮食文化变迁不显著，位于交通沿线的过渡区对饮食文化的多样诉求强，饮食文化变迁与核心区一样显著。

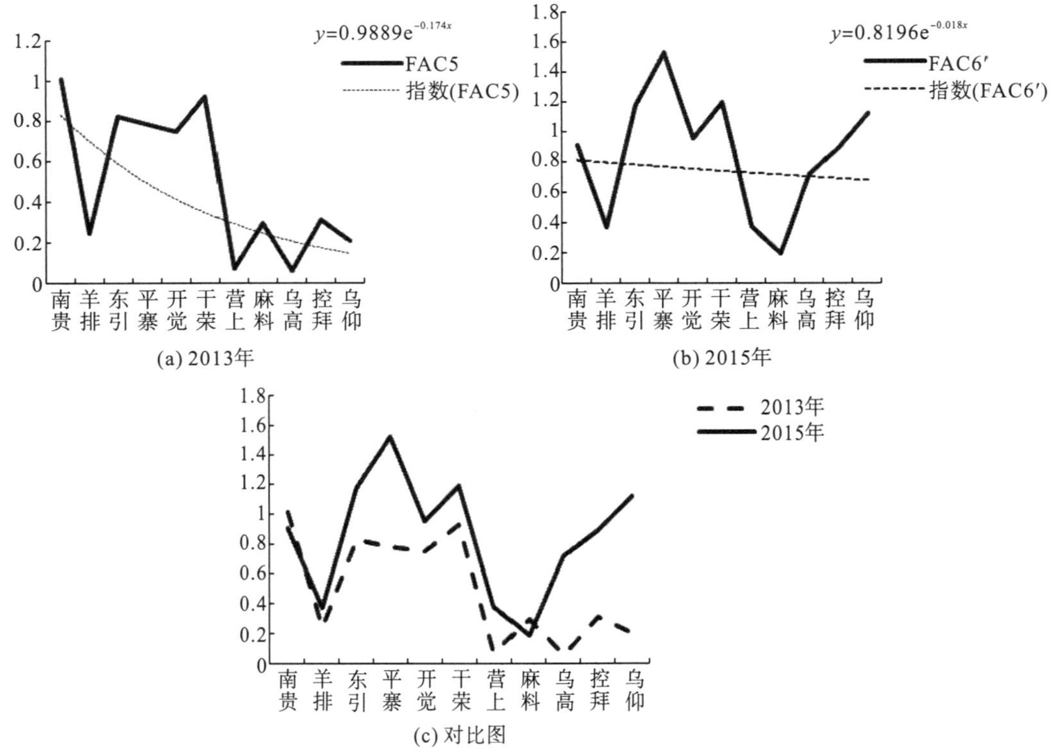

图 3.13 2013～2015 年西江苗寨饮食文化文化要素变迁图

① 传统饮食文化变迁主要表现为旅游业的发展对传统饮食文化的挖掘与开发，同时为传统饮食文化注入新的元素，居民的饮食习惯与饮食结构开始多样化发展，主要体现为正向变迁。

(2)2015 年西江苗寨的传统饮食文化(F6′)呈正向变迁，各村寨变迁呈 W 形分异形态，整体变迁三区差异不明显[图 3.13(b)]。其中：①平寨、东引、干荣和乌仰四个村寨得分最高；南贵、开觉和控拜其次；麻料、乌高、营上和羊排最低。②总体来看，西江苗寨村落群的传统饮食习惯并没有发生根本改变。③由于旅游参与度较低，核心区的羊排村饮食变迁程度不高；过渡区村寨饮食文化受核心区影响较大，饮食文化变迁较为明显。

(3)2013～2015 年[①]，西江苗寨的传统饮食文化要素呈正向变迁，整体呈现由“断崖式”演替形态转向为 W 形演替态势，区域差异性逐渐增强[图 3.13(c)]。具体来看：①区域差异逐渐增强和变迁程度增强，核心区变迁较为显著，过渡区村寨和部分边缘区村寨在饮食文化上变迁程度逐年增强，各村寨饮食文化变迁程度呈现差异扩大的趋势。

2. 肇兴侗寨[②]

2013 年肇兴侗寨的传统饮食文化(F4)在核心区正向变迁，在过渡区和边缘区负向变迁，各村寨呈 W 形分布特征，区域之间呈现边缘区、核心区变迁程度递减的空间分异规律(图 3.14)。肇兴侗寨村落群 6 个村寨的得分虽分值皆较小，但差异明显，边缘区登江村与纪堂村得分相对较高，厦格村得分为负值，各个村寨饮食文化变迁不明显，登江村与纪堂村饮食文化负向变迁程度较高，厦格村饮食文化基本没有受到冲击。

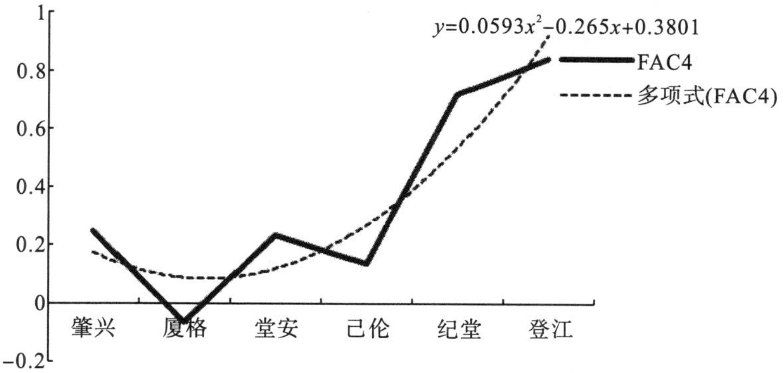

图 3.14　2013 年肇兴侗寨饮食文化文化要素变迁图

3. 音寨布依寨[③]

2013 年音寨布依寨传统饮食文化(F4)正向变迁，村寨间呈“波动”变化的特征，空间上表现出边缘区→过渡区→核心区的高-低-高 U 形分异规律(图 3.15)。音寨布依寨聚落 25 个村寨的分值和差异皆较小，饮食文化变迁程度较低。

① 2013 年与 2015 年饮食文化变迁公因子均包括“觉得自己的饮食习惯与外民族的饮食习惯相比更有特色”“旅游开发后，家庭的饮食习惯发生变化”，表明两年这两个题项的相关程度较强。
② 2015 年肇兴侗寨无公因子。
③ 2015 年音寨布依族无公因子。

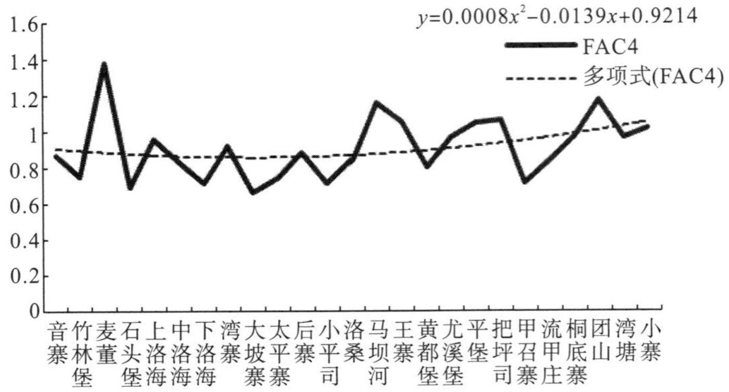

图 3.15　2013 年音寨布依村寨群落饮食文化文化要素变迁图

3.2.6　服饰文化

1. 西江苗寨

(1) 2013 年西江苗寨的传统服饰文化（F6）在核心区与过渡区正向变迁①，在边缘区负向变迁，空间上整体呈倒 U 形分布，三个区域差异明显[图 3.16(a)]。其中：①旅游驱动下，伴随对传统文化的再认识，核心区居民对传统服饰的认同度得以强化，民族服饰的着装时间增多，呈正向变迁；过渡区与边缘区居民穿着时间减少，认同度降低，主要呈负向变迁。②营上、开觉、南贵、乌仰 4 个村寨得分最高，服饰文化的变迁上最显著，其他村寨差异不明显。

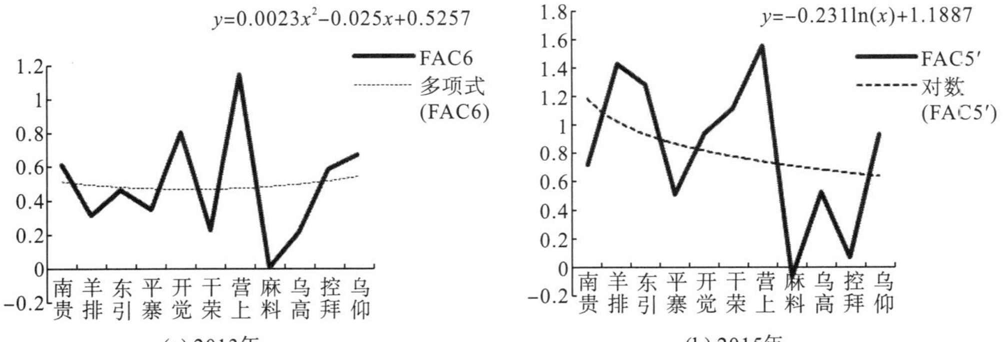

(a) 2013年　　(b) 2015年

图 3.16　2013～2015 年西江苗寨服饰文化要素变迁图

(2) 2015 年西江苗寨的传统服饰文化（F5′）变迁在核心区呈正向变迁，其他区域呈负向变迁，各村寨变迁差异较大，整体变迁程度呈现核心区和过渡区高，边缘区低的空间分异规律[图 3.16(b)]。得分最高的有干荣、营上、羊排和东引；其次是乌仰、南贵、平寨和开觉；最低的是麻料、控拜、乌高。

① 服饰文化正向变迁主要表现在家庭自行制作民族服饰、原材料非购买、保留原始制作技艺，以及有技艺传承人方面。

(3) 2013～2015 年①，西江苗寨的传统服饰文化要素在核心区呈正向变迁，过渡区呈负向变迁，区域差异逐渐扩大。

2. 肇兴侗寨

(1) 2013 年肇兴侗寨的传统服饰文化(F3)在核心区与过渡区正向变迁，在边缘区负向变迁，各村寨呈波动分布特征，整体呈现倒 U 形的空间分异规律[图 3.17(a)]。其中：①边缘区已伦村的得分最高，核心区肇兴村、过渡区厦格村、边缘区登江村得分较低。②肇兴侗寨群落 6 个村寨的得分波动大。③肇兴、堂安、已伦、纪堂、登江 5 个村寨得分趋同，5 个村寨在服饰文化的变迁上程度相近，厦格村较其他村寨变迁程度低。

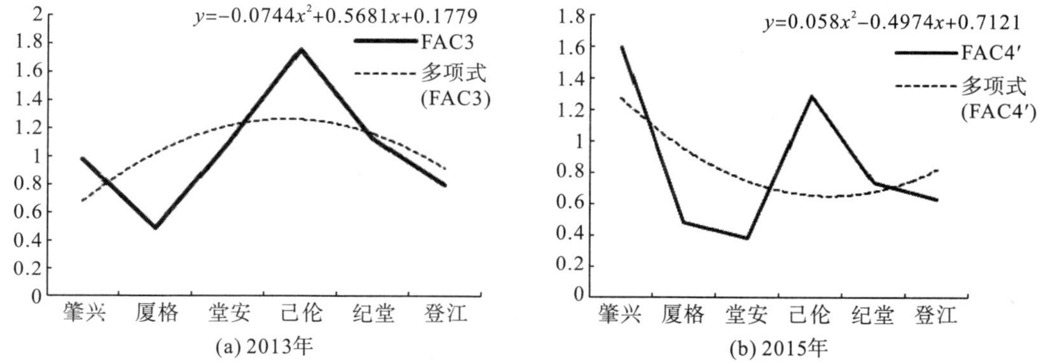

图 3.17　2013～2015 年肇兴侗寨服饰文化要素变迁图

(2) 2015 年肇兴侗寨的传统服饰文化(F4′)负向变迁②，呈现核心区与边缘区程度较高的 U 形空间分异[图 3.17(b)]。其中，核心区肇兴村的得分最高，其次是边缘区已伦村，而其他村寨得分接近，说明肇兴村在服饰文化的负向变迁上较其他村寨显著。

(3) 2013～2015 年③，肇兴侗寨的传统服饰文化要素变迁没有明显的时间演替态势，呈现核心区与边缘区程度较高的 U 形时空分异规律。

具体来看：①村寨的传统侗服制作技艺的传承人数逐年下降，以及传统制作技艺被机械生产所代替，传统的制作技艺也渐渐失传。所以在 2015 年“家庭是否会自行制作民族服饰”题项在传统服饰文化公因子上消失。②在旅游影响下，居民对传统民族文化再认识，产生自豪感和认同感增强，当地居民穿着民族服饰的人数及时间逐年增长。

2. 音寨布依寨

(1) 2013 年音寨布依寨的传统服饰文化(F5)负向变迁，边缘区呈“据点式”发展，核心区→过渡区→边缘区呈 U 形空间分异规律[图 3.18(a)]。①音寨群落 25 个村寨的差异

① 2013 年服饰文化变迁公因子包括“本民族节日时着本民族服装”、“本民族服装很好看，有特色”2 个题项；2015 年服饰文化变迁公因子包括“民族服装一般家里人做的”“家庭是否会制作本民族服饰”2 个题项。不存在共同题项。

② 服饰文化负向变迁主要表现在民族服饰原材料通过购买获取、家庭制作民族服饰人数减少方面。

③ 在传统服饰文化因子上，2013 年与 2015 年无共同题项。公因子内的差异为：2013 年出现“是否有技艺传承人”“家庭是否会自行制作民族服饰”项；2015 年出现是否赞成“本民族服装很好看，有特色”和“本民族节日时着本民族服装”项。

显著，各个村寨波动式变化：小平司、团山的得分相对较高，服饰文化变迁较大；音寨、甲召寨等村寨等分较低。

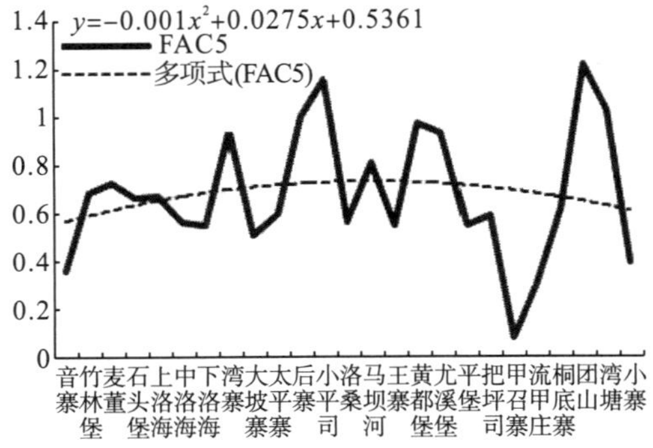

(a) 2013年

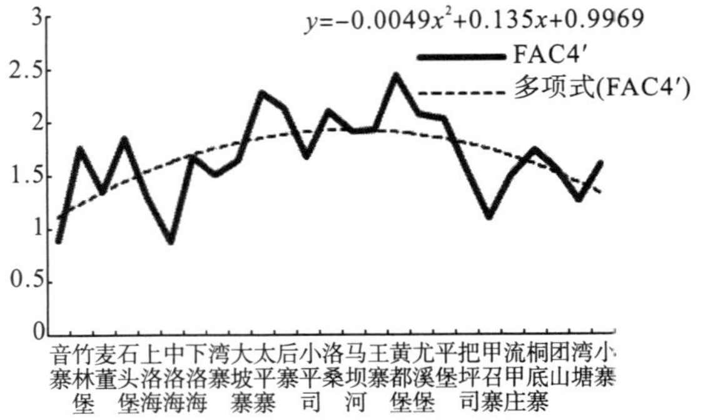

(b) 2015年(服饰制作)

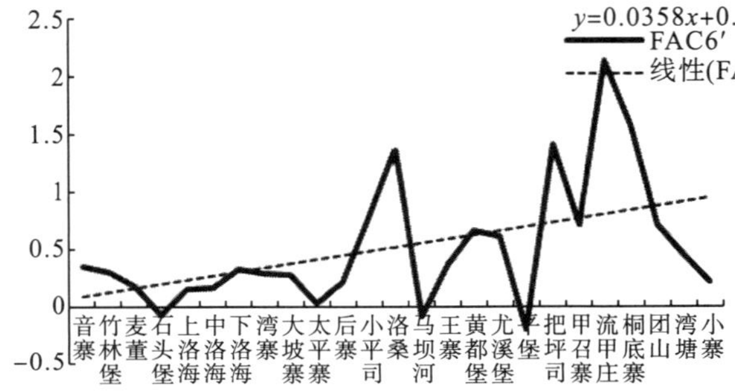

(c) 2015年(服饰认同)

图 3.18　2013～2015 年音寨布依村寨群落服饰文化要素变迁图

(2) 2015 音寨布依寨的传统民族服饰制作文化(F4′)呈负向变迁，村寨间呈“波动式”变迁发展，整体呈倒 U 形空间变迁分异规律[图 3.18(b)]。25 个村寨的得分整体上相对较低，除了洛桑、把坪司、流甲庄、桐底寨的得分较高，其余村寨的得分都相对较低，说明音寨各个村寨居民对服饰文化具有较大的认同感。

(3) 2013～2015 年，音寨布依寨的传统民族服饰制作文化要素呈负向变迁，村寨间呈现据点式的波动态势，核心区→过渡区→边缘区呈倒 U 形时空变迁分异规律[图 3.18(c)]。

3.2.7 技艺传承

1. 西江苗寨

(1) 2013 年西江苗寨的传统技艺传承(F7)负向变迁①，各村寨呈 W 形分布形态，村寨间存在较大的差异，整体呈现边缘区→过渡区→核心区变迁程度递增的空间演替规律

① 传统技艺传承上主要通过是否有传承人和家庭传统服饰制作的情况来反映，家庭传统技艺的传承人逐渐减少，传统技艺传承主要呈负向变迁。

[图 3.19(a)]。此外，南贵、平寨、干荣、营上得分较高，其在传统技艺的传承上变迁程度较大，传统技艺不能得到有效传承，技艺逐渐消失；开觉、羊排、东引、控拜 4 村次之；乌仰、乌高、麻料传统技艺的传承上变迁程度最小。

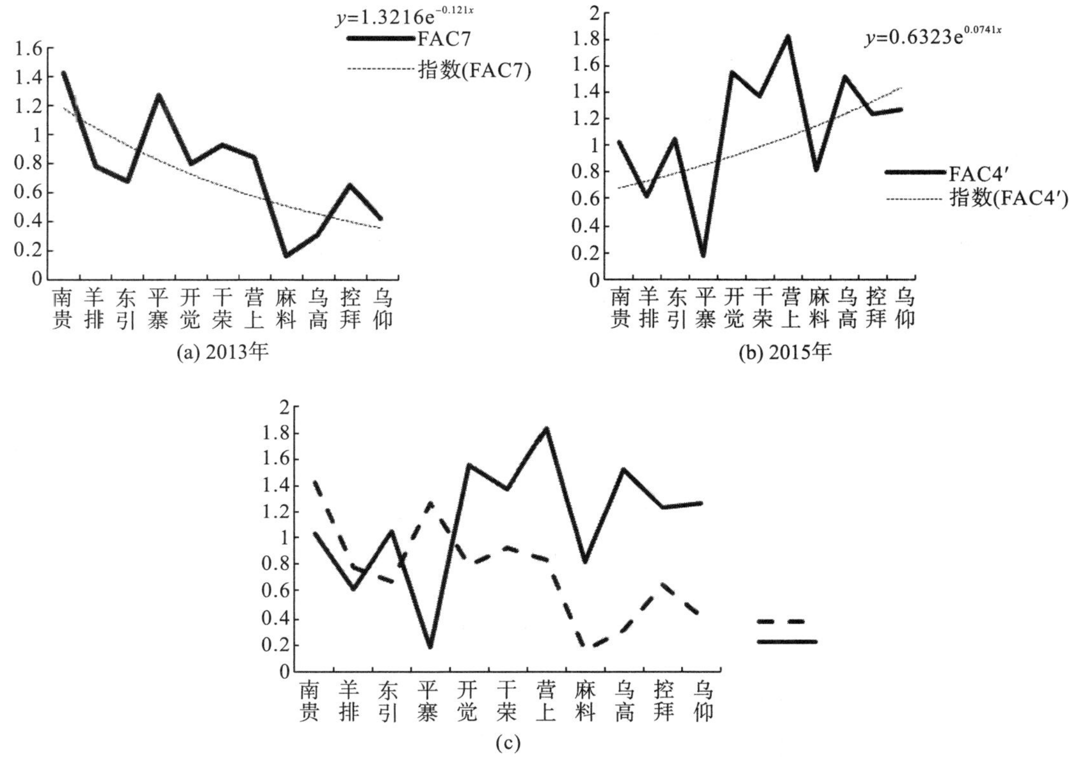

(a) 2013年　(b) 2015年　(c)

图 3.19　2013～2015 年西江苗寨传统技艺传承要素变迁图

(2) 2015 年西江苗寨的传统技艺传承(F4′)呈负向变迁，技艺传承受到冲击，各村寨波动较明显，整体上呈 U 形空间分异规律[图 3.19(b)]。其中，过渡区的开觉、营上以及边缘区的乌高得分最高，其次是控拜、乌仰、南贵、东引。

(3) 2013～2015 年[①]，西江苗寨的传统技艺传承要素呈负向变迁，整体呈现核心区变迁相对稳定，过渡区与边缘区变迁程度增强的时空变迁规律[图 3.19(c)]。

具体来看，①传统技艺正逐渐消退，过渡区与边缘区变迁程度大于核心区。②在文化的接触过程中，现代技术因其高效、廉价、方便迅速占领广阔市场，对民族传统技艺造成冲击，边缘区和过渡区变迁呈现逐年增强趋势。③旅游影响背景下，具有旅游价值的传统技艺在核心区得以保存和复兴。

① 2013 年传统技艺变迁包括“是否有技艺传承人”“民族服装一般家里人做”2 个题项；2015 包括“是否有技艺传承人”“制作传统民族服饰面料选择”“是否了解图案所代表的含义”3 个题项。共同体项为“是否有技艺传承人”。

3.2.8 物质文化要素的时空变迁规律

1. 西江苗寨

(1) 2013 年西江苗寨各村寨间物质文化呈现“波动”变化态势，区域整体呈现边缘区→过渡区→核心区变迁程度递增的空间分异规律，其中，核心区要素多为正向变迁，边缘区负向变迁显著。①与同处过渡区的营上村和干荣村相比，开觉村区位优势不明显，物质文化变迁程度较低。②控拜村以银器制作为主，随着社会发展，其银器的消费群体由本地居民转变为外地居民，旅游经济介入较强，物质文化变迁程度高于边缘区其他村寨。

(2) 2015 年西江苗寨物质文化呈现正向变迁，村寨差异明显，表现为边缘区→过渡区→核心区变迁程度增强的空间分异规律(图 3.20)。其中，边缘区的控拜村表现比较独特，得分明显高于边缘区其他村寨。

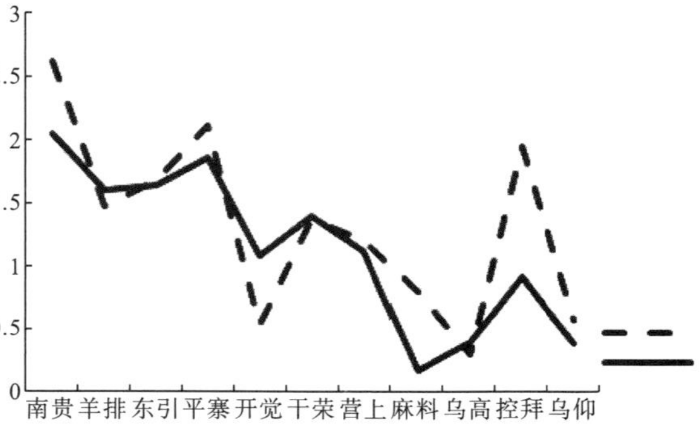

图 3.20 2013～2015 年西江苗寨物质文化变迁图

(3) 2013～2015 年，西江苗寨的物质文化层面整体呈正向变迁，区域内部差异逐渐扩大，核心区与边缘区整体上变迁程度逐渐减弱，过渡区变迁明显，呈现倒 U 形时空变迁规律(图 3.21)。其中，核心区物质文化主要呈正向变迁趋向，过渡区的建筑、服饰、技艺等方面呈现显著负向变迁，边缘区物质文化变迁不显著，且主要呈负向变迁。

2. 肇兴侗寨

(1) 2013 年肇兴侗寨村寨之间物质文化变迁呈“断崖式”分布态势，整体表现为核心区→过渡区→边缘区递减的规律，其中，核心区物质文化变迁程度最高。具体来看：①肇兴侗寨村落群之间相对封闭，旅游经济的渗透比较弱，引起肇兴侗寨群落在物质层面的“断崖式”分布态势。②旅游活动所带来的文化经济价值促进了肇兴侗寨群落的服饰文化、特色建筑文化和饮食文化的复兴；另一方面，旅游市场需求的转向又导致侗寨地区对服饰、建筑文化进行保留与重组，变异与创新。

(2) 2015 年肇兴侗寨物质文化变迁呈“断崖式”分布态势，核心区变迁明显。具体来看，核心区旅游要素融入性、生活开支结构、手工艺文化以及服饰文化的变迁相对更明显，居民的感知也最为深刻。此外，己伦村在地理位置上与核心区接近，近年来接触游客的机会增加，表现为旅游要素的逐渐渗透。

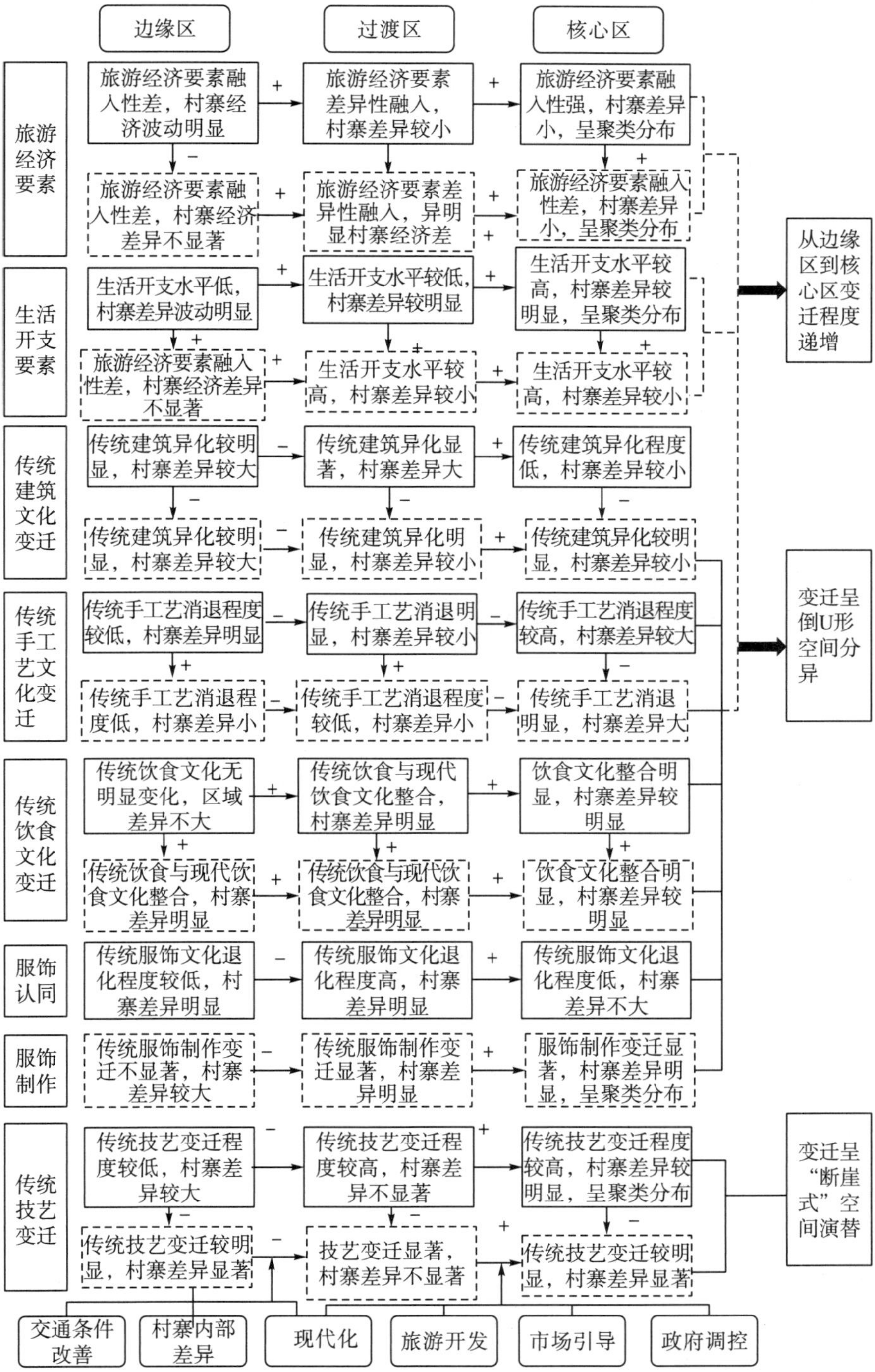

图 3.21　西江苗寨物质文化变迁框图

注：+表示正向变迁，−表示负向变迁，箭头方向表示作用方向，粗实线表示外部作用力指向。

实线框为 2013 年要素，虚线框为 2015 年要素

(3) 2013～2015 年，肇兴物质文化层面变迁程度虽逐渐增强，但村寨间层“断崖式”的分布态势明显，整体上呈现物质文化从边缘区→过渡区→核心区递增的时空变迁规律(图 3.22)。其中，2015 年核心区肇兴村与边缘区已伦村物质文化维度综合得分较 2013 年明显上升，而其他村寨综合上升幅度较小，进一步说明这些村寨的物质文化要素随着时间的延续变迁缓慢。原因在于旅游经济在肇兴村的集聚加剧了核心区物质文化的变迁力度，同时，侗寨群落各村寨之间相对封闭，肇兴村的旅游效益对外扩散的力度小。过渡区在现代化与旅游双重作用力的博弈下，物质文化呈现缓慢变迁的发展规律；而边缘区村寨物质文化变迁方式与程度相对缓和，呈现出一种自然状态下的“渐变式”文化变迁形态。

4. 音寨布依寨

(1) 2013 年，音寨布依族村寨之间因社会的发展、现代文化的介入及旅游产业的兴起，物质文化变迁呈明显的波动式变化和据点式发展态势，即破碎化态势较为明显，25 个物质文化因子变迁在各个公因子上分别呈现出不同的空间分异规律。

(2) 2015 年，音寨布依族各个村寨间物质文化变迁呈现出明显的据点式发展的态势，出现了边缘区→过渡区→核心区明显的倒 U 形空间分异，村寨间波动变化显著。一方面，旅游促进了村寨的服饰文化、手工艺文化、建筑文化和饮食文化的复兴与传承；另一方面，为满足游客需求，在传统物质文化中增添了现代化的元素。

(3) 2013～2015 年，音寨布依寨的物质文化变迁呈现出明显的“波动式”变迁态势，物质文化维度上 2015 年较 2013 年有较大的正向变迁，而传统建筑文化呈现出明显的负向变迁(图 3.23)。原因在于音寨群落原有的社会空间结构、利益群体及权利结构随着社会的发展、现代文化的介入及旅游产业的兴起逐渐出现“碎片化”态势，致使整个村落的物质文化变迁没有呈现出明显的空间规律，但物质文化层面的变迁与旅游经济要素影响间关系显著。

3.3 精神文化要素的时空变迁规律

3.3.1 风俗文化

1. 西江苗寨

(1) 2013 年西江苗寨传统风俗文化要素(包括丧葬习俗、诞生礼俗、婚嫁习俗)

传统丧葬习俗呈现负向变迁，村寨间呈现波动分布状态，变迁程度整体上呈现过渡区偏高，核心区和边缘区较低的倒 U 形空间分异规律[图 3.24(a)]。在旅游影响下，丧葬的仪式和步骤逐渐简化，部分仪式开始消失，呈负向变迁。此外，过渡区干荣村变迁程度最高，其次是麻料村、平寨村和羊排村，其余村寨变迁程度较弱。

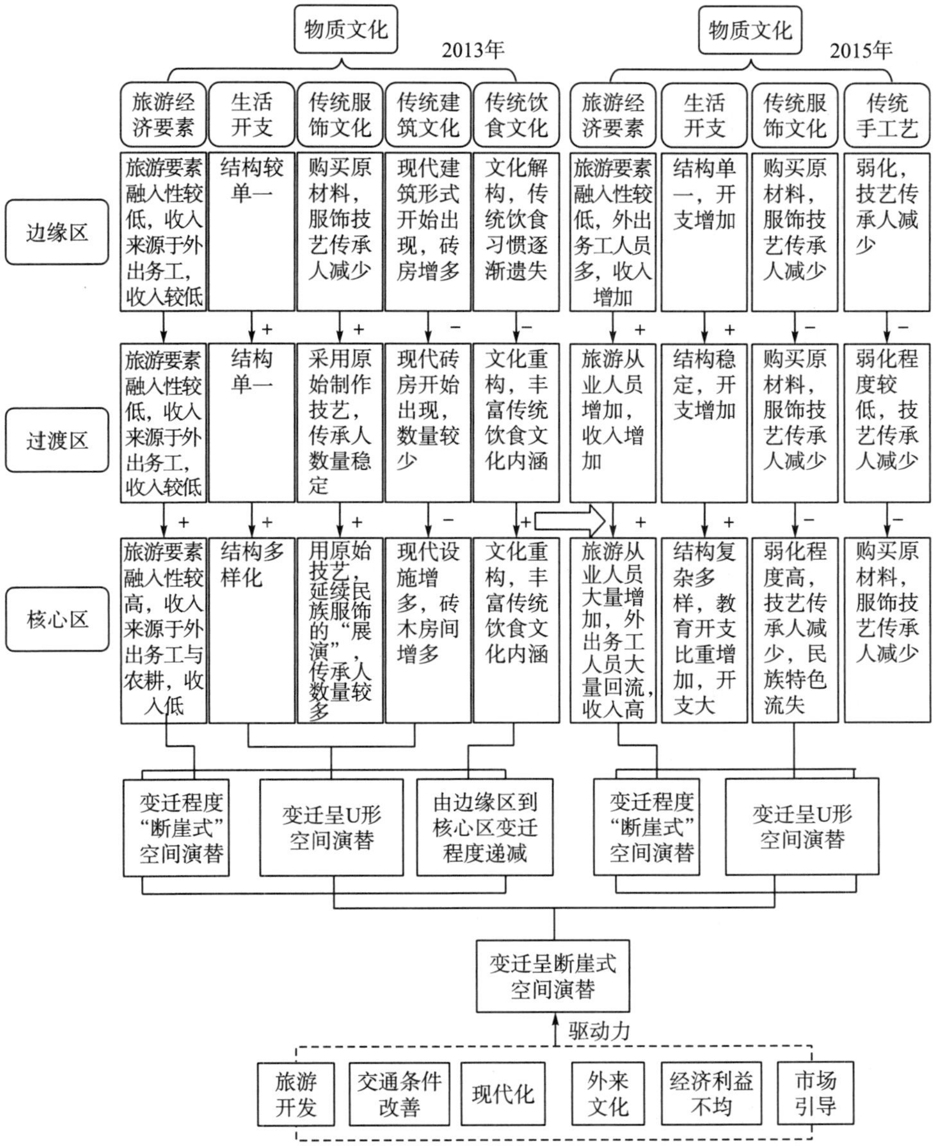

图 3.22　肇兴侗寨物质文化变迁框图

注：+表示正向变迁，-表示负向变迁，箭头方向表示作用方向，粗实线表示外部作用力指向。

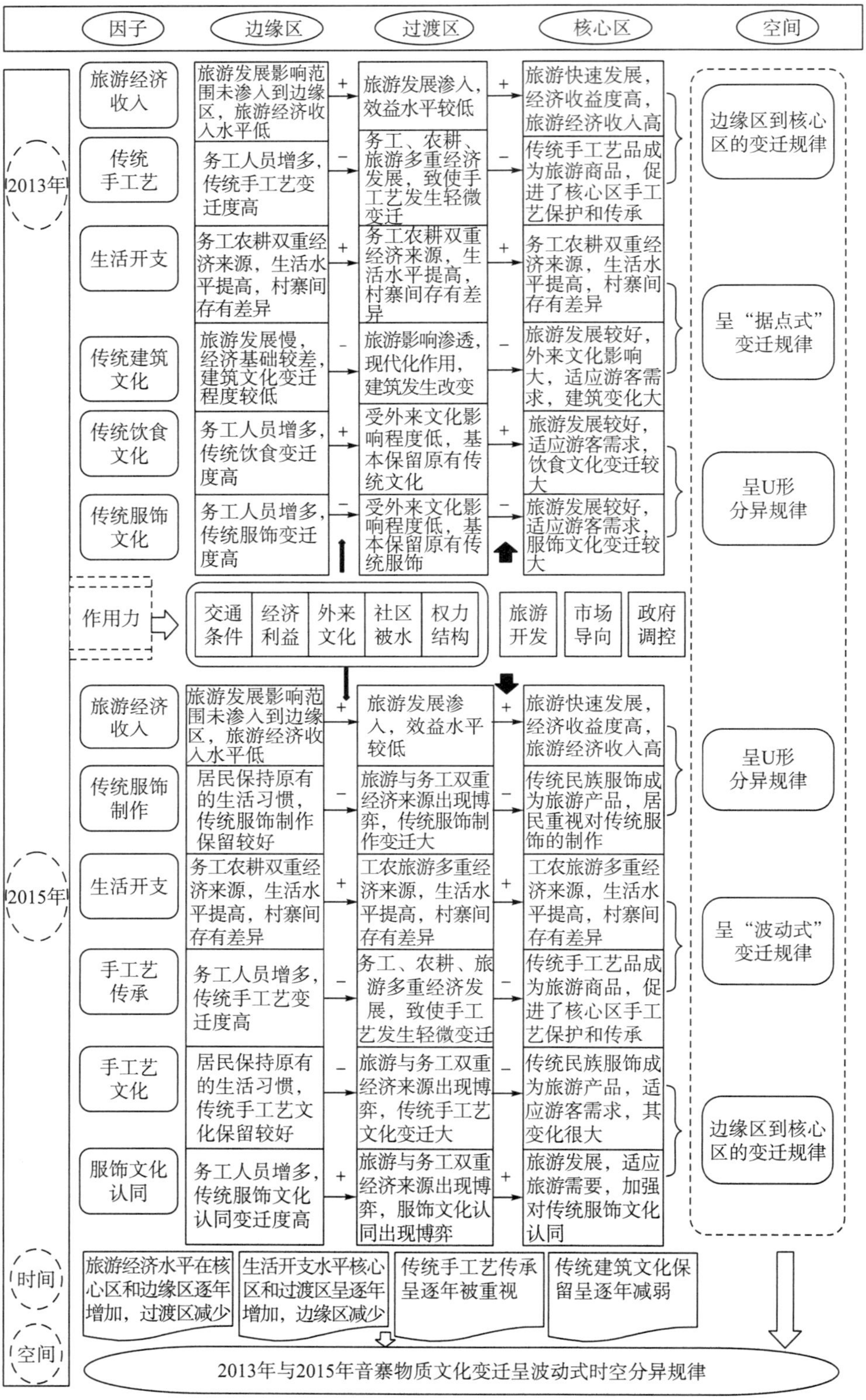

图 3.23 音寨布依村寨群落物质文化变迁框图

注：+表示正向变迁，−表示负向变迁，箭头表示作用方向。

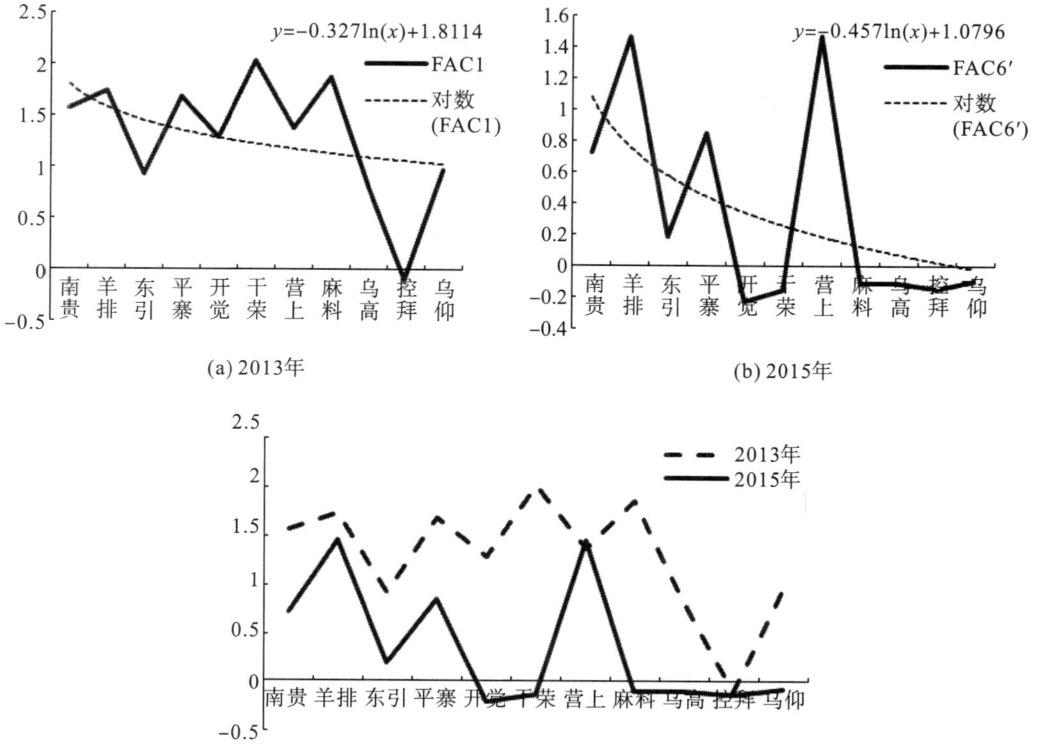

(a) 2013年　　(b) 2015年

(c) 对比图

图 3.24　2013～2015 年西江苗寨传统丧葬习俗变迁图

传统诞生礼俗呈负向变迁①，村寨间变迁程度呈现出 W 形分布，整体呈现过渡区变迁程度高，其余地区较低的倒 U 形的空间分异[图 3.25(a)]。其中，营上村的公因子得分明显高于其他村寨，这与营上村汉族人口占一定比例有关；其次为变迁程度相对较大的干荣村、南贵村、开觉村、东引村和平寨村；边缘区总体得分最低，诞生礼俗上的变迁程度最小。

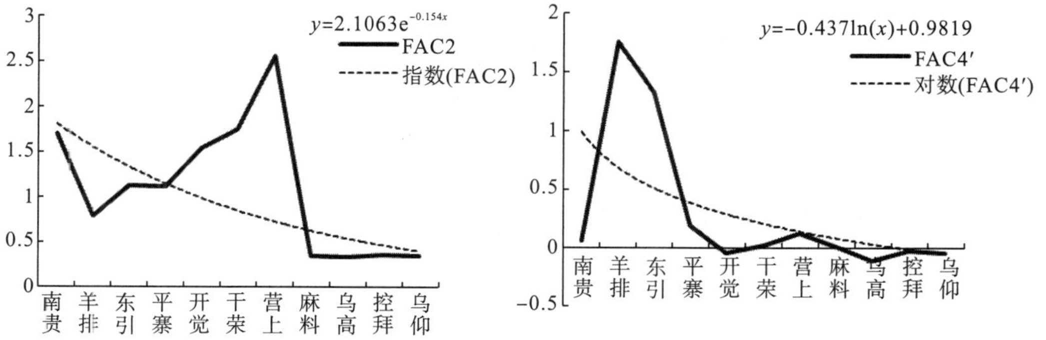

(a) 2013年　　(b) 2015年

① 传统诞生礼俗负向变迁是指在旅游现代化的冲击下，传统诞生礼俗仪式被汉化，内容简化，部分习俗被弱化甚至消失。

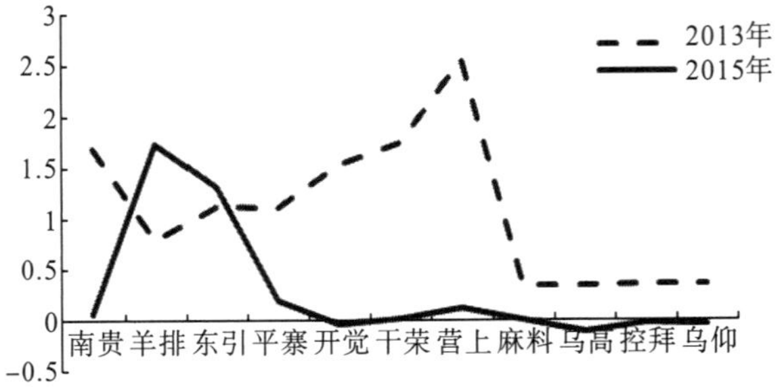

(c) 对比图

图 3.25 2013～2015 年西江苗寨传统诞生习俗变迁图

传统婚嫁习俗呈现负向变迁，村寨间其变迁呈现出波动分布状态，习俗异化程度整体呈现出边缘区→过渡区→核心区递减的空间分异[图 3.26(a)]。原始的传统婚嫁习俗逐渐弱化、汉化，传统风俗文化异化程度提高，呈现出负向变迁。其中，乌仰村、营上村、麻料村、乌高村、控拜村 5 个村寨得分较高，在婚嫁习俗上的异化比较显著；其次为平寨村、干荣村、东引村、南贵村、羊排村和开觉村。

(2) 2015 年西江苗寨传统风俗文化

传统丧葬习俗负向变迁，村寨间波动变迁显著，整体变迁程度呈现出边缘区→过渡区→核心区递增的空间分异规律[图 3.24(b)]。其中，羊排村、平寨村和营上村得分较高，其次是南贵村和东引村，最低的是开觉村、干荣村、乌高村、乌仰村、控拜村和麻料村，营上村的汉族人口占一定比例，因此丧葬习俗异化程度在过渡区表现最为突出。

传统诞生礼俗负向变迁[①]，整体变迁程度呈现出边缘区→过渡区→核心区递增的空间分异规律[图 3.25(b)]。其中，核心区村寨传统诞生礼俗波动较为明显，羊排村和东引村两个村寨得分较高，其余村寨差异不明显，文化习俗异化程度不高。

传统婚嫁习俗负向变迁[②]，村寨间其呈现 M 形空间分异，整体上传统婚嫁习俗呈现核心区和边缘区异化程度高的 U 形空间分异[图 3.26(b)]。其中，边缘区的乌高村、乌仰村、麻料村和核心区的平寨村、东引村得分较高，其余村寨则相对较低。

(3) 2013～2015 年，西江苗寨的传统丧葬习俗负向变迁[③]，丧葬习俗变迁程度呈现出逐渐减弱的时间演替规律，区域间差异逐渐增强(边缘区除外)，呈现出由倒 U 形向由三区递增(边缘区→过渡区→核心区)的空间转变的分异规律[图 3.24(c)]。其中：①旅游影响程度高的区域和村寨传统丧葬习俗变迁相对较大，相反则相对较低，因此 2015 年丧葬习俗变迁的区域性差异相对显著。②随着旅游的深入推进，加上处于交通节点，过渡区三个村寨 2013～2015 年丧葬习俗变迁波动较大，有逐渐被“同化”趋势。

---

① 诞生礼俗负向变迁是指传统的诞生礼俗受到外来文化和现代化的冲击影响，居民思想逐渐发生转变，传统的诞生礼俗风俗文化逐渐被同化，有些礼俗文化甚至开始消失。

② 传统婚嫁习俗负向变迁是指传统民族婚嫁习俗朝逐渐被汉化、同化，同时婚嫁习俗的仪式和内容也逐渐简化或消失的方向发展。

③ 在丧葬习俗因子上，2013 年包括“是否保留守孝的习俗”、“是否保留唱丧歌的习俗”、“是否保留扇魂赴阴”3 个题项指标；2015 年包括“是否保留守孝的习俗”、“是否保留唱丧歌的习俗”2 个题项指标。相对于 2013 年来看，2015 年“是否保留扇魂赴阴”这个题项上的公因子方差值低于 0.5，因此 2015 年丧葬习俗公因子没有提出此变量。

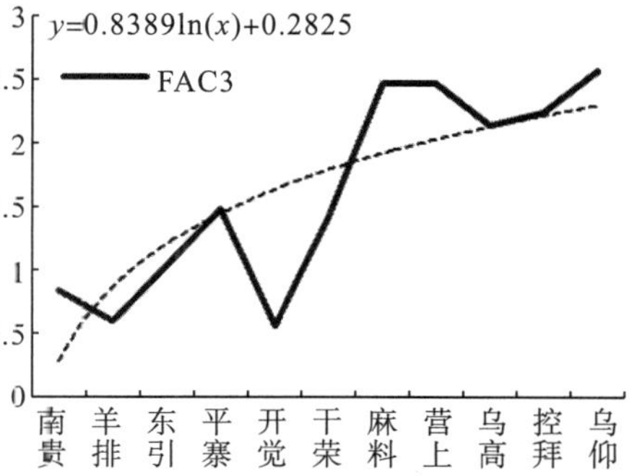

(a) 2013年

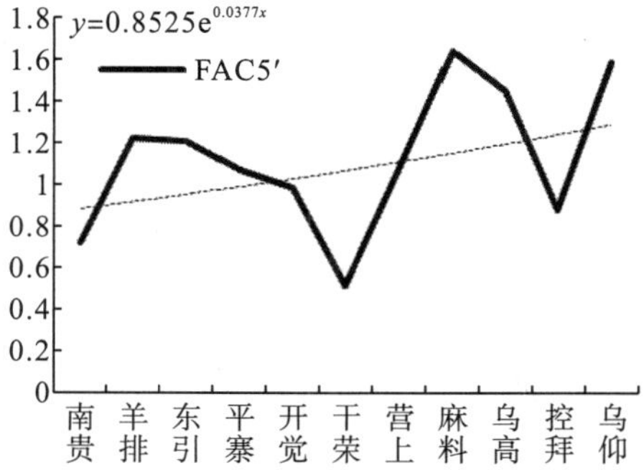

(b) 2015年

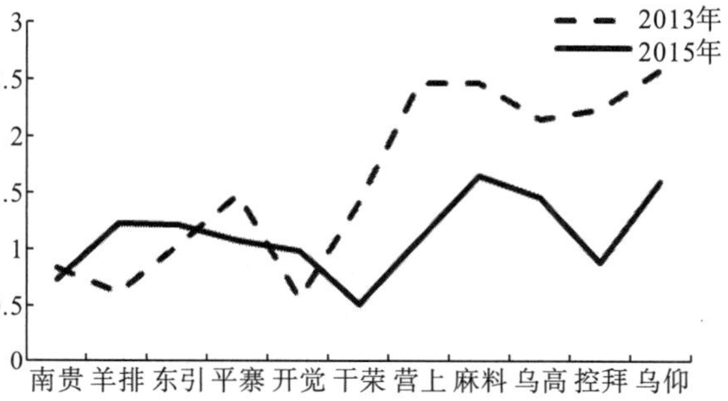

(c) 对比图

图 3.26　2013～2015 年西江苗寨传统婚嫁习俗变迁图

2013～2015 年，西江苗寨的传统诞生礼俗负向变迁①，出现逐渐趋同、减弱的时间演替态势，区域间差异显著减小，呈现出由 U 形空间分异转向三区递增(边缘区→过渡区→核心区)的空间分异规律[图 3.25(c)]。其中，羊排村有明显增强的趋势，过渡区的传统习俗逐渐弱化，甚至消失。

2013～2015 年，西江苗寨的传统婚嫁习俗要素负向变迁②，整体上现出逐渐趋同的时间演替态势，区域间差异和波动幅度逐渐缩小，由以边缘区为中心的距离衰减向 U 形空间分异的规律转变[图 3.26(c)]。其中，羊排村和开觉村呈现出逐渐增强的趋势。

2. 肇兴侗寨

(1)2013 年，肇兴侗寨传统风俗文化要素负向变迁，各村寨其变迁程度呈 M 形分布，区域间呈现边缘区→过渡区→核心区变迁程度递减、差异明显的空间分异规律[图 3.27(a)]。传统风俗文化受旅游商业化的推动，内容简化，形式单一，本地居民对地方性知识的传承

① 在诞生礼俗因子上，2013 年包括“是否保留外婆为外孙准备背带”、“是否保留外婆为新生婴儿准备帽子”、“满月酒是否要送红鸡蛋和糯米饭”、“是否保留打外婆花脸”4 项指标；2015 年包括“是否保留外婆为外孙准备背带”、“是否保留打外婆花脸”、“是否保留外婆为新生婴儿准备帽子”3 项指标。2015 年诞生礼俗公因子没有提出“满月酒是否要送红鸡蛋和糯米饭”这个变量。主要原因是“满月酒是否要送红鸡蛋和糯米饭”这个习俗在 2015 年时不同村寨内部差异显著，居民对此认知态度不一，对诞生礼俗公因子解释度高，因此没有提出此选项。

② 在婚嫁习俗因子上，2013 年包括“是否保留哭嫁习俗”、“是否保留抢亲习俗”、“离婚是否要退彩礼”、“是否保留偷亲”4 个题项指标；2015 年包括“新娘是否保留为自己绣鞋的习俗”、“是否保留捉鱼风俗”、“离婚是否要退彩礼”3 个题项指标。在公因子内部差异上，2013 年提出“是否保留哭嫁习俗”、“是否保留抢亲习俗”这两个指标，而 2015 年提出“新娘是否保留为自己绣鞋的习俗”、“是否保留捉鱼风俗”两个指标。

与了解呈减少趋势。具体表现为边缘区的登江村和纪堂村两个村寨风俗文化得分较高，风俗文化的变迁程度较大，而核心区的肇兴村得分最低，风俗文化变迁程度较弱。

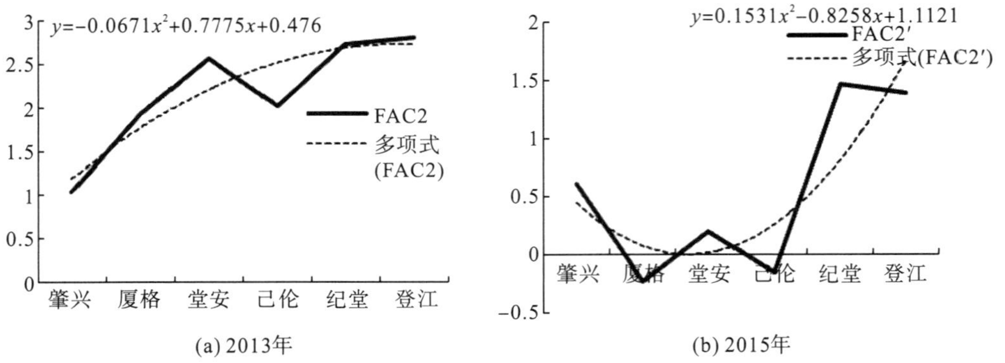

图 3.27　2013～2015 年肇兴侗寨风俗文化变迁图

(2) 2015 年，肇兴侗寨传统风俗文化要素为负向变迁，各村寨其变迁程度呈现 W 形分布，边缘区→过渡区→核心区传统风俗文化变迁程度呈现 U 形空间分布规律，空间差异明显[图 3.27(b)]。具体表现为纪堂村和登江村两个村寨在风俗文化上得分较高，传统风俗变迁程度大，厦格村和已伦村在风俗文化上得分较低。

(3) 2013～2015 年，肇兴侗寨的传统风俗文化①要素正向演替②，区域差异逐渐增大，时间上由边缘区到核心区其变迁程度递减转变为 U 形的演替形态。

具体来看：①在丧葬习俗上各个村寨差异较大，因此"是否保留'停棺待葬'的习俗""是否延续土葬习俗"这两个因子在风俗文化公因子上(FAC2)存在变动。②旅游不断深入背景下，"是否保留为头胎儿女摆三朝酒的习俗""是否保留青年男女行歌坐夜"两个因子在 2015 年风俗文化公因子(FAC3′)上出现。

3. 音寨布依寨

(1) 2013 年音寨布依村寨的传统风俗文化规律：①传统丧葬习俗呈负向变迁，村寨间其变迁呈"据点式"状态，整体呈由边缘区到核心区传统风俗文化变迁程度递增的空间分异规律[图 3.28(a)]。总体上，丧葬习俗保留较为完好。②传统诞生礼俗呈负向变迁，各村寨其变迁呈波动性变化，无明显空间分异规律[图 3.29(a)]。其中，竹林堡、后寨等村寨得分较高，下洛海得分最低。③传统婚嫁习俗呈负向变迁，各村寨波动分布，无明显三区分异规律[图 3.30(a)]。

① 2013 年与 2015 年的共同题项包括"邻居来客是否保留'帮盘'习俗"1 个题项。公因子内的差异项为 2013 年风俗文化因子包括"是否保留'停棺待葬'的习俗"、"是否延续土葬习俗"2 个题项。2015 年风俗文化因子包括"是否保留为头胎儿女摆三朝酒的习俗""是否保留青年男女行歌坐夜"2 个题项。

② 传统风俗文化正向演替是指传统风俗文化得到重视，寨民保护传统风俗文化意识加强，在原有的风俗基础上加以创新。

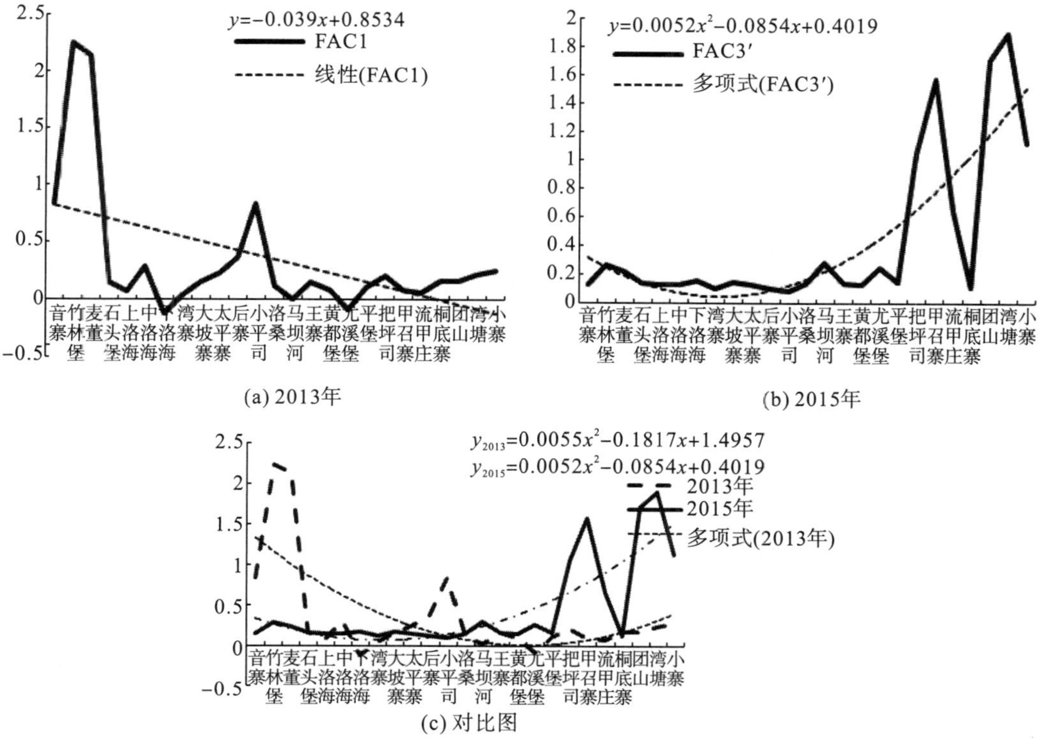

(a) 2013年　(b) 2015年　(c) 对比图

图 3.28　2013～2015 年音寨布依村寨群落传统丧葬习俗变迁图

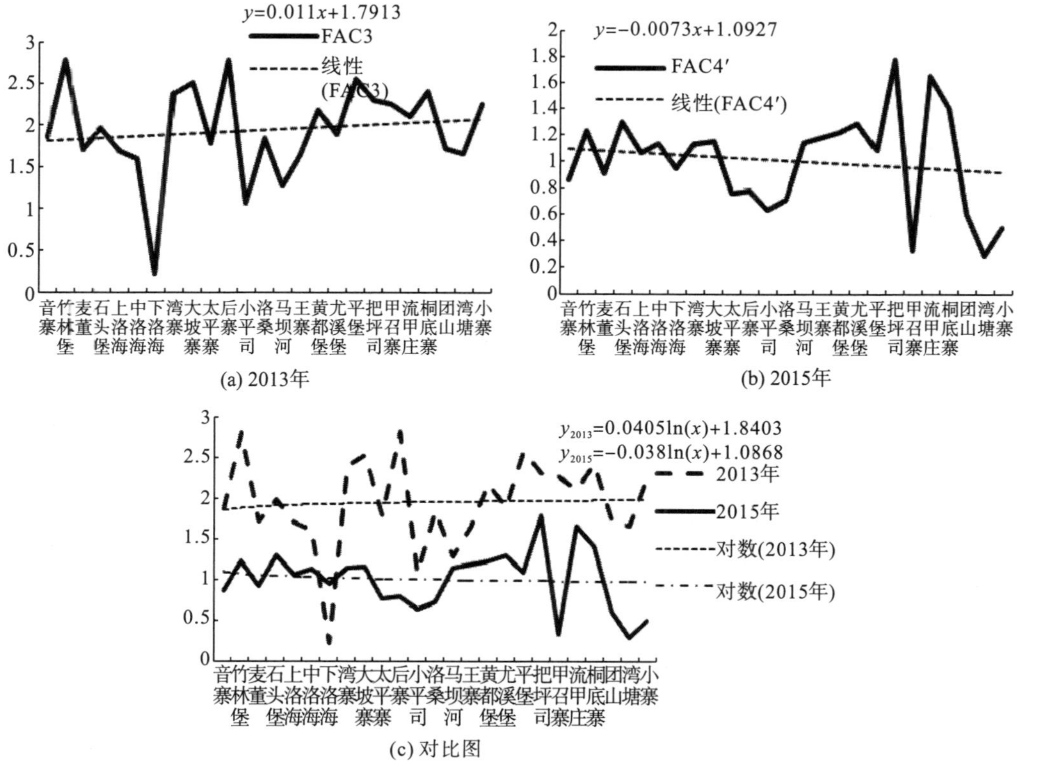

(a) 2013年　(b) 2015年　(c) 对比图

图 3.29　2013～2015 年音寨布依村寨群落传统诞生习俗变迁图

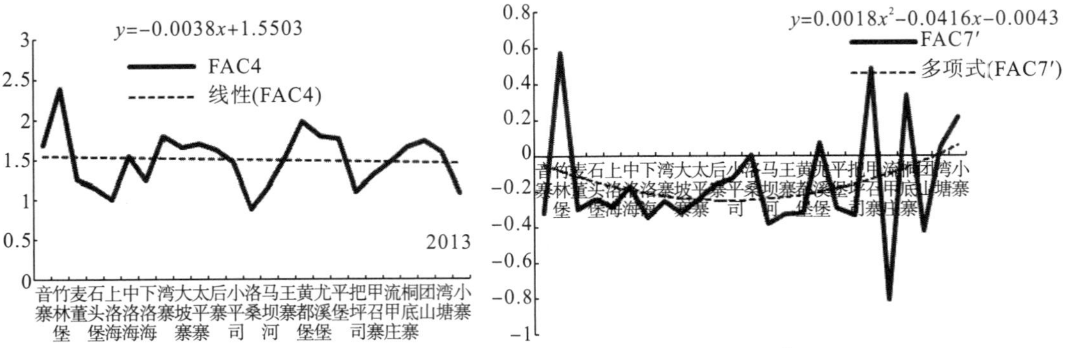

(a) 2013年　　(b) 2015年

图 3.30　2013～2015 年音寨布依村寨群落传统婚嫁习俗变迁图

(2) 2015 年音寨布依寨传统风俗文化规律：①传统丧葬习俗呈负向变迁，各村寨其变迁呈“据点式”状态，整体呈边缘区向核心区递减的空间分异规律[图 3.28(b)]；其中，湾塘村、团山村、甲召寨、把坪司、小寨村得分较高，其他村寨得分差别不大，趋于平稳。②传统诞生礼俗呈负向变迁，村寨间其变迁呈“据点式”发展，无明显三区分异[图 3.29(b)]。其中，把坪司、流甲庄得分较高，甲召寨、湾塘村得分最低。③传统婚嫁习俗呈负向变迁，村寨间其变迁呈“据点式”状态，整体呈 U 形空间分异规律[图 3.30(b)]。其中，核心区和过渡区大部分村寨得分为负，变迁程度低，竹林堡以及边缘区的村寨起伏较大。

(3) 2013～2015 年[①]，音寨布依寨的传统风俗文化规律：①传统丧葬习俗呈负向演替，整体呈边缘区→过渡区→核心区传统风俗文化变迁程度递增转变为边缘区变迁程度高，其他区域低的演替规律[图 3.28(c)]。②传统诞生礼俗呈负向演替，区域间差异逐渐减小，无明显空间变化规律[图 3.29(c)]。③传统婚嫁习俗呈负向演替，区域间差异有所减小，时间上呈现由无明显三区分异转变为 U 形分异演替形态。

3.3.2　节庆文化

1. 西江苗寨[②]

2013 年，西江传统节庆民俗负向变迁[③]，村寨间传统节庆民俗变迁呈倒 U 形分布状态，差异不显著，整体呈现过渡区高，核心区和边缘区较低的倒 U 形空间分异规律(图 3.31)。其中：①营上村和乌高村得分较高，节庆民俗变迁显著，其余村寨差异不大；②过渡区与边缘区部分村寨传统节庆民俗异化程度高，尤以外来文化和现代化要素冲击剧烈，传统节庆民俗逐渐消失，最为强烈的是过渡区，这与过渡区的旅游系统处于衔接核心旅游区通往外出的交通要道有关；③旅游商业化使得节庆活动数量增加，但是参与主体从当地居民转

① 传统丧葬习俗方面，2013 年主要包括“是否保留烧落气纸的习俗”、“是否保留生前做寿衣的习俗”、“是否保留倒头饭”3 个题项，2015 年主要包括“是否保留生前做寿衣的习俗”和“ 是否保留插魂幡的习俗”两个题项。两年公因子中包含的题项存在一定差异，两年共同的题项为“是否保留生前做寿衣的习俗”。

② 2015 年无公因子。

③ 传统的节庆民俗负态变迁指节庆民俗更多地成了旅游地吸引游客的工具，逐渐成了获取经济利益的手段，忽略了原生态的庆祝和纪念目的，传统观念消退严重。

变为游客，节日内容和性质发生了较大变化。

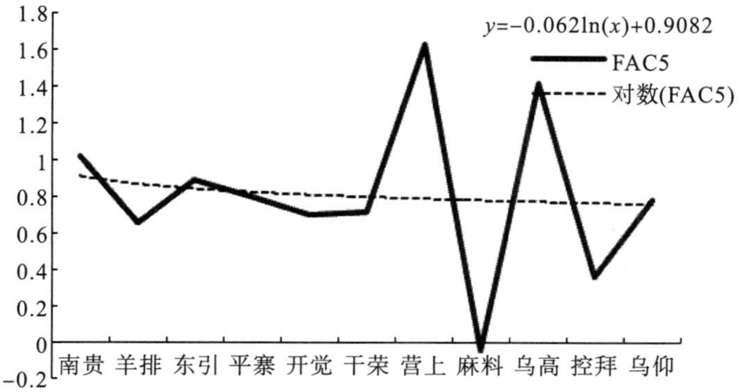

图 3.31　2013 年西江苗寨节庆文化变迁图

2. 肇兴侗寨

(1) 2013 年肇兴侗寨的传统节庆文化呈负向变迁[①]，各村寨其变迁程度呈 N 形分布，区域间呈现边缘区→过渡区→核心区其变迁程度递减、波动平稳的空间分异规律[图 3.32(a)]。肇兴侗寨 6 个村寨的节庆文化得分差异不明显。

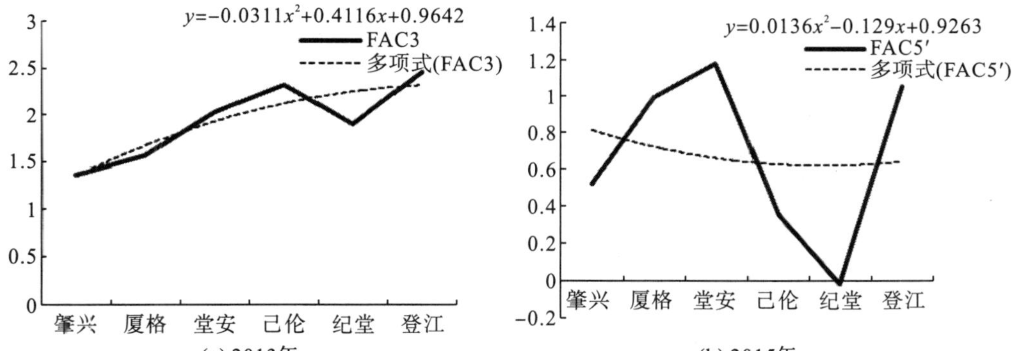

(a) 2013年　(b) 2015年

图 3.32　2013～2015 年肇兴侗寨节庆文化变迁图

(2) 2015 肇兴侗寨的传统节庆文化负向变迁，各村寨其变迁程度呈现 N 形分布，区域间呈差异明显的“波动”型空间分异规律[图 3.32(b)]。其中，过渡区的堂安村、厦格村和边缘区的登江村 3 个村寨在节庆文化上得分较高，节庆文化变迁明显；边缘区的纪堂村在节庆文化上得分最低，节庆文化变迁不明显。

(3) 2013～2015 年[②]，肇兴侗寨传统节庆文化负向变迁，区域差异逐渐增大，时间上由边缘区到核心区其变迁程度递减，并转变为“波动”型演替形态。

① 传统节庆文化负向变迁是指传统节庆活动失去原有的主体功能，失去了传统的韵味，庆祝方式因游客不同而形式多样，游客的观赏性和参与性加强。

② 在传统节庆文化公因子中，2013 年与 2015 年的共同题项包括“本名族节日既能起到祭祀、庆祝等作用又能吸引旅游者”1 个题项。因子内的差异项为 2013 年节庆文化因子包括 “觉得现在的本民族的节日比以前过得隆重了”1 个题项。

具体来看：①肇兴侗寨村民赞同现在本民族的节日比以前过得隆重的人数逐年减少。认为传统节庆文化为了迎合游客的喜好，失去了原有的味道，部分寨民不愿意参与节庆活动。②部分村寨风俗文化变迁开始出现停滞的现象。此外，当地居民也因认识到节庆活动的经济价值而使得其得以复苏。

3. 音寨布依寨

(1) 2013 年音寨布依村寨的传统节庆文化呈负向变迁，各村寨其变迁呈波动分布，差异大，无明显的三区分异规律[图 3.33(a)]。其中，中洛海村得分最高，节庆文化受影响最大，下洛海、甲召寨等村寨受影响最小。

(2) 2015 年音寨布依村寨的传统节庆文化呈负向变迁，村寨间其变迁波动性变化，村寨间差异较大，整体呈边缘区→过渡区→核心区变迁程度递增的空间分异规律[图 3.33(b)]。

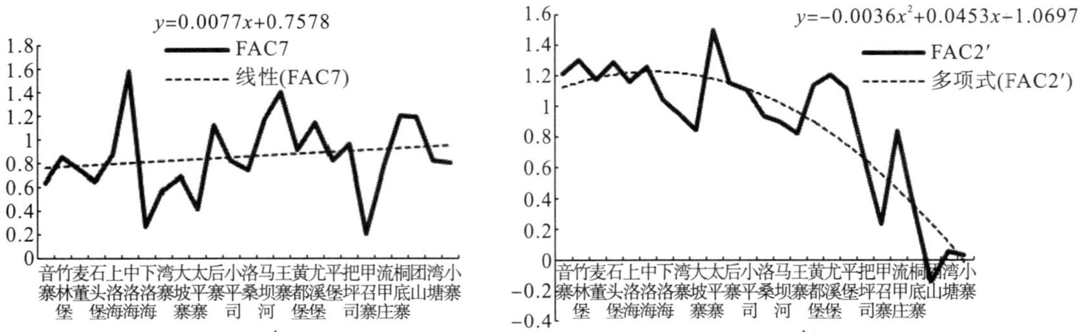

(a) 2013年　　(b) 2015年

图 3.33　2013～2015 年音寨布依村寨群落节庆文化变迁图

(3) 2013～2015 年[1]，音寨布依村寨传统节庆文化呈负向演替，区域间差异逐渐减小，呈现由无明显三区分异到由三区递增(边缘区→过渡区→核心区)转型的时空演替规律。

3.3.3 歌舞文化

1. 西江苗寨

(1) 2013 年西江苗寨传统歌舞文化负向变迁[2]，村寨间其变迁波动分布，但差异不显著，变迁程度整体呈现 U 形空间分异规律[图 3.34(a)]。由于原生态的歌舞逐渐向舞台化和商业化，原有的独特性被逐渐弱化。同时，利益主体之间的“协商”也力图使传统歌舞保持原有的原真性，使得居民重新认识传统歌舞的价值。

① 在传统节庆文化方面，2013 年主要包括“觉得现在的本民族的节日比以前过得隆重了”这个题项，2015 年主要包括“节庆活动家庭人员谁参与”和“本民族富含民族特色的节庆活动总数”两个题项。两年提出公因子所包含的题项不同。

② 歌舞文化负向变迁指朝旅游开发后传统的民族歌舞逐渐商业化和舞台化，传统歌舞的庆祝功能逐渐弱化的方向发展。

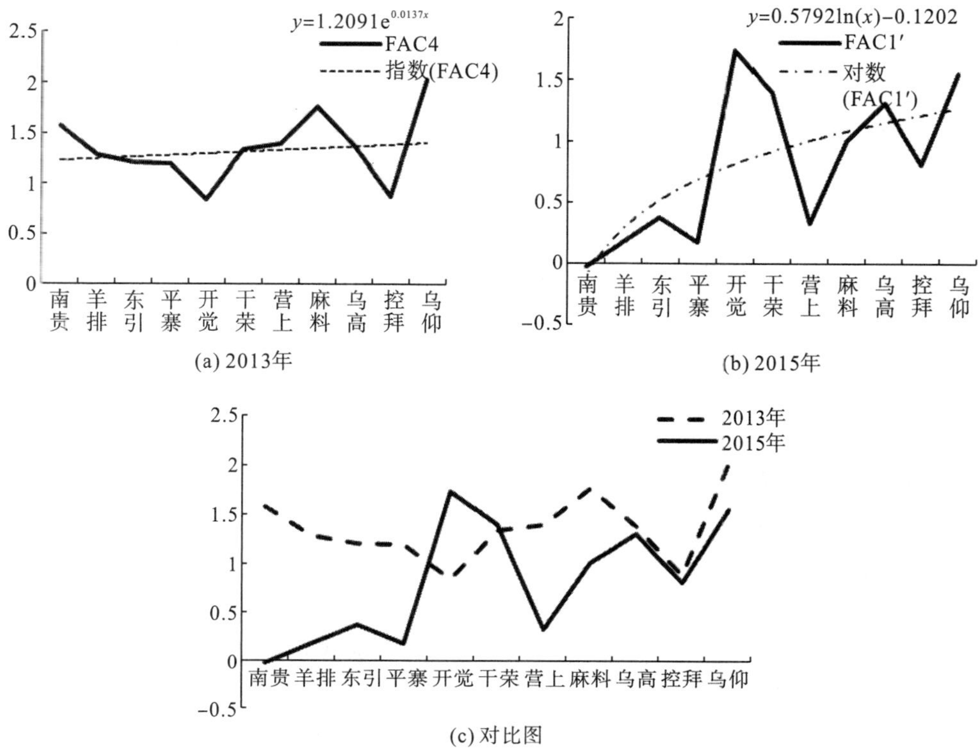

图 3.34　2013～2015 年西江苗族歌舞文化变迁图

(2) 2015 年西江苗寨的传统歌舞文化负向变迁，村寨间其变迁呈现 W 形分布，整体变迁程度呈现出边缘区→过渡区→核心区递减的空间分异规律[图 3.34(b)]。其中，乌仰村、乌高村、开觉村和干荣村异化程度较高，其余村寨得分低，异化程度较低。此外，核心区居民在旅游渗透的背景下对民族文化有了理性的认识，文化的传承与活化程度较高，过渡区居民在经济利益的诱使下，传统歌舞“同化”趋势越来越突出，因此传统歌舞文化变迁感知强烈。

(3) 2013～2015 年[①]，西江苗寨的传统歌舞文化负向变迁，整体上呈现出由 U 形空间分异转向以边缘区为中心的距离衰减空间分异规律[图 3.34(c)]。2013～2015 年歌舞文化异化程度呈现出逐渐减弱的趋势，其中，过渡区的开觉村呈现出逐渐增强的趋势特征。

2. 肇兴侗寨

(1) 2013 年肇兴侗寨的传统歌舞文化负向变迁，各村寨其变迁程度呈 N 形分布，区域间呈现边缘区→过渡区→核心区传统歌舞文化变迁程度递减、波动幅度平稳、差异不显著的空间分异规律[图 3.35(a)]。具体来看，登江村和厦格村两个村寨歌舞文化得分较高，歌舞文化变化显著；相反，核心区的肇兴村得分最低，歌舞文化变化程度较小。此外，部分村寨本地居民外出务工人员较多，传统歌舞文化有逐渐减弱的现象。

① 在歌舞文化因子上，包括“会唱本民族的歌谣”“会跳本民族舞蹈”“主要歌舞总类”3 个指标。

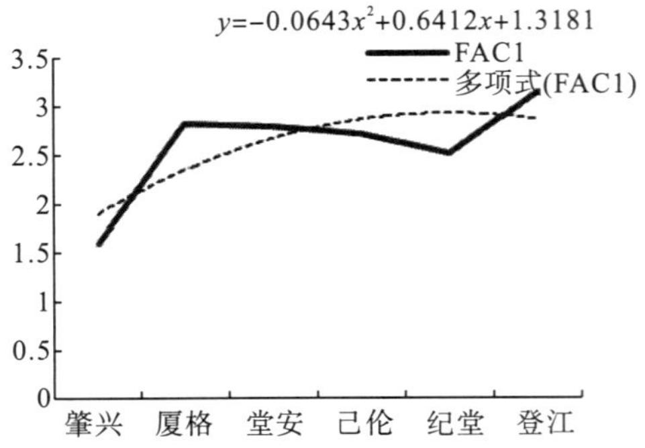

(a) 2013年

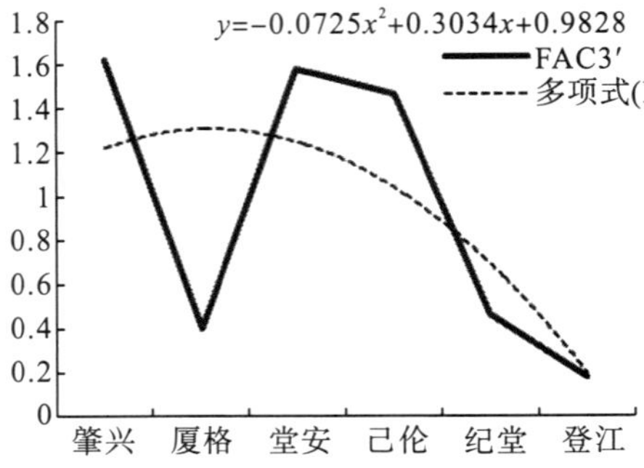

(b) 2015年

图 3.35 2013～2015 年肇兴侗寨歌舞文化变迁图

(2) 2015 年肇兴侗寨传统歌舞文化呈现正向变迁①，各村寨其变迁呈现 N 形分布，区域间其变迁程度呈现倒 U 形、差异明显的空间分异规律[图 3.35(b)]。其中，肇兴村、堂安村和己伦村 3 个村寨在风俗文化上得分较高，歌舞文化变化显著，纪堂村和厦格村次之。

(3) 2013～2015 年时空演替规律②：肇兴侗寨的传统歌舞文化正向演替，区域差异逐渐增大，时间上由边缘区到核心区传统歌舞文化变迁程度递减，波动幅度平稳转为 U 形的演替形态。

具体来看：①2015 年变迁程度明显弱于 2013 年，但区域差异逐渐增大。②旅游开发的不断深入使得当地居民保护本民族的歌舞传统意识也逐渐加强。

3. 音寨布依寨

(1) 2013 年音寨布依村寨的传统歌舞文化呈负向变迁，村寨间其变迁波动变化，整体呈现由边缘区到核心区其变迁程度递增的空间分异规律，核心区歌舞文化受影响最大，异化程度最高[图 3.36(a)]。

(2) 2015 年音寨布依村寨传统歌舞文化呈负向变迁，各村寨其变迁呈波动变化态势，25 个村寨的得分存在较大差异，整体呈倒 U 形空间分异规律[图 3.36(b)]。

(3) 2013～2015 年时空演替规律：音寨布依族的传统歌舞文化呈负向变迁，各村寨其文化呈波动变化态势，整体呈倒 U 形空间分异规律[图 3.36(c)]。

---

① 传统歌舞文化正向变迁是指歌舞文化得到重视，寨民保护本土歌舞文化意识加强，政府采取措施从各方面加大对侗族歌舞文化的保护，有利于肇兴侗寨地区歌舞文化的保护和复兴。

② 在传统歌舞文化因子方面，2013 年与 2015 年的共同题项包括“会唱本民族歌谣”1 个题项。公因子内的差异项为：2013 年歌舞文化因子包括“觉得本民族歌要好听，有存在的必要”、“民族歌舞、民族风情以及民族艺术等少数民族的文化资源能吸引游客”2 个题项；2015 年歌舞文化因子包括“会跳本民族舞蹈”1 个题项。

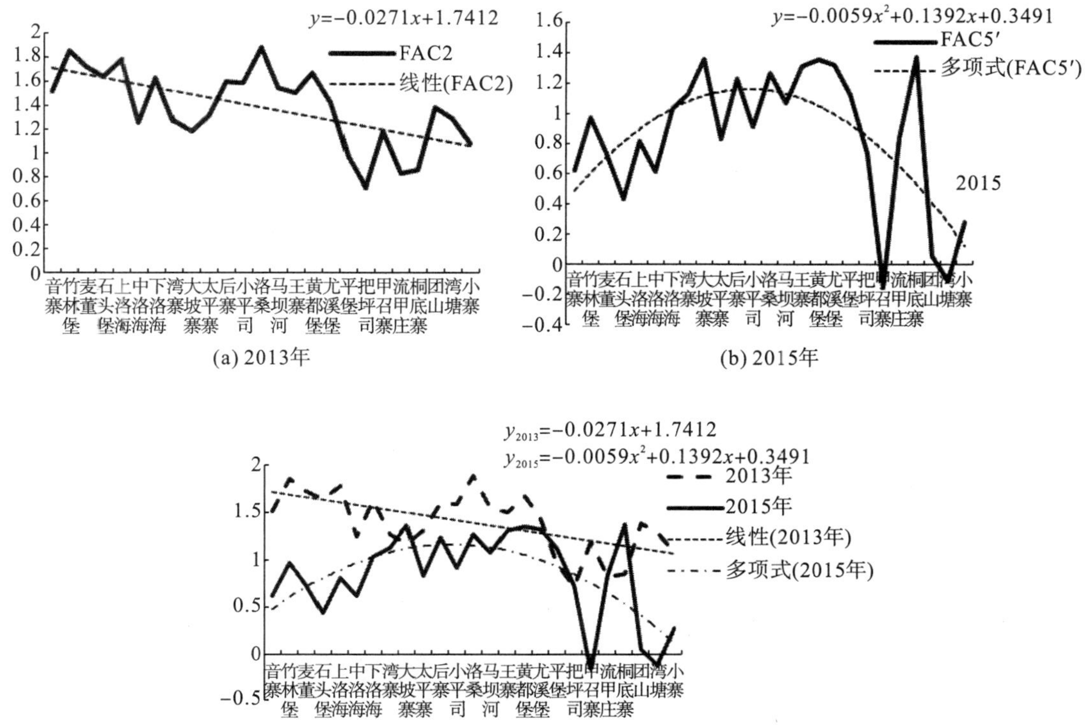

(a) 2013年

(b) 2015年

(c) 对比图

图 3.36　2013～2015 年音寨布依村寨群落歌舞文化变迁图

3.3.4　文化变迁感知

1. 西江苗寨

(1) 2013 年，西江苗寨的文化变迁感知强化程度各村寨波动分布，整体变迁感知度呈现边缘区→过渡区→核心区逐渐强化的空间分异，文化变迁的感知强度与区域旅游发展相关[图 3.37(a)]。其中，南贵村、营上村、开觉村、羊排村 4 个村寨得分较高，对文化异化变迁感知度较强，文化异化相对显著；其次为干荣村、平寨村、东引村；乌仰村、控拜村、麻料村、乌高村 4 个村寨得分最低，文化异化变迁程度最低。

(2) 2015 年，西江苗寨的文化变迁感知强度在村寨间呈现波动变化分布状态，整体感知强度呈现边缘区→过渡区→核心区逐渐增强的空间分异规律[图 3.37(b)]。其中核心区的 4 个村寨以及过渡区的营上村感知较强烈，开觉村、干荣村、乌高村、控拜村和乌仰村的感知较低。

(3) 2013～2015 年①，西江苗寨的文化变迁感知呈现出逐渐增强的时间演替规律，整体上呈现从边缘区→过渡区→核心区文化变迁感知逐渐强化，区域感知度差异逐渐增大的规律[图 3.37(c)]。

① 在文化变迁感知因子上，2013 年包括“利用传统方式，例如唱歌、刺绣、蜡染来打发自己的业余生活”、“本民族的传统风俗发生改变”2 个指标；2015 年包括“本民族的传统风俗发生改变”、“传统风俗改变的原因是旅游影响”2 个指标。

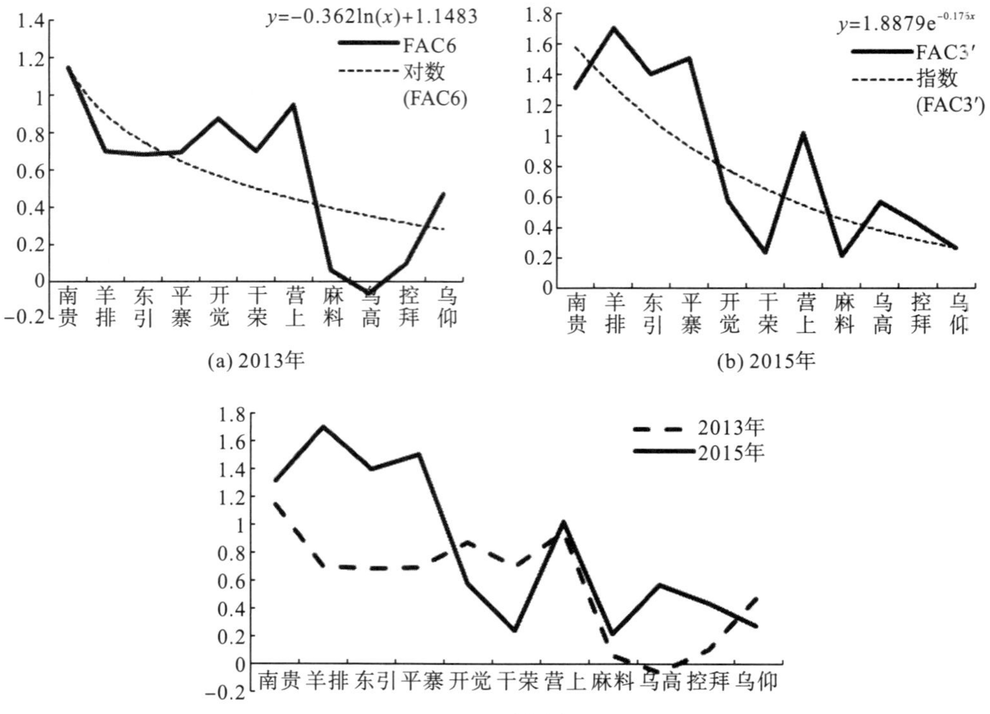

(a) 2013年　(b) 2015年

(c) 对比图

图 3.37　2013～2015 年西江苗族文化异化感知变迁图

具体来看：①过渡区的干荣村和开觉村村民对文化变迁的感知减弱。②与 2013 年相比较，2015 年村民更加认同“传统风俗改变的原因是旅游影响”。③文化变迁感知与旅游发展水平密切相关。

2. 肇兴侗寨[①]

2015 年，肇兴侗寨的文化变迁感知程度逐年减弱，各村寨村民对其变迁感知强度呈现 W 形分布，村寨间其变迁差异明显，呈现由边缘区和过渡区文化变迁感知强度较强的 U 形空间分异规律(图 3.38)。其中，肇兴村、厦格村和己伦村 3 个村寨文化变迁感知得分较高，传统风俗受旅游影响明显；其次为纪堂村和登江村；堂安村文化变迁感知得分最低。

3. 音寨布依寨

(1)2013 年，音寨布依村寨的村民文化变迁感知程度增强，各村寨其变迁呈波动性变化态势，无明显的三区空间分异规律[图 3.39(a)]。其中，平堡村、竹林堡等得分较高，小平司得分最低。

(2)2015 年音寨布依村寨的村民对文化变迁感知程度增强，村寨间其变迁波动性变化大，差异大，无明显三区分异规律[图 3.39(b)]。具体表现为马坝河得分最高，流甲庄得分最低，表明流甲庄文化变迁感知程度最低。

① 2013 年无公因子。

(3) 2013～2015 年[①]，音寨布依村寨村民对文化变迁感知程度逐年减弱，而其变迁区域差异逐年增大。音寨地靠城市，易接触到外来文化，又因旅游的开发使得核心区表现出文化多元化。

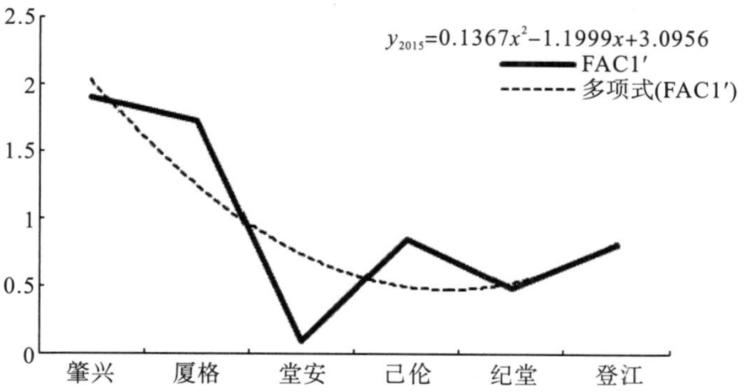

图 3.38　2015 年肇兴侗寨文化异化感知变迁图

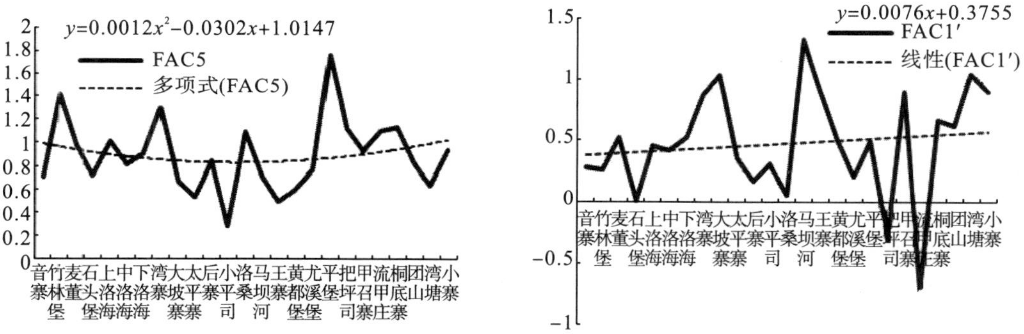

(a) 2013年　　(b) 2015年

图 3.39　2013～2015 年音寨布依村寨群落文化异化感知变迁图

3.3.5　文化价值认同

1. 西江苗寨

(1) 2013 年，西江苗寨居民的民族文化价值认同正向变迁[②]，各村寨其变迁差异较显著，整体上其认同度呈现过渡区认同度高、边缘区和核心区低的倒 U 形空间分异[图 3.40(a)]。其中：①干荣村、开觉村、南贵村、营上村、乌仰村 5 个村寨村民对村寨文化价值认同度较高。②旅游诱发的社区利益冲突，导致部分村民(如羊排村村民)对旅游发展产生抵触心理。③过渡区的居民向往旅游发展带来的利益，强烈支持发展旅游，也逐渐认识到民族文化的旅游价值，文化自觉明显。

① 在文化变迁感知因素上，2013 年主要包括“本民族的传统风俗发生改变”、“传统风俗改变的原因是旅游影响”两个题项，2015 年主要包括“传统风俗改变的原因是旅游影响”和“本民族的传统风俗发生改变”两个题项，两年提出的题项一致。

② 民族文化价值认同呈现正向变迁指旅游开发后，少数民族文化资源逐渐成为吸引游客的重要组成部分，同时，政府对少数民族文化的保护与传承也作出了相应的措施，使得居民逐渐认识到本民族传统文化所带来的经济价值和历史价值。

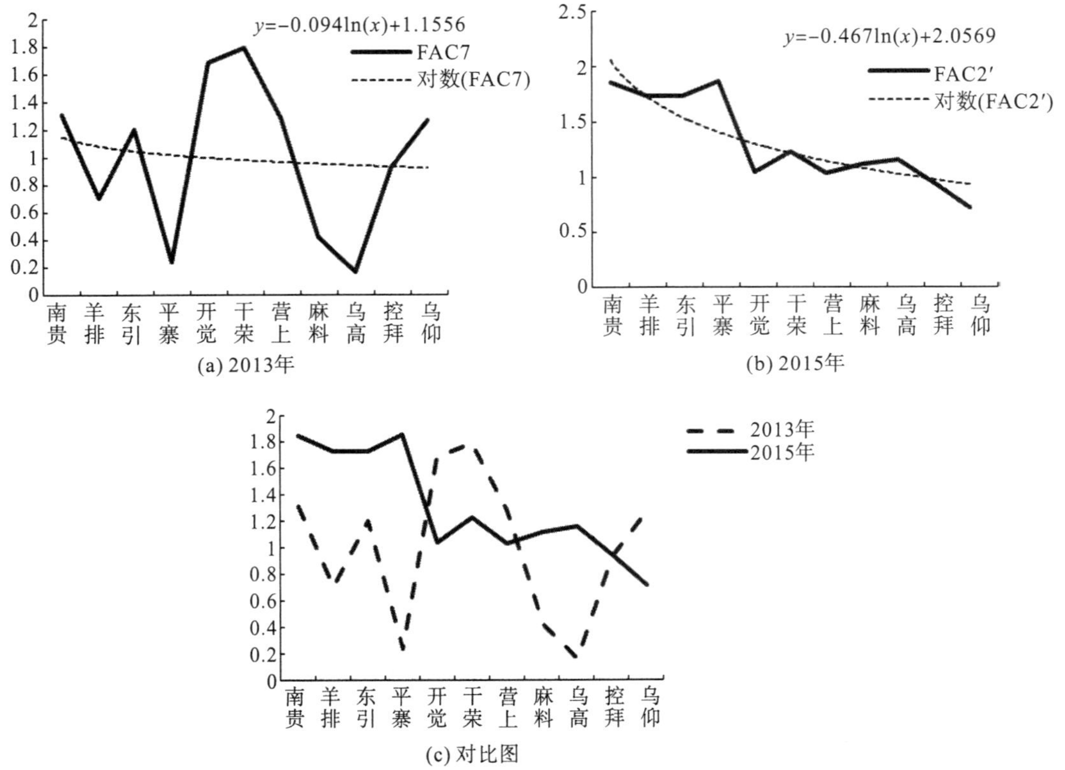

图 3.40 2013～2015 年西江苗寨民族文化价值认同变迁图

(2) 2015 年，西江苗寨居民的民族文化价值认同呈正向变迁，村寨间其波动变迁不显著，整体上其认同度呈现由边缘区向核心区递增的空间分异[图 3.40(b)]。其中，核心区 4 个村寨居民的文化价值认同因旅游发展得以强化，过渡区和边缘区的村寨认同度相对较低。

(3) 2013～2015 年时空演替规律①：西江苗寨居民的民族文化价值认同呈正向变迁，整体上其文化价值认同度村寨间差异逐年减小，呈现由倒 U 形的空间分异转向边缘区→过渡区→核心区递增的空间分异规律[图 3.40(c)]。2015 年村民认识到传统民族文化的经济价值，因此对“觉得本民族歌谣很好听，有存在的必要”的认同感增强。

2. 音寨布依寨②

2015 年，音寨布依村寨居民的文化价值认同程度越来越高，村寨间其认同度呈“据点式”分布，无明显三区分异(图 3.41)。此外，外来文化的介入反而加深了这些村寨居民对本民族文化的认同。

---

① 在文化价值认同因子上，2013 年包括“民族歌舞、民族风情以及民族艺术等少数民族的文化资源最能吸引旅游者”、“本民族节日的作用既能起到祭祀、庆祝等作用又能吸引旅游者”2 个指标选项；2015 年包括“觉得本民族歌谣很好听，有存在的必要”、“民族歌舞、民族风情以及民族艺术等少数民族的文化资源最能吸引旅游者”、“本民族节日的作用既能起到祭 祀、庆祝等作用，又能吸引旅游者”3 个指标选项。差异项是“觉得本民族歌谣很好听，有存在的必要”。

② 2013 年无公因子。

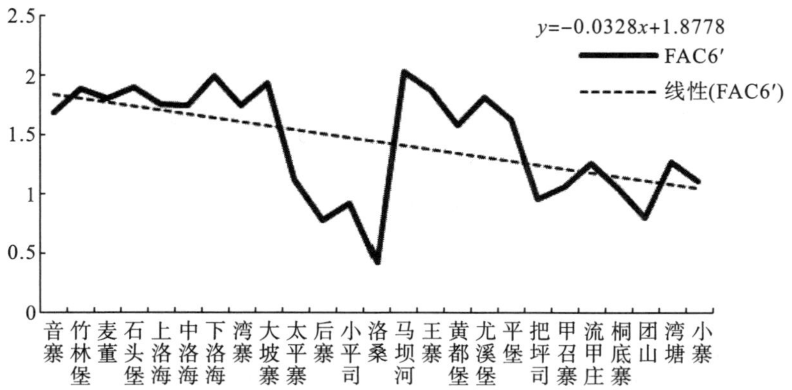

图 3.41　2015 年音寨布依村寨群落民族文化价值认同变迁图

3.3.6　语言景观

1. 肇兴侗寨

2015 年，肇兴侗寨语言景观要素正向变迁[①]，各村寨其变迁程度呈 W 形分布，差异显著，区域间其变迁呈现“波动”型的空间分异规律(图 3.42)。具体表现为核心区的肇兴村和边缘区的己伦村两个村寨在语言景观上得分较高，语言景观变化明显。其他村寨紧随其后，边缘区纪堂村得分最低，语言景观变化不明显。

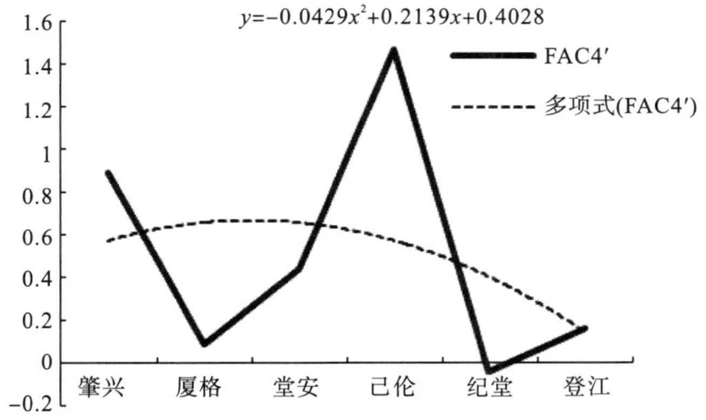

图 3.42　2015 年肇兴侗寨语言景观变迁图

2. 音寨布依寨

2013 年，音寨布依村寨语言景观呈正向变迁[②]，村寨间其变迁波动性变化，无明显空间分异规律(图 3.43)。

① 语言景观要素正向变迁是指旅游开发不断加深，社会更加文明，寨民接受汉文化的学习。
② 语言景观的正向变迁是指在现代化和汉化的影响下，当地很多居民尤其是年轻人已经不会说布依族的语言，开始说汉语，甚至因为旅游的开发，多外地游客进入，有的居民开始说普通话，社会文明程度提高。

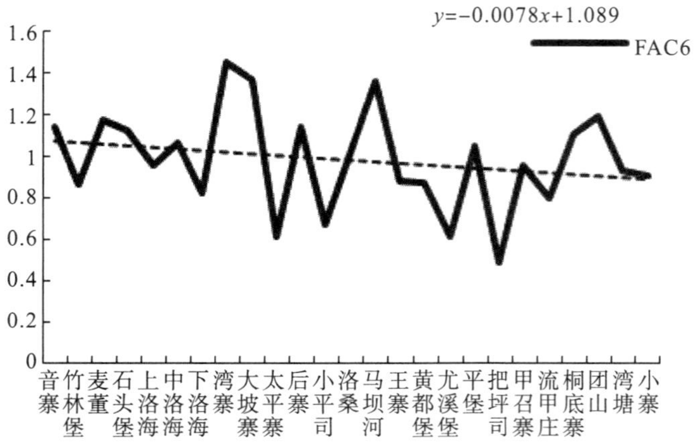

图 3.43 2013 年音寨布依村寨语言景观变迁图

3.3.7 精神文化要素的时空变迁规律

1. 西江苗寨

(1) 2013 年，西江苗寨村民的精神文化变迁在各个村寨之间呈现倒 U 形分布，变迁程度差异不显著，整体上其变迁呈现出倒 U 形空间分异规律(图 3.44)。其中：①营上村、干荣村、南贵村、乌仰村的村民精神文化变迁较显著，东引村、羊排村、乌高村、控拜村 4 个村寨反之。②处于核心区的南贵村与羊排村村民精神文化变迁程度较大，过渡区村民在经济利益驱动下忽略了对精神文化要素的传承，边缘区受旅游辐射较小，精神文化层面保存度相对较高，而乌仰村精神文化异化变迁程度较大。

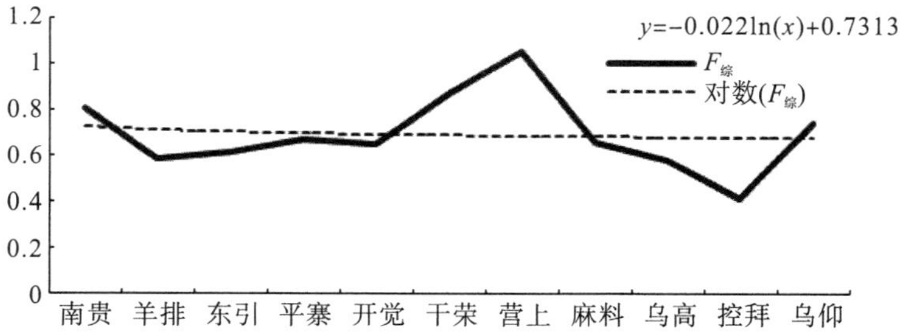

图 3.44 2013 年西江苗寨精神文化要素变迁图

(2) 2015 年，西江苗寨村民的精神文化在村寨间的变迁波动不显著，整体上其变迁程度呈现边缘区→过渡区→核心区递增的空间分异规律(图 3.45)。其中，处于核心区的羊排村得分较高，精神文化要素异化较强，这与该村处于社区经济利益分配不均造成的冲突有关。

(3) 2013～2015 年，西江苗寨村民的精神文化变迁程度逐渐减弱，区域内部差异逐渐缩小，有趋同的态势，呈现出由倒 U 形空间分异转向距离衰减(核心区→过渡区→边缘区)空间分异的时空规律(图 3.46、图 3.47)。此外，核心区的羊排村表现为逐渐增强，过渡区居民在经济利益驱动下，2013～2015 年变迁波动较大。

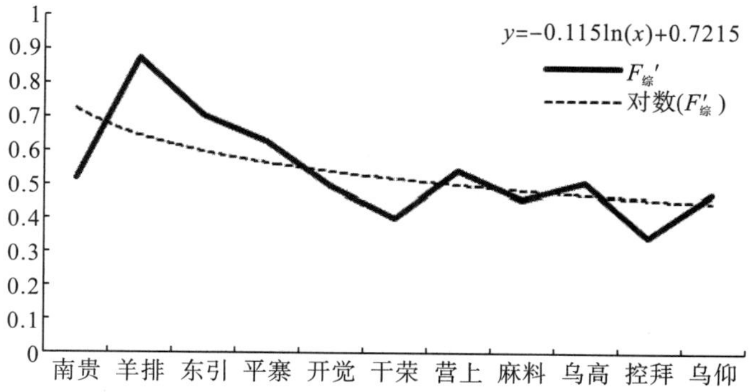

图 3.45　2015 年西江苗寨精神文化要素变迁图

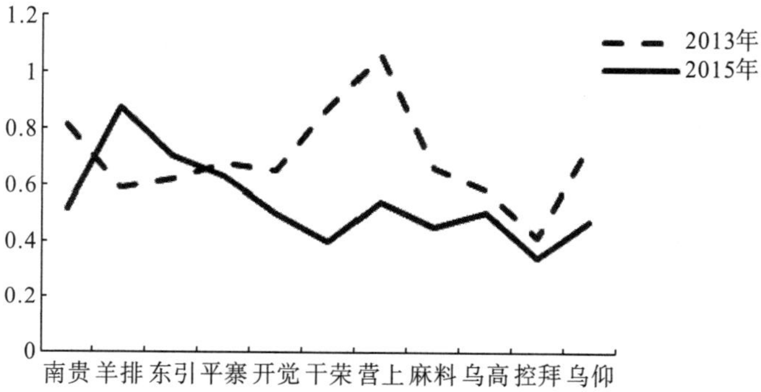

图 3.46　2013～2015 年西江苗寨精神文化变迁图

2. 肇兴侗寨

(1) 2013 年肇兴侗寨村民的精神文化负向变迁，各村寨其变迁呈现波动分布态势，区域间呈现由边缘区→过渡区→核心区变迁程度递减的空间分异规律(图 3.48)。其中，由于传统文化保护意识的提高，处于核心区的肇兴村村民精神文化变迁程度显著低于边缘区和过渡区；位于边缘区的登江村村民因外出务工受多元文化影响，其精神文化的变迁程度显著高于核心区和过渡区。

(2) 2015 年，肇兴侗寨村民的精神文化呈正向变迁，各村寨村民其变迁程度呈 W 形分布，整体上呈现“断崖式”波动态势，遵循边缘区→过渡区→核心区变迁程度递减的空间分异规律(图 3.49)。其中，肇兴村村民精神文化变迁程度显著高于过渡区和边缘区，己伦村村民精神文化变迁程度高于边缘区。

(3) 2013～2015 年，肇兴侗寨村民精神文化变迁呈正向演替，区域间由小幅波动转向“断崖式”的演替形态，总体呈现出边缘区→过渡区→核心区村民精神文化变迁程度递减的规律(图 3.50)。具体来看，时空差异明显：2013 年精神文化维度的变迁呈现由核心区向边缘区递减的规律，但是波动小，增长幅度不明显；2015 年精神文化维度的变迁呈现由核心区向边缘区变迁递减趋势，呈现 W 形的规律。其中，肇兴村表现特殊，表现出逐年增强的规律，但增长幅度不明显。

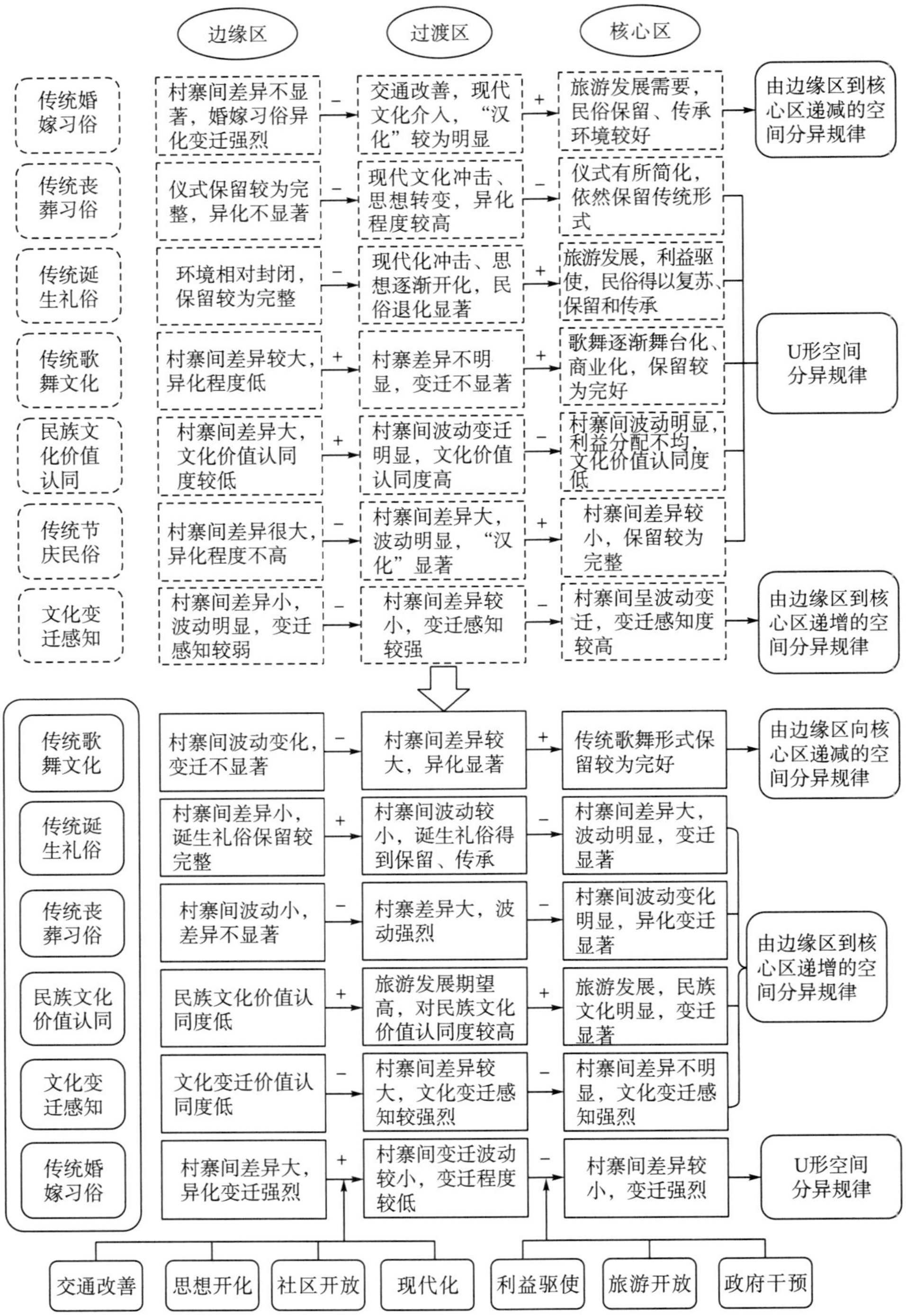

图 3.47 西江苗寨精神文化要素框图

注：+表示正向变迁，−表示负向变迁，虚线框表示 2013 年要素，实线框表示 2015 年要素，箭头方向表示作用方向，粗实线箭头表示外部作用指向。

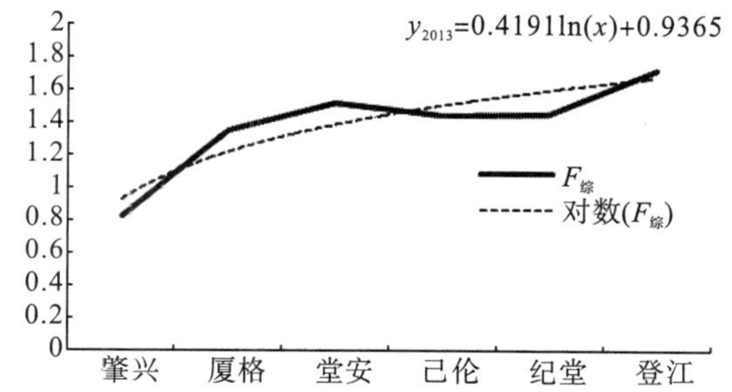

图 3.48　2013 年肇兴侗寨精神文化要素变迁图

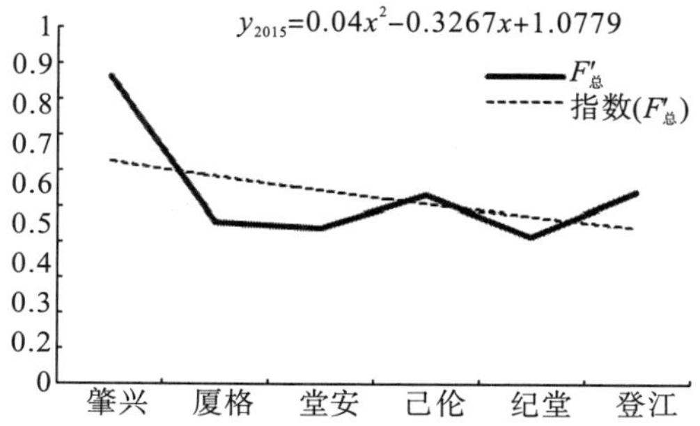

图 3.49　2015 年肇兴侗寨精神文化要素变迁图

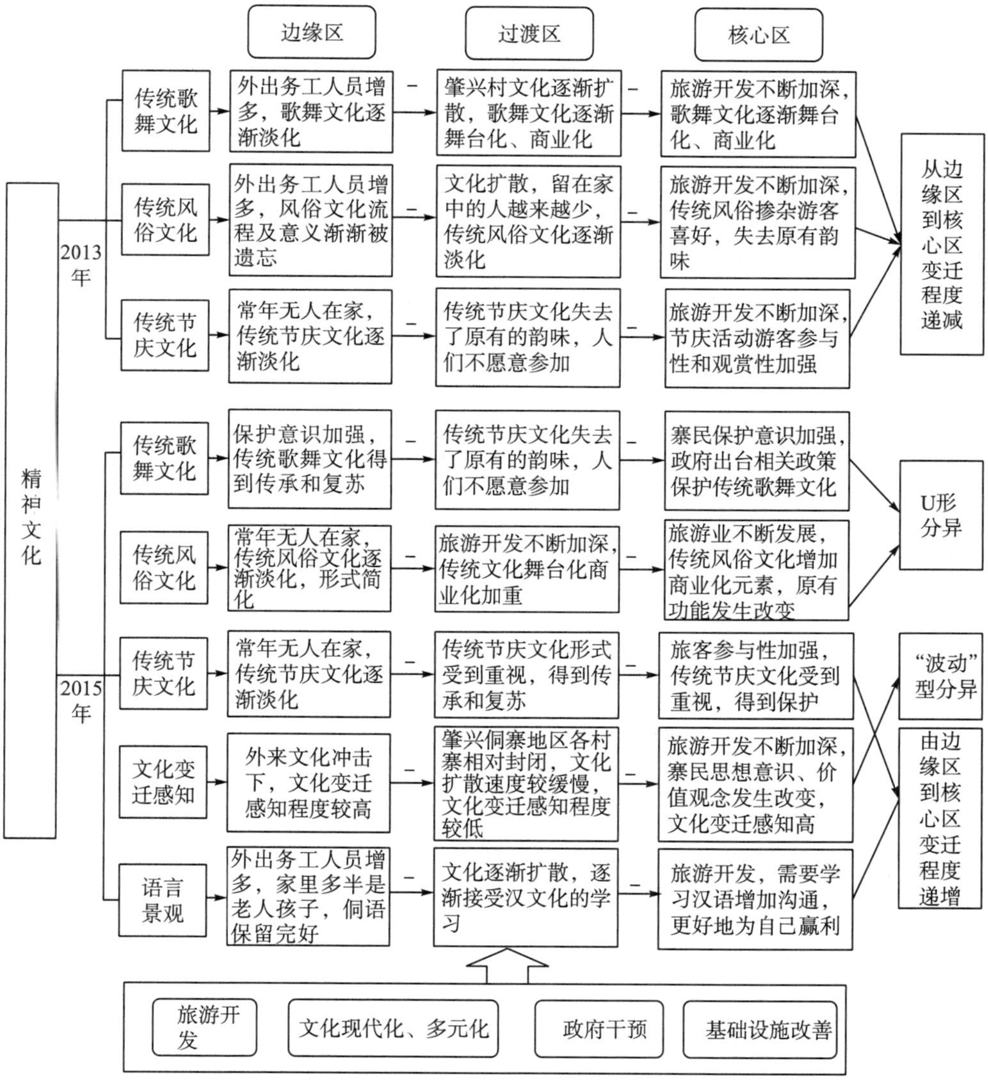

图 3.50　肇兴侗寨精神文化要素框图

注：+表示正向变迁，−表示负向变迁，箭头方向表示作用方向。

3. 音寨布依寨

(1)2013 年，音寨布依村寨村民的精神文化变迁呈村寨间“据点式”状态，整体呈现由边缘区→过渡区→核心区变迁程度递增的空间分异规律(图 3.51)。其中，核心区的竹林堡变迁程度最高。由于音寨各个村寨受外来文化等诸多因素的影响程度不同，各村寨间变迁不平衡。

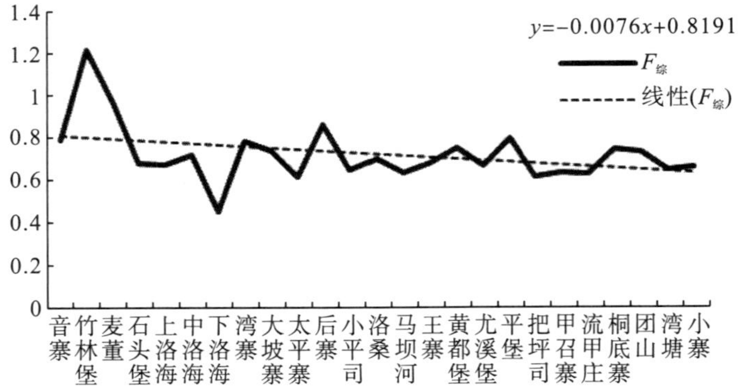

图 3.51　2013 年音寨布依村寨群落精神文化要素变迁图

(2)2015 年，音寨布依村寨村民的精神文化呈负向变迁，各村寨其变迁呈现破碎化、波动大的变化态势(图 3.52)。

(3)2013～2015 年，音寨布依村寨村民的精神文化呈负向演替，其变迁程度逐年减弱，整体由边缘区→过渡区→核心区其变迁程度递增，转向三区无明显的时空变迁特征(图 3.53)。从变迁的区域差异上看，核心区区域间差异不显著，过渡区和边缘区差异逐渐增大，尤以过渡区变化明显。

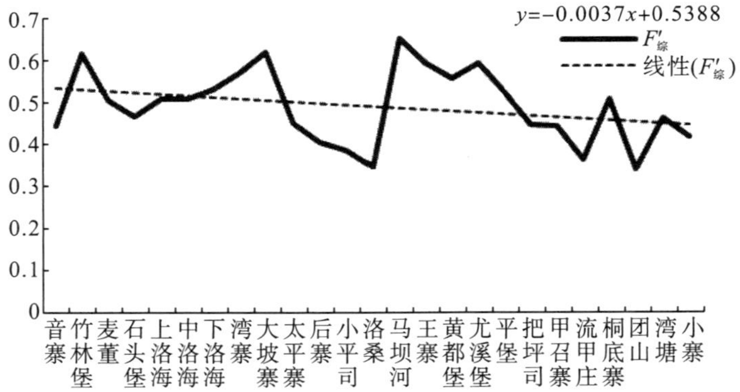

图 3.52　2015 年音寨布依村寨群落精神文化要素变迁图

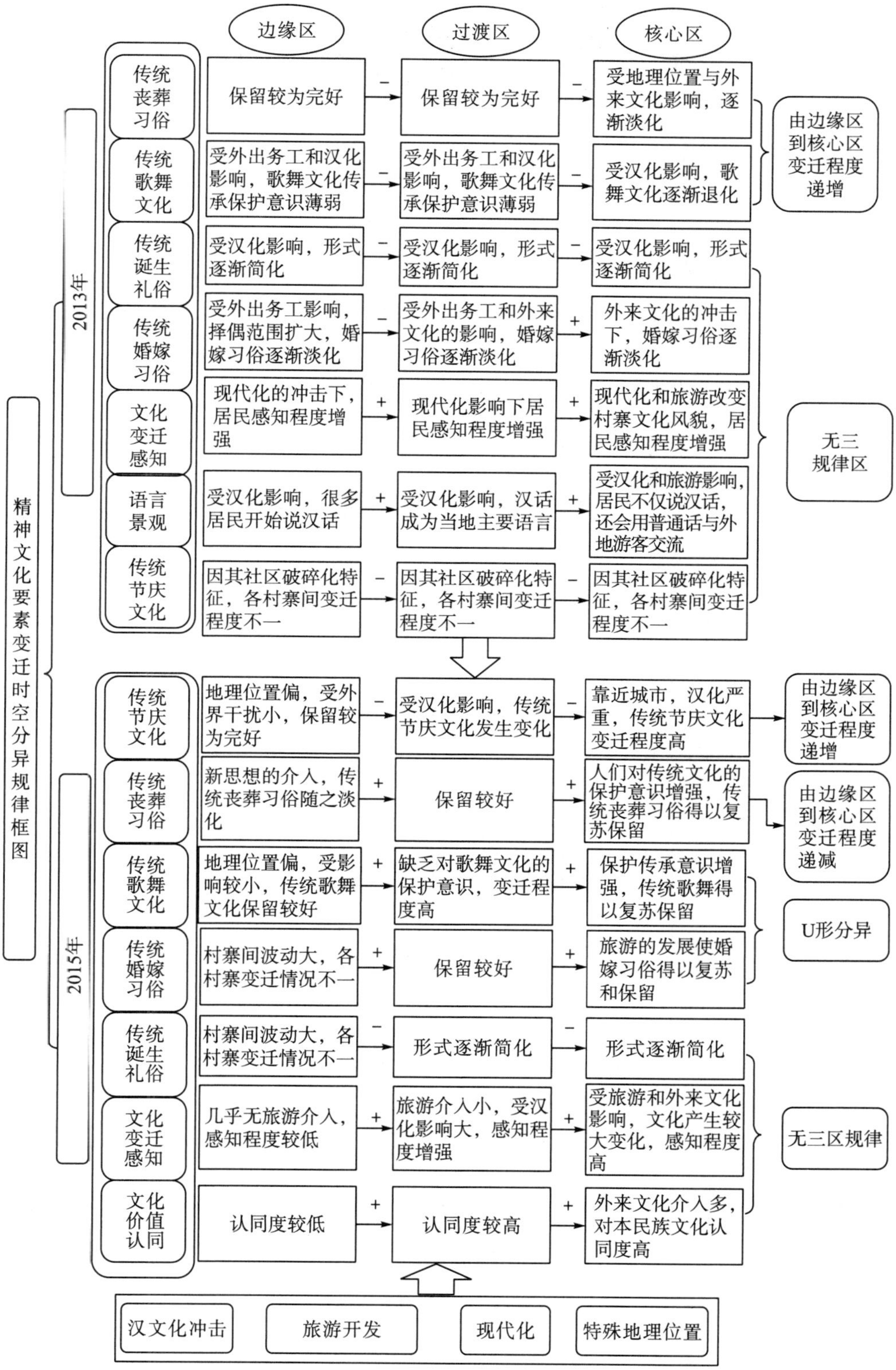

图 3.53 音寨布依村寨群落精神文化要素框图

注：+表示正向变迁 －表示负向变迁，箭头方向表示作用方向。

3.4 制度文化要素的时空变迁规律

3.4.1 社会制度文化

1. 西江苗寨

(1)2013 年，西江苗寨的社会制度文化正向变迁[①]，村寨间其变迁呈现 M 形分异，整体无明显空间分异规律[图 3.54(a)]。①在 11 个村寨中，过渡区的 3 个村寨差异较大，其余村寨差异不显著。②营上村、乌高村、麻料村、东引村 4 个村得分较高，社会制度变迁相对显著，平寨村、控拜村、羊排村、乌仰村等村寨变迁不显著。

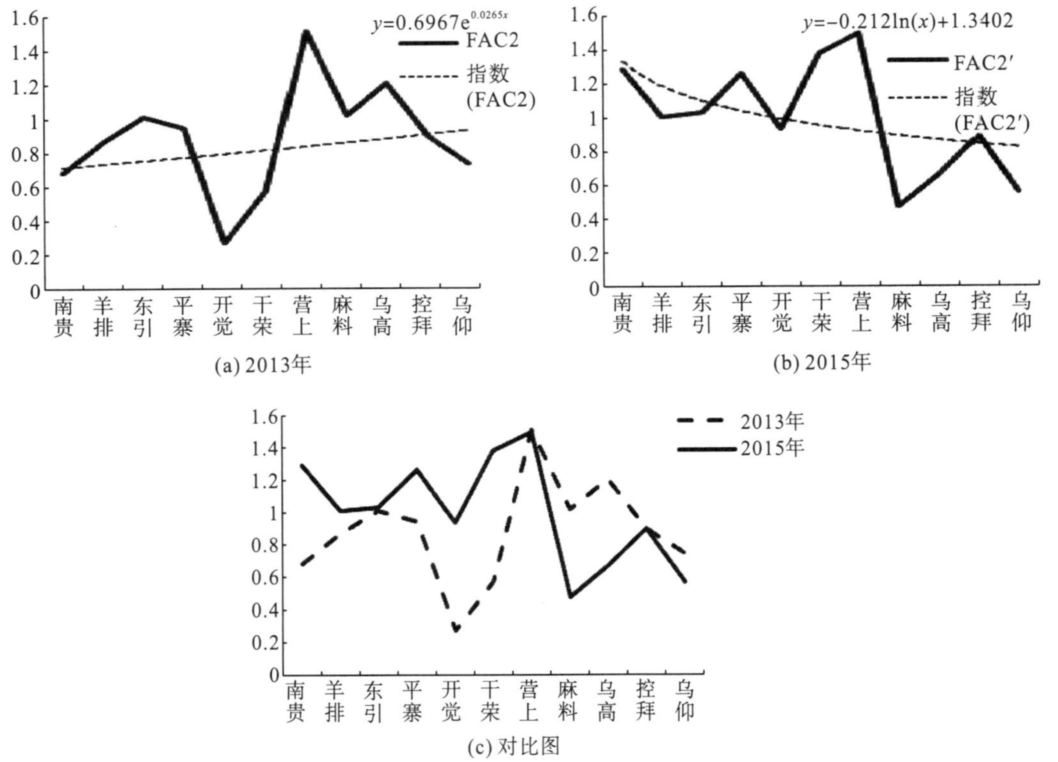

(a) 2013年 (b) 2015年 (c) 对比图

图 3.54 2013～2015 年西江苗寨社会制度文化变迁图

(2)2015 年西江苗寨的社会制度文化正向变迁，村寨间其变迁呈现波动变迁态势，整体变迁程度呈现边缘区→过渡区→核心区递增的空间分异规律[图 3.54(b)]。其中：①核心区和过渡区的干荣村、营上村得分较高，其次是开觉村和控拜村，位于过渡区的干荣村

① 社会制度正向变迁指社会管理制度逐步规范，社会文明程度进一步提高的倾向。西江苗寨传统的管理者有寨老、鼓藏头、活路头等，这些领袖大多是世袭传承的，随着“村支两委”制度以及西江景区管理委员会对管理权力的接管，村寨传统管理制度已经失去了实际执行力，社会制度在现代化与旅游作用力下发生着变化。

和营上村变迁较明显。②随着村委等社区管理部门的设立，传统社会制度的内在动力逐步弱化，仅仅保留了制度的外在表现形式。

(3) 2013～2015 年，西江苗寨的社会制度文化正向变迁①，区域间其变迁程度差异逐渐缩小，呈现向由边缘区→过渡区→核心区递增的空间分异规律。其中，边缘区的社会制度文化变迁程度逐渐减弱[图 3.54(c)]；社会制度不再是维系社会空间的生产及规训功能，而是逐渐转向为满足旅游者的猎奇心理，象征性功能增强，内在管理功能减弱。

2. 肇兴侗寨

(1) 2013 年肇兴侗寨的社会制度要素正向变迁，各村寨变迁程度呈 M 形分布，村寨间其变迁差异不明显，区域间其变迁程度由边缘区→过渡区→核心区递增[图 3.55(a)]。其中，核心区村寨管理趋于规范化和有序化，边缘区的厦格村在管理体制层面上得分最高。

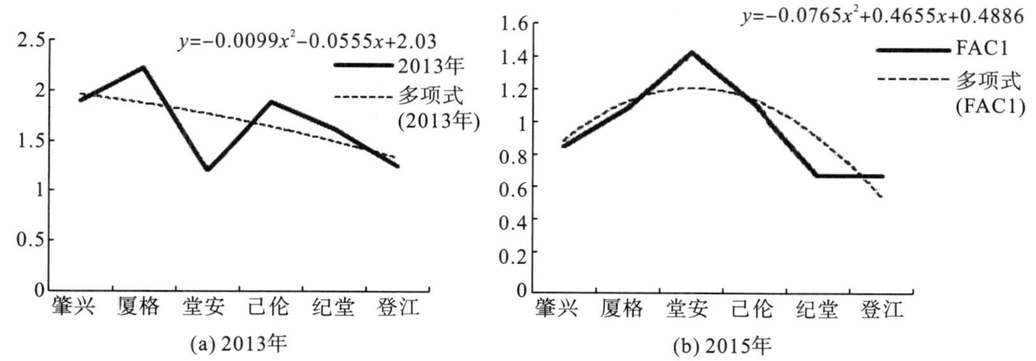

图 3.55　2013～2015 年肇兴侗寨社会制度文化变迁图

(2) 2015 年肇兴侗寨的社会制度负向变迁②，各村寨社会制度变迁呈现“据点式”分布，差异较大，区域间其变迁呈现边缘区和核心区变迁程度较低的倒 U 形的空间分异规律[图 3.55(b)]。具体表现为堂安村、厦格村和己伦村 3 个村寨在管理体制上的得分较高，村寨管理体制变迁程度显著。

(3) 2013～2015 年，肇兴侗寨社会制度负向变迁，变迁程度逐渐减弱，区域差异逐渐减小，呈现由边缘区→过渡区→核心区递增转为 U 形的时空变迁演替规律，其中，过渡区堂安村突出。旅游对社会制度文化的负向影响激发了当地居民对传统社会制度文化的保护。

① 在社会制度文化上，2013 年和 2015 年均包括“本村寨农业生产是由活路头指挥”、“旅游开发使本民族村寨自然管理体制，比如寨老、地方榔头、鼓藏头、理老、活路头弱化了”、“在村里与别人发生纠纷时，我更愿意求助寨老或者村支书”3 个指标。

② 管理体制要素为负向变迁，各村寨呈现“据点式”分布，整体上三区呈现边缘区和核心区变迁程度较低的倒 U 形的空间分异规律。

3.4.2　宗教信仰文化

1. 西江苗寨[①]

(1) 2013 年西江苗寨的宗教信仰文化变迁程度在村寨间呈波动状态，差异不显著。整体而言，西江的宗教信仰呈现边缘区村寨变迁程度低、过渡区和核心区变迁程度高的空间分异规律[图 3.56(a)]。

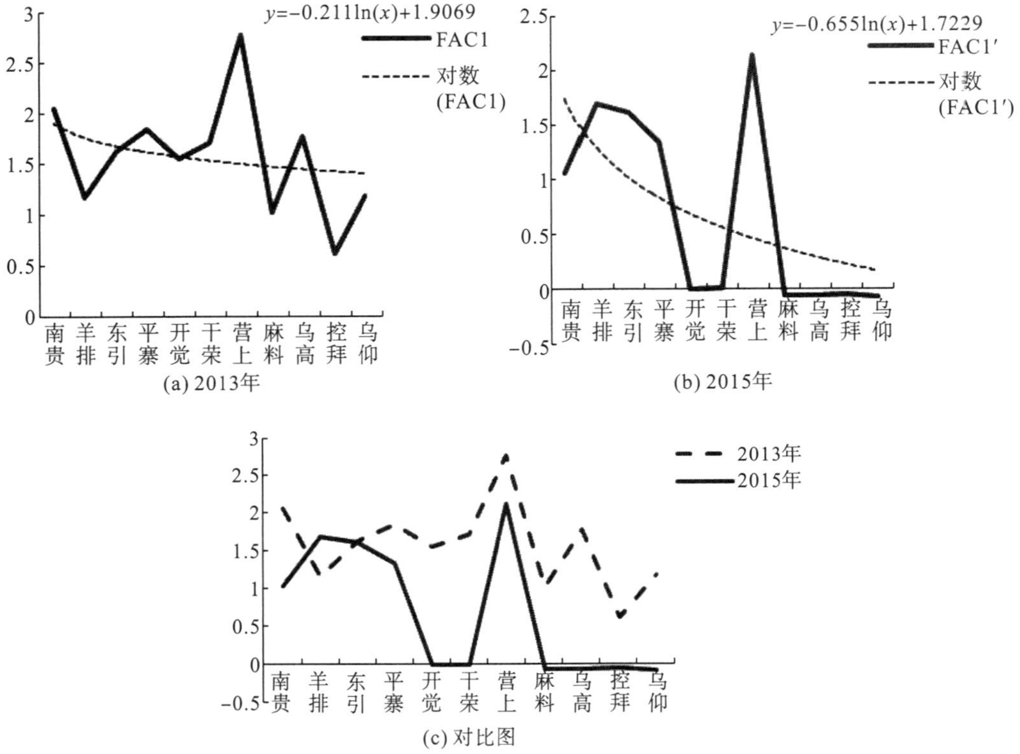

图 3.56　2013～2015 年西江苗寨宗教信仰变迁图

(2) 2015 年西江苗寨的宗教信仰文化呈正向变迁，村寨间波动变迁，整体变迁程度呈现由边缘区向核心区递增的空间分异规律[图 3.56(b)]。在宗教信仰因子上，得分最高的是营上和核心区的 4 个村寨，干荣村、开觉村及边缘区的 4 个村寨得分较低。

(3) 2013～2015 年，西江苗寨的宗教信仰文化正向变迁[②]，与旅游发展呈正相关，区域间变迁程度差异逐年增大，整体呈现由倒 U 形空间分异转向由边缘区→过渡区→核心区递增的空间变迁分异规律[图 3.56(c)]，其中，过渡区的变迁最为明显，核心区宗教信

① 西江苗寨的宗教制度具有原始宗教崇拜性质。这体现了居民在特定物质生产方式下对自然环境的适应和对生活的精神寄托，如对树和牛的崇拜。

② 在宗教信仰因子上，2013 年包括“是否保留祭岩”、“是否保留祭龙”、“是否保留祭树”、“是否保留祭鼓”4 个指标；2015 年同样包括“是否保留祭岩”、“是否保留祭龙”、“是否保留祭树”、“是否保留祭鼓”4 个指标。

仰更多的是外在表现，信仰内容已经商业化或逐渐弱化。边缘区因受旅游辐射弱，宗教信仰变迁不强烈。

2. 肇兴侗寨

(1) 2013 年肇兴侗寨的宗教信仰文化正向变迁①，各村寨其变迁程度呈“据点式”分布[图 3.57(a)]，其中，过渡区宗教信仰文化变化高于核心区和边缘区。己伦村的宗教信仰保存较好。

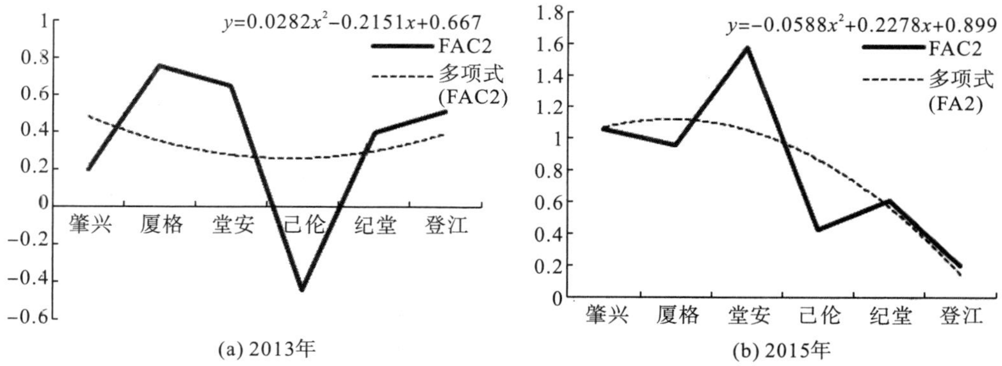

图 3.57　2013～2015 年肇兴侗寨宗教信仰变迁图

(2) 2015 年肇兴侗寨的宗教信仰文化正向变迁，各村寨其变迁程度呈现波动型分布，差异较大，区域间呈现边缘区和核心区其变迁程度较低、过渡区较高的倒 U 形的空间分异规律[图 3.57(b)]。具体表现为肇兴村和堂安村两个村寨在宗教信仰上得分较高，宗教信仰变迁程度较大，其次为厦格村。

(3) 2013～2015 年，肇兴侗寨的宗教信仰文化负向演替②，区域变迁差异逐渐减小，整体宗教信仰文化变迁呈现由波动型转为 U 形的空间分异规律。过渡区堂安村和核心区肇兴村变迁程度表现突出，边缘区村寨宗教信仰变迁开始不断减弱。

3. 音寨布依寨

(1) 2013 年祭祖祭神在音寨群落核心区呈负向变迁③，过渡区和边缘区其呈现正向变迁，祭祖祭神习俗在村寨间呈“据点式”波动，得分整体较低[图 3.58(a)]。其中竹林堡、中洛海和太平寨得分较高。

① 宗教信仰要素正向变迁是指外来文化潜移默化地影响当地居民，生活质量逐年变好，社会文明程度提高。

② 在宗教信仰公因子中，2013 年与 2015 年的共同题项包括“是否信仰多神，崇拜自然物”1 个题项。2013 年宗教信仰因子主要包括“是否信仰多神，崇拜自然物”1 个题项；2015 年宗教信仰因子包括“是否信仰多神，崇拜自然物”、“房屋内是否设有神龛”2 个题项。

③ 音寨布依族的宗教信仰文化主要表现“三月三”“六月六”等祭山神、拜祖先的传统民族文化。其中，正向变迁是指在过渡区和边缘区拜祖祭神受影响不大，保留较为完好；负向变迁是指拜祖祭神在核心区没有受到很好的传承和保护，形式逐渐简化，甚至消失。

(2)以鱼与蛟龙为图腾的制度文化呈正向变迁①，其在各村寨呈波动发展，整体呈边缘区→过渡区→核心区变迁程度递增的规律(图 3.59)。

(3)屋内设有神龛的居民逐渐减少，其变迁在村寨间呈据点式状态，整体呈 U 形空间分异(图 3.60)。

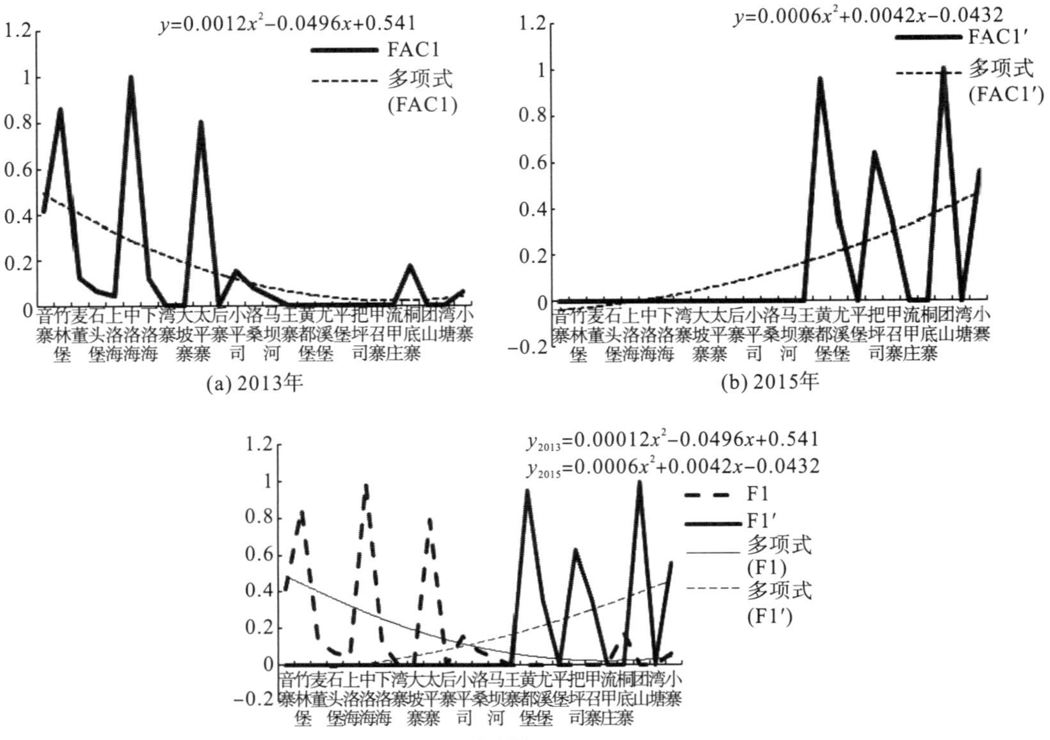

(a) 2013年　(b) 2015年　(c) 对比图

图 3.58　2013～2015 年音寨布村寨族群落拜祖祭神变迁图

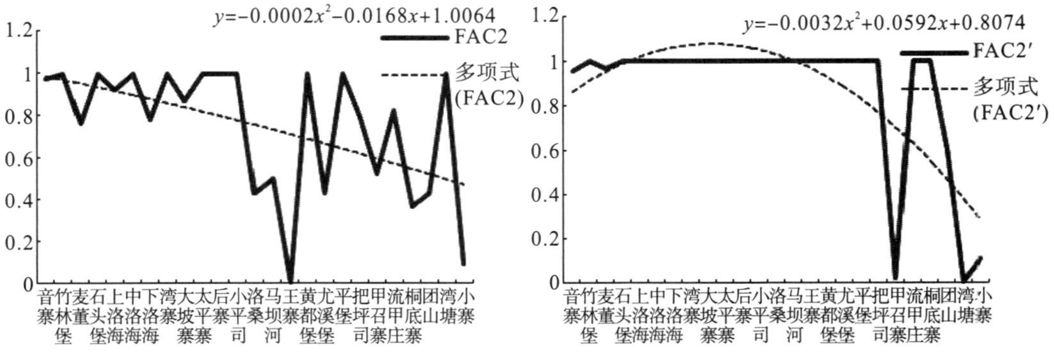

(a) 2013年　(b) 2015年

① 以鱼与蛟龙为图腾的正向变迁是指以鱼与蛟龙为图腾的制度文化随着社会的发展，逐渐被新的文化所代替，人们更加相信科学，社会文明程度提高。

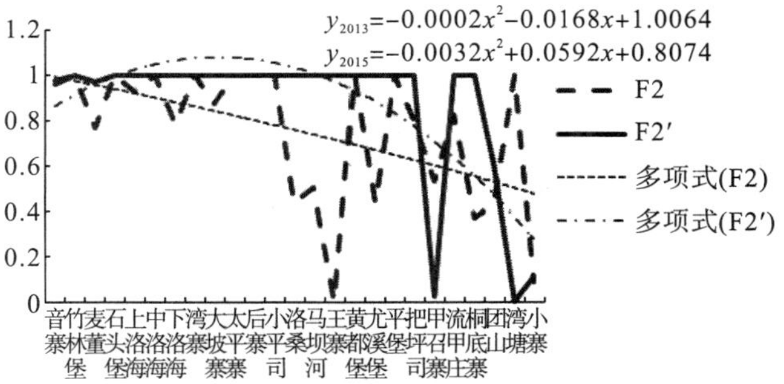

(c) 对比图

图 3.59　2013～2015 年音寨布依村寨群落以鱼与蛟龙为图腾的制度变化变迁图

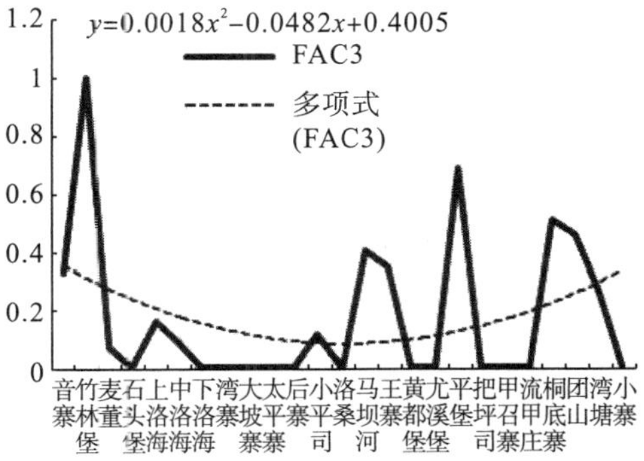

(a) 2013年

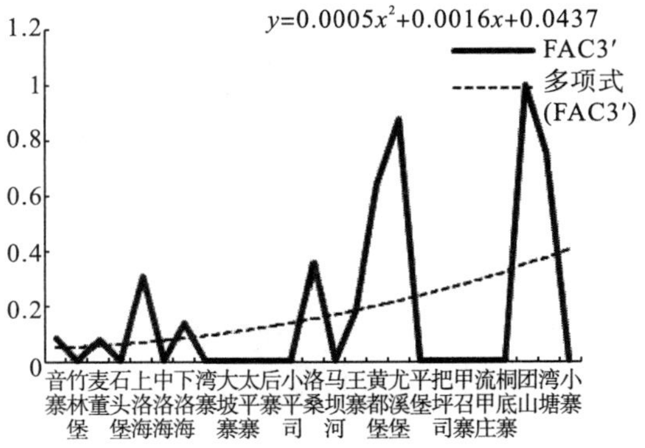

(b) 2015年

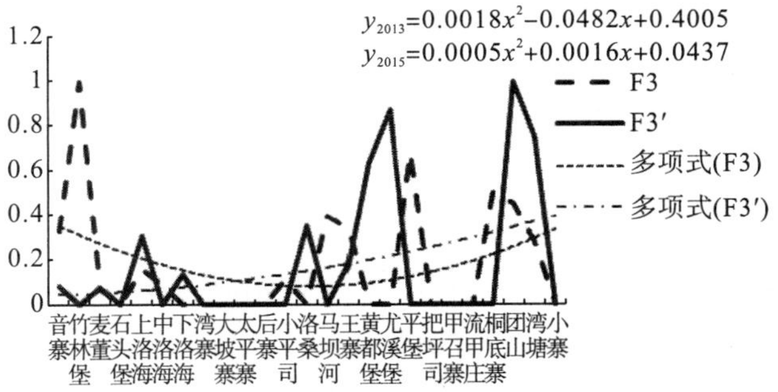

(c) 对比图

图 3.60　2013～2015 年音寨布村寨族群落屋内设神龛变迁图

3.4.3　制度文化要素的时空变迁规律

1. 西江苗寨

(1) 2013 年西江苗寨制度文化呈正向变迁，村寨间其变迁波动变化，无明显三区空间分异规律(图 3.61)。总体上，制度文化异化在空间上差异不明显，营上村、乌高村、南贵村、平寨村、东引村 5 个村寨在制度文化中其变迁程度相对显著。苗寨居民长期历史中形成的宗教信仰是西江苗族同胞独特的表征，旅游开发和现代化的发展对宗教信仰的影响较小。

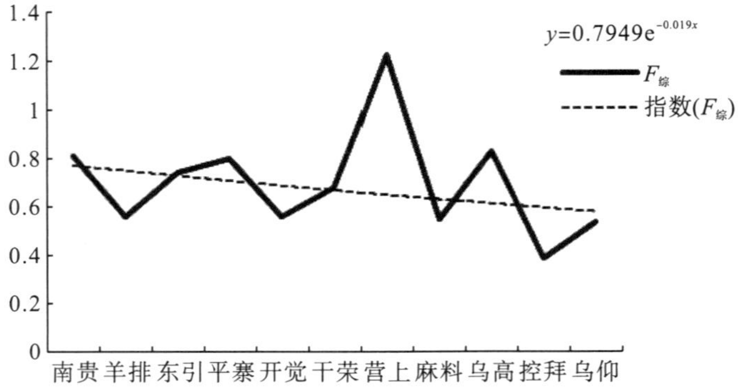

图 3.61 2013 年西江苗寨制度文化变迁图

(2)2015 年西江苗寨制度文化呈正向变迁，村寨间其变迁波动变化明显(图 3.62)，其中，营上村的综合得分最高，居民对社会制度文化的变迁感知强烈。

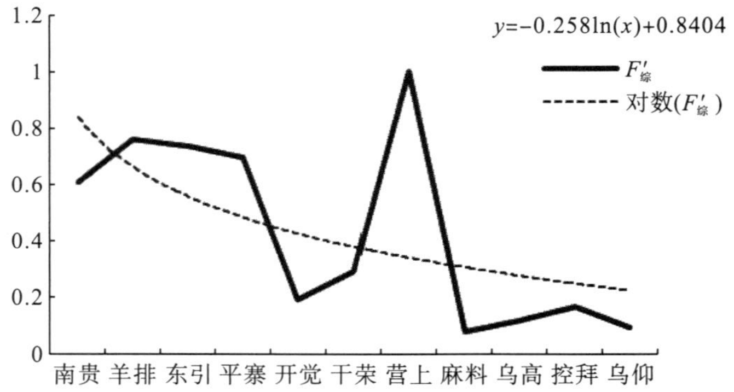

图 3.62 2015 年西江苗寨制度文化变迁图

(3)2013～2015 年，西江苗寨制度文化变迁呈现出村寨间波动变化，区域变迁程度差异逐渐增大，整体上西江制度文化变迁程度呈现出逐渐减弱，由无三区分异转向由边缘区→过渡区→核心区递增的时空分异规律(图 3.63)。其中，边缘区制度文化变迁区域差异逐渐减小，有逐渐趋同的态势，而羊排村制度文化变迁呈现随时间推移而逐渐增强的趋势特征。

2. 肇兴侗寨

(1)2013 年肇兴侗寨的制度文化呈正向变迁，各村寨其变迁程度呈 M 形分布，区域间其变迁程度呈现由边缘区→过渡区→核心区递增的空间分异规律(图 3.64)。其中，堂安村制度文化维度变迁程度显著高于核心区，登江村的制度文化变迁程度低于核心区和过渡区。

(2)2015 年肇兴侗寨的制度文化呈正向变迁，各村寨其变迁程度呈“据点式”分布，区域间呈现以边缘区和核心区制度文化变迁程度较低的倒 U 形的空间分异规律(图 3.65)。其中，堂安村制度文化变迁程度显著高于核心区，登江村制度文化变迁低于核心区和过渡区。此外，调研发现，旅游开发和现代化的发展对宗教信仰的影响不明显。

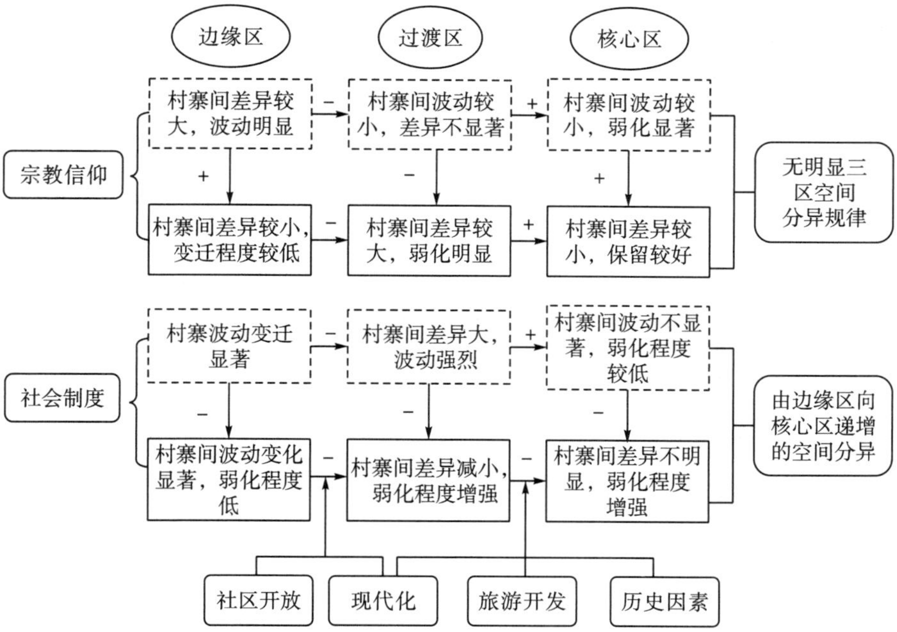

图 3.63　西江苗寨制度文化要素框图

注：+表示正向变迁，−表示负向变迁，虚线框表示 2013 年要素，实线框表示 2015 年要素，箭头方向表示作用方向。

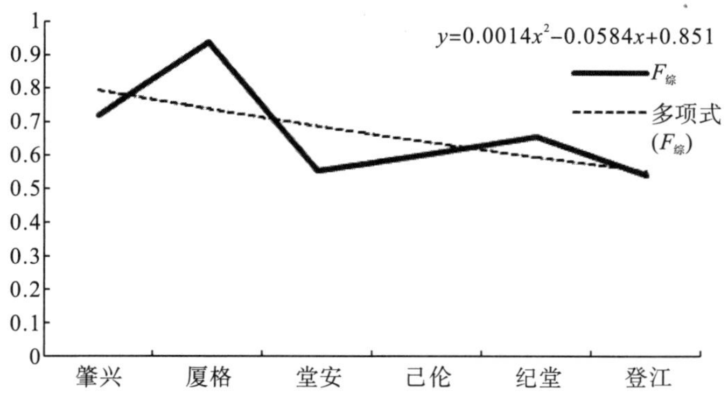

图 3.64　2013 年肇兴侗寨制度文化变迁图

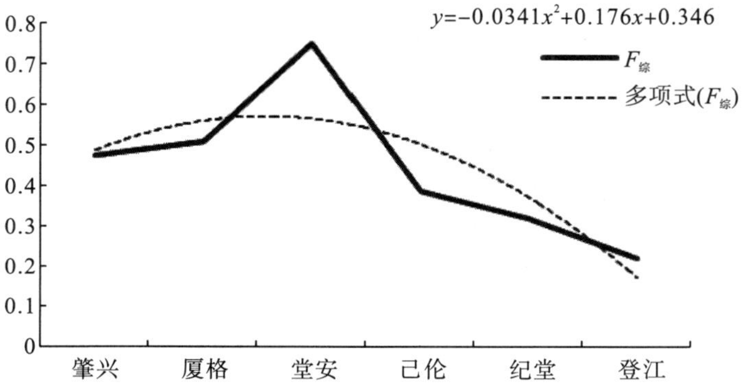

图 3.65　2015 年肇兴侗寨制度文化变迁图

(3) 2013～2015 年，肇兴侗寨制度文化正向变迁（图 3.66），从时间来看，其变迁程度在整体上呈现出逐渐减弱、差异减小的发展态势；从空间来看，各村寨制度文化变迁程度由呈 M 形分布转为“据点式”分布，区域间其变迁程度呈现由边缘区→过渡区→核心区递增的空间分异转向以边缘区和核心区变迁程度较低的倒 U 形的空间分异规律，整体空间差异明显。其中，堂安村表现特殊，表现为逐渐增强的时间规律。

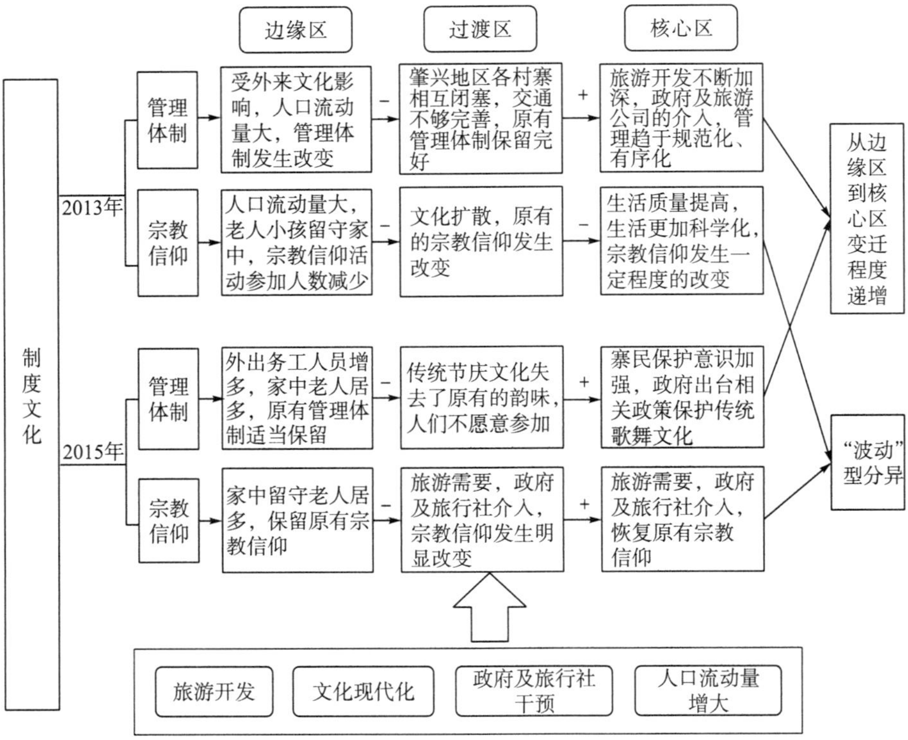

图 3.66 肇兴侗寨制度文化要素框图

注：+表示正向变迁，-表示负向变迁，箭头方向表示作用方向。

3. 音寨布依寨

(1) 2013 年音寨布依村寨的制度文化变迁较为明显，各个村寨在“拜祖祭神”、“以鱼蛟龙为图腾”、“屋内设有神龛”的传统制度文化变迁上呈现出波动性的空间分异规律，这与音寨汉化程度较高有关。

(2) 2015 年音寨布依村寨的制度文化变迁在村寨间呈“据点式”状态，整体呈边缘区→过渡区→核心区变迁程度递减。

(3) 2013～2015 年，音寨布依村寨的制度文化呈负向变迁，变迁程度逐年增强，空间差异明显，由三区无明显分异转为边缘区→过渡区→核心区变迁程度递减的时空分异规律（图 3.67）。

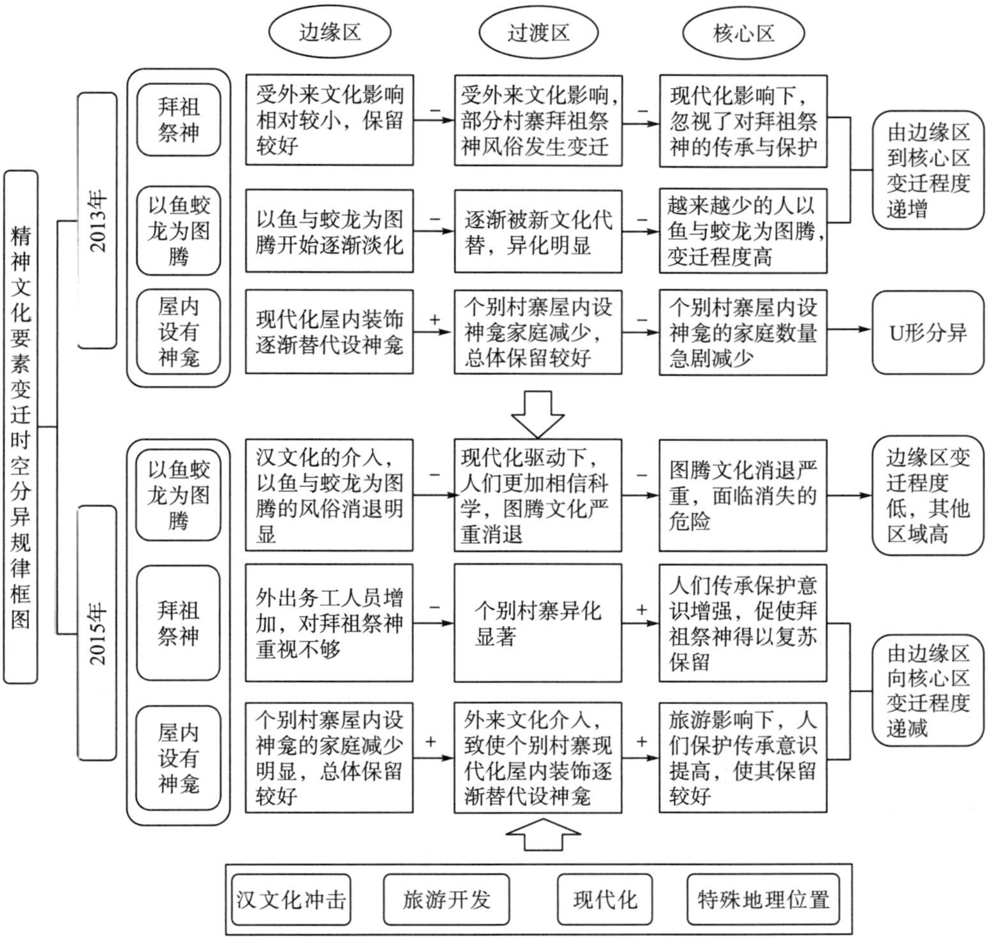

图 3.67　音寨布依村寨群落制度文化要素框图

注：+表示正向变迁，−表示负向变迁，箭头方向表示作用方向。

3.5　社区环境要素变迁时空变迁规律

3.5.1　旅游发展意愿

1. 西江苗寨

(1) 2013 年西江苗寨居民的旅游发展意愿呈正向感知[①]，各村寨意愿呈“断崖式”波动，差异显著，整体上旅游发展意愿为边缘区→过渡区→核心区强度递增[图 3.68(a)]。其中，核心区和过渡区(除了营上村)的村寨居民旅游发展意愿强烈。

① 旅游发展意愿的正向感知是指居民对村寨发展旅游持肯定的态度。

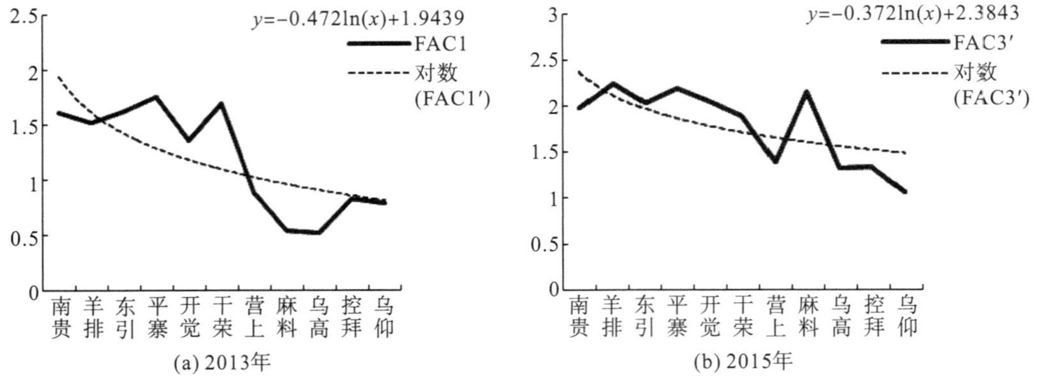

图 3.68 2013～2015 年西江苗寨旅游发展意愿变迁图

(2) 2015 年西江苗寨居民的旅游发展意愿正向感知，其意愿空间差异显著，整体上从边缘区→过渡区→核心区旅游发展意愿强度递增[图 3.68(b)]。

(3) 2013～2015 年，西江苗寨居民的旅游发展意愿正向感知，其意愿空间差异显著，整体上为边缘区→过渡区→核心区意愿强度递增，即居民的旅游发展意愿与村寨受旅游辐射的大小成正比。

2. 音寨布依寨

(1) 2013 年音寨布依村寨村民的旅游发展感知核心区呈负向变迁，边缘区其呈正向变迁，村寨间村民旅游发展感知波动，整体呈 U 形感知空间分异规律[图 3.69(a)]。

(2) 2015 年音寨布依村寨村民的旅游发展意愿感知呈正向变迁，村寨存在很大差异，呈现出 U 形感知空间分异[图 3.69(b)]，表现为边缘区得分最低，核心区其次，过渡区得分最高。

(3) 2013～2015 年，音寨布依族村民的旅游发展意愿感知变动较大，村寨之间其存在较大差异，整体呈现出倒 U 形的感知时空分异规律。

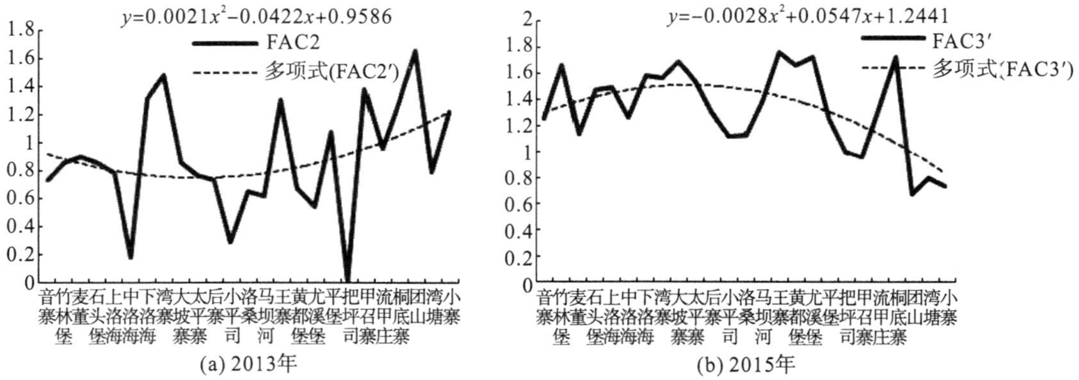

图 3.69 2013～2015 年音寨布依村寨群落旅游发展意愿变迁图

3.5.2　文化开化程度

2013年西江苗寨的文化开化程度呈正向感知，各村寨差异较大，呈边缘区村寨文化开化程度高，过渡区村寨文化开化程度低的 U 形空间分异(图 3.70)。文化开化程度与居民对外交流的水平直接相关。

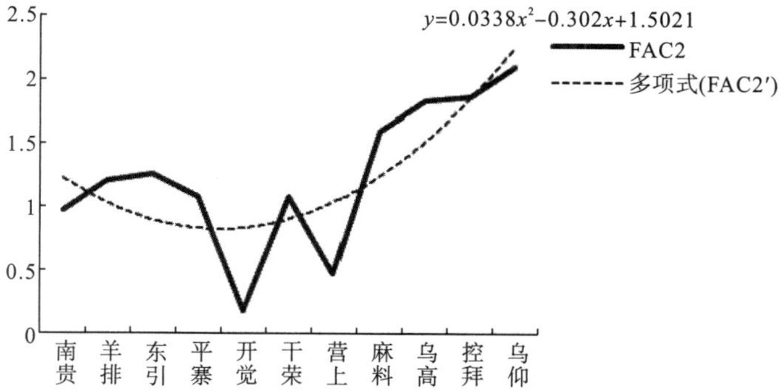

图 3.70　2013 年西江苗寨文化开化程度变迁图

3.5.3　文化认同

1. 西江苗寨

(1) 2013 年西江苗寨村民文化认同呈正向感知，各村寨其感知呈 W 形分布，差异性不显著[图 3.71(a)]。其中，核心区村民的文化认同度最高，这与旅游影响下居民对传统文化的再认识有关。

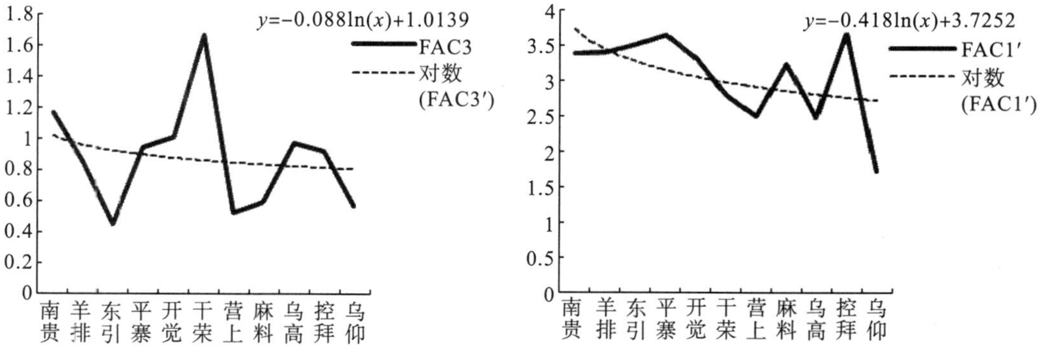

(a) 2013年　　(b) 2015年

图 3.71　2013～2015 年西江苗寨文化认同变迁图

(2) 2015 年西江苗寨村民文化认同呈正向感知，各村寨其感知呈波动分布，呈现出核心区和过渡区略高，边缘区较低[图 3.71(b)]。其中，核心区的 4 个村寨以及边缘区的控拜村得分较高，村民文化认同度强；其次是开觉村和麻料村；干荣村、营上村、乌高村以及乌仰村排在最后。

(3)2013～2015 年，西江苗寨村民文化认同呈正向感知，空间差异不明显，呈现出核心区和过渡区略高，边缘区较低的感知空间分异规律。

2. 肇兴侗寨

(1)2013 年肇兴侗寨村民的文化认同呈正向感知，各村寨其感知呈 N 形分布，差异不大，区域间呈现边缘区→过渡区→核心区逐渐降低的感知空间分异规律[图 3.72(a)]。其中，边缘区登江村得分最高，核心区肇兴村得分最低。

(2)2015 年肇兴村民文化认同呈正向感知，各村寨其感知呈倒 N 形分布，区域之间呈现由边缘区→过渡区→核心区程度递增的感知空间分异[图 3.72(b)]。其中，肇兴村与堂安村得分相对较高，厦格村得分最低，边缘区 3 个村寨得分依次递减。

(2)2013～2015 年，肇兴侗寨村民文化认同要素[①]呈正向感知，整体呈现由边缘区→过渡区→核心区递减转向递增的时空规律，区域之间差异递增。其中，核心区村民文化认同正向感知程度逐年加深，过渡区与边缘区地方村民认同正向感知程度降低。

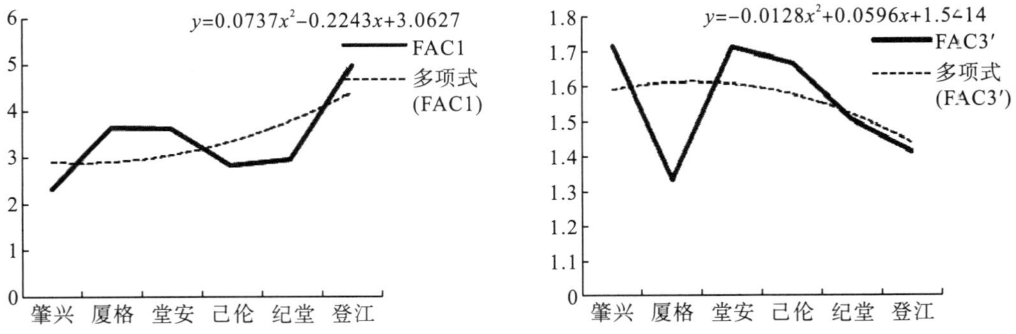

(a) 2013年　(b) 2015年

图 3.72　2013～2015 年肇兴侗寨文化认同变迁图

3 音寨布依寨

(1)2013 年音寨布依寨村民的文化认同呈正向变迁，其感知在村寨间波动性明显，整体呈现由边缘区→过渡区→核心区增强的感知空间分异[图 3.73(a)]。

(2)2015 年音寨布依寨村民的文化认同呈正向变迁，其感知村寨间呈波动式变化态势，呈倒 U 形的感知空间分异规律[图 3.73(b)]。

(3)2013～2015 年，音寨布依寨村民的文化认同呈正向变迁，其感知村寨间波动性明显，整体由边缘区→过渡区→核心区增强转为倒 U 形的感知空间分异。其中，2013 年音寨居民对地方的物理环境认同度高，2015 年音寨居民对文化要素的认同得以强化。

① 文化认同要素因子上，2013年与2015年共同题项包括“通过家庭耳濡目染这些渠道来了解本民族文化”和“学校课堂上有必要讲本民族发展历史”题项。公因子内差异为：2013年出现 “自己愿意一直在本村寨居住”、“家乡的山水很美”、“在当今社会，我们有了解少数民族文化的必要”题项。

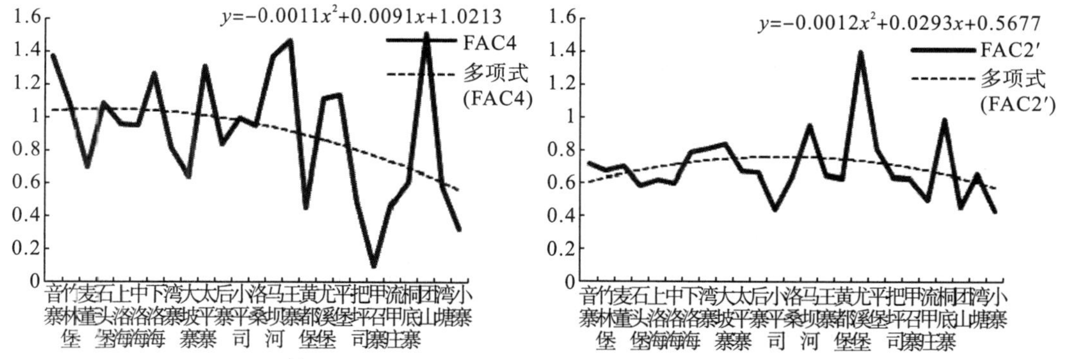

图 3.73　2013～2015 年音寨布依村寨群落文化认同变迁图

3.5.4　社区关系

1. 西江苗寨

(1) 2013 年西江苗寨村民的社区关系呈正向感知[①]，其感知在各村寨持波动态势，无明显的空间分异规律[图 3.74(a)]。具体来看，开觉村、平寨村、东引村、麻料村、南贵村等村寨村民的社区关系感知程度高于其他村寨。

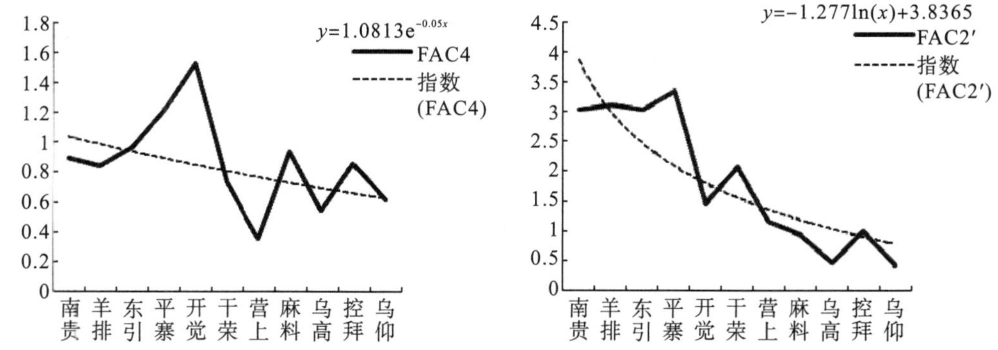

图 3.74　2013～2015 年西江苗寨社区关系变迁图

(2) 2015 年西江苗寨村民的社区关系呈正向感知，其感知各村寨间差异明显，整体上呈边缘区→过渡区→核心区变迁程度递增的感知空间分异规律[图 3.74(b)]。其中南贵村、平寨村、东引村和羊排村村民的社区关系变迁感知程度最高，其次是干荣村、营上村、开觉村和控拜村。

(3) 2013～2015 年，西江苗寨村民的社区关系呈正向感知，其感知在各村寨间差异明显，逐步形成了从边缘区→过渡区→核心区变迁程度递增的感知时空规律。其中，过渡区的干荣村和边缘区的控拜村村民的社区关系感知具有独特性，前者因处于交通要道引起社

① 社区关系正向感知是指村寨内村民人际关系网扩大，对外交流增多，社区内部关系和谐，社区关系稳定。

会关系感知变迁明显，后者因旅游银饰制作吸引了外来游客。同时，外来经济要素和人员的流入打破了原有的地缘和血缘差序格局的社区关系，在一定程度上导致了社区冲突纠纷增多。

2. 肇兴侗寨

(1) 2013 年肇兴侗寨村民的社区关系在核心区呈负向感知①，过渡区与边缘区呈正向感知，整体呈现边缘区与核心区程度较高的 U 形感知空间分异[图 3.75(a)]。

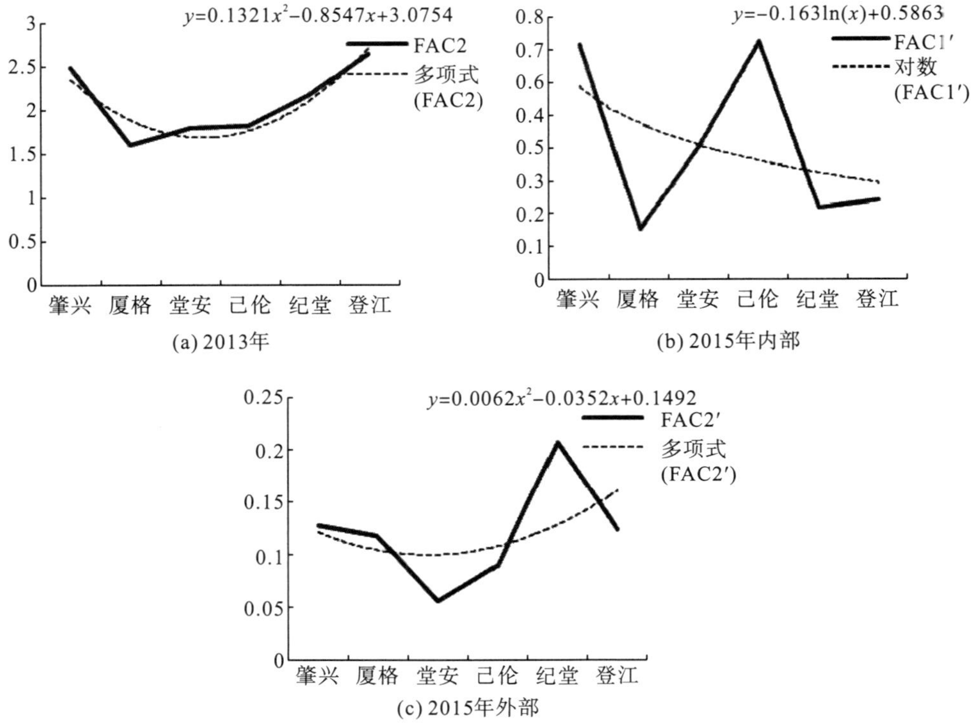

图 3.75　2013～2015 年肇兴侗寨社区关系变迁图

(2) 2015 年肇兴侗寨村民的社区关系呈正向感知，各村寨间其感知呈 W 形分布态势，区域间呈现边缘区与核心区程度较高的 U 形感知空间分异[图 3.75(b)(c)]。

(3) 2013～2015 年，肇兴侗寨村民的社区关系呈正向感知②，各个村寨村民的感知差异呈现逐渐增大的时间演替，整体呈核心区感知程度增强，区域间呈现边缘区与核心区程度较高的 U 形感知空间分异。具体来看：①在旅游驱动背景下，核心区村民在时间尺度上“对家庭关系更和谐”的感知逐年增强，而过渡区与边缘区村民对于家庭关系的稳定性感知强。因此，2015 年“旅游使我的家庭比以前更加和谐”题项在社区关系公因子上出

① 社区关系负向感知主要表现在社区居民之间人际关系恶化、当地居民与外来商人之间的矛盾冲突等方面。
② 社区关系因子上，2013 年与 2015 年共同题项包括“外来商人影响到我的生活”和“旅游使我的人际关系网变大了，旅游活动使我认识了很多外地朋友”项。公因子内差异为 2015 年出现“旅游使我的家庭比以前更加和谐”和“旅游使我周围的邻里关系变得更加亲密了”题项。

现。②核心区村民邻里关系正向感逐年增强，而过渡区与边缘区区域之间差异明显，因此，2015 年“旅游使我周围的邻里关系变得更加亲密”题项在社区关系公因子上出现。

3. 音寨布依寨

(1) 2013 年音寨布依村寨村民的社区关系感知呈负向变迁，各村寨其感知差异明显，整体表现为从核心区→过渡区→边缘区呈 U 形的感知空间分异[图 3.76(a)]。

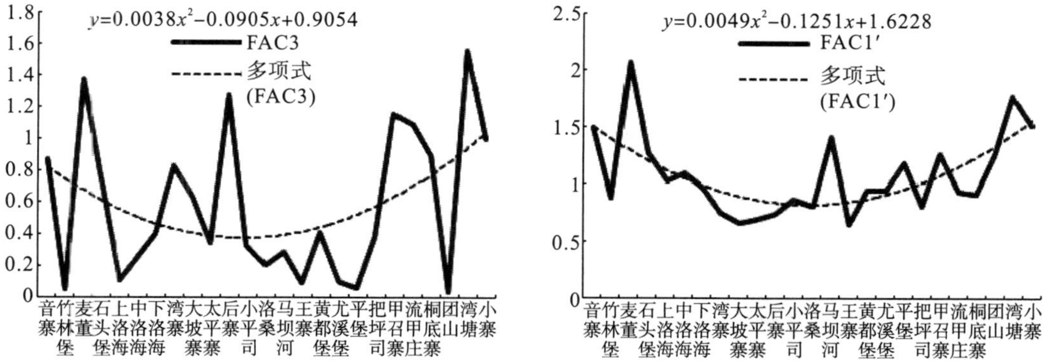

(a) 2013年　　(b) 2015年

图 3.76　2013～2015 年音寨布依村寨群落社区关系变迁图

(2) 2015 年音寨布依寨村民的社区关系感知呈负向变迁，25 个村寨其感知得分差异较大，整体呈现核心区→过渡区→边缘区 U 形感知空间分异[图 3.76(b)]。

(3) 2013～2015 年，音寨布依寨村民的社区关系感知呈负向变迁①，各村寨感知程度逐年增强，呈现核心区→过渡区→边缘区 U 形感知时空规律。其中，2015 年和 2013 年相比，居民对“商人影响我的生活”的感知逐渐减弱，致使 2015 年该要素消失，这与音寨布依寨的旅游发展呈逐年减弱有关。

3.5.5　地方依赖

1. 西江苗寨

2013 年西江苗寨村民的地方依赖呈负向感知，各村寨其感知呈 W 形分布，整体上呈核心区和边缘区高、过渡区较低的 U 形感知空间分异(图 3.77)。核心区村民的地方依赖受经济驱动较强，边缘区村民的地方依赖更多与传统的地缘和血缘有关。

---

① 在社区关系公因子上，2013 年与 2015 年的共同题项包括“旅游使我周围的领里关系变得更加亲密了”1 个。公因子内的差异项为：2013 年出现“商人影响我的生活”项，2015 年出现“旅游使我的家庭比以前更加和谐”项。

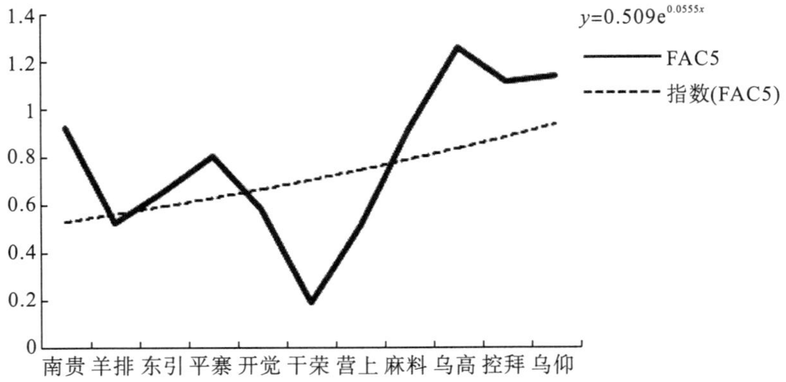

图 3.77 2013 年西江苗寨地方依赖变迁图

2. 音寨布依寨

2013 年音寨布依寨村民的地方依赖呈正向变迁[①]，村寨间其感知呈“波动式”发展，整体表现为边缘区→过渡区→核心区递增的感知空间分异规律(图 3.78)。

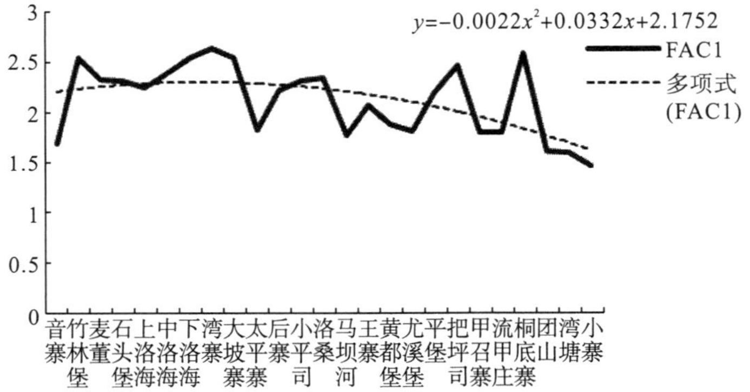

图 3.78 2013 年音寨布依村寨群落地方依赖变迁图

3.5.6 发展期望

1. 肇兴侗寨

2013 年肇兴侗寨村民的发展期望呈正向感知[②]，各村寨其感知呈 V 形分布状态，区域间呈现边缘区→过渡区→核心区程度递减的感知空间分异(图 3.79)。其中，已伦村、纪堂村、登江村 3 个村寨的得分较高，其次是肇兴村，堂安村、厦格村两个村寨的得分较低。

① 地方依赖的正向变迁是指居民对家乡山水、传统民族文化等方面的认同感逐渐增强。

② 发展期望呈正向感知主要表现在当地居民对旅游发展的期望与成为非农人员的意愿方面。

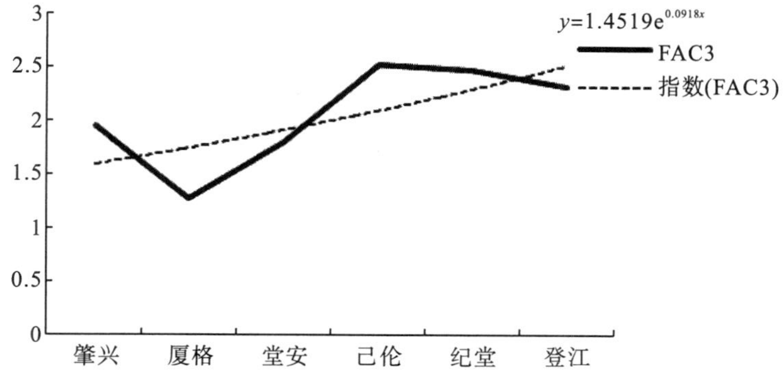

图 3.79　2013 年肇兴侗寨发展期望变迁图

2. 音寨布依寨

2013 年音寨布依寨村民的发展期望呈正向变迁，村寨间其感知差异性和波动较大，整体为核心区和边缘区高，过渡区低的 U 形感知空间分异(图 3.80)。

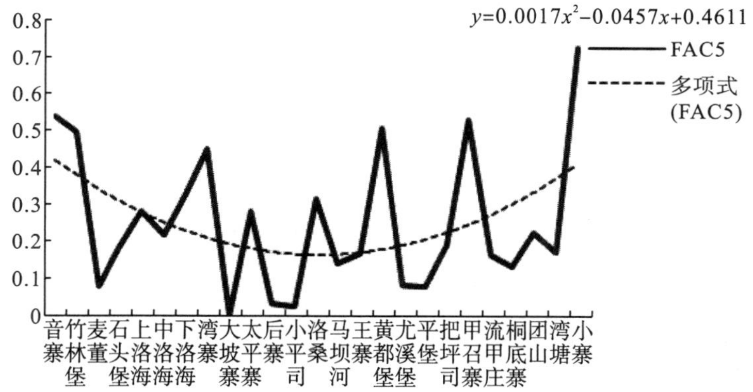

图 3.80　2013 年音寨布依村寨群落发展期望变迁图

3.5.7　社区环境要素的时空变迁规律

1. 西江苗寨

(1) 2013 年西江苗寨村民的社区环境感知差异不显著，整体上呈现核心区与边缘区感知较高、过渡区较低的 U 形感知空间分异(图 3.81)。调研发现，核心区社区环境受旅游发展的影响较大，受旅游利益的驱动，村民总体获益高；边缘区基本延续以传统的地缘和血缘为纽带的乡土社会环境。

(2) 2015 年西江苗寨村民的社区环境感知整体上呈现边缘区→过渡区→核心区感知强度递增的分异规律(图 3.82)。其中，控拜村和麻料村都是银匠村，旅游发展驱动带来了较大的获益度，居民对社区环境的感知较强。

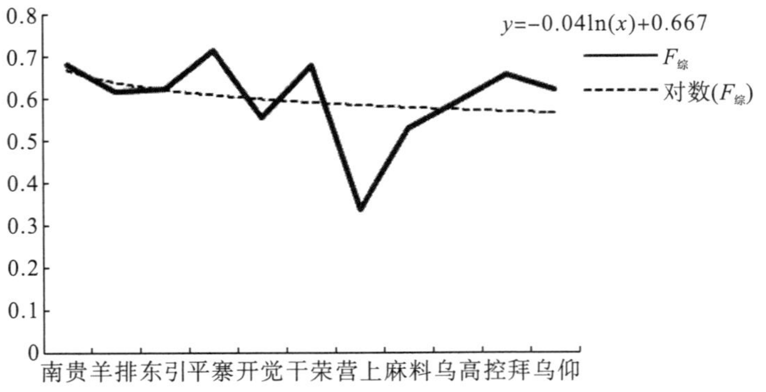

图 3.81 2013 年西江苗寨社区环境变迁图

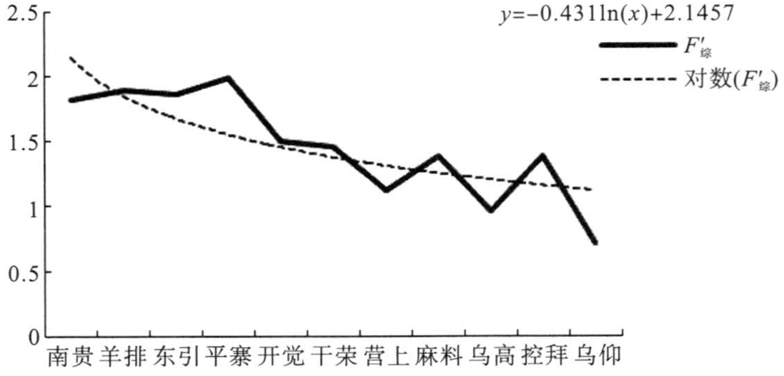

图 3.82 2015 年西江苗寨社区环境变迁图

(3)2013～2015 年[①]，西江苗寨各村寨村民的社区环境感知区域差异逐渐缩小，过渡区村民的社区环境正向感知增强，社区环境呈良性演进(图 3.83)。

2. 肇兴侗寨

(1)2013 年肇兴侗寨村民的社区环境正向感知，呈现边缘区→过渡区→核心区程度递减的感知空间分异(图 3.84)。其中，边缘区的登江村感知程度最高，边缘区经济发展较为落后，村民希望通过发展旅游创收，因此参与旅游的积极性更高。

(2)2015 年肇兴侗寨村民的社区环境正向感知，各村寨间其感知呈倒 N 形分布的“断崖式”发展态势(图 3.85)。核心区村民成为旅游效益的获得者，过渡区村民因获益不均使得其地方认同与发展期望不如核心区的村民强烈。

(3)2013～2015 年，肇兴侗寨村民对社区环境正向感知，呈现由边缘区→过渡区→核心区感知程度递减转为边缘区与核心区感知程度较高、过渡区较低的 U 形感知时空演替，区域间差异递减(图 3.86)。受旅游影响较大的肇兴村、己伦村村民对社区环境的感知表现得更为积极。

① 2013 年氛围与环境共提出 5 个公因子，即“旅游发展意愿”、“文化开化”、“文化认同”、“社区关系”、“传统依赖”。2015 年提取出 3 个公因子，即“社区认同”、“人际关系”、“旅游发展意愿”。

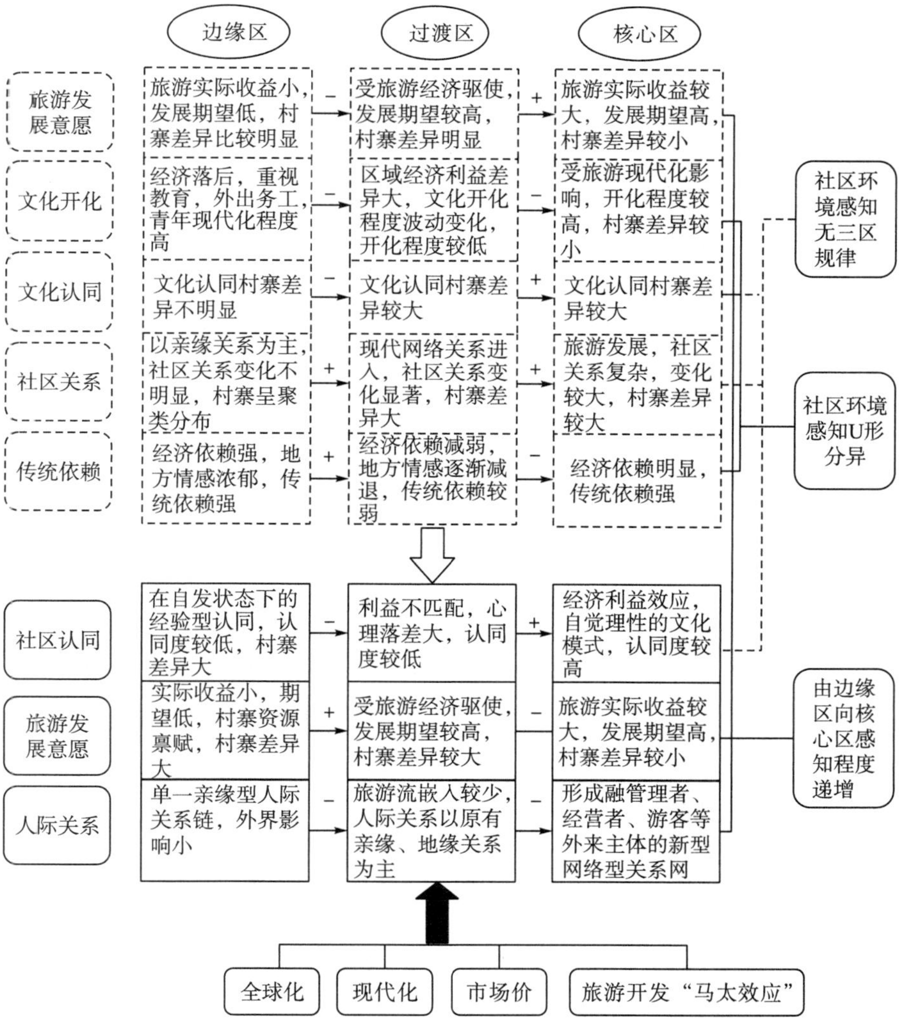

图 3.83　西江苗寨社区环境要素框图

注：+表示正向变迁，-表示负向变迁，虚线框表示 2013 年要素，实线框表示 2015 年要素，箭头方向表示作用方向。

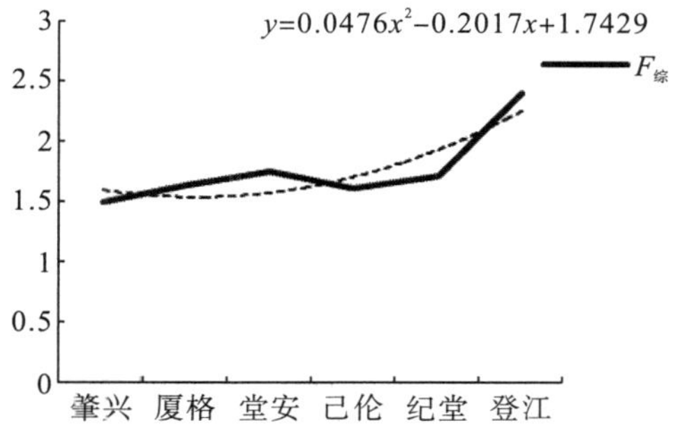

图 3.84　2013 年肇兴侗寨社区环境变迁图

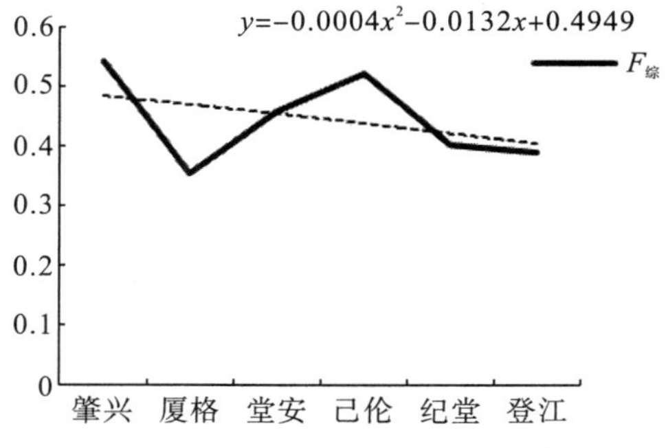

图 3.85　2015 年肇兴侗寨社区环境变迁图

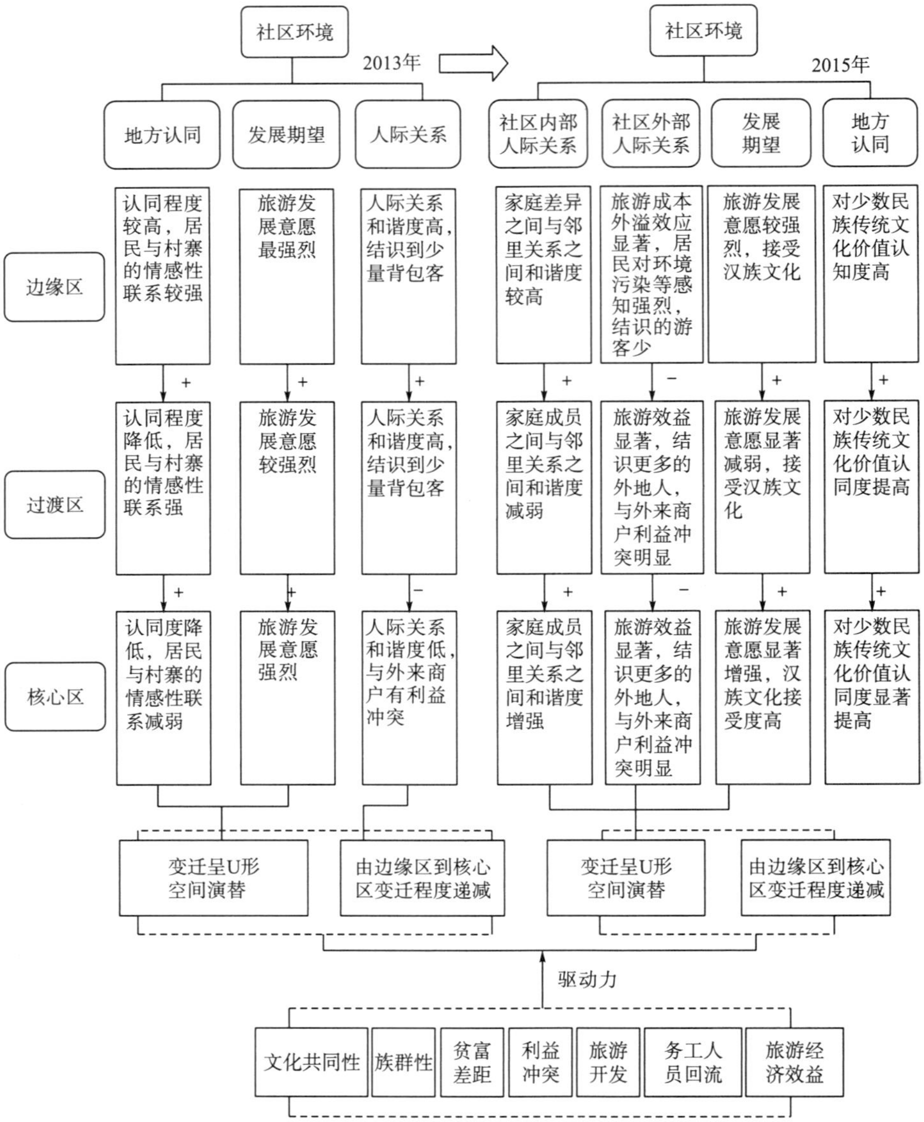

图 3.86 肇兴侗寨社区环境要素框图

注：+表示正向变迁，−表示负向变迁，箭头方向表示作用方向，粗实线表示外部作用力指向。

3. 音寨布依寨

2013 年、2015 年音寨布依村寨村民的社区社会环境感知呈现出“波动性”的发展态势，“碎片化”较为明显(图 3.87、图 3.88)。2015 年音寨各村寨村民较 2013 年在文化认同和地方依赖上有较大的正向变迁，而在人际关系上呈负向变迁。究其原因，与音寨布依村寨在现代化和旅游经济发展影响双重要素博弈下，原有的社会空间结构、利益群体及权利结构出现“碎片化”，社区整体性意识逐渐减弱有关(图 3.89)。

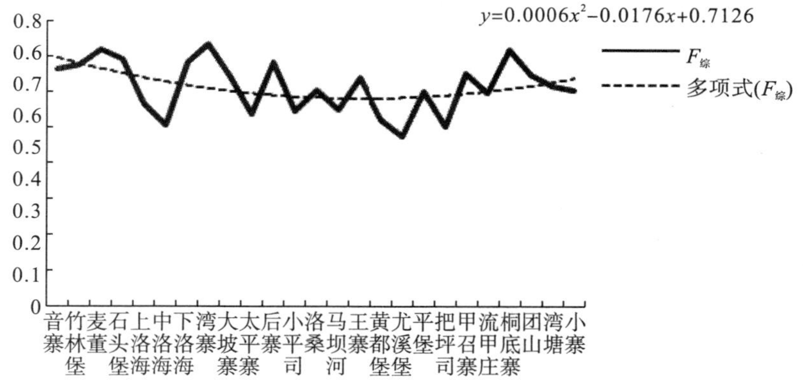

图 3.87　2013 年音寨布依族群落社区环境变迁图

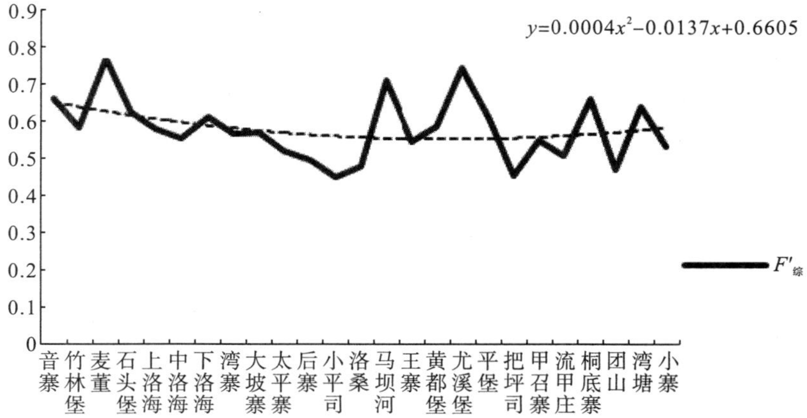

图 3.88　2015 年音寨布依村寨群落社区环境变迁图

3.6　社会文化的时空变迁规律及后续研究的科学性交代

3.6.1　社会文化的时空变迁规律

民族旅游促进村寨现代化发展的同时又冲击着传统民族文化，使得村寨原本的生活场域变成旅游场域。伴随旅游的发展，外来文化带来的示范效应、激受效应、积累效应促使民族文化不停“解构”与“重构”，在此过程中民族文化表现出不同形式的变迁(钟溢颖，2015)。这种变迁不仅仅是表面上的，其文化深层也在潜移默化中发生着改变，出现物质文化碎片化、制度文化前台化、精神文化认同感弱化与文化自觉并存的空间形态(茆长荣，2006)。民族文化变迁也可以被视为一个文化消失、变异、创新的文化再生产过程，呈现出盛而复衰、衰而复盛的递进变迁态势(罗连祥，2014)。旅游对民族村寨的影响是必然的，使其“社会间的多样性”减少，同时又增加了“社会内的多样性”，“社会内的多样性”增加则大大促进了民族村寨社会经济的全面进步(朱沁夫，2013)。

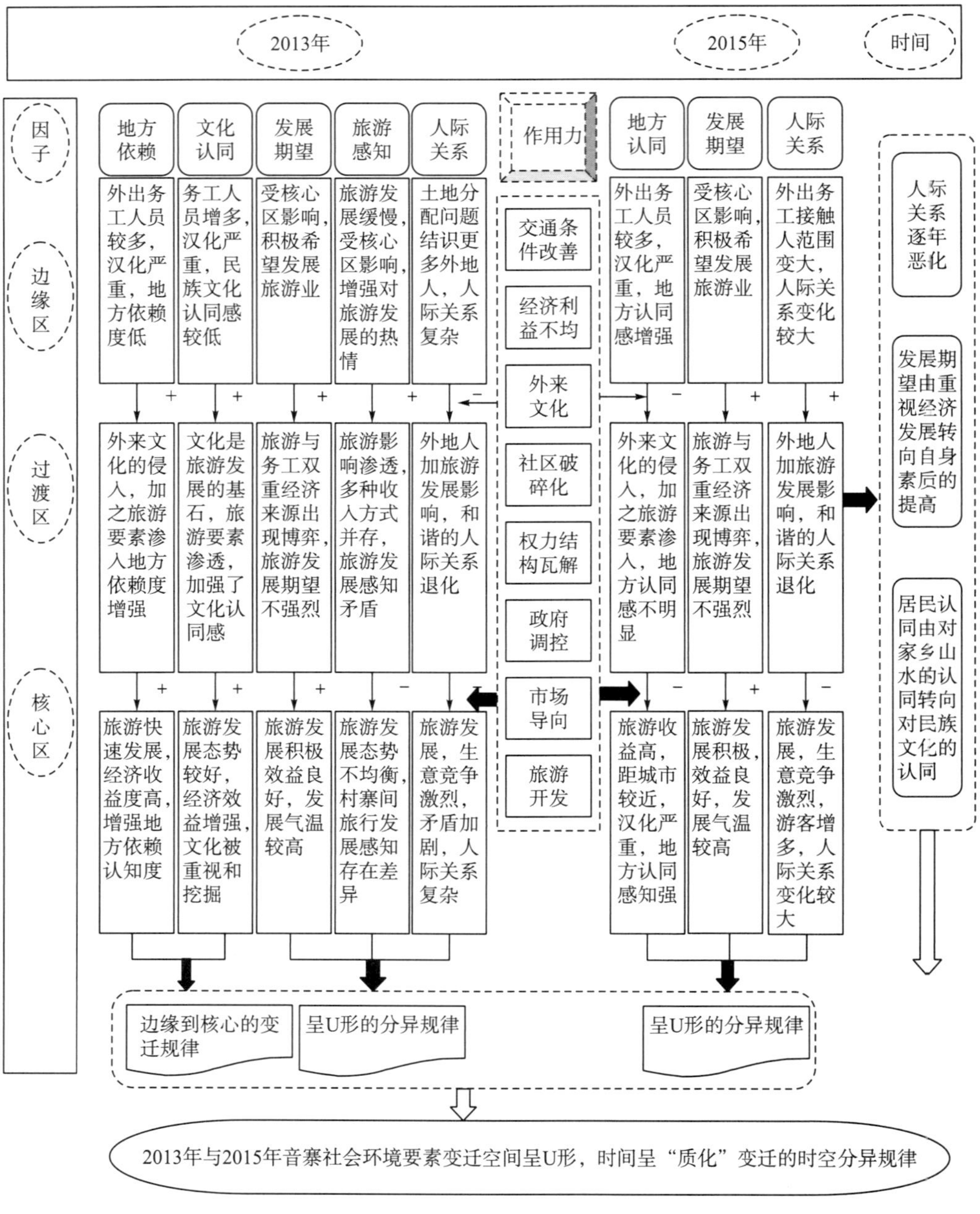

图 3.89　音寨布依寨群落社区环境要素框图

注：+表示正向变迁，-表示负向变迁，箭头方向表示作用方向。

依托村寨社会文化变迁数据库开展数理统计分析，由因子达及要素，在群落社会文化“时空压缩”的宏观时空维上，抽离出村寨群落旅游影响差异下社会文化时空演进的差异与规律。研究发现，西江苗寨群落社会文化变迁呈圈层衰退递减特征(核心区—过渡区—边缘区演替，“线性时空”)；肇兴侗寨群落社会文化变迁特征呈现时空“断崖式”特点(核心区—过渡区/边缘区演替，“分离时空”)；音寨布依族村寨间社会文化变迁呈“据点式”特征(核心区—过渡区—边缘区社会文化碎片，“破碎时空”)。

将村寨群落微观时间跨度(2013～2015 年)与群落宏观时空构面结合，从物质、精神、制度及村寨氛围环境四维文化中推演出贵州三大典型民族旅游村寨社会文化要素“时空压缩”构面的宏观变迁规律以及短期内要素振幅变动趋势：①物质文化维度，西江苗寨群落社会时空构面整体呈衰退递减变迁规律，短期看，核心区与边缘区要素变迁微观时间维单向振幅，过渡区振幅明显，呈现倒 U 交错形时空变迁规律；肇兴侗寨群落社会时空构面整体呈边缘区→过渡区→核心区递增的“断崖式”变迁规律，短期看，变迁程度振幅逐渐增强；音寨布依寨群落社会时空构面整体呈明显的“波动式”变迁规律，时空交错，短期看，除传统建筑文化要素变迁程度振幅下降外，其他振幅增强明显。②精神文化维度，西江苗寨群落社会时空构面整体呈衰减的时空规律，短期看，微观时空差异逐渐缩小，有趋同的态势；肇兴侗寨群落社会时空构面整体呈现“断崖式”的演替形态，短期看，微观时空差异逐渐减小，变迁程度逐渐减弱；音寨布依寨群落社会时空构面整体呈无明显规律的破碎时空变迁特征，短期时间跨度看，变迁程度逐年振幅减弱。③制度文化维度，西江苗寨群落社会时空构面整体呈衰减的时空分异规律(核心区→过渡区→边缘区)，短期时间跨度看，微观时间维单向振幅，变迁程度振幅逐渐增大；肇兴侗寨群落社会时空构面整体差异明显，呈现衰减的时空分异规律(核心区→过渡区→边缘区)，短期时间跨度看，各村寨变迁程度由 M 形转向以边缘区和核心区变迁程度较低的倒 U 形的空间振幅，堂安村变迁异化程度高，表现为逐渐增强的振幅规律；音寨布依寨群落社会时空构面整体呈上升的时空分异规律(核心区→过渡区→边缘区)，短期时间跨度看，负向变迁振幅程度逐年增强。④社区环境维度，西江苗寨群落社会时空构面整体呈衰减的时空分异规律(核心区→过渡区→边缘区)，短期时间跨度看，过渡区正向感知增强，区域振幅逐渐缩小；肇兴侗寨群落社会时空构面整体差异不明显，短期时间跨度看，呈现变迁程度由上升转为边缘区、核心区程度较高，过渡区较低的 U 形时空演替的振幅规律；音寨布依寨群落社会时空构面整体呈无明显规律的破碎时空变迁特征，短期时间跨度看，文化认同和地方依赖要素变迁呈正向振幅，人际关系要素变迁呈负向振幅。

结合贵州三大典型民族旅游村寨群落社会文化“时空压缩”的宏观时空构面与村寨群落微观时间跨度振幅规律可以看出，旅游影响差异形成的“时空压缩”宏观时空构面规律与村寨社会文化变迁规律耦合性较强，说明旅游影响与村寨社会文化变迁存在一定的时空关联。从实证研究中窥探出，民族旅游村寨物质文化、精神文化要素易形成压缩的时空构面，社会时空差异较易形成，在旅游影响的非均衡干扰下，呈现出诸如“渐进式”“断崖式”“碎片式”的时空演替规律。然而，相较于物质文化，精神文化要素宏观时空构面变迁差异值较小，时空构面呈现“量变质未变”的差异规律，短期内振幅波动较小，要素固根性强；此外，制度文化以及社区环境文化要素不易形成压缩的时空构面，受旅游影响较大的西江苗寨群落、音寨布依族村寨群落开始出现规律性的社会时空构面差异。

3.6.2　后续研究的科学性交代

在三大民族村寨群落社会文化演替规律分析的结论中发现，音寨布依族群落居民传统布依文化的自我认同感较低，族群意识较薄弱，旅游凝视下布依文化的他者认同性差。同时，在开放融合的文化环境与背景下，布依村寨群落社会文化极易产生松动，文化内聚力弱但解构力强，且在重构过程中忽视了布依文化的本性，弱化了传统布依文化的工具价值性，布依族文化的资本性缺乏展示。此外，音寨群落隶属于贵阳市“1 小时经济圈”内的城郊型民族村寨，周边厂矿较多，现代流动的汉文化冲击剧烈，传统社会文化逐渐同化，原有村寨的独特文化环境逐渐消失；同时，村寨后期实施企业化运作，社区逐渐景区化，在多元文化的融合下，传统布依文化的传承性淡化，村寨逐渐演化为以田园景观为主的城郊型农业旅游地，失去了民族村寨理应蕴含遗产价值的本真。基于此，在后续的分析中，从科学的分析范式考虑出发，剔除“碎片型”的音寨布依族村寨群落，继续保留西江苗族、肇兴侗族两大民族村寨群落作为典型样区，继续开展旅游影响下民族村寨社会文化结构功能及机制的深入分析。

3.7 社会文化变迁的旅游弹性 “解构力”测算

为了更直观清晰地揭示民族村寨旅游影响程度的空间差异以及旅游发展与民族村寨社会文化变迁的耦合性，对目的地不同区域旅游弹性 “解构力”测算尤为重要。旅游弹性“解构力”是指村寨社会生产过程中，旅游推动其社会文化发生解消与重构的效力。

3.7.1 旅游影响分区判定

1. 分析方法

通过相关研究文献的检索，借鉴 Faulkner 和 Tideswel(1997)、尹立杰等(2012)关于目的地居民旅游影响感知的研究成果，本书从经济状况、居民距旅游核心区距离以及居民与游客接触频繁度等方面提取出旅游影响程度判定因子，围绕因子设计量表，通过实地调查获取西江苗寨和肇兴侗寨两大村落群多个村寨的所需数据。数据分析采用均值差异性分析方法，构建旅游影响程度空间差异判定的数学模型和旅游发展对民族村寨不同区域的影响程度判定量表(表 3.1)。

表 3.1 民族村寨不同区域旅游影响程度判定量表

判定因子	量表选项
居民月均收入	700 元以下(1)；701～2000 元(2)；2001～3000 元(3)；3001 元及以上(4)
旅游收入所占比重	5%及以下(1)；6%～10%(2)；11%～15%(3)；16%及以上(4)
旅游从业人口	0 人(1)；1 人(2)；2～3 人(3)；4～5 人(4)；6 人及以上(5)
每周接触旅游者时间	1 天及以下(1)；2～3 天(3)；4～5 天(3)；6 天及以上(4)

备注：“1～5”为量表评估标度。

2. 数据收集与整理

基于研究需要和数据分析处理，目的地旅游影响程度量表中题项的选项以数值形式进行录入。研究调查时间为 2013 年 7～8 月和 2015 年 7～8 月，调查方法为田野调查法以及居民随机问卷调查法。

(1)西江苗寨。调查地点为东引村、平寨村、羊排村、南贵村、开觉村、干荣村、营上村、控拜村、麻料村、乌高村、乌仰村 11 个苗族村寨。调查过程中 2013 年发放问卷 900 份，回收问卷 885 份，有效问卷 879 份，回收率与有效率分别为 98.33%、97.67%；2015 年发放问卷 1025 份，回收问卷 990 份，有效问卷 966 份，回收率与有效率分别为 96.59%、94.24%。

(2)肇兴侗寨。调查地点为肇兴村、堂安村、厦格村、己伦村、纪堂村、登江村 6 个村寨。调查过程中 2013 年发放问卷 860 份，回收问卷 830 份，有效问卷 824 份，回收率与有效率分别为 96.51%、95.81%；2015 年发放问卷 850 份，回收问卷 845 份，有效问卷 826 份，回收率与有效率分别为 99.41%、97.18%。

3. 旅游影响程度分区判定

为了揭示西江苗寨和肇兴侗寨旅游影响程度的区域差异，为后续不同区域旅游发展对社会文化变迁的旅游弹性“解构力”测算提供可靠的支撑，不同样地旅游影响程度的判定将通过对问卷调查所得数据进行平均数差异检验来实现。经过可靠性检测，西江苗寨 2013 年与 2015 年问卷数据 Cronbach’s Alpha 系数分别为 0.818、0.799，肇兴侗寨 2013 年与 2015 年问卷数据 Cronbach’s Alpha 系数分别为 0.799、0.724，数据信度良好，适合进行平均数差异性分析。

1)变量间的均值差异性分析

西江苗寨和肇兴侗寨调查样地数量分别为 11 和 6，样地数量均大于 2，因此，平均数差异分析将采用 ANOVA 方差分析法。将调查样地作为单因子变量，采用方差同质性检验(H)，因变量为“职业是否与旅游相关”“家人是否从事旅游相关工作”“平均月收入”等判定因子。平均数为 95%的置信区间下，单因子与因变量相关统计量如表 3.2、表 3.3 所示。

表 3.2　2013 年西江苗寨和肇兴侗寨不同旅游变量整体差异性统计

判定因子	均值		置信区间上限		置信区间下限		*F* 检验		ANOVA 显著性	
	西江	肇兴	西江	肇兴	西江	肇兴	西江	肇兴	西江	肇兴
居民月均收入	2.53	2.08	2.45	2.01	2.61	2.14	18.703	7.468	0.000	0.000
旅游收入所占比重	2.24	1.53	2.15	1.46	2.33	1.59	14.108	2.911	0.000	0.013
旅游从业人口	1.91	1.87	1.85	1.79	1.98	1.95	6.024	3.120	0.000	0.008
接触旅游者时间	2.19	1.40	2.11	1.34	2.28	1.45	14.729	7.424	0.000	0.000

表 3.3 2015 年西江苗寨和肇兴侗寨不同旅游变量整体差异性统计

判定因子	均值		置信区间上限		置信区间下限		*F* 检验		ANOVA 显著性	
	西江	肇兴	西江	肇兴	西江	肇兴	西江	肇兴	西江	肇兴
居民月均收入	2.76	2.49	2.67	2.41	2.84	2.56	18.198	12.819	0.000	0.000
旅游收入所占比重	2.47	1.99	2.39	1.92	2.56	2.06	15.212	3.273	0.000	0.006
旅游从业人口	2.08	1.55	2.02	1.49	2.15	1.60	15.522	7.441	0.000	0.000
接触旅游者时间	3.57	1.81	3.48	1.74	3.66	1.89	88.757	6.549	0.000	0.000

在分析前提出假设 H(H：自变量“不同调查村寨”与 4 个因变量之间存在关系的方差同质性)。从表 3.2 和表 3.3 的结果可以看出：2013 年与 2015 年“旅游从业人口”“旅游收入所占比重”“居民月均收入”“接触旅游者时间”4 个变量显著性差异值为 0.000，小于 0.05，均达到显著水平，因此，须拒绝虚无假设 H，接受对立假设，表明调查村寨存在显著的差异。

2)旅游影响程度分区判定结果

运用 SPSS19.0 统计软件计算西江苗寨和肇兴侗寨不同村寨在 4 个差异性显著的因变量上的均值(表 3.4、表 3.5)，基于调查数据中不同判定因子的均值大小，判定不同样地旅游影响程度。由于所选判定因子均为正向指标，接近“旅游影响程度”，即旅游影响越高，指标均值越大，因此具体判定方法将通过对不同样地正向赋值实现，具体赋分标准如下：①西江苗寨。均值在区间[1，2]赋值为 2，均值在区间[2，3]赋值为 4，均值在区间[3，4]赋值为 6，均值在区间[4，5]赋值为 8。②肇兴侗寨。均值在区间[1，1.5]赋值为 2，均值在区间[1.5，2]赋值为 4，均值在区间[2，2.5]赋值为 6，均值在区间[2.5，3]赋值为 8。

表 3.4 西江苗寨 11 个村寨在不同旅游变量上的均值统计对比

村寨	旅游从业人口		旅游收入占家庭收入比重		平均月收入		每周与旅游者接触的天数	
	2013	2015	2013	2015	2013	2015	2013	2015
南贵村	2.21	2.37	2.88	2.91	3.22	3.14	2.47	4.08
羊排村	1.89	2.03	2.08	2.42	2.27	2.81	2.23	3.74
东引村	1.74	2.15	2.30	2.45	2.42	2.50	2.05	3.43
平寨村	2.05	2.42	2.62	2.90	2.90	3.13	2.72	4.54
开觉村	2.18	1.97	1.32	1.95	1.64	2.03	1.91	2.43
干荣村	1.88	1.96	1.88	2.20	2.08	2.80	2.15	2.94
营上村	2.02	1.46	1.75	1.62	2.44	2.60	1.73	2.06
麻料村	1.33	1.65	1.30	1.43	1.57	1.30	1.03	1.00
乌高村	1.00	1.26	1.00	1.11	2.05	1.37	1.00	1.16
控拜村	1.60	1.78	1.80	1.87	1.93	2.04	1.53	1.39
乌仰村	1.39	1.09	1.00	1.13	1.78	1.43	1.00	1.00

表 3.5　肇兴侗寨 6 个村寨在不同旅游变量上的均值统计对比

村寨	平均月收入		旅游收入占家庭收入比重		旅游从业人口		每周与旅游者接触的天数	
	2013	2015	2013	2015	2013	2015	2013	2015
肇兴村	2.16	2.64	1.57	2.33	1.44	1.63	1.97	2.02
厦格村	1.86	1.97	1.43	1.63	1.44	1.47	1.78	1.80
堂安村	1.62	1.93	1.41	1.93	1.22	1.40	1.38	1.79
己伦村	1.50	1.77	1.25	1.55	1.00	1.22	1.36	1.23
纪堂村	1.73	1.72	1.07	1.78	1.03	1.16	1.39	1.34
登江村	1.71	1.87	1.23	1.61	1.10	1.13	1.23	1.45

基于上述旅游开发影响程度赋值方法，结合不同判定因子与“旅游开发影响”的接近性，构建出不同样地旅游影响程度差异的数学模型[式(3.4)]，计算出西江和肇兴不同样地在 4 个变量上的分值及综合得分情况(表 3.6、表 3.7)。

$$S_i=P_i+T_i+0.5M_i+D_i \tag{3.4}$$

式中，S_i 表示不同村寨旅游影响程度综合得分；P_i 表示不同村寨家庭旅游从业人口因子的赋分；T_i 表示不同村寨居民旅游收入所占比重因子的赋分；M_i 表示不同村寨居民月平均收入因子的赋分；D_i 表示不同村寨居民每周与旅游者接触时间因子的赋分；i 表示村寨数量(西江：i=1，2，3，…，11；肇兴：i=1，2，3，…，6)。

表 3.6　西江苗寨基于旅游变量均值差异分析结果的判定结果

村寨	旅游从业人口		旅游收入占家庭收入比重		平均月收入		每周与旅游者接触的天数		总计	
	2013	2015	2013	2015	2013	2015	2013	2015	2013	2015
南贵村	4	4	4	4	3	3	4	8	15	19
羊排村	4	4	4	4	2	2	4	6	12	16
东引村	2	4	4	4	2	2	4	6	12	16
平寨村	4	4	4	2	3	3	4	8	14	19
开觉村	4	2	2	2	1	2	2	4	9	10
干荣村	2	2	2	4	2	2	4	4	10	12
营上村	4	2	2	2	2	2	2	4	10	10
麻料村	2	2	2	2	1	1	2	2	7	7
乌高村	2	2	2	2	1	1	2	2	7	7
控拜村	2	2	2	2	1	2	2	2	7	8
乌仰村	2	2	2	2	1	1	2	2	7	7

表 3.7 肇兴侗寨基于旅游变量均值差异分析结果的判定结果

村寨	平均月收入		旅游收入占家庭收入比重		旅游从业人口		每周与旅游者接触天数		总计	
	2013	2015	2013	2015	2013	2015	2013	2015	2013	2015
肇兴村	3	4	6	6	2	4	4	4	13	20
厦格村	2	2	2	4	2	2	4	2	10	12
堂安村	2	2	2	4	2	2	2	4	8	12
纪伦村	2	2	2	4	2	2	2	2	8	10
纪堂村	2	2	2	4	2	2	2	2	8	10
登江村	2	2	2	4	2	2	2	4	8	10

结合 Jackson(2004)、李东和等(2007)关于旅游影响空间差异的相关研究文献，基于 2013 年和 2015 年西江苗寨和肇兴侗寨不同村寨旅游影响程度差异性判定结果，运用 SPSS 统计软件中的聚类分析方法判定出两大民族村寨群落差异性区域。西江苗寨旅游影响三大差异性区域为核心区、过渡区和边缘区，其中核心区包括南贵村、平寨村、羊排村和东引村；过渡区包括开觉村、干荣村和营上村；边缘区包括控拜村、麻料村、乌高村和乌仰村；肇兴侗寨核心区为肇兴村，过渡区包括堂安村、厦格村，边缘区包括己伦村、纪堂村、登江村。

3.7.2 民族村寨社会文化变迁的旅游弹性“解构力”测算

1. 民族村寨不同社会文化要素变迁得分

基于原始问卷调查数据，结合第 2 章因子分析过程及结果，构建西江苗寨和肇兴侗寨旅游影响下物质文化、精神文化、制度文化以及社区氛围与环境四大维度社会文化变迁程度的量化计算模型如下：

$$G_x = \sum_{i=1}^{n} \frac{\sum_{i=1}^{n}\left(K \cdot T_{ij}\right)}{S} \tag{3.5}$$

式中，G_x 表示不同文化要素，x=1，2，3，…，n；i 表示公因子所包含的题项个数；j 表示每个题项所包含的原始数据样本数；K 表示不同文化要素(公因子)的权重值(根据公因子解释方差大小及专家打分意见赋值，权重值如表 3.8～表 3.11 所示)；S 表示样本量。

根据式(3.5)，结合前文不同社会文化要素的权重值，计算出旅游影响下民族村寨社会文化不同维度各文化要素变迁的得分，如表 3.12～表 3.15 所示。

2. 社会文化变迁与旅游影响的相关分析

1) 西江苗寨

为了揭示旅游影响下社会文化存在显著性变迁的社会文化相关变量，基于前文得到的旅游影响的空间差异判定结果，结合社会文化要素变迁的综合分值，利用 SPSS19.0 进行 Pearson 双变量相关分析，提取出社会文化变迁要素中与旅游影响存在显著相关的社会文化相关变量，如表 3.16、表 3.17 所示。

表 3.8　2013 年西江苗寨社会文化不同文化要素权重值

文化要素	旅游经济要素	生活开支	服饰文化	手工艺变迁感知	饮食文化	建筑文化	技艺传承	歌舞文化	文化价值认同	文化变迁感知	传统节庆民俗	诞生礼俗	婚嫁习俗	丧葬习俗	社会制度	宗教信仰	地方认同	人际关系	旅游发展意愿	文化开化	地方依赖
解释总方差/%	22.122	12.431	7.149	6.326	5.954	5.806	5.689	8.953	6.239	6.251	8.522	10.432	9.611	10.756	21.006	32.637	10.863	10.287	15.721	12.624	9.035
权重	0.35	0.15	0.13	0.12	0.1	0.08	0.07	0.12	0.04	0.04	0.1	0.24	0.16	0.3	0.4	0.6	0.18	0.16	0.3	0.22	0.14

表 3.9　2015 年西江苗寨社会文化不同文化要素权重值

文化要素	旅游经济要素	生活开支	手工艺变迁感知	技艺传承	服饰文化	饮食文化	建筑文化	歌舞文化	文化价值认同	文化变迁感知	诞生礼俗	婚嫁习俗	丧葬习俗	社会制度	宗教信仰	地方认同	人际关系	旅游发展意愿
解释总方差/%	20.557	10.967	9.038	8.094	7.825	7.201	6.700	13.206	12. 069	11.251	10.762	10.　323	9.182	20.751	32.634	26.603	20.593	15.294
权重	0.31	0.16	0.13	0. 12	0.11	0.09	0.08	0.2	0.28	0.25	0.2	0.15	0.12	0.4	0.6	0.4	0.32	0.28

表 3.10　2013 年肇兴侗寨社会文化不同文化要素权重值

文化要素	旅游经济要素	生活开支	服饰文化	饮食文化	建筑文化	歌舞文化	风俗文化	节庆民俗	社会制度	宗教信仰	地方认同	人际关系	旅游发展意愿
解释总方差/%	18.747	11.440	8.796	8.609	8.552	29.247	17.244	13.627	36.059	17.820	31.640	17.862	15.187
权重	0.35	0.27	0.13	0.12	0.10	0.5	0.3	0.2	0.6	0.4	0.45	0.3	0.25

表 3.11　2015 年肇兴侗寨社会文化不同文化要素权重值

文化要素	旅游经济要素	生活开支	手工艺变迁感知	服饰文化	文化变迁感知	风俗文化	歌舞文化	语言景观	节庆文化	社会制度	宗教信仰	社区关系	人际关系	地方认同	旅游发展意愿
解释总方差/%	29.551	14.501	11.107	7.901	19.587	17.721	15.179	9.633	9.362	25.853	24.426	22.911	16.291	13.751	11.445
权重	0.4	0.25	0.2	0.15	0.3	0.26	0.21	0.12	0.11	0.4	0.6	0.4	0.28	0.22	0.1

表 3.12　2013 年西江苗寨社会文化不同文化要素变迁得分

村寨	旅游经济要素	生活开支	服饰文化	手工艺变迁感知	饮食文化	建筑文化	技艺传承	歌舞文化	文化价值认同	变迁感知	诞生礼俗	婚嫁习俗	丧葬习俗	社会制度	宗教信仰	地方认同	人际关系	旅游发展意愿
南贵	4.18	2.14	0.97	0.82	0.70	0.49	0.37	1.00	0.34	0.13	1.05	1.02	1.19	4.21	3.24	1.43	0.95	3.11
羊排	3.45	1.55	0.98	0.68	0.63	0.53	0.35	0.99	0.33	0.10	0.99	0.99	1.31	4.24	2.91	1.38	0.96	3.16
东引	3.46	1.76	0.97	0.83	0.70	0.52	0.37	1.02	0.33	0.12	1.01	1.07	1.13	4.20	3.05	1.37	0.94	3.21
平寨	4.02	1.84	0.97	0.78	0.67	0.50	0.35	1.00	0.32	0.11	1.01	1.08	1.21	4.15	3.16	1.42	0.97	3.38
开觉	2.67	1.13	0.93	0.76	0.68	0.48	0.40	1.04	0.32	0.11	1.04	0.99	1.16	3.96	3.00	1.42	1.03	2.93
干荣	3.03	1.64	0.99	0.84	0.67	0.51	0.38	1.03	0.33	0.13	1.04	1.04	1.26	3.89	3.05	1.50	0.98	2.99
营上	2.83	1.70	0.87	0.78	0.64	0.48	0.27	0.96	0.33	0.13	1.17	1.21	1.20	3.40	3.49	1.35	0.95	2.79
麻料	2.77	1.51	1.01	0.84	0.64	0.51	0.22	0.87	0.31	0.08	0.96	1.19	1.39	3.59	2.86	1.38	1.01	2.25
乌高	2.45	1.38	1.01	0.60	0.63	0.54	0.30	0.89	0.32	0.08	0.96	1.22	1.20	3.30	3.06	1.46	0.96	2.18
控拜	3.76	2.16	0.98	0.64	0.67	0.53	0.35	1.09	0.32	0.09	0.96	1.24	0.90	3.71	2.62	1.37	0.93	2.55
乌仰	2.48	1.66	0.94	0.60	0.65	0.47	0.31	0.93	0.32	0.08	0.96	1.20	1.07	4.17	2.97	1.35	0.97	2.49

表 3.13　2015 年西江苗寨社会文化不同文化要素变迁得分

村寨	旅游经济要素	生活开支	服饰文化	手工艺变迁感知	饮食文化	建筑文化	技艺传承	歌舞文化	文化价值认同	文化变迁感知	诞生礼俗	婚嫁习俗	丧葬习俗	社会制度	宗教信仰	地方认同	人际关系	旅游发展意愿
南贵	4.61	1.65	0.55	0.76	0.60	0.59	0.67	1.66	3.27	1.53	0.60	0.60	0.25	4.40	2.47	9.63	2.94	2.23
羊排	4.07	1.54	0.54	0.82	0.56	0.61	0.64	1.68	3.26	1.74	0.61	0.66	0.25	4.46	2.51	9.49	2.91	2.22
东引	3.86	1.44	0.54	0.84	0.54	0.59	0.66	1.63	3.24	1.72	0.61	0.66	0.24	4.61	2.49	9.49	2.86	2.20
平寨	4.60	1.48	0.54	0.87	0.58	0.59	0.63	1.72	3.30	1.70	0.60	0.63	0.25	4.37	2.49	9.60	3.05	2.21
开觉	3.75	1.34	0.54	0.57	0.53	0.51	0.58	1.52	3.22	1.13	0.60	0.65	0.25	4.57	2.40	9.50	2.24	2.22
干荣	4.01	1.44	0.52	0.65	0.57	0.58	0.63	1.45	3.26	1.26	0.60	0.60	0.24	4.43	2.40	9.47	2.72	2.20
营上	3.22	1.54	0.53	0.62	0.57	0.47	0.66	1.52	3.12	1.18	0.60	0.65	0.25	4.11	2.59	9.22	2.18	2.16
麻料	2.82	1.01	0.55	0.53	0.52	0.49	0.63	1.61	3.19	1.07	0.60	0.75	0.24	4.00	2.40	10.12	2.06	2.14
乌高	2.61	1.09	0.57	0.52	0.55	0.47	0.52	1.48	3.08	1.05	0.60	0.73	0.24	4.04	2.40	9.96	1.90	2.12
控拜	3.26	1.36	0.55	0.55	0.52	0.49	0.65	1.63	3.18	1.11	0.60	0.65	0.24	3.88	2.40	10.02	2.11	2.11
乌仰	3.09	1.02	0.54	0.54	0.54	0.47	0.57	1.23	3.15	1.04	0.60	0.75	0.24	4.00	2.40	9.76	1.90	2.06

表 3.14 2013 年肇兴侗寨社会文化不同文化要素变迁得分

村寨	旅游经济要素	生活开支	服饰文化	饮食文化	建筑文化	歌舞文化	风俗文化	节庆民俗	社会制度	宗教信仰	地方认同	人际关系	旅游发展意愿
肇兴	3.84	3.16	0.40	0.75	0.76	6.42	1.19	1.44	8.47	0.71	11.25	2.09	4.77
厦格	3.46	3.75	0.42	0.61	0.64	6.17	1.43	1.27	7.73	0.49	11.75	1.80	3.61
堂安	3.72	3.31	0.39	0.59	0.74	6.22	1.18	1.41	7.34	0.51	11.61	1.72	3.72
己伦	3.59	3.06	0.35	0.65	0.61	6.54	1.43	1.40	7.55	0.80	11.29	1.90	3.71
纪堂	3.77	3.83	0.39	0.88	0.84	6.22	1.19	1.39	6.96	0.55	11.79	1.89	4.03
登江	3.51	3.10	0.44	0.88	0.93	6.39	1.30	1.33	8.07	0.46	11.98	1.95	3.56

表 3.15 2015 年肇兴侗寨社会文化不同文化要素变迁得分

村寨	旅游经济要素	生活开支	手工艺变迁感知	服饰文化	文化变迁感知	风俗文化	歌舞文化	节庆民俗	语言景观	社会制度	宗教信仰	社区关系	人际关系	地方认同	旅游发展意愿
肇兴	5.42	1.40	1.55	0.55	1.51	1.11	0.95	0.24	0.12	2.99	1.98	2.03	1.94	0.43	0.48
厦格	5.08	1.53	1.59	0.62	1.55	1.07	0.79	0.24	0.13	2.94	1.81	1.99	1.59	0.44	0.45
堂安	5.48	1.66	1.99	0.61	1.73	1.17	1.06	0.23	0.12	3.35	2.11	2.39	1.52	0.48	0.43
己伦	5.63	2.08	2.11	0.62	1.88	0.98	1.16	0.23	0.12	2.85	2.04	2.74	1.70	0.45	0.47
纪堂	5.43	1.49	1.92	0.63	1.74	0.99	1.25	0.23	0.12	3.08	2.07	2.40	1.89	0.45	0.48
登江	5.70	1.35	1.80	0.55	1.71	1.05	0.90	0.23	0.12	2.83	1.87	2.21	2.05	0.44	0.49

表 3.16　西江苗寨 2013 年旅游影响下存在显著相关的社会文化变量

变量		旅游经济	文化变迁感知	婚嫁习俗	社会制度	旅游发展意愿
旅游影响程度得分	Pearson 相关性	0.763**	0.726*	−0.688*	0.621*	0.885**
	显著性(双侧)	0.006	0.011	0.019	0.041	0.000
	N	11	11	11	11	11

注：**表示在 0.01 水平上显著相关，*表示在 0.05 水平上显著相关。

表 3.17　西江苗寨 2015 年旅游影响下存在显著相关的社会文化变量

变量		旅游经济	生活开支	手工艺变迁感知	饮食文化	建筑文化	歌舞文化	文化价值认同	文化变迁感知	婚嫁习俗	丧葬习俗	社会制度	宗教信仰	人际关系	旅游发展意愿
旅游影响程度得分	Pearson 相关性	0.864**	0.786**	0.934**	0.734*	0.819**	0.645*	0.707*	0.914**	−0.643*	0.706*	0.676*	0.631*	0.905**	0.767**
	显著性(双侧)	0.001	0.004	0.000	0.010	0.002	0.032	0.015	0.000	0.033	0.015	0.023	0.037	0.000	0.006
	N	11	11	11	11	11	11	11	11	11	11	11	11	11	11

注：**表示在 0.01 水平上显著相关，*表示在 0.05 水平上显著相关。

2013 年，西江苗寨社会文化中旅游经济、文化变迁感知、婚嫁习俗、社会制度和旅游发展意愿五个社会文化变量变迁与旅游影响呈显著相关，其中，旅游经济与旅游发展意愿两个变量为强相关或者极强相关；2015 年，有 14 个社会文化变量的变迁与旅游影响呈显著相关，包括旅游经济、生活开支、文化变迁感知、手工艺变迁感知、传统饮食、建筑文化、歌舞文化、婚嫁习俗、丧葬习俗、宗教信仰、社会制度以及旅游发展意愿等变量，其中旅游经济、生活开支、文化变迁感知、建筑文化、人际关系和旅游发展意愿等为强相关或极强相关。总之，从整体相关性系数来看，西江苗族村寨的物质文化、居民心理感知以及社区关系层面受旅游影响最为显著，其次是精神文化、制度权力层面。

纵观 2013 年和 2015 年，一方面，西江苗寨社会文化产生变迁的变量数量和范围都在逐年增加，说明旅游影响下西江社会文化变迁越来越剧烈且深入，旅游影响程度在不断加深。另一方面，旅游经济与旅游发展意愿变量的变迁均与旅游影响呈显著相关，主要原因在于：随着时间的推移，旅游逐渐成为西江经济发展的重要驱动力，旅游核心区表现得最为明显，随着旅游影响的深入，越来越多的居民看到发展旅游所带来巨大收益，因此，当地居民对于发展旅游的意愿越来越强烈。

2) 肇兴侗寨

为了揭示旅游影响下社会文化存在显著性变迁的文化要素，基于前文得到的旅游影响的空间差异判定结果，结合社会文化变迁要素的量化分值，利用 SPSS 软件进行 Pearson 双变量相关分析，得到旅游影响与社会文化变迁的相关性分析结果(剔除无明显相关性的文化要素)，如表 3.18、表 3.19 所示。

表 3.18　肇兴侗寨 2013 年旅游影响下存在显著相关的社会文化变量

	变量	传统歌舞文化	传统风俗文化	节庆民俗
旅游影响程度得分	Pearson 相关性	−0.840*	−0.910*	−0.837*
	显著性(双侧)	0.036	0.012	0.038
	N	6	6	6

注：**表示在 0.01 水平上显著相关，*表示在 0.05 水平上显著相关。

表 3.19　肇兴侗寨 2015 年旅游影响下存在显著相关的社会文化变量

	变量	旅游经济	生活开支	节庆文化	社区关系
旅游影响程度得分	Pearson 相关性	0.986**	0.934*	0.919*	0.909*
	显著性(双侧)	0.002	0.020	0.028	0.032
	N	6	6	6	6

注：**表示在 0.01 水平上显著相关，*表示在 0.05 水平上显著相关。

从表 3.18、表 3.19 中可以看出，2013 年，肇兴侗寨社会文化中传统歌舞文化、节庆民俗和风俗文化变量与旅游影响显著相关，整体呈现强相关；2015 年，肇兴侗寨社会文化中旅游经济、生活开支、节庆文化以及社区人际关系的变迁与旅游影响显著相关。与西江苗寨相比，肇兴侗寨社会文化产生变迁的相关变量较少，2013～2015 年，肇兴侗寨社会文化变迁逐渐转向经济和社区关系变量，主要是由于肇兴处在旅游发展初期阶段，旅游所带来的经济效益不显著。首先，最易产生效益的异质性民族传统精神文化率先被舞台化，产生很大变迁；随着时间的推移，旅游发展带来的经济效益的变化逐渐显现，同时，旅游也成了社区居民交流沟通的重要纽带。

3. 旅游弹性 “解构力” 测算

1)基于时间尺度的旅游影响变化

为了更为清晰直观地揭示旅游影响程度的核心-外围空间差异，基于问卷调查数据和分区结果，选取旅游影响年际变化的指标题项，包括“旅游从业人口”“旅游收入所占比重”“经营旅游项目的比重”“家庭年结余”“家庭经营旅游项目总收入”。由于原始数据录入采用数值录入，因此，根据原始调查数据，在“旅游从业人口”“旅游收入所占比重”“家庭年结余”三项指标方面，计算其在核心区、过渡区和边缘区的均值，在“经营旅游项目的比重”指标方面，计算核心区、过渡区和边缘区的经营旅游项目的农户比重。结果见表 3.20、表 3.21。

表 3.20 西江苗寨旅游影响差异区域各旅游指标处理结果

区域	旅游从业人口		旅游收入所占比重		经营旅游项目的比重		家庭年结余	
	2013	2015	2013	2015	2013	2015	2013	2015
总体	1.88	2.23	2.49	2.77	0.32	0.50	2.84	2.53
核心区	1.99	2.35	2.72	2.99	0.29	0.46	2.97	2.70
过渡区	1.50	1.83	1.54	2.01	0.01	0.04	2.37	2.06
边缘区	1.40	1.45	1.55	1.40	0.02	0.01	2.28	1.28

表 3.21 肇兴侗寨旅游影响差异区域各旅游指标处理结果

区域	旅游从业人口		旅游收入所占比重		经营旅游项目的比重		家庭年结余	
	2013	2015	2013	2015	2013	2015	2013	2015
总体	2.08	2.49	1.53	1.99	0.11	0.31	2.02	1.41
核心区	2.16	2.64	2.10	2.06	0.10	0.27	2.12	1.43
过渡区	1.08	1.22	1.31	1.41	0.01	0.03	1.63	1.27
边缘区	1.07	1.11	1.15	1.20	0	0.01	1.41	1.35

根据不同村寨的旅游影响指标题项的计算结果，取 2013 年和 2015 年不同旅游影响指标的均值差作为 2013～2015 年民族村寨旅游影响变化度，计算结果见表 3.22、表 3.23。

表 3.22　2013～2015 年西江苗寨旅游影响时间变化度

村寨	旅游从业人口	旅游收入所占比重	家庭经营旅游项目的比重	家庭年结余	旅游影响变化度
总体	0.35	0.28	0.18	−0.31	1.12
核心区	0.36	0.27	0.17	−0.27	1.07
过渡区	0.33	0.47	0.03	−0.31	1.14
边缘区	0.05	−0.15	−0.01	−1.00	1.21

表 3.23　2013～2015 年肇兴侗寨旅游影响时间变化度

村寨	旅游从业人口	旅游收入所占比重	家庭经营旅游项目的比重	家庭年结余	旅游影响变化度
总体	0.41	0.46	0.20	−0.61	1.68
核心区	0.48	−0.04	0.17	−0.69	1.38
过渡区	0.14	0.10	0.02	−0.36	0.62
边缘区	0.04	0.05	0.01	−0.08	0.18

2) 基于时间尺度的旅游影响下社会文化变迁响应度

基于不同社会文化要素与旅游影响相关性统计分析结果，结合提取出的社会文化各相关变量的得分，计算 2013 年与 2015 年出西江苗寨和肇兴侗寨不同村寨社会文化变迁的综合得分，进而得到旅游影响下西江苗寨社会文化变迁的时间变化响应度。计算结果如表 3.24 和表 3.25 所示。

表 3.24　旅游影响下西江苗寨社会文化变迁的响应度

	2013 年社会文化要素得分(X13)	2015 年社会文化要素得分(X15)	社会文化变迁响应度(X15～X13)
总体	11.94	28.45	16.51
核心区	12.37	29.34	16.97
过渡区	10.63	26.46	15.83
边缘区	10.20	21.63	11.43

注：X13 和 X15 分别为 2013 年、2015 年西江苗寨与旅游显著相关社会文化变量得分之和。

表 3.25　旅游影响下肇兴侗寨社会文化变迁的响应度

	2013 年社会文化要素得分(Z13)	2015 年社会文化要素得分(Z15)	社会文化变迁响应度(Z15～Z13)
总体	9.03	10.9	1.87
核心区	9.05	9.50	0.45
过渡区	8.82	8.98	0.16
边缘区	8.97	9.02	0.05

注：Z13、Z15 分别为 2013 年、2015 年肇兴侗寨与旅游显著相关社会文化变量的得分之和。

3) 民族村寨旅游弹性 “解构力”

根据学者关于确定权重方法的相关研究成果，如 AHP 法、德尔菲法等，结合前文得到的旅游影响度与社会文化变迁响应度以及专家打分，分别对西江苗寨和肇兴侗寨的差异性区域赋权，结果如表 3.26 和表 3.27 所示。

表 3.26　西江苗寨旅游影响变化及社会文化变迁响应度权重

	旅游影响变化度	旅游影响权重值	社会文化变迁响应度	社会文化变迁权重值
总体	1.12	—	16.51	—
核心区	1.07	0.25	16.97	0.45
过渡区	1.14	0.30	15.83	0.35
边缘区	1.21	0.45	11.43	0.20

表 3.27　肇兴侗寨旅游影响变化及社会文化变迁响应度权重

	旅游影响变化度	旅游影响权重值	社会文化变迁响应度	社会文化变迁权重值
总体	1.68	—	1.87	—
核心区	1.38	0.5	0.45	0.5
过渡区	0.62	0.3	0.16	0.2
边缘区	0.18	0.2	0.05	0.3

目的地社会文化产生变迁的因素复杂多样，而旅游对西江苗寨和肇兴侗寨民族村寨社会文化变迁的影响则占据主导地位，因此，本书暂不考虑其他因素对民族村寨社会文化变迁的影响和干预，只考虑民族村寨社会文化要素中与旅游影响显著相关的社会文化变量作为度量指标。基于时间尺度上不同村寨旅游影响度及社会文化变迁响应度的空间差异，构建出民族旅游村寨旅游影响差异性区域旅游弹性“解构力”测算函数模型，以旅游影响系数代表民族村寨社会文化变迁旅游弹性的“解构力”，公式如下。

$$C = \frac{bY}{aX} \tag{3.6}$$

式中，C 表示旅游弹性“解构力”；X 和 Y 分别为旅游影响变化得分以及社会文化变迁响应度得分；a 与 b 分别是旅游影响与社会文化变迁的权重值。

通过式(3.6)，计算出西江苗寨和肇兴侗寨差异性区域 2013～2015 年的旅游弹性“解构力”，如表 3.28 所示。其中值越大，表明 2013～2015 年旅游对其社会文化变迁的驱动越强，反之，则相反。

表 3.28　民族旅游村寨社会文化变迁的旅游弹性“解构力”

	西江苗寨旅游弹力(C/M)	肇兴侗寨旅游弹力(C/M)
总体	1.34	0.19
核心区	7.08	0.33
过渡区	5.43	0.09
边缘区	1.06	0.14

注：C 为旅游弹性“解构力”，M 为分区包含村寨数量。

3.7.3 研究结论

少数民族村寨社会文化是一个整体的、动态的复杂系统，旅游发展不可能是其社会文化产生变迁的唯一驱动力，但是旅游影响的确是目的地社会文化变迁的一个关键诱因。

(1) 民族村寨旅游影响与目的地社会文化变迁存在一定耦合。旅游发展已经导致民族村寨的社会文化变迁，同时民族村寨社会文化的变迁反过来又促进民族村寨旅游的进一步深化，推动旅游的发展。西江和肇兴民族村寨的社会文化变迁正在广度和深度两个维度上展开，在内容上，民族村寨受旅游影响产生显著变迁的社会文化涵盖了经济、权力制度、社区关系、传统风俗以及传统建筑、饮食、歌舞文化等层面；在数量上，随着时间的推移，民族村寨受旅游影响产生变迁的传统社会文化要素的数量在逐年增加；另外，西江苗寨群落受旅游影响产生社会文化变迁的要素数量远多于肇兴侗寨，且涵盖的社会文化要素内容更广泛。

(2) 民族村寨是一个复杂的、动态的社会文化经济系统，在“发展要义”的擎动下，旅游成为村寨社会系统发展的主要驱动力，促使其从相对封闭的原生“物属”①向社会经济发展的工具“物属”转变。因各村寨旅游发展水平、阶段、政策因素等与村寨社会文化的耦合程度差异，直接影响旅游弹性“解构力”的大小，进而导致民族村寨社会文化变迁产生截然不同的规律。西江苗寨群落当前处在旅游快速发展阶段，旅游者与当地居民的互动异常频繁，在区域旅游要素向核心区村寨聚集的同时，旅游影响逐渐由核心区向外围区扩散，每单位旅游变量会带来村寨社会文化 1.34 倍的反应，其中核心区、过渡区、边缘区村寨社会文化反应/解构力达到 7.08、5.43 和 1.06，村寨社会形态与空间不断地解构，其核心区村寨社会经济发展的工具“物属”特征突显，而村寨群落社会文化变迁呈圈层衰退递减。肇兴侗寨处在旅游初步发展阶段，大规模的旅游活动介入时间较短，旅游对社会文化变迁驱动较弱，区域旅游要素多在几个村寨循环和富积，每单位旅游变量刺激带来村寨社会文化 0.19 倍的反应，其中核心区、过渡区、边缘区村寨社会文化响应/解构力分别为 0.33、0.09 和 0.14，旅游影响下村寨社会文化分离时空特点突出。

(3) 民族村寨社会文化作为一个复杂的、动态的系统，其变迁的影响因素也是复杂的、多样的。旅游逐渐成为西江和肇兴两大典型民族村寨社会文化变迁的关键诱致性因素，同时，发展水平的高低、村寨内部差异以及政策因素等将会直接影响旅游弹性“解构力”的大小，进而导致民族村寨社会文化变迁产生截然不同的规律。

参考文献

把多勋，王俊，兰海，2009. 旅游凝视与民族地区文化变迁[J]. 江西财经大学学报，2：112-115.

陈岗，黄震方，2009. 基于意义及其均衡理论的旅游文化形成与变迁机制研究[J]. 改革与战略，25(6)：132-135.

陈慧琳，郑冬子，黄成林，2007. 人文地理学[M]. 北京：科学出版社.

代维，2015. 乡村旅游与少数民族饮食文化变迁——以芒市镇芒核村的研究为例[J]. 云南开放大学学报，17(2)：58-62.

① “物属”是将村寨置于客体角度并审视其社会属性。

高婕，2013. 论民族旅游开展背景下的文化变迁与社会发展——以黔东南苗寨为例[J]. 中南民族大学学报(人文社会科学版)，33(4)：59-63.
高婕，李欣欣，2013. 论旅游场域中民族服饰功能之变迁——以苗族服饰为例[J]. 贵州民族研究，34(6)：69-72.
龚胜生，何小芊，2007. 旅游地文化变迁与整合的文化地理学透视[J]. 华东师范大学学报(自然科学版)，41(3)：450-454.
郭凌，阳宁东，王志章，2014. 民族旅游开发与民族文化的空间生产研究——基于对四川省凉山彝族自治州盐源县泸沽湖的个案研究[J]. 西南民族大学学报(人文社会科学版)，2：144-149.
何谨然，2007. 旅游的跨文化交际性研究[J]. 理论与实践，7：87-89.
何静，李亮，2014. 旅游驱动下民族村寨社会变迁分析——以苗寨为例[J]. 贵州师范大学学报(自然科学版)，32(3)：111-116.
贺能坤，2009. 旅游开发中民族文化变迁的三个层次及其反思——基于贵州省黎平县肇兴侗寨的田野调查[J]. 广西民族研究，(3)：172-177.
姜辽，2014. 旅游发展背景下周庄古镇社会空间变迁研究[D]. 芜湖：安徽师范大学.
冷瑾，陈飙，2010. 旅游开发对语言变迁的影响路径研究[J]. 云南地理环境研究，22(2)：98-101.
李东和，2009. 区域旅游影响空间分异——基于旅游地居民感知和态度的视角[M]. 合肥：安徽师范大学出版社：160-168.
李东和，张捷，赵玉宗，等，2007. 基于旅游地居民感知和态度的旅游影响空间分异研究——以安徽省三河镇为例[J]. 地理科学，27(4)：602-608.
李建欣，1999. 国外旅游社会学研究管窥[J]. 桂林旅游高等专科学校学报，S2：64-68.
李蕾蕾，2000. 跨文化传播及其对旅游目的地地方文化认同的影响[J]. 深圳大学学报(人文社会科学版)，17(2)：95-99.
李松，2012. 论少数民族文化遗产的“资本化”运用与生产资本的“文化性”整合——以羌族文化遗产和文化产业为例[J]. 中国产业，(9)：43-44.
李旭东，2006. 文化旅游与民族旅游—— 一种理论概观[J]. 桂林旅游高等专科学校学报，17(5)：513-515.
李银兵，2010. 从文化到资本——民族文化资本化的条件初探[J]. 前沿，15：155-158.
李子明，路幸福，邓洪波，等，2014. 旅游发展对泸沽湖地区居民生产生活方式的影响研究[J]. 资源开发与市场，30(6)：740-744.
吕宛青，2008. 民族地区旅游产业发展与文化变迁——以纳西族集聚的丽江市为例[D]. 昆明：云南大学.
罗连祥，2014. 民族文化变迁的规律分析[J]. 重庆科技学院学报(社会科学版)，9：107-109.
罗睿，2009. 泸沽湖旅游场域文化变迁机制解析与重构——以落水村为例[J]. 乐山师范学院学报，24(12)：65-68.
马翀炜，2001. 民族文化的资本化运用[J]. 民族研究，(1)：18-28.
茆长荣，2006. 旅游开发对传统村寨的文化影响研究[J]. 南京晓庄学院学报 ，4：91-95.
申葆嘉，1996.国外旅游研究进展[J]. 旅游学刊，11(3)：48-54.
孙九霞，2010. 旅游对目的地社区族群认同的影响——基于不同旅游作用的案例分析[J]. 中山大学学报(社会科学版)，50(1)：170-177.
孙九霞，王学基，2015. 民族文化“旅游域”多元舞台化建构——以三亚槟榔谷为例[J]. 思想战线，41(1)：97-105.
孙九霞，张倩，2011. 旅游对傣族物质文化变迁及其资本化的影响——以傣楼景观为例[J]. 广西民族大学学报(哲学社会科学版)，33(3)：7-13.
孙九霞，张士琴，2015. 民族旅游社区的社会空间生产研究——以海南三亚回族旅游社区为例[J]. 民族研究，(2)：68-77.
唐雪琼，钱俊希，陈岚雪，2011. 旅游影响下少数民族节日的文化适应与重构——基于哈尼族长街宴演变的分析[J]. 地理研究，30(5)：835-843.
田敏，2003. 民族社区社会文化变迁的旅游效应再认识[J]. 中南民族大学学报(人文社会科学版)，23(5)：40-43.

王帆，赵振斌，2007. 旅游影响下的古村落社会文化变迁研究——以陕西韩城党家村为例[J].桂林旅游高等专科学校学报，18(5)：761-764.

王瑛，王铮，2000. 旅游业区位分析——以云南为例[J]. 地理学报，55(3)：346-353.

王宇明，2002. 核心——边缘理论在区域旅游规划中的运用[J]. 经济地理，22(3)：372-375.

翁碧云，2013. 旅游核心——边缘空间结构演变及优化研究——以杭州为例[D]. 杭州：浙江工商大学.

吴沛丽，杨洋，蔡溢，等，2015. 村寨居民旅游影响感知与态度的差异性研究——基于贵州不同旅游生命周期的民族旅游村寨的对比分析[J]. 贵州师范大学学报(自然科学版)，33(3)：104-110.

伍锦昌，2005. 旅游开发与民族文化变迁[D]. 桂林：广西师范大学.

肖洪根，2002. 对旅游社会学理论体系研究的认识——兼评国外旅游社会学研究动态[J]. 旅游学刊，1：59-68.

徐红罡，任燕，2015. 旅游对纳西东巴文语言景观的影响[J]. 旅游学刊，30(1)：102-108.

严墨，2006. 文化变迁的规律——碎片化到重构[J]. 中央民族大学学报(哲学社会科学版)，33(4)：50-54.

杨俭波，2001. 旅游地社会文化环境变迁机制试研究[J]. 旅游学刊，16(16)：70-74.

杨素，2015. 民族旅游对少数民族服饰文化影响路径分析——以维吾尔族为例[J]. 河北旅游职业学院学报，20(4)：33-36.

杨新军，马晓龙，霍云霈，2004. 旅游目的地区域(TDD)及其空间结构研究——以西安为例[J]. 地理科学，24(5)：620-626.

杨玉，2011. 贵州民族文化资本化研究[J]. 经济研究导刊，28：267-269.

尹立杰，张捷，韩国圣，等，2012. 基于地方感视角的乡村居民旅游影响感知研究——以安徽省天堂寨为例[J]. 地理研究，31(10)：1916-1926.

张进福，肖洪根，2000. 旅游社会学研究初探[J]. 旅游学刊，1：53-58.

章锦河，张捷，刘泽华，2005. 基于旅游场理论的区域旅游空间竞争研究[J]. 地理科学，25(2)：248-256.

赵建军，2007. 旅游对目的地居民文化影响评价体系及其实证研究[D]. 长沙：湖南大学.

钟溢颖，2015. 基于SEM分析的旅游民族村寨文化变迁及保护研究[D]. 桂林：广西师范大学.

钟溢颖，王林，2014. 旅游场域下民族特色村寨文化变迁评价[J]. 旅游论坛，7(5)：77-83.

周宵，2003. 人类学视野——论旅游的本质及其社会文化影响[J]. 湖北大学学报(哲学社会科学版)，30(5)：114-116.

朱沁夫，2013. 旅游目的地文化变迁[J]. 旅游学刊，28(11)：7-8.

宗晓莲，2002. 布迪厄文化再生产理论对文化变迁研究的意义——以旅游开发背景下的民族文化变迁研究为例[J]. 广西民族学院学报，24(2)：22-25.

宗晓莲，2013. 旅游人类学与旅游的社会文化变迁研究[J]. 旅游学刊，28(11)：5-7.

Faulkner B，Tideswell C，1997. A framework for monitoring impacts of tourism[J]. Journal of Sustainable Tourism，5：3-28.

Jaakson R，2004.Beyond the tourist bubble cruiseship passengers in port[J]. Annals of Tourism Research，31：44-60.

Marcouiller D W，Kwang-Koo K，Deller S C，2004.Natural amenities，tourism and income distribution[J]. Annalsof Tourism Research，31(4)：1031-1050.

第4章　旅游影响下民族村寨社会结构功能时空变迁分析

民族村寨社会系统是一个由各要素相互作用构成的有机体，旅游影响下村寨社会文化因子、要素的变化，必然会引起村寨社会系统结构调整和功能转移。按照“因子-要素-结构-功能”过程的地理学分析范式，有必要探讨旅游影响下村寨群落社会系统中各要素及其要素之间的组合、构成及配比的结构关系，以及结构关系所呈现出来的性质、作用，揭示其社会系统结构调整、功能转移的轨迹与规律。

4.1　村寨社会结构功能研究体系的构建

4.1.1　国外研究现状

1. 社会结构

国外对社会结构的研究可分为两类。一类是以最早进行社会结构研究的孔德、斯宾塞、涂尔干等人类学及社会学学者为代表，他们认为社会与生物有机体一样，是由各种要素按照某种排列方式组成的整体，各个要素的排列又形成特定的结构，并表现出特定功能。由于强调社会结构及其功能的生物学取向，这类研究带有生物学自然主义色彩。

另一类以戴维·波普诺、沃尔夫冈·查普夫、彼特·布劳、富永健一等社会学者为代表，他们把真实反映社会结构的一切现象作为研究点，并认为社会结构是社会系统中各要素相互结合、相互联系的方式，要素之间的相互关联形成社会结构，可以用具体的参数进行描述，如职业、收入、教育、政治联盟、社会背景等。此外，学者富永健一(1988)认为社会结构不仅可以用参数进行描述，而且构成社会结构的要素还可以划分为个人行动层次(微观层面)到整个社会层次(宏观层面)等不同的阶段。其中，人与自然是组成宏观社会结构的两大要素；而中观的社会结构按照人类活动所表现出的不同性质，由政治、经济、社会和文化四大要素结构构成；微观结构则指人类在社会交往活动中形成的种种社会关系网络，具体体现在人口、家庭、劳动、职业、群体、社会组织、社区、阶级阶层等各方面的社会结构。

2. 社会功能

学者们也对社会结构影响下所呈现的功能进行探索研究。帕森斯在其著作《社会系统》中从功能分化的角度构建了结构功能分析模型(AGIL)。他认为社会结构是由具有不同基本功能的次级系统形成的一个“总体社会系统”，是包含“适应(A)”、“目标达成(G)”、

“整合(I)”和“模式维护(L)”的一个完整体系。体系由四个次级系统组成，并具有与之相对应的四个基本功能：“经济系统”执行适应环境的功能，“政治体统”执行目标达成功能，“社会系统”执行整合的功能，“文化系统”执行模式维护的功能。在这个模型中，各个次级系统都对整体有重要作用，各次级系统都表现为一种社会结构，即经济结构、制度文化结构、社会组织结构和文化结构。从功能需求的观点看，这个模型中的结构也表现为功能。

总之，国外学者从社会系统的视角研究社会结构，认为根据社会系统运作过程中所呈现的社会状态、社会结构及其功能可以从经济、政治、文化、社会环境等社会子系统层面进行研究，并可利用具体的参数进行描述，即用构成社会结构的各类社会要素及这些社会要素在社会系统运作过程中所表现出的属性和功效进行描述。

4.1.2　国内研究现状

国内学者对社会结构的研究较多。①从研究区域来看，对城市结构及其功能、农村社会结构变化以及城市与农村过度区域“二元经济条件下”社会结构及其功能变化的研究较多，对我国乡村地区，尤其对我国西部少数民族村寨研究较少。②从研究内容来看，多聚焦于中国农村在现代化驱动下农村传统“差序格局”的社会结构变化研究[①]，尤其是传统农村人际关系结构及家庭结构变化研究，对农村区域社会功能的研究少。③从研究的时视角来看，以社会学和人类学为依托，从民族村寨村民生计模式、生产生活方式和民族文化三个单要素视角来进行旅游开发前后的历时性分析较多，结合地理学时空视角进行综合分析的研究较少。

4.1.3　民族村寨社会结构功能体系的构建

为了能多角度、全面地透视旅游介入下民族村寨社会系统的变迁情况及其变迁后作用和效能，本书结合社会文化系统中的物质文化、精神文化、制度文化和社区环境四大维度(西江苗寨村落群 69 个因子、肇兴侗寨村落群 81 个因子、音寨布依族村落群 77 个因子)，构建民族村寨社会结构功能体系。根据提取的社会文化变迁因子，对上述因子以及社会结构的四大要素构成进行归类如下：①民族村寨经济结构维度，包括产业结构和村民生计模式结构两个因子项目。经济要素因子主要包括民族村寨村民的生计模式和生活支出，此类因子可纳入社会结构的经济结构要素层面，其中，生活支出受农耕收入、旅游创收、旅游业态收入和生活开支决定，很大程度上对地方的产业结构起主要决定作用，因此，将生活支出项目作为产业结构来考虑。②文化结构维度中，将服饰文化、民族手工艺文化、饮食文化和建筑文化等作为物质文化要素的子项目；将语言文化、歌舞节庆文化、风俗信仰文化作为精神文化要素的子项目[②]。③政治文化结构维度中，以村寨的权利要素为主，同时，

① 费孝通在《乡土中国》中指出，“差序格局”不仅是我国广大农村地区人际关联的方式，还是农村社会结构的一种基本特征。

② 为方便研究，将歌舞文化因子和节庆文化因子合并为歌舞节庆文化结构因子项目。将制度文化因子项目中的宗教信仰与崇拜因子和精神文化因子项目中的风俗文化因子合并为风俗信仰结构因子项目。

自然管理制度等制度文化也属于村寨管理的范畴，为此，将村寨权利要素归并为民族村寨的制度结构维度项目。④社区环境结构维度包括民族认同与依恋结构(环境感知因子、村寨依恋因子和旅游发展态度因子)、村民思想观念结构(民族文化传承氛围因子和外来文化接受学习氛围因子)、人际关系结构(旅游社会环境影响感知因子)以及社会角色结构(旅游经济环境感知因子)四大要素。

遵循系统论“要素-结构-功能”的形成路径构建民族村寨社会结构-功能的概念模型(图 4.1)，其中，从一个社会形态所包括的经济、文化、政治、社会等四个层面进行要素探寻，在社会要素主导下，民族村寨的社会结构表现出相应的经济结构、民族文化结构、政治结构和社区环境结构。在民族村寨社会结构的演变中，经济结构是其他社会结构演变的基础和前提条件，即在旅游影响下，民族村寨经济结构的演变也会导致其文化结构、制度结构和社会族群结构的变化。村寨社会结构决定其功能，其社会结构演变，相应的社会功能也会发生演替。

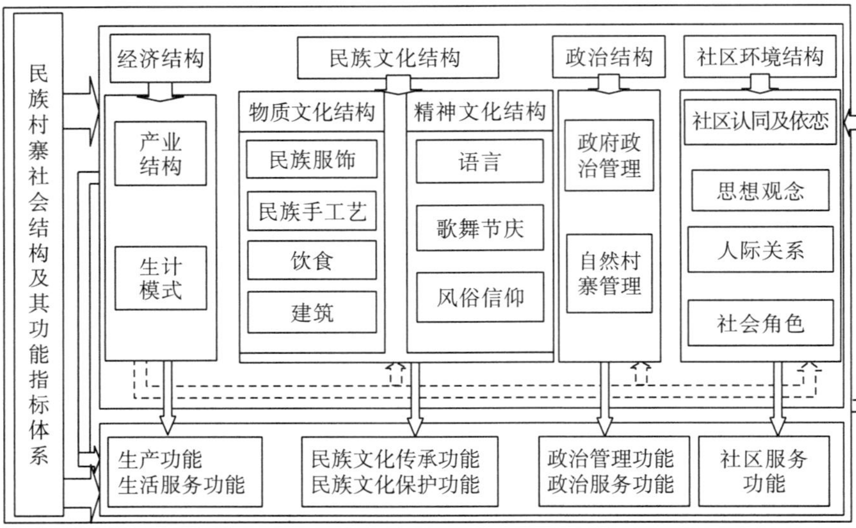

图 4.1 村寨社会结构功能指标体系

4.2 社会结构的时空变迁分析

4.2.1 经济结构

1. 产业结构

1)西江苗寨

调研发现(表 4.1)：①边缘区村寨基本不受旅游影响，区域的产业结构较为单一，以粮食、蔬菜种植业等第一产业为主，第二产业主要表现为作坊式的银饰加工为主。②过渡区村寨受核心区的辐射，区域的产业结构逐渐复杂化和立体化，产业结构呈现为旅游业带动下一二三产业互动的特征。其中，第一产业由单纯的粮菜种植业转向旅游业带动下的多元产业，如干荣村的蔬菜及果树种植业、营上村的茶叶种植业和开觉村的特色养殖业；第二产业主要分布在营上村向西江景区的过渡地带，建有茶叶及其相关的加工业；第三产业主要是与旅游业的农家乐、旅馆、餐馆、旅游商品和旅游运输等，数量较少。③核心区村寨因旅游影响，区域产业结构复杂、立体，呈现出旅游主导下一二三产业互动发展。第一产业包括单纯的农业种植、蔬菜种植和特色养殖，主要分布在羊排村和东引村。第二产业分布在 4 个村寨的茶叶加工业、银饰制作加工业和刺绣加工业。第三产业以旅游业为代表，如旅馆（酒店）、旅游餐饮、旅游游乐、旅游服务、旅游商品、旅游运输等方面。

表 4.1　西江苗寨产业结构

产业结构	第一产业	第二产业	第三产业
边缘区	单纯的粮食及蔬菜种植业	银饰加工业（私人）（少数）	无
过渡区	①纯的粮食及蔬菜种植业；②特色果蔬种植业；③茶叶种植业；④特色养殖业	茶叶加工业	①旅游客栈业；②旅游农家乐业；③旅游商品业；④旅游服务业；⑤旅游运输业
核心区	①纯的粮食及蔬菜种植业；②蔬菜及果树种植业；③茶叶种植业；④特色养殖业	①茶叶加工业；②银饰加工业（企业）；③刺绣加工业	①旅馆（酒店）业；②旅游餐馆饭店业；③旅游商品业；④旅游游乐业；⑤旅游服务业；⑥旅游运输业

资料来源：雪山县 2016 年统计年鉴，西江镇政府资料。

从边缘区→过渡区→核心区，随着旅游影响的加强，区域产业结构逐渐发生变化，由单一的产业结构向复杂产业结构转变。①核心区的平寨村和南贵村因旅游区位比羊排村和东引村两村更受旅游影响，产业结构更复杂。②过渡区的产业结构由单一逐渐变为复杂，从事传统农业的村民逐渐减少，其中，干荣村、营上村、开觉村因受核心区旅游的辐射，村民参与旅游程度较深，农业变为兼业或副业。③边缘区多处于自然状态，产业结构较为单一，村民收入来源以农业外出务工为主，其中，麻料村和控拜村两个银匠村产业结构要比乌高村和乌仰村更加多样化。

2）肇兴侗寨

核心区村寨呈现以旅游服务业为主，农业、制造业为辅的一二三产业混合的多元产业结构（表 4.2）。第一产业为农业种植、特色养殖，主要分布在肇兴的中寨及上寨区域。第二产业为侗布加工制作、民族服饰刺绣，以及以鼓楼和吊脚楼建造为代表的建筑业等。第三产业以旅游业为主。受区位及旅游资源不均衡分布的影响，过渡区产业结构并没有受到旅游的带动和扩散，产业结构呈现以下特征：①产业结构单一，以传统的自给自足的第一产业为主。已伦村、纪堂村、登江村三个村寨的产业仍以传统的农业为主。②零星家庭从事制造业和旅游业。个别村民掌握建筑技艺，被不定期地请去帮工；手工业主要以侗布加工和刺绣为主，但也是零星地用于旅游销售，此外，部分村民参与到核心区的旅游服务中。

表 4.2 2015 年肇兴侗寨景区旅游业态情况统计表

项目	户数	人数
旅游饭店	78	423
住宿接待	62	286
旅游酒吧	7	32
旅游文艺表演队(2 支)	45	180
旅游商品店	25	50
旅游工艺品生产	4	20
照相等相关服务业	5	18

资料来源：肇兴乡政府提供资料。

边缘区村寨呈现以第一产业为主，以旅游业为辅的二元产业结构特征。堂安、厦格侗寨距离肇兴侗寨核心景区较远，但因为独特的景观资源，其旅游业逐年呈点状增长，因游客停留时间较短，仍然以传统的种植业为代表的第一产业为主。第二产业主要体现为侗布的制作。在堂安和厦格村寨一小部分家庭受旅游的带动进行侗布的贩卖。

总之，肇兴侗寨边缘区村寨的产业结构逐渐变得多样化和复杂化，过渡区呈现出简单的传统产业结构特征，核心区村寨呈现出以旅游为主导的多元、复杂产业两结构特征。

2. 生计模式

1）西江苗寨

通过“旅游开发前村民的职业”和“旅游开发后村民的职业”两个因子，抽取其中 681 份样本(表 4.3)，获取西江村民生计模式的时空结构：①旅游开发后，边缘区村寨村民的生计模式以务农和外出务工相结合为主，无明显变化，只有控拜村和麻料村两个银匠村村民的生计模式与旅游有关联。②过渡区村寨村民的生计方式与旅游业的相关性增强。开发前，村民的生计方式主要是务农(47.4%)、外出务工(14.6%)、务农和务工结合(30.7%)；开发后，村民务农(22.6%)、外出务工(5.1%)、务农和务工结合(14.6%)人数逐渐减少，而从事与旅游业相关的人数逐渐增多，其中，从事旅游餐馆、客栈、商品等旅游业态的人数占 18.9%，从事务农和旅游结合的人数占 34.3%，并多为兼业或副业。此外，受核心区旅游发展的影响，区域外出务农的人明显减少。③核心区村寨村民的生计模式以旅游业及旅游相关产业为主。开发前，村民的生计主要是务农(46.7%)、外出务工(25.2%)、务农和务工结合(24.3%)；开发后，从事传统务农(12.6%)、外出务工(2.2%)、务农和务农(7.0%)的人数大幅减少，从事旅游业的人数增加明显，有 48.5%的村民从事旅馆客栈、餐馆、旅游商品和运输、游乐项目等相关旅游产业，有 25.4%的村民农忙务农，闲时参与旅游。

总之，边缘区→过渡区→核心区影响村民生计模式结构中的旅游要素逐渐增多、增强，村寨生计模式由单一转向复杂，并与产业结构的变化呈正相关。

表 4.3　西江苗寨村民生计方式变化

项目	边缘区(99)				过渡区(137)				核心区(445)			
	职业(开发前)		职业(开发后)		职业(开发前)		职业(开发后)		职业(开发前)		职业(开发后)	
	频数	频率	频数	频率	频数	频率	频数	频率	频数	频率	频数	频率
传统务农	80	80.8	61	61.6	65	47.4	31	22.6	208	46.7	56	12.6
务工	0	0	6	6.1	20	14.6	7	5.1	112	25.2	10	2.2
务农和务工	11	11.1	25	25.3	42	30.7	20	14.6	108	24.3	31	7.0
旅馆客栈	0	0	0	0	0	0	11	8.0	3	0.7	40	9.0
旅游餐馆	0	0	0	0	0	0	6	4.4	1	0.2	16	3.6
客栈+餐馆	0	0	0	0	0	0	4	2.9	0	0	16	3.6
旅游商品	6	6.0	4	4.0	1	0.7	1	0.7	2	0.4	44	9.9
游乐项目	0	0	0	0	0	0	0	0	0	0	12	2.7
旅游小吃	0	0	0	0	0	0	1	0.7	0	0	37	8.3
旅游服务	0	0	0	0	0	0	2	1.5	0	0	36	8.0
旅游运输	0	0	0	0	0	0	1	0.7	0	0	15	3.4
务农和旅游	0	0	0	0	0	0	47	34.3	0	0	113	25.4
其他	2	2.0	3	3.0	9	6.5	6	4.4	11	2.5	19	4.2

注：频数(次)，频率(%)。

2) 肇兴侗寨

①在核心区，村民生计模式表现为以旅游业及旅游相关产业为主，以务农和外出打工为辅的总体特征。开发前，肇兴侗寨村民生计以传统务农、外出打工为主。开发后，从事传统务农和外出打工的人数明显减少，直接和间接从事客栈、餐馆、旅游工艺品加工与销售、旅游接待性演出等旅游相关产业的村民大幅度增加，农商结合的兼营性强。旅游收入对农民人均收入的贡献率超过 50%(表 4.4)。②过渡区村寨村民生计模式并没有受到核心区景区的明显带动，生计模式变化并不明显，主要为传统务农和外出务工结合的生计模式，以登江村和己伦村的“空心村”较为典型，仅己堂村寨有少部分人去肇兴镇上间接从事服务业。③边缘区堂安村和厦格村寨村民的生计模式比过渡区多元，村民生计为以务农、外出务工为主，以旅游服务业为辅的多元结合生计模式。

表 4.4　2015 年肇兴景区旅游参与人数具体情况统计表

项目	户数	人数
餐饮服务业	61	244
民居接待	42	151
旅游工艺品加工与销售	28	67
旅游接待性演出	110	250
旅游运输	25	35
照相等相关服务业	5	18

资料来源：肇兴乡政府提供资料。

总之，西江边缘区村寨依然保留传统的溪峒经济，即自给自足，经济结构单一，“一元”化特征明显。旅游开发伴随着多元的区域要素在核心区村寨集聚以及向周边村寨的扩散，西江村寨经济结构逐渐从边缘区村寨“一元”结构向过渡区村寨、核心区村寨的“二元”经济结构、“复杂”的经济结构演变，其经济结构变迁遵循旅游影响的距离衰减规律，空间上形成从核心→过渡区→边缘区扩散的三圈效应。

由于特殊的地理环境和旅游发展阶段不同使肇兴村寨群落经济结构呈现边缘区村寨“二元”经济结构、过渡区村寨“一元”经济结构和核心区村寨“复杂”的经济结构。过渡区与核心区经济结构有着明显的断崖式差异，边缘区旅游影响增强整个侗寨经济结构变迁呈现“断崖式”U 形规律(图 4.2、图 4.3)。

4.2.2 民族文化结构

1. 服饰文化

1) 西江苗寨

随着旅游影响的深入，边缘区→过渡区→核心区西江民族村寨的民族服饰结构由单一结构向复杂结构转变，其中，边缘区民族服饰结构较单一，功能简单，旅游产业化价值低；过渡区的民族服饰结构逐渐由单一转向复杂，功能逐渐多样化，民族服饰文化资源逐渐走向旅游市场，商业化价值显现；核心区的民族服饰结构更复杂，功能多样化明显，民族服饰文化资源舞台化和市场化特征明显，旅游产业化价值明显(表 4.5)。

表 4.5 西江民族服饰结构时空变迁表征

变量		边缘区		过渡区		核心区	
民族服饰样式变化情况		民族盛装	民族便装	民族盛装	民族便装	民族盛装	民族便装
		无变化	无变化	无变化	色彩多样	色彩多样	色彩和花型多样
民族服饰布料变化情况		传统盛装	传统便装	传统盛装	传统便装	传统盛装	传统便装
		布料不变，手工制作	由棉花织的布逐渐向纤维布、料布转变	布料不变，手工制作	由棉花织的布逐渐向纤维布、料布转变	布料出现纤维布、料布，出现机器生产	由棉花织的布逐渐向纤维布、料布、麻布转变
民族服饰穿戴场合及穿戴功能变化情况	穿戴场合	民族盛装	民族便装	民族盛装	民族便装	民族盛装	民族便装
		过年过节，婚嫁时候	日常生活	过年过节，婚嫁时候，接待游客	日常生活，接待游客	过年过节，婚嫁时候，接待游客	日常生活，接待游客
	穿戴服饰功能	驱寒保暖，庆祝节庆，展示民族身份		驱寒保暖，庆祝节庆，展示民族身份		驱寒保暖，庆祝节庆，展示民族身份商业展示、商业售卖	

2) 肇兴侗寨

在核心区村寨，村民的民族服饰结构呈现出多样化和复杂化特征，民族服饰文化的旅游商业化价值提升，侗衣从制作到穿着都包含“表演化”“商品化”的痕迹。在旅游开发前，村民的日常着装基本与汉族无差异，只有中老年妇女仍着具有侗族特征的便装，传统

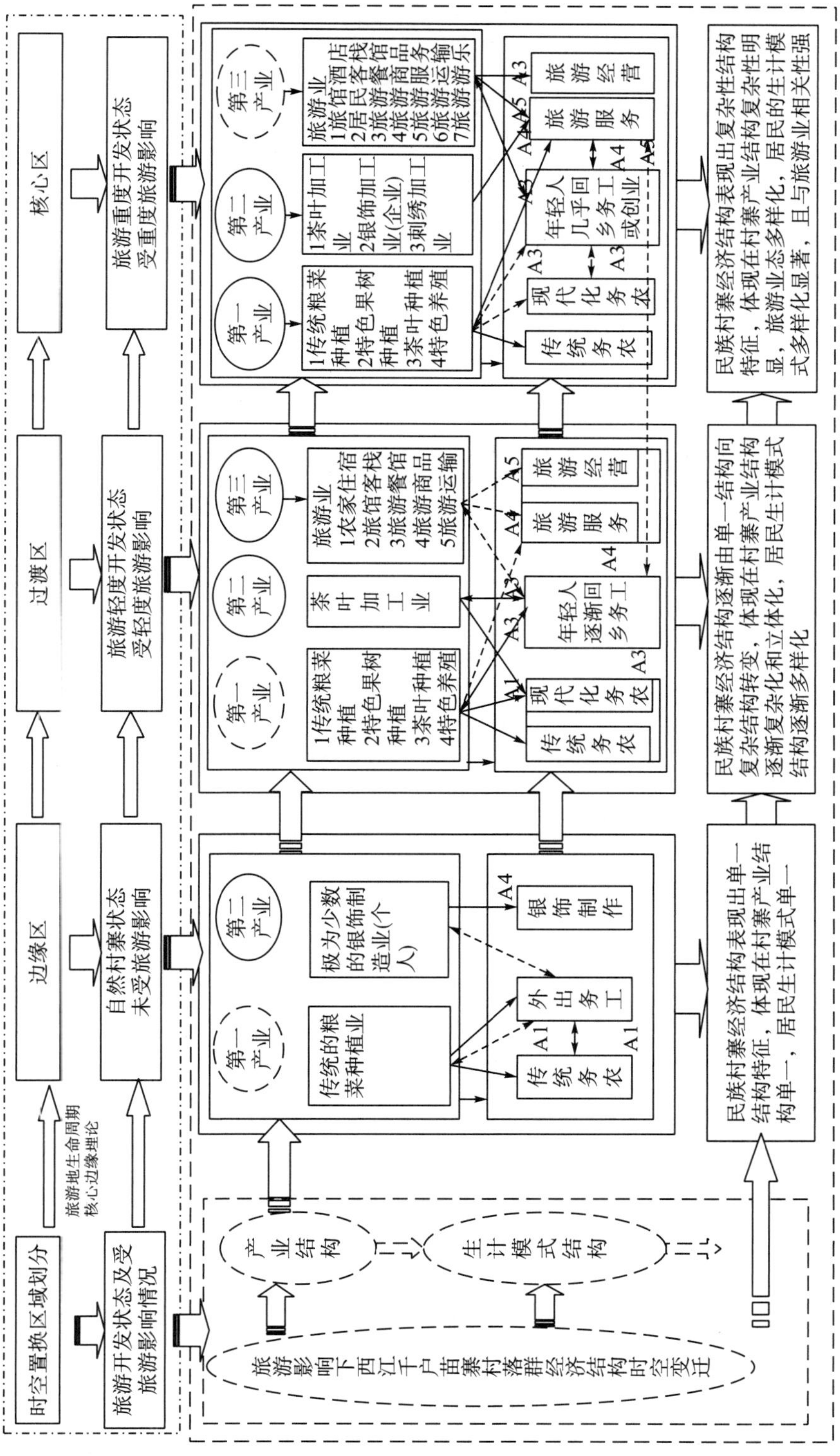

图4.2　西江村寨群落经济结构时空变迁动因图

注：——→表示决定作用强；- - -→表示决定作用较强；←—→表示相互之间影响作用强；←- - -→相互之间影响作用较强

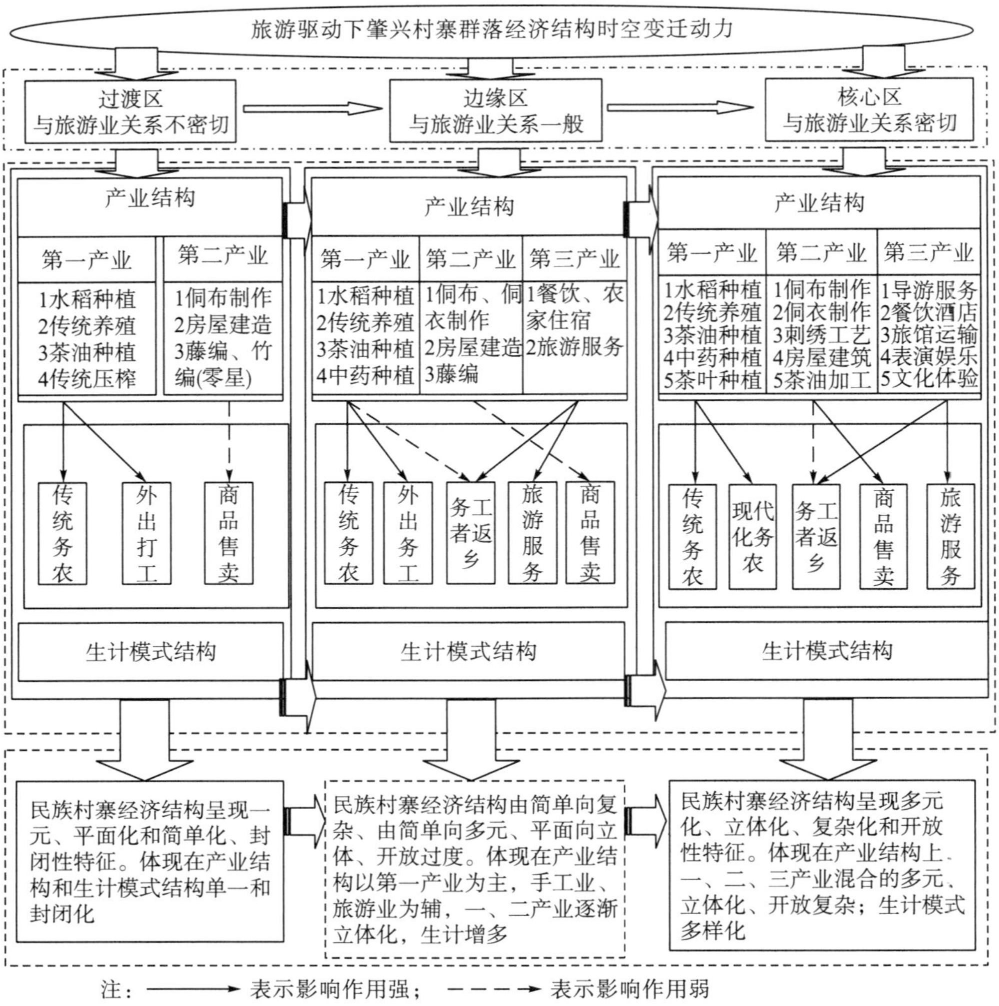

图 4.3 肇兴村寨群落经济结构时空变迁动因

的盛装仅在重要的民族节日和场合才会穿。随着旅游的发展使村民意识到民族服饰对游客的吸引力，平日也会穿侗装。在侗布的制作上，传统的侗布制作采用蓝靛树叶进行上色以人工捶打进行定型。而在旅游驱动下需求量上升，一些村民在原料上不再使用植物染色，而是以猪血替代在定型上也转为使用机器。遇到村寨的表演及重大参观活动，村民也开始着盛装。总之，核心区村寨民族服饰文化开始复兴，原料、款式及功能均发生转变。

在过渡区村寨，由于无旅游业的直接影响，民族服饰不具有旅游商业化价值。村寨仅有中老年妇女着具有侗族特征的便装，发式基本保持传统，村民只在重大节日时才会着盛装。

在边缘区村寨，村寨民族服饰文化发生变化趋于核心景区。但因受到的旅游影响较小，村寨民族服饰在样式、用料及功能上受旅游的影响也在开始发生变化。呈现出由简单结构向复杂结构转变，民族服饰的旅游商业化价值开始显现。

综上，边缘区村寨村民的民族服饰结构由简单向复杂结构转变，民族服饰出现旅游商业化价值；核心区村寨村民的民族服饰结构复杂性较为明显，民族服饰旅游商业化价值也较为突出；而过渡区村寨村民的民族服饰结构仍处于简单结构状态，民族服饰尚无旅游商业化价值。

2. 手工艺文化

在旅游驱动下，西江苗寨核心区村寨传统手工艺资源因商业化和舞台化需要而具有明显的产业化价值，更多村民学习传统手工艺，传统手工艺种类呈现多元化特征；过渡区村寨传统手工艺以满足生活所需为主，旅游商业化价值不明显。边缘区的麻料村和控拜村是西江有名的银饰制作村，手工艺品由以往日常穿着需求转变为旅游需求供给。

与西江苗寨相比，肇兴民族手工艺结构演变呈现点状变化。核心区村寨的村民手工打侗布出售，其旅游商业化价值明显；边缘区的堂安由于建立了生态博物馆，手工艺品的旅游产业化价值显现；过渡区村寨的手工艺结构单一，且尚无旅游产业化价值。

3. 饮食文化

随着旅游影响程度的深入，边缘区→过渡区→核心区西江民族村寨饮食结构由单一结构向复杂结构转变。在边缘区村寨村民的饮食结构单一，属于非旅游因素主导；在过渡区村寨村民的饮食结构逐渐由单一向复杂结构转变，饮食文化资源逐渐走向旅游市场，初具旅游产业化价值；在核心区村寨村民的饮食结构表现出复杂性特征，饮食文化资源市场化特征明显，旅游价值突出(表 4.6)。

表 4.6　民族村寨饮食结构时空变迁表征

	边缘区		过渡区		核心区	
	西江苗寨	肇兴侗寨	西江苗寨	肇兴侗寨	西江苗寨	肇兴侗寨
饮食习惯变化	无变化	变化不显著	变化不显著	无变化	变化显著	变化显著
饮食变化程度	变好 (非旅游主导)	变好 (旅游轻度主导)	变好 (旅游轻度主导)	变好 (非旅游主导)	变好 (旅游主导)	变好 (旅游主导)
饮食结构变化	传统饮食结构	逐渐多样化	逐渐多样化	传统饮食结构	多样化	多样化

与西江的饮食结构渐进性变化相比，肇兴饮食结构变化在核心区复杂性特征明显，饮食文化的旅游商业化价值凸显；在过渡区，饮食结构呈现无变化状态；在边缘区，饮食文化逐渐由单一型向复杂型结构转变，但饮食文化的旅游商业化价值和过渡区相差不大(表 4.6)。

4. 建筑文化

在西江苗寨，边缘区村寨的建筑以传统的木结构吊脚楼为主，即底层主要用于饲养牲畜和堆放农具杂草，二层用于人居住，三层用于存放粮食和杂物(表 4.7)，为居家型建筑。过渡区村寨的建筑结构以砖房为主，部分村民开始将自家房屋用于修建农家乐、餐馆、客栈等，房屋的用途和功能开始变化，底层空间不再用于饲养牲畜，而是用于经营旅游，有的村民则是新修砖房装修用于旅游。核心区村寨的建筑结构改变显著，房屋的用途和功能与旅游相关性强，建筑文化资源的旅游价值突出，出现越来越多的酒店、餐馆、酒吧等大量现代商用建筑。

表 4.7 西江苗寨建筑结构时空变迁表征

项目	边缘区	过渡区		核心区	
有无现代建筑	少量	少量		大量	
用途	住人，喂养牲畜，存放粮食，堆放杂物	住人，喂养牲畜，存放粮食，堆放杂物	农家住宿，旅游餐馆	住人，喂养牲畜，存放粮食，堆放杂物物	客栈，旅游餐馆商品，游乐，出租
功能	居住	居住	少量旅游经营	居住	大量旅游经营及租赁
建筑结构	木质结构吊脚楼	木结构吊脚楼，现代砖木房		木结构吊脚楼，“一砖两木”楼房	
对比	居住条件比以前好（非旅游主导）	居住条件比以前好（轻度旅游影响）		居住条件明显比以前好（旅游影响主导）	

在肇兴侗寨，传统的侗族木制吊脚楼一楼圈养牲畜，二楼住人，三楼存储粮食及劳动工具，肇兴侗寨结构与功能与西江苗寨较为一致，核心区村寨建筑除了保留原有功能之外，其商用功能增加，出现了大量餐馆、旅馆、商店甚至酒吧、KTV 等现代旅游建筑，一些老旧的侗族房屋在室内装饰及外观上发生变化。过渡区的村寨建筑出现少量现代砖房，但以满足家庭使用为主。边缘区的堂安侗寨有中国和挪威共建的生态博物馆，村寨的建筑及村寨整体风貌保护较为完善。

5. 语言文化

西江苗寨边缘区村寨的村民日常交流几乎说苗语，苗语的使用频率高，过渡区村寨部分村民到核心景区打工，说普通话频率会逐渐增高，但日常交流仍以苗语为主。核心区有近 73%的村民从事旅游业及旅游相关产业，村民几乎每天都会接触外来游客，说普通话的村民比过渡区明显增多。村寨语言结构由封闭结构向开放结构转变，由单一结构向复杂结构转变，核心区→过渡区→边缘区遵循圈层结构变化规律(表 4.8)。

表 4.8 语言结构时空变迁表征

	边缘区		过渡区		核心区	
	西江苗寨	肇兴侗寨	西江苗寨	肇兴侗寨	西江苗寨	肇兴侗寨
B1	村民说普通话的人不多	村民说普通话的人开始增多	村民说普通话的人开始增多	村民说普通话的人不多	村民说普通话的人数明显增多	村民说普通话的人数明显增多
B2	本地方言的使用频率并未减少	本地方言的使用频率减少不明显	本地方言的使用频率减少不明显	本地方言的使用频率并未减少	本地方言的使用频率减少较明显	本地方言的使用频率减少较明显

肇兴侗寨核心区村寨多数村民日常交流开始使用汉语，使用侗语的频率降低。过渡区村寨外出打工的中青年、受现代教育影响的年轻人会讲汉语，但日常交流仍然使用侗语。边缘区部分村民日常交流开始使用汉语。

6. 歌舞节庆文化

西江苗寨歌舞节庆由文化资源的自然属性向文化资源的市场化、舞台化、旅游产业价值化转变(表 4.9)。边缘区村寨民族举行歌舞的目的主要是节事需要或自我娱乐，村民在家里唱苗歌和跳舞庆祝婚嫁，特定祭祀活动时会在芦笙场进行歌舞仪式。过渡区村寨，除了在原有节日举行歌舞活动外，旅游经营者自发组织举行增多，地点也从芦笙场和村民家转移到了餐馆、农家乐。核心区歌舞节庆文化资源出现舞台化，资源的产业化价值突出。歌舞活动每天皆有，歌舞厅、餐馆、景区表演场、景区大门、风雨桥等成为常规举行地点。

表 4.9　西江民族歌舞节庆结构变迁

项目	边缘区	过渡区		核心区	
举行时间	原有节日进行	原有节日进行，节假日因旅游需要进行		原有节日进行，日常旅游活动需要进行	
举行场所	村民家，芦笙场	村民家，农家乐，经营者场所		村民家，芦笙场，经营者场所	歌舞厅，景区大门，景区表演场；风雨桥
组织者	村民自发，寨老组织	村民自发，寨老和鼓藏头组织，旅游经营者自发		村民自发，寨老和鼓藏头组织，旅游经营者自发	旅游相关企业，旅游公司，政府组织
组织目的	自我娱乐，节事需要社交需要	自我娱乐，节事需要，社交需要	经营者赚钱需要，吸引游客	自我娱乐，节事需要，社交需要	村民、经营者赚钱需要，吸引游客
性质	宗教，纪念，庆贺 社交，比赛	宗教，纪念，庆贺 社交，比赛，部分商贸		宗教，纪念，庆贺	社交，比赛，商贸

肇兴侗寨设立了侗族大歌传习班，聘请歌师，使得侗族大歌得以保护及传承。核心区村寨歌舞节庆文化商业化明显，景区为吸引游客，几乎每日都会在表演场举行侗族歌舞表演，演员基本为本寨年轻人。过渡区村寨多为老人及儿童，很多年轻人外出打工或求学，在歌舞文化的传承上发生了断代。边缘区村寨因接待访学者和游客，会组织村寨村民进行集体歌舞表演。

7. 风俗信仰文化

在旅游开发的影响下，西江村寨风俗信仰结构由单一结构向复杂结构转变，核心区对自然崇拜的村民减少，吹芦笙和打糍粑等生活型习俗因商业化而增强表演功能。与西江相比，肇兴侗寨风俗信仰变化以核心区为主，还未向周围面扩散。踩歌堂、打花脸、斗牛、稻田捞鱼、侗族山歌在满足村民集体娱乐的同时，也作为旅游吸引物吸引游客(表 4.10)。村民仍然以“萨”为至高无上的神，祭萨活动依旧。

表 4.10 肇兴侗寨春节民族旅游文化活动内容

时间	活动名称	活动内容	活动地点
大年初一	侗族婚俗	贴春联评比，家庭环境卫生评比，迎亲、喜宴	寨内
大年初二	打花脸	扮古人、打花脸、拦路歌、打劫礼、担红桶、捞鱼	寨内五座鼓楼
大年初三至初五	集体做客	送大礼、迎宾客，长桌宴、对歌	礼团鼓楼、智团鼓楼
大年初六	戏楼落成活动	演侗戏、能工巧匠比赛	智团鼓楼
大年初七	六洞琵琶歌赛	三三棋大赛、侗族大歌、河歌、六洞、琵琶歌、侗族山歌	寨内

资料来源：肇兴乡政府。

总之，西江边缘区村寨依然保留传统民族文化的生活属性，文化原生性强，民族文化结构单一、封闭。旅游影响漫溢到过渡区村寨，民族文化从生活形态向文化资源转化，民族文化结构也向复杂、开放转变。核心区村寨民族文化资源化、资本化更突出，文化的工具价值凸显，多元文化的交融，民族文化结构呈现明显的复杂性、开放性(图 4.4)。肇兴村寨群落经济结构影响了文化结构，使文化结构呈现边缘区村寨的“半开放”、过渡区村寨的“封闭”和核心区村寨的“开放”(图 4.5)特征。在核心区，村寨的语言、饮食、民族服饰、歌舞节庆等显性的物质文化受旅游的强化作用比较明显，民族文化在旅游的带动下舞台化、商业化明显，旅游间接强化了村民的风俗信仰、思想观念及民族认同感，决定了核心区的民族文化结构复杂性、开放性，其作为旅游吸引物旅游产业化价值明显，物质文化与精神文化均发生整体变迁。

4.2.3 制度文化结构

1. 西江苗寨

传统上，西江苗寨政治管理制度是以寨老、鼓藏头、理老、榔头和活路头等代表苗族的自然管理制度，他们根据制度赋予的权力和地方规章法则管理村寨和村民。目前，村寨的自然管理制度逐渐减弱，理老、地方榔头等自然管理者消失，寨老权利减小，活路头权利没有变化，政府、村委会、村支书等政治机构的管理逐渐加强(表 4.11)。

表 4.11 西江苗寨制度文化结构的时空变迁

	边缘区	过渡区	核心区
自然管理制度变化	村寨自然管理制度弱化 (非旅游)	村寨自然管理制度弱化 (旅游推动)	村寨自然管理制度弱化明显 (旅游加速)
权利诉求	寨老有威望	寨老威望逐渐降低	寨老威望明显降低
管理组织变化	①委会、村支书 ②寨老、活路头	①村委会、村支书；②旅游公司；③寨老、鼓藏头、活路头	①委会、村支书、村民小组长； ②景区管理委员会；③老年人协会； ④民族文化保护金评级委员会； ⑤建筑保护委员会；⑥鼓藏头、活路头

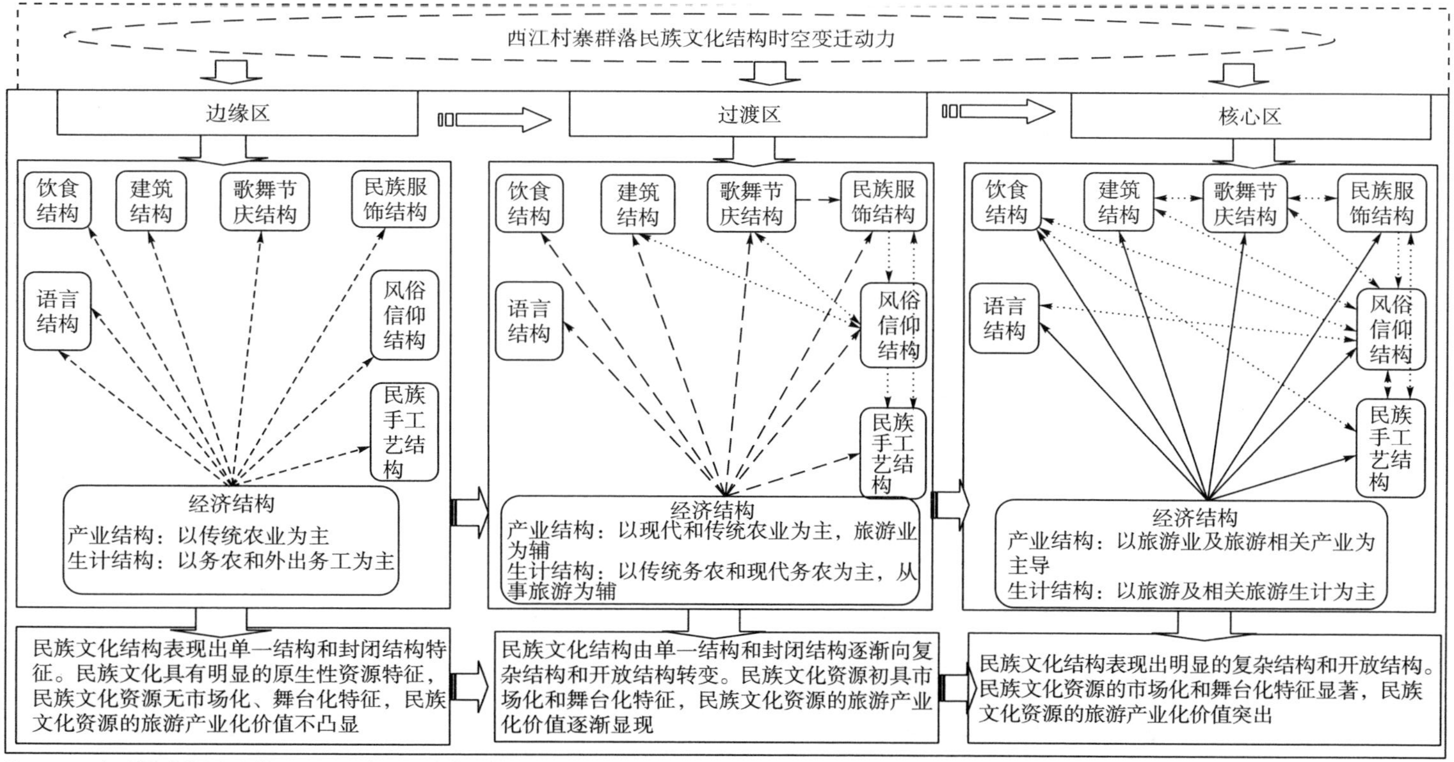

注：- - -► 表示影响作用不明显；— -► 表示影响作用较强；——► 表示影响作用强；-·-► 表示强化作用不明显；·····► 表示强化作用较明显；·····► 表示强化作用明显。

图4.4　西江苗寨村落群民族文化结构时空变迁动因

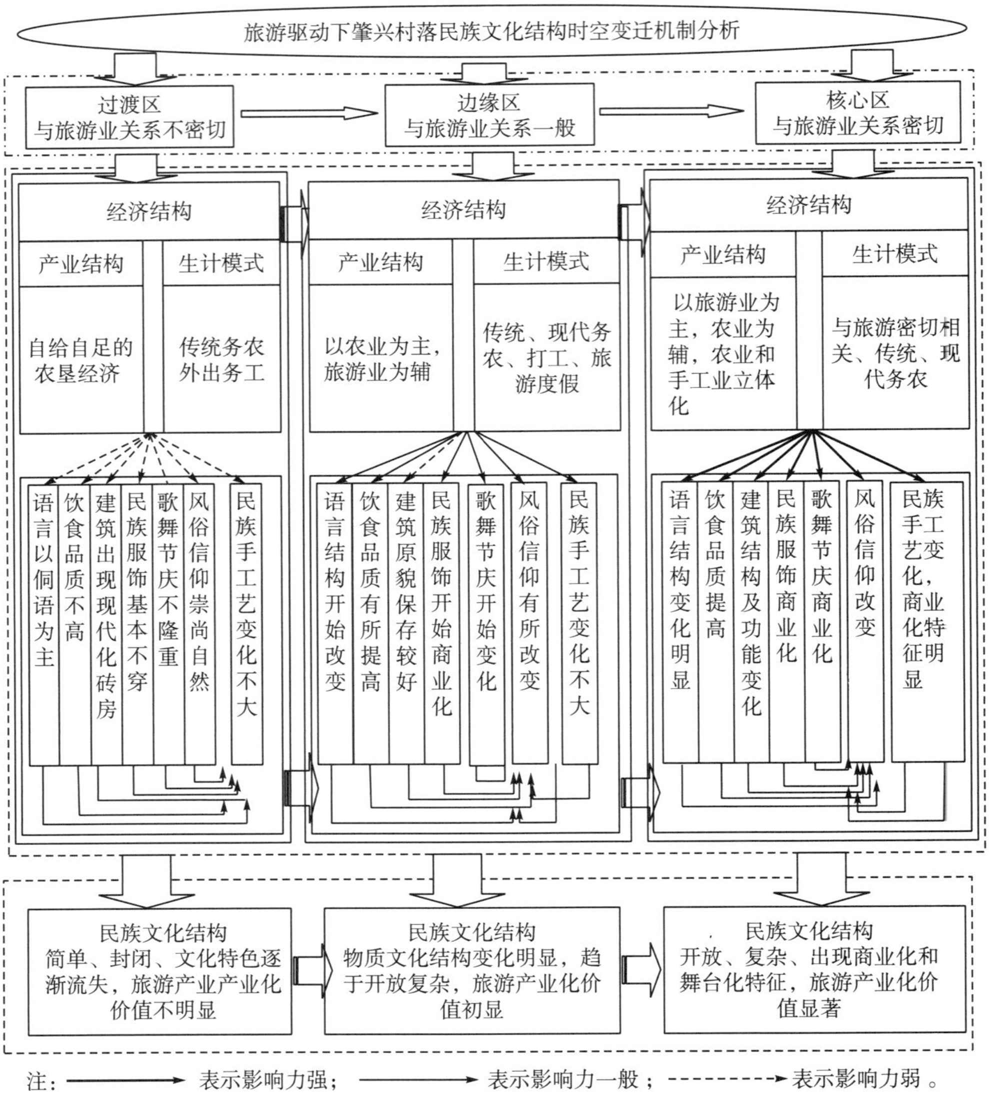

图 4.5　肇兴侗寨村落民族文化结构时空变迁

边缘区村寨制度文化结构单一。村委会、村支书管理村务、村党务工作，寨老运用地方法规管理村寨中村民违反风俗习惯、禁忌等处罚事项，组织、管理过节活动及村民生活琐事，活路头管理农事活动。虽然自然管理制度弱化，但寨老仍有很大威望，受村民尊敬，村支书会尊重寨老意见。边缘区寨老活路头协助村委村支书共同管理，村寨治理制度多元化不明显(图 4.6)。在过渡区，旅游带来大量的社区利益冲突(如占用村民农田、拆迁等很多方面)，易触碰村民利益，传统自然制度管理难以应对激增的利益冲突寨老的地位和威望逐渐降低。此外，旅游公司开始介入村寨治理中，管理模式逐渐多样化。

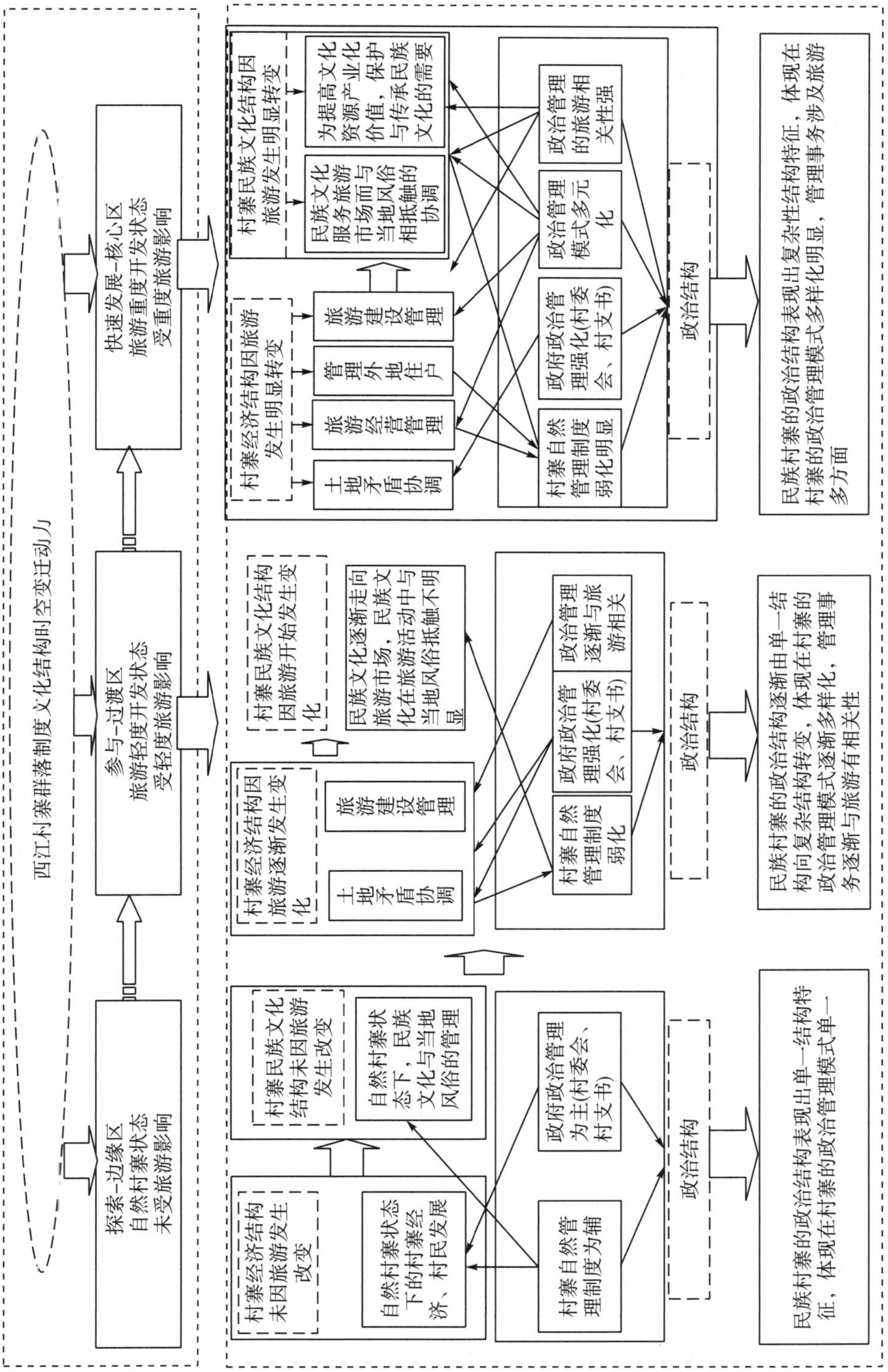

图4.6　西江村寨群落制度文化结构时空变迁动因

核心区村寨制度文化多元化明显。按照以往风俗习惯，旅游经营中的吹芦笙、打糍粑、表演歌舞等活动违反了村寨原先的风俗禁忌，但在多元利益主体的协商下寨老的协调作用逐渐下降。寨老不再管理本村寨事务，而是在政府组织下，共选出 150 名寨老(即村里年纪大的老人)组成老年协会，参与西江景区管理事务的决策、协助政府和旅游公司做好景区自我完善和村民的自我管理，同时，对核心景区内本地村民偷窃抢劫等行为用“四个一百二”规约进行处罚。此外，活路头的作用已不再呈现。(政府协调管理本地人和外地人。景区管理委员会负责管理核心景区的综合执法，具体管房、建筑风貌、车、摊位和旅游业态。为保护核心景区建筑风貌，激励村民保护房屋古建筑，还设有民族文化保护金评级委员会，负责评估房屋并按房屋新旧程度及家庭人口数量对村民进行保护补贴(图 4.7))。

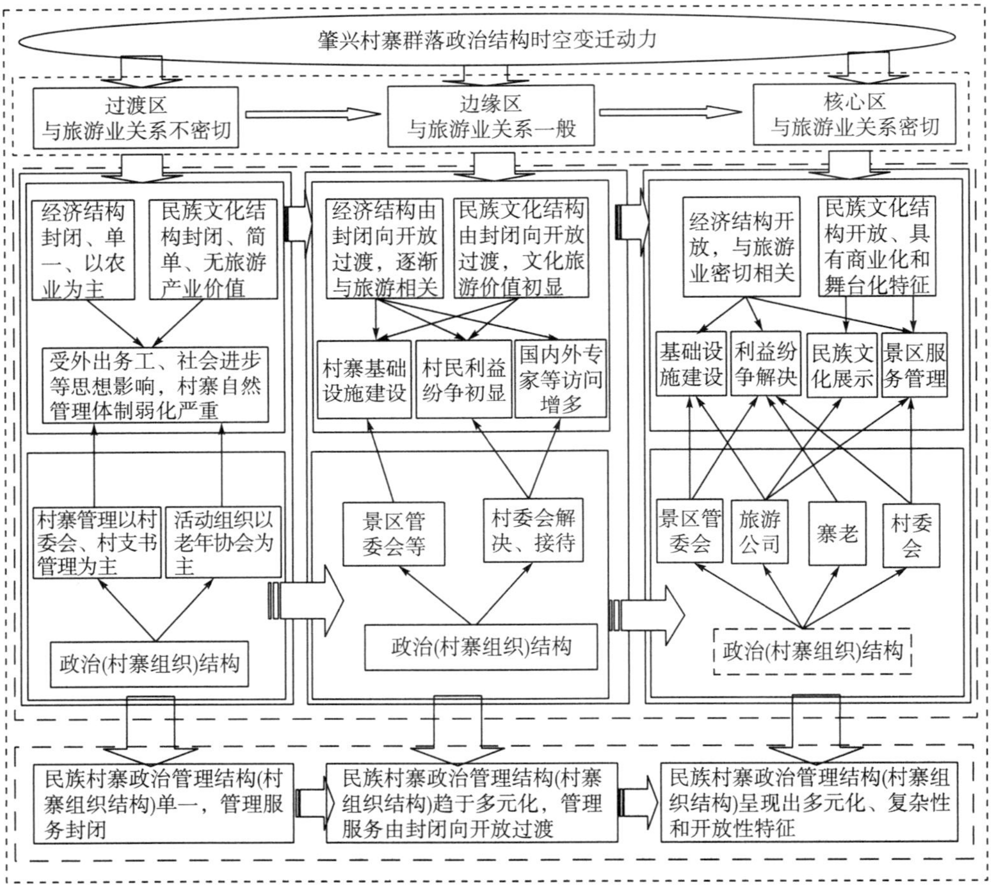

图 4.7 肇兴村寨群落制度结构时空变迁动因

总之，村寨经济、文化的变化，催生出与之相适应的管理制度格局，从边缘区、过渡区到核心区村寨，西江村寨群落制度文化结构从“简单”“多元”到“复杂”，管理功能也从“以村委会为主，寨老及活路头为辅”的“内向型”制度文化，向“以村委会为主，管委会为辅”的“内外型”制度文化以及围绕多重利益主体的“开放型”制度文化转化。

2. 肇兴侗寨

传统上，肇兴侗寨多通过寨老制度、款文化等对侗族社会进行治理。中华人民共和国成立以后，寨老的职能依然存在，但随着乡村干部的履职，寨老制度的作用也仅限于风俗习惯事宜的维护，如鼓楼修建动工以及落成仪式、各种节日的选日及活动流程，以及祭萨等宗教活动的安排等。目前寨老几乎失去其原有威望，当遇到纠纷时，年轻人普遍倾向于找村支书调节。随着旅游的发展，寨老的作用也有了一定的恢复和强化，但更多的是象征功能。

核心区村寨组织管理结构由一元管理体制变为三元管理体制，村委、景区管委会、旅游公司三方共同管理，寨老组织集体活动的职能得到恢复，寨老本身也成为旅游吸引物之一。过渡区村寨组织管理结构一元化，主要由村委会管理，寨老职能弱化明显，寨老、款首基本不参与村寨管理，其制度文化结构呈现单一化、内向化的特征(图 4-2-6)。边缘区村寨组织管理结构趋于多元化，以村委管理为主，景区管委会为辅，其制度文化结构呈现由单一、封闭向复杂、开放过渡。总之，肇兴村寨群落制度文化结构呈现边缘区村寨的“多元化”、过渡区村寨的“简单化”和核心区村寨“复杂化”。

4.2.4　社区环境结构

1. 民族认同与依恋

西江苗寨边缘区村寨村民认为他们居住的家乡自然环境很好，对村寨的依恋度高。过渡区村民的田地被占用，却换不来核心景区的旅游经济，村民的相对剥夺感明显，村民对地方的认同和依恋度下降。核心区村寨村民对民族结构的认同和依恋因旅游的发展得以强化(表4.12)。肇兴侗寨核心区村寨的村民认为家乡的山水很美丽，并以本民族的文化深感骄傲。过渡区村民的民族认同感和村寨依恋感较弱。边缘区则不明显。

表 4.12　民族村寨村民民族认同结构时空变迁表征

变量	探索-边缘区		参与-过渡区		快速发展-核心区	
	西江苗寨	肇兴侗寨	西江苗寨	肇兴侗寨	西江苗寨	肇兴侗寨
环境感知	强	弱	减弱	弱	加强	较强
村寨依恋	强	弱	减弱	弱	加强	较强
旅游发展认同	强	弱	强	弱	加强	较强

2. 思想观念

西江苗寨和肇兴侗寨核心区旅游带来的效益使得村民对本民族文化传承及支持度增强。过渡区旅游的发展也开始重视对民族文化的传承，但受旅游开发的影响较弱，村民学习外来文化能力也弱。西江苗寨边缘区村寨村民对本民族文化传承和对外来文化学习持可有可无的态度，思想观念较封闭。肇兴侗寨边缘区的堂安村受旅游影响较大，村民思想观念结构由封闭式结构向开放式结构转变。

3. 人际关系

西江苗寨和肇兴侗寨核心区村民邻里之间的关系均因土地问题变得疏远；村民忙于旅游业，与村民间的互动减少，关系逐渐疏远；随着大量游客及外来商人进入，村民社会关系不断丰富扩大了其人际关系网。过渡区和边缘区村民单一的产业结构、生计模式决定了人际关系网有限，加之受外来文化及经济利益的影响很小，邻里之间能够和谐相处(表 4.13)。

表 4.13　村民人际关系结构时空变迁的主要表征

	边缘区		过渡区		核心区	
	西江苗寨	肇兴侗寨	西江苗寨	肇兴侗寨	西江苗寨	肇兴侗寨
邻里关系	亲密	亲密	无明显变化	无明显变化	变淡	变淡
人际关系(网)	小	开始扩大	逐渐扩大	小	显著扩大	显著扩大
家庭关系	无变化	无变化	无明显变化	无明显变化	更和谐	更和谐

4. 社会角色

西江苗寨和肇兴侗寨核心区村寨从事旅游服务的村民以妇女居多，妇女社会地位明显提高，男主内女主外现象明显。边缘区村寨年轻人几乎外出务工，中老年人在家务农，单一的经济结构及封闭的社会文化结构影响着该区域家庭分工依然是传统的“男主外、女主内”的分工机制，妇女在家务农、带孩子，其传统的社会地位没有明显改变(表 4.14)。堂安在旅游的影响下，其产业结构及生计模式趋于多样化，部分村民从事餐饮业、服务业，但数量没有达到规模，并没有带动整个区域村民社会角色转变。

表 4.14　西江村民社会角色结构时空变迁

	边缘区	过渡区	核心区
妇女社会地位变化	无变化	逐渐提高	明显提高
村民家庭分工变化	家庭分工无变化，家庭分工与传统农业活动相关，表现为男主外女主内分工机制	家庭分工逐渐变化，家庭分工与传统农业、现代农业和旅游业相关，与旅游相关性较弱，男主外女主内分工机制减弱	家庭分工与传统农业、现代农业和旅游业相关，与旅游相关性更强，男主外女主内分工机制明显减弱，女主外男主内现象较为明显
村民社会角色变化	传统农民、务工者	传统农民、现代农民、务工者、旅游商人(少数，类型少)	传统农民、现代农民、务工者、旅游商人(多数，类型多)

总之，西江村寨社区环境结构及社会服务表现出明显的与旅游影响程度的正相关关系，即从边缘区→过渡区→核心区，村寨社区环境结构逐渐由简单结构向复杂结构转变，社区组群结构逐渐由简单、封闭结构向复杂结构、开放结构转变(图 4.8)。而肇兴村寨群落核心区旅游发展对过渡区没有起到扩散和带动作用，在空间上核心区社会环境结构与服务功能同过渡区社会结构有着明显的断崖式差异，边缘区则跳过过渡区开始有了变迁趋势，同核心区呈点状成长(图 4.9)。

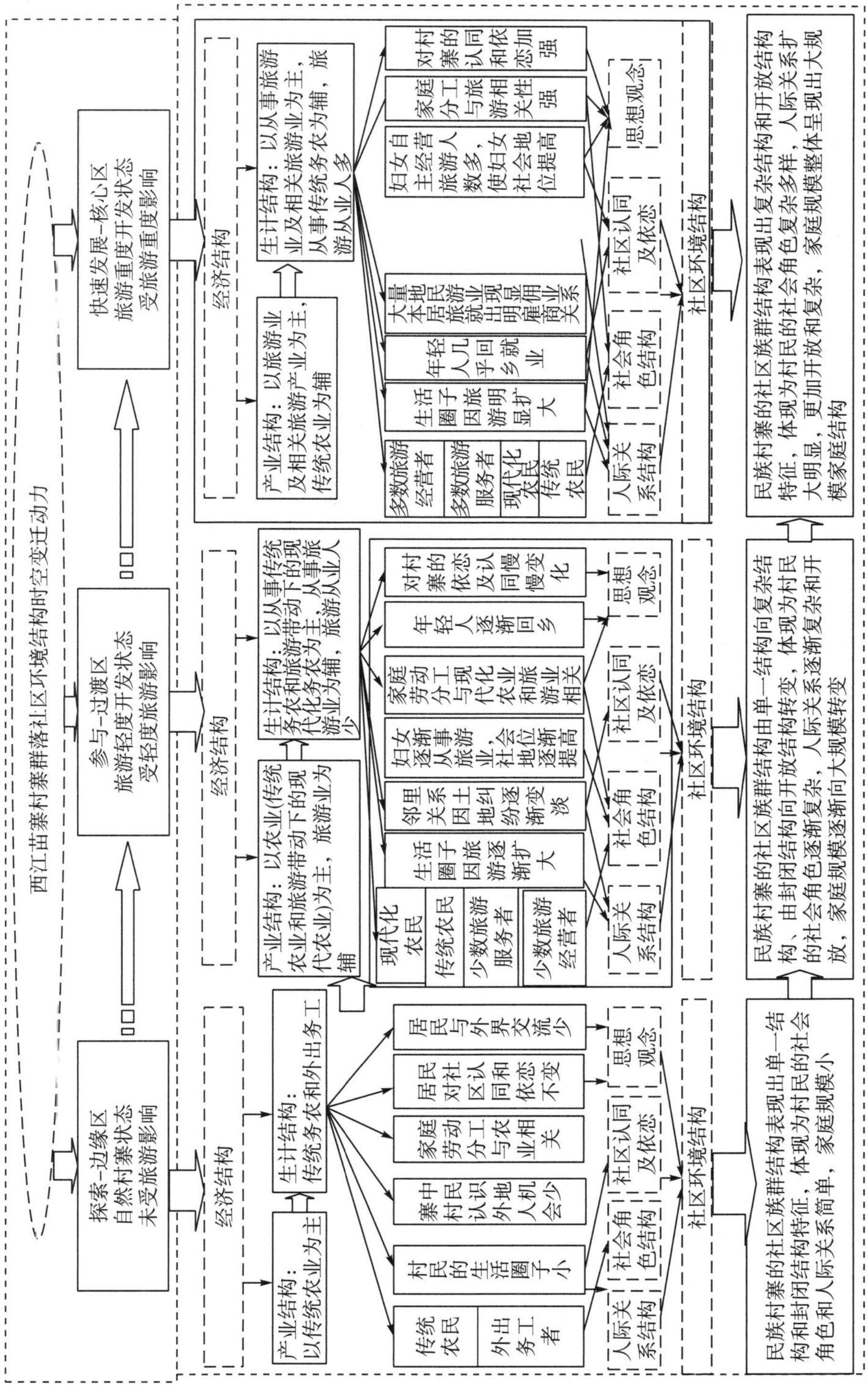

图4.8　西江村寨群落社区环境结构时空变迁动因

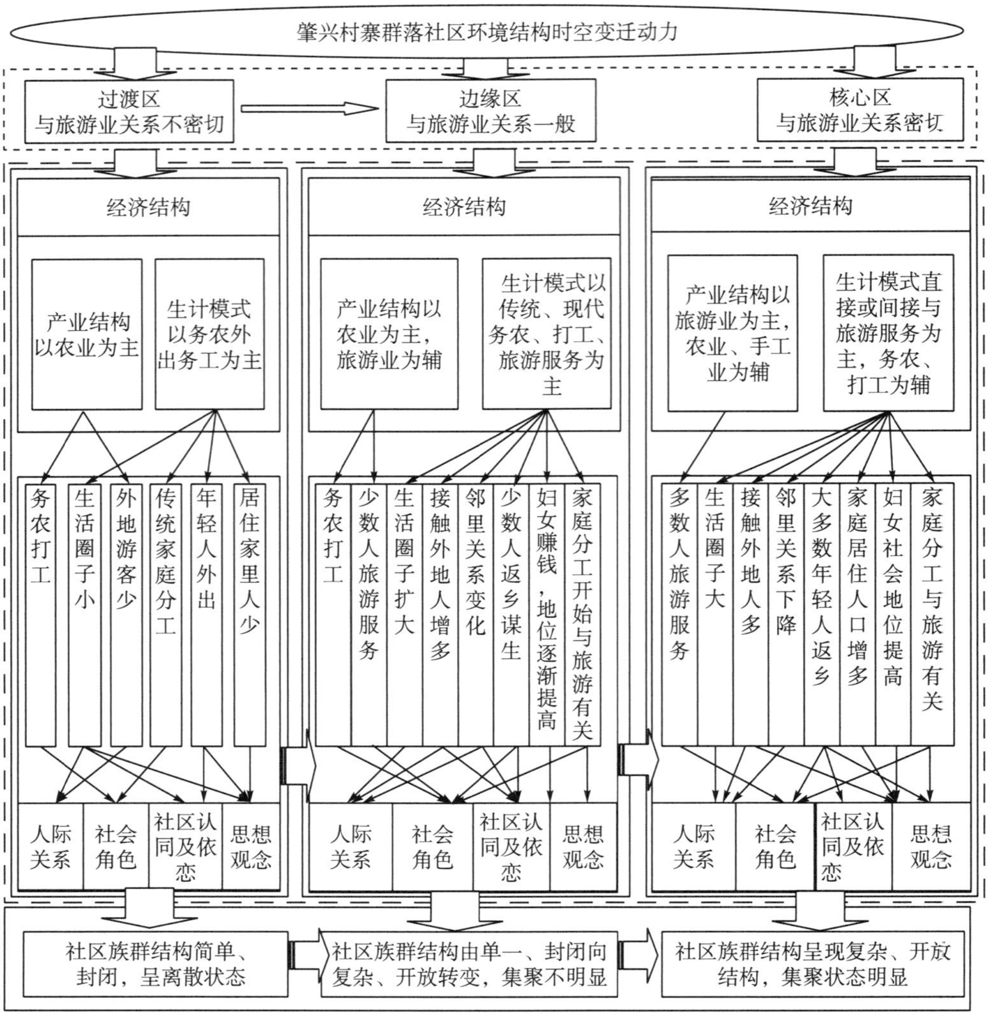

图 4.9　肇兴村寨群落社区环境结构时空变迁动因

4.3　社会功能时空变迁分析

结构决定功能，社会功能是社会结构影响及作用的反映。为反映旅游影响下西江/肇兴社会结构下的社会功能时空变迁，本书分别从经济结构影响下的生产生活功能、民族文化结构影响下的民族文化传承与保护功能、制度文化结构影响下的政治管理与服务功能以及社区族群结构影响下的社区服务功能四个方面进行分析。通过 SPSS 统计软件对反映西江/肇兴社会功能样本数据的信度和可靠性进行检测，得到西江边缘区、过渡区和核心区的 Cronbach's Alpha 系数分别为 0.778、0.723、0.802，肇兴边缘区、过渡区和核心区的 Cronbach's Alpha 系数分别为 0.801、0.789、0.769，可靠性系数 Alpha 均在 0.70～0.85，表明样本数据的可靠性好，信度可接受。

4.3.1　生产生活功能

1. 西江苗寨

从边缘区—过渡区—核心区，西江村寨的经济结构由单一向复杂转变，其经济功能也随之发生改变。本研究设计了 6 个变量(表 4.15)对村寨的生产生活功能进行比较，其中，X_1、X_2 反映的是生产功能的变量，X_3、X_4、X_5、X_6 反映的是生活功能的变量。

表 4.15　西江村寨群落生产生活功能

题项	区域	N	均值	标准差	标准误	95%置信区间		极小值	极大值
						下限	上限		
X_1：村寨农业生产功能减弱，工业和商业生产功能加强	边缘区	90	2.49	0.753	0.079	2.33	2.65	2	4
	过渡区	139	3.83	0.992	0.084	3.66	3.98	2	5
	核心区	452	4.35	0.808	0.038	4.27	4.43	2	5
	总数	681	4.00	1.047	0.040	3.91	4.07	2	5
X_2：村寨的经济迅速发展，就业机会增多	边缘区	90	2.84	0.898	0.095	2.62	3.01	2	4
	过渡区	139	4.16	0.919	0.078	3.96	4.30	2	5
	核心区	452	4.46	0.720	0.034	4.39	4.51	2	5
	总数	681	4.18	0.953	0.037	4.12	4.26	2	5
X_3：您的生活质量和生活水平提高了	边缘区	90	2.94	0.916	0.097	2.74	3.20	2	4
	过渡区	139	4.12	0.766	0.065	4.02	4.24	2	5
	核心区	452	4.38	0.663	0.031	4.32	4.43	2	5
	总数	681	4.14	0.864	0.033	4.07	4.20	2	5
X_4：旅游开发后村民的休闲娱乐更加丰富多样	边缘区	90	2.96	0.911	0.096	2.74	3.22	2	4
	过渡区	139	3.53	0.871	0.074	3.40	3.67	2	5
	核心区	452	4.20	0.661	0.031	4.14	4.26	2	5
	总数	681	3.90	0.872	0.033	3.83	3.97	2	5
X_5：本村寨的物价上涨，村民生活费用增加	边缘区	90	2.78	0.746	0.079	2.66	2.93	2	4
	过渡区	139	3.65	0.741	0.063	3.50	3.78	2	5
	核心区	452	4.42	0.821	0.039	4.35	4.50	2	5
	总数	681	4.05	0.985	0.038	3.98	4.12	2	5
X_6：旅游开发后，您生活的村寨贫富差距大	边缘区	90	2.84	0.911	0.096	2.61	3.61	2	4
	过渡区	139	3.91	0.707	0.060	3.78	4.02	2	5
	核心区	452	4.40	0.853	0.040	4.32	4.48	2	5
	总数	681	4.10	0.984	0.038	4.02	4.17	2	5

边缘区：变量 X_1、X_2、X_3、X_4、X_5、X_6 均值的 95%置信区间下限均小于总和平均数，且均值为 2.49～2.96 之间，说明区域生产生活功能的正向功能和负向功能不显著。以传统农业为主导产业结构的边缘区村寨经济发展缓慢，为当地村民创造的就业机会能力有限，村民活质量和生活水平不高，闲暇时间少，休闲娱乐方式简单(图 4.10)。

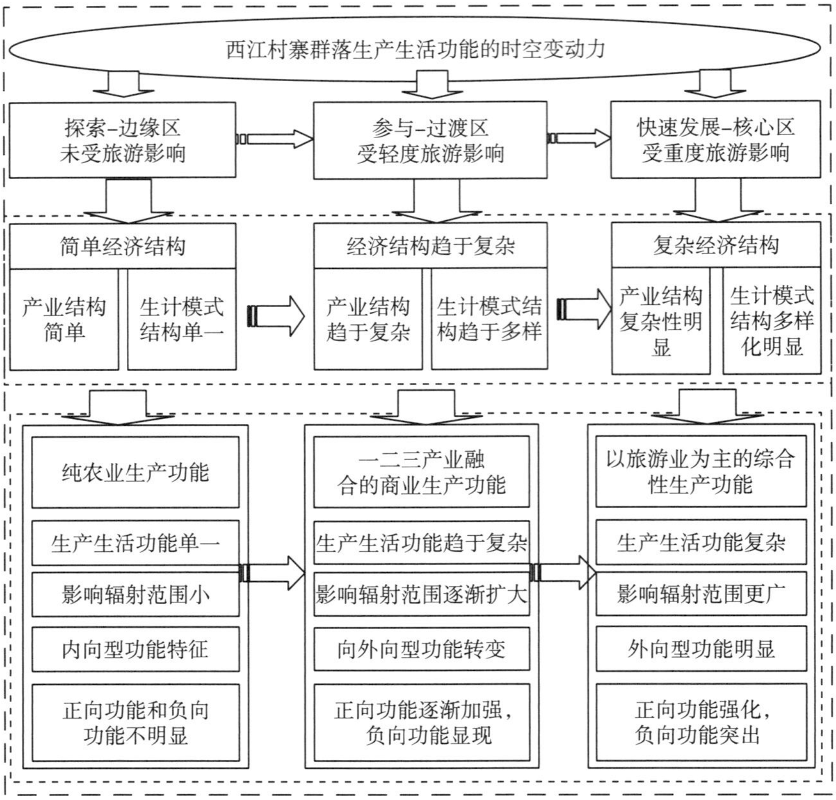

图 4.10 西江村寨群落生产生活功能的时空变迁动因

过渡区：过渡区村寨旅游生产生活功能的正向功能逐渐强化，负向功能逐渐显现。其中：①变量 X_1、X_4 均值的 95%置信区间不包括总和平均值 4.00 和 3.90，但均值分别为 3.83、3.53，X_2、X_3 均值的 95%置信区间包括总和平均值 4.18 和 4.14。说明区域经济结构、生产功能逐渐由单一结构向复杂结构转变，农业和旅游业的融合，创造了较多就业机会，村民的生活质量得以提高。②旅游型产生活功能正向功能逐渐强化，由内向型功能向外向性功能转变，X_2、X_3 表现较强，村民的生活质量得到提高；由于现代农业和传统农业在产业结构中比重大，农业生产功能减弱不明显。生产生活功能的负向功能显现，变量 X_5、X_6 均值的 95%置信区间均低于综合平均值，但均值分别为 3.65、3.91，过渡区村寨出现物价上涨和村民生活费用增加贫富差距逐渐扩大(图 4.10)。

核心区村寨经济结构和生产功能复杂，开放性强，以旅游业为主导的综合产业功能具有明显的外向型功能特征，影响范围广，生产生活功能的正向和负向功能强化明显(图 4.10)。①变量 X_1、X_2、X_3 均值的 95%置信区间包括总和平均值 4.00、4.18、4.14，说明在快速发展的旅游业及旅游相关产业的刺激下，大量的外来人口进入核心区村寨，区域生产生活服务功能繁荣服务对象和服务范围明显变化。此外，区域旅游效应辐射到其他地方，影响范围明显扩大，表现出明显的外向型功能特征。②变量 X_1、X_2、X_3、X_4 均值的 95%置信区间都包括总和平均值 4.00、4.18、4.14、3.90，说明核心区村寨经济发展迅速，表现出明显的工业和商业生产功能，村民的就业机会明显增多，生活质量和生活水平明显提高，休闲娱乐方式多样化。③变量 X_5、X_6 均值分别为 4.42、4.40，均值的 95%置信区间包括总和平均值 4.05 和 4.10，说明旅游的快速发展促使当地村民生活费用增加、物价上涨明显，此外，贫富差距大的现象也很明显。

2. 肇兴侗寨

肇兴侗寨核心区村寨指标 X_1、X_2、X_3、X_4 均值的 95%置信区间下限超过总和平均数，过渡区与边缘区这些指标均值的 95%置信区间上限都未超过总和平均数，但边缘区均值高于过渡区均值；核心区村寨指标 X_3、X_4、X_5、X_6 均值的 95%置信区间下限超过总和平均数 3.88、4.00、3.89、3.87，说明肇兴核心景区受旅游影响最大，其经济结构的明显变化决定了该区域的生产生活功能发生演替最为明显，其次为边缘区，最后是过渡区（表 4.16）。

表 4.16　肇兴村寨群落生产生活功能

题项	区域	N	均值	标准差	标准误	95%置信区间		极小值	极大值
						下限	上限		
X_1：村寨农业生产功能减弱，工业和商业生产功能加强	边缘区	73	3.44	0.882	0.103	3.23	3.64	2	5
	过渡区	75	2.41	0.773	0.089	2.24	2.59	2	5
	核心区	338	4.28	0.805	0.044	4.19	4.37	1	5
	总数	486	3.87	1.063	0.048	3.77	3.96	1	5
X_2：村寨的经济迅速发展，就业机会增多	边缘区	73	2.89	0.966	0.113	2.67	3.02	2	4
	过渡区	75	2.41	0.755	0.807	2.24	2.59	2	4
	核心区	338	4.28	0.648	0.035	4.21	4.34	2	5
	总数	486	3.78	1.047	0.047	3.69	3.87	2	5
X_3：您的生活质量和生活水平提高了	边缘区	73	3.16	0.913	0.107	2.95	3.38	2	4
	过渡区	75	2.83	0.964	0.111	2.60	3.05	2	5
	核心区	338	4.27	0.737	0.040	4.19	4.35	2	5
	总数	486	3.88	0.999	0.045	3.79	3.97	2	5
X_4：旅游开发后村民的休闲娱乐更加丰富多样	边缘区	73	3.42	0.912	0.107	3.21	3.64	2	5
	过渡区	75	3.04	0.936	0.108	2.82	3.26	2	4
	核心区	338	4.34	0.666	0.036	4.27	4.41	2	5
	总数	681	3.90	0.872	0.033	3.83	3.97	2	5
X_5：本村寨的物价上涨，村民生活费用增加	边缘区	73	3.30	1.037	0.121	3.06	3.54	2	4
	过渡区	75	3.07	0.991	0.114	2.84	3.29	2	5
	核心区	338	4.20	0.773	0.042	4.11	4.28	2	5
	总数	486	4.05	0.985	0.038	3.98	4.12	2	5
X_6：旅游开发后，您生活的村寨贫富差距大	边缘区	73	3.04	0.904	0.106	2.83	3.25	2	4
	过渡区	75	2.83	0.964	0.111	2.60	3.05	2	5
	核心区	338	4.28	0.742	0.040	4.20	4.35	2	5
	总数	486	3.87	1.016	0.046	3.78	3.96	2	5

核心区村寨农业生产功能减弱、服务功能增强，生产生活功能的外向型特征加强，生产生活功能的正向变迁明显。①指标 X_1 均值的 95%置信区间下限超过总和平均数 3.87，呈现出农业生产功能减弱、服务功能增强的特征，其产业结构由第一产业主导向第三产业主导转化，直接和间接从事旅游业的村民人数大幅度增加。②村寨从以为本村村民服务为主，转向以为外地游客服务为主，生产生活的外向型特征明显。③指标 X_3、X_4 均值的 95%置信区间下限超过总和平均数 3.88、4.00，说明旅游的发展为村民的生活提供便利的同时，也为村民的返乡就业提供了很多机会；此外，指标、X_5、X_6 均值的 95%置信区间下限超过总和平均数 3.89、3.87，说明生产生活功能也出现了一些负面效应，但其正向演替大于其负面效应。

过渡区村寨经济结构单一，生产生活功能呈现单一化、内向型特征，生产生活功能的正向及负向影响变化不明显，表现为指标 X_1 均值的 95%置信区间的上限都未超过总和平均数 3.87，指标 X_2 均值的 95%置信区间的上限都未超过总和平均数 3.78。其中，己伦村、纪堂村、登江村三个村寨受旅游的扩散影响非常小，该区域产业结构仍以传统的农业为主，家庭生计模式也表现为以务农和外出打工为主。另外，旅游对该区域的物价水平、村民生活便利程度、村民之间的贫富差距影响并不明显，所以对其生产生活功能的正负强度的影响并不明显(图 4.11)。

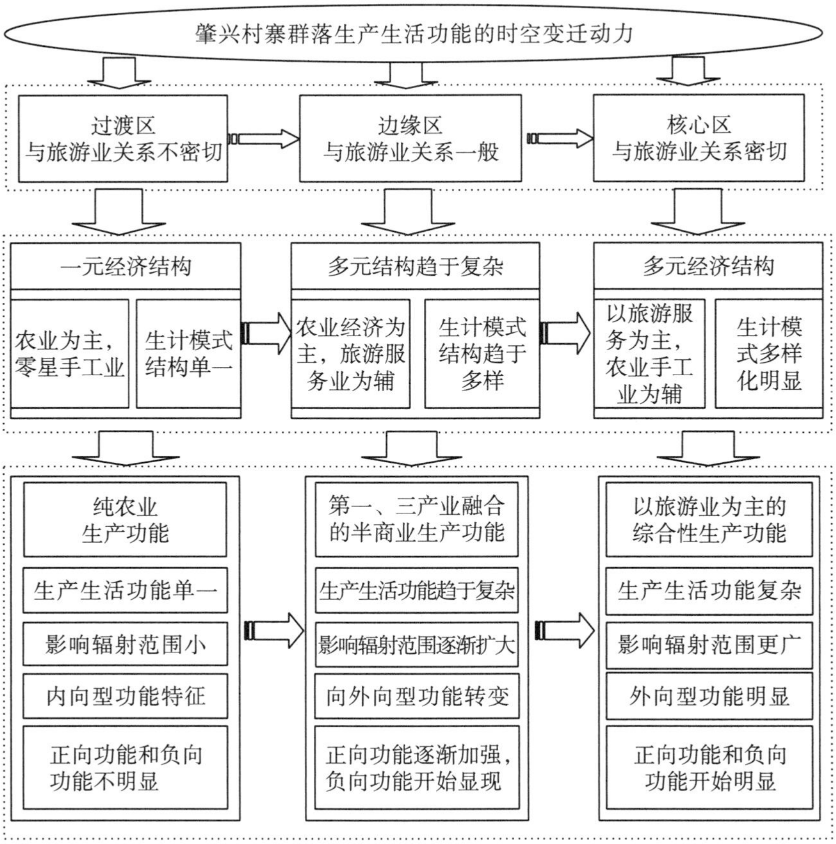

图 4.11　肇兴村寨群落生活功能的时空变迁动因

4.3.2　民族文化传承与保护功能

西江苗寨边缘区村寨变量 X_7 和 X_8 均值的 95%置信区间下限低于总和平均值 4.09、4.02，说明村民对民族服饰和民族歌舞的传承力度减弱，只有 X_9 均值的 95%置信区间包括总和平均值 4.09，建筑文化仍受到保护；变量 X_{10} 均值为 2.37，均值的 95%置信区间小于总和平均值 3.98，民族文化的商品化和舞台化趋势较弱，负向功能不显著(表 4.17)。

表 4.17　西江村寨群落民族文化传承与保护功能

题项	区域	N	均值	标准差	标准误	95%置信区间		极小值	极大值
						下限	上限		
X_7：旅游开发后，本地村民穿民族服装的人多了	边缘区	90	2.98	0.983	0.104	2.77	3.18	2	4
	过渡区	139	3.89	1.005	0.085	3.72	4.05	2	5
	核心区	452	4.37	0.762	0.036	4.31	4.45	2	5
	总数	681	4.09	0.970	0.037	4.02	4.17	2	5
X_8：旅游开发后，本地村民会民族歌舞的人多了	边缘区	90	2.90	0.912	0.096	2.71	3.09	2	4
	过渡区	139	3.71	0.888	0.075	3.55	3.84	2	5
	核心区	452	4.35	0.622	0.029	4.28	4.40	2	5
	总数	681	4.02	0.885	0.034	3.96	4.09	2	5
X_9：村寨民族建筑得到保护，村容村貌保护较好	边缘区	90	4.33	0.764	0.081	4.18	4.48	2	4
	过渡区	139	2.94	0.961	0.082	2.78	3.13	2	5
	核心区	452	4.39	0.632	0.030	4.33	4.45	2	5
	总数	681	4.09	0.931	0.036	4.02	4.16	2	5
X_{10}：村寨的民族文化出现商品化和舞台化趋势	边缘区	90	2.37	0.741	0.078	2.21	2.52	2	4
	过渡区	139	3.61	0.830	0.070	3.48	3.75	2	5
	核心区	452	4.41	0.665	0.031	4.35	4.48	2	5
	总数	681	3.98	1.000	0.038	3.90	4.05	2	5

过渡区村寨变量 X_7、X_8、X_9 均值的 95%置信区间均小于总和平均值 4.09、4.02、4.09，且 X_7、X_8 的均值高于 X_9，说明传统文化受到重视，村民着民族服装和会民族歌舞的频率增多。变量 X_9 的均值仅为 2.94，低于 4.09 的总体水平，说明建筑景观的异化较为明显。变量 X_{10} 均值的 95%置信区间下限低于 3.98，但由于其均值为 3.61，大于 3.5，说明民族文化出现商业化和舞台化趋势。

核心区村寨变量 X_7、X_8、X_9 均值的 95%置信区间均高于总和平均值 4.09、4.02、4.09，村民着民族服装的频率增加，主动传承民族歌舞的人增多，村容村貌保存完整。变量 X_{10} 均值的 95%置信区间包括总和平均值 3.98，且均值为 4.41，说明文化舞台化和市场化程度加深(图 4.12)。

肇兴侗寨核心区村寨变量 X_7、X_8、X_9、X_{10} 均值的 95%置信区间下限分别为 4.33、4.28、4.32、4.33，均高于总和平均值，说明民族文化结构复杂，文化传承与保护功能呈现开放型、复杂化特征，正负向功能均突显(表 4.18)。过渡区村寨变量 X_7、X_8、X_9、X_{10} 均值的 95%置信区间下限分别为 2.26、2.47、2.63、2.16，均低于总和平均值，说明民族文化传承与保护功能单一、影响范围小。边缘区变量 X_7、X_8、X_9、X_{10} 均值的 95%置信区间下限分别为 4.01、3.96、3.97、3.97，且均值分别为 3.42、3.52、3.18、3.73，说明文化物质层发生了变化，但精神文化上的变化还不显著，其文化传承与保护功能开始增强(图 4.13)。

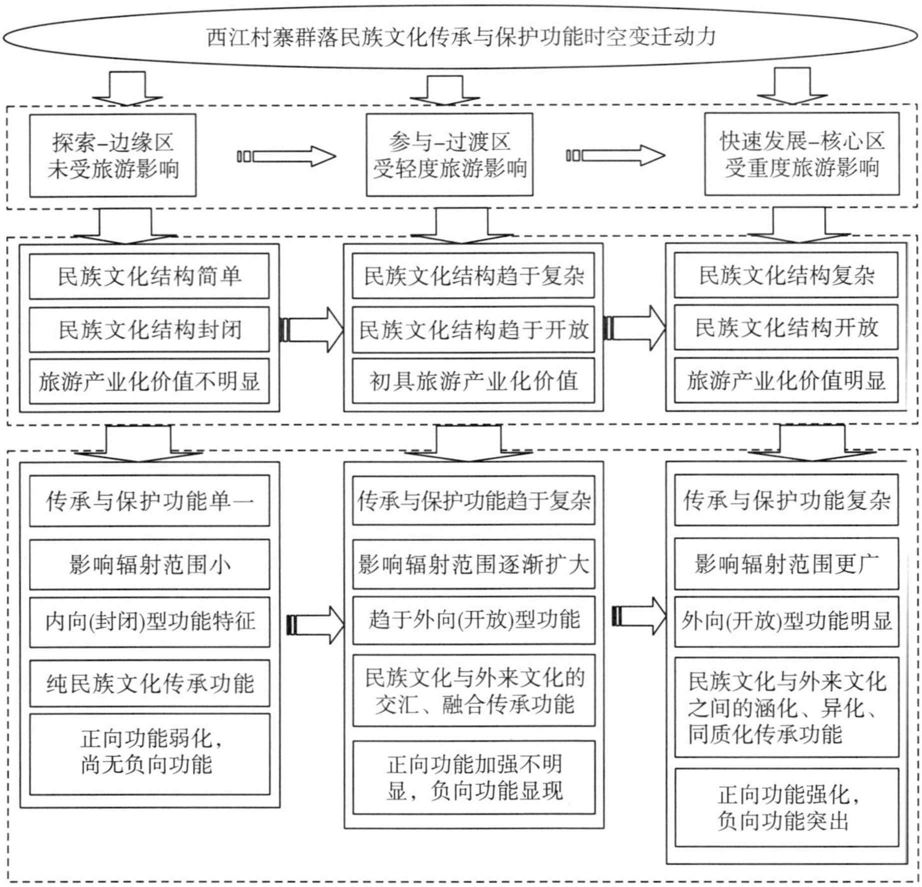

图4.12 西江村寨群落民族文化传承与服务功能时空变迁动因

表 4.18 肇兴村寨群落民族文化传承与保护功能

题项	区域	N	均值	标准差	标准误	95%置信区间		极小值	极大值
						下限	上限		
X_7：旅游开发后，本地村民穿民族服装的人多了	边缘区	73	3.42	0.815	0.095	3.23	3.61	2	4
	过渡区	75	2.83	0.891	0.103	2.26	3.03	2	5
	核心区	338	4.39	0.618	0.034	4.33	4.46	2	5
	总数	486	4.01	0.925	0.042	3.92	4.09	2	5
X_8：旅游开发后，本地村民会民族歌舞的人多了	边缘区	73	3.52	0.899	0.105	3.31	3.73	2	5
	过渡区	75	2.62	0.875	0.101	2.47	2.87	2	5
	核心区	338	4.34	0.576	0.031	4.28	4.40	2	5
	总数	486	3.96	0.925	0.042	3.88	4.04	2	5

续表

题项	区域	N	均值	标准差	标准误	95%置信区间		极小值	极大值
						下限	上限		
X_9：村寨民族建筑得到保护，村容村貌保护较好	边缘区	73	3.18	0.903	0.106	2.97	3.39	2	4
	过渡区	75	2.84	0.901	0.104	2.63	3.05	2	5
	核心区	338	4.39	0.617	0.034	4.32	4.45	2	5
	总数	486	3.97	0.961	0.044	3.88	4.05	2	5
X_{10}：村寨的民族文化出现商品化和舞台化趋势	边缘区	73	3.73	0.870	0.102	3.52	3.93	2	4
	过渡区	75	2.31	0.657	0.076	2.16	2.46	2	5
	核心区	338	4.39	0.578	0.031	4.33	4.45	2	5
	总数	486	3.97	0.985	0.045	3.88	4.06	2	5

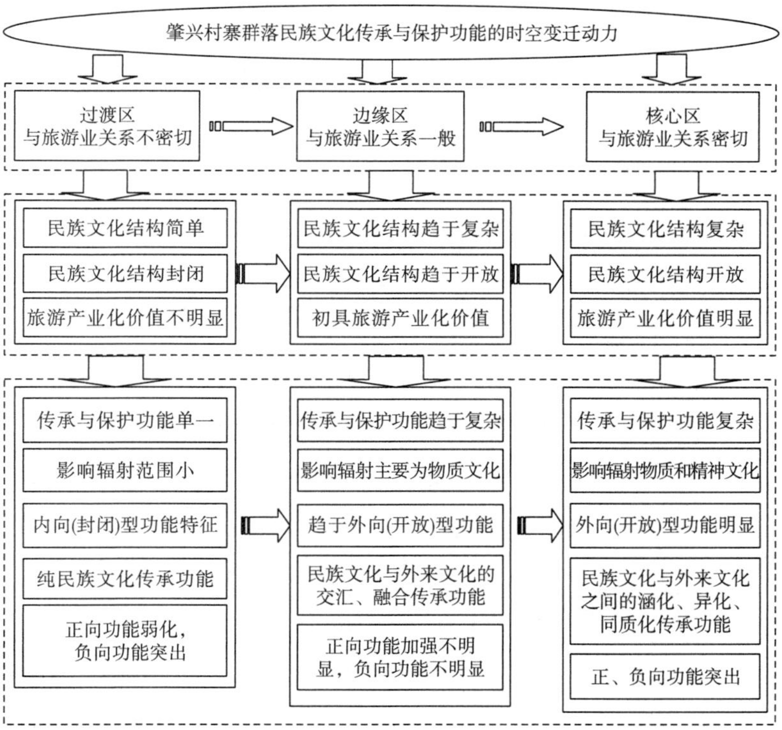

图4.13　肇兴村寨群落民族文化传承与服务功能的时空变迁动因

4.3.3　政治管理与服务功能

西江苗寨边缘区村寨变量 X_{11}、X_{12}、X_{13} 均值的 95%置信区间的下限低于 4.15、3.91、4.05，说明村寨的政治管理模式单一，影响范围小，内向型功能特征明显(表 4.19)。过渡区村寨变量 X_{11}、X_{12}、X_{13} 均值的 95%置信区间的下限低于 4.15、3.91、4.05，但均大于 3.5，分别为 4.01、3.75、3.96，说明村寨政治管理与服务功能的影响范围逐渐扩大。核心区村寨变量 X_{11}、X_{12}、X_{13} 均值的 95%置信区间下限分别高于总和 4.15、3.91、4.05，平均值分别为

4.53、4.24、4.39，民族的政治管理与服务功能呈现明显的复杂性和外向型特征，村寨的政治管理模式多样化非常明显，影响范围明显扩大，村寨的政治服务功能明显转变(图 4.14)。

表 4.19 西江苗寨政治管理与服务功能

题项	区域	N	均值	标准差	标准误	95%置信区间		极小值	极大值
						下限	上限		
X_{11}：本村寨的政治管理由单一化向多元化转变	边缘区	90	2.41	0.763	0.080	2.26	2.57	2	4
	过渡区	139	4.01	0.909	0.077	3.86	4.16	2	5
	核心区	452	4.53	0.693	0.033	4.21	4.33	2	5
	总数	681	4.15	1.031	0.040	4.07	4.23	2	5
X_{12}：现在您生活的村寨法制化进程加深	边缘区	90	2.52	0.851	0.090	2.36	2.70	2	4
	过渡区	139	3.75	0.993	0.084	3.59	3.92	2	5
	核心区	452	4.24	0.843	0.040	4.16	4.31	2	5
	总数	681	3.91	1.048	0.040	3.84	3.99	2	5
X_{13}：旅游开发后，本村寨的政治服务功能发生变化	边缘区	90	2.49	0.851	0.090	2.31	2.68	2	4
	过渡区	139	3.96	1.096	0.093	3.78	4.14	2	5
	核心区	452	4.39	0.829	0.039	4.32	4.47	2	5
	总数	681	4.05	1.094	0.042	3.97	4.14	2	5

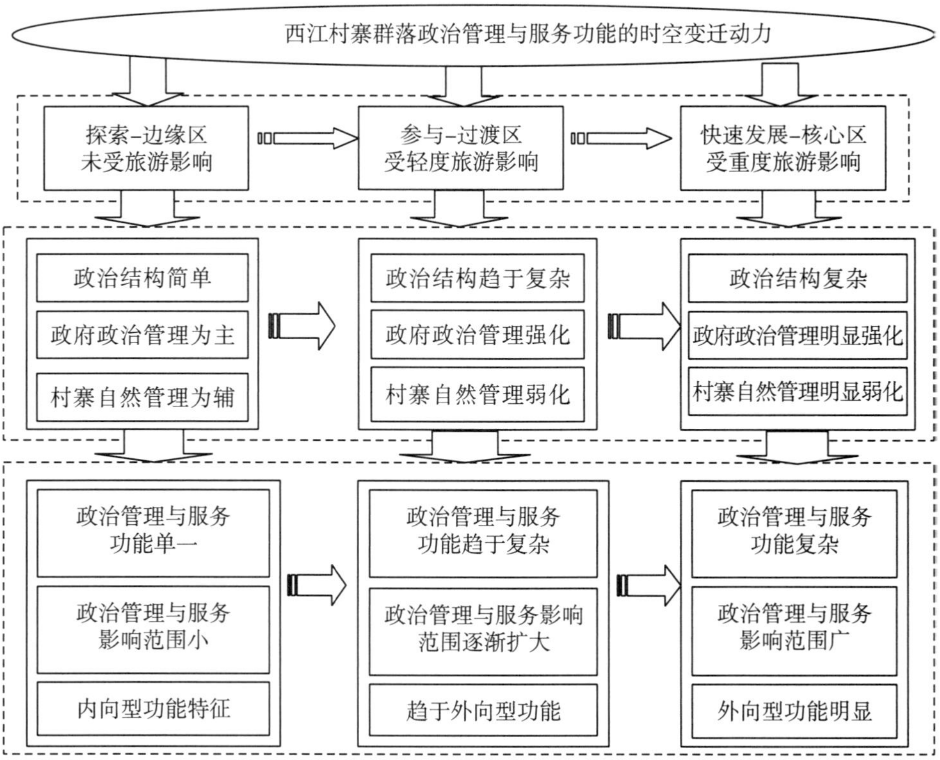

图4.14 西江村寨群落政治管理与服务功能的时空变迁动因

肇兴侗寨核心区村寨变量 X_{11}、X_{12}、X_{13} 均值的 95%置信区间下限高于平均数 4.07、3.91、4.06，3 个变量的平均值均为 4.39，村寨的政治管理与服务功能呈现出复杂化及内外向服务功能结合的特征(表 4.20)。过渡区村寨变量 X_{11}、X_{12}、X_{13} 均值的 95%置信区间的下限低于 4.07、3.91、4.06，均值分别为 2.85、3.13、2.80，单一、内向型的组织管理结构决定了其政治管理与服务功能呈现单一化、内向型功能的特征。边缘区的变量 X_{11}、X_{12}、X_{13} 均值的 95%置信区间的下限低于 4.07、3.91、4.06，均值均为 3.37，在旅游不完全影响以及管理结构的决定下，边缘区堂安、厦格侗寨作为整个肇兴"八寨一山"风景区的主要旅游点之一，村寨的政治管理逐渐由单一化向多元化模式转变，村寨的法制化进程加深，政治管理与服务功能由单一向多元转变(图 4.15)。

表 4.20　肇兴侗寨政治管理与服务功能

题项	区域	N	均值	标准差	标准误	95%置信区间		极小值	极大值
						下限	上限		
X_{11}：本村寨的政治管理由单一化向多元化转变	边缘区	73	3.58	0.896	0.105	3.37	3.78	2	4
	过渡区	75	3.08	0.983	0.114	2.85	3.31	2	5
	核心区	338	4.39	0.686	0.037	4.32	4.47	2	5
	总数	486	4.07	0.925	0.042	3.99	4.15	2	5
X_{12}：现在您生活的村寨法制化进程加深	边缘区	73	3.58	0.896	0.105	3.37	3.78	2	4
	过渡区	75	3.35	0.937	0.108	3.13	3.56	2	5
	核心区	338	4.39	0.686	0.037	4.32	4.47	2	5
	总数	486	3.91	1.048	0.040	3.84	3.99	2	5
X_{13}：旅游开发后，本村寨的政治服务功能发生变化	边缘区	73	3.58	0.896	0.105	3.37	3.78	2	4
	过渡区	75	3.03	1.000	0.115	2.80	3.26	2	5
	核心区	338	4.39	0.686	0.037	4.32	4.47	2	5
	总数	486	4.06	0.936	0.042	3.98	4.14	2	5

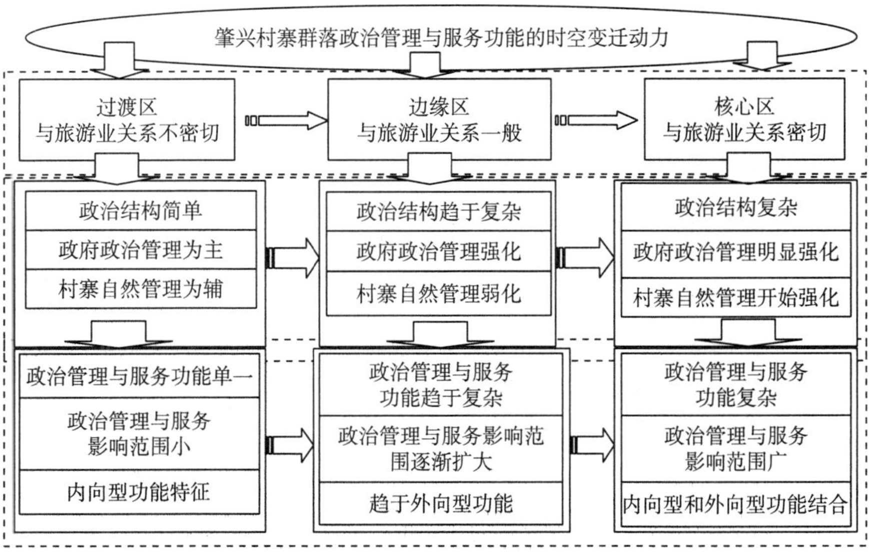

图 4.15　肇兴村寨群落政治管理与服务功能的时空变迁动因

4.3.4 社区服务功能

西江苗寨边缘区村寨变量 X_{14}、X_{15}、X_{16} 均值的 95%置信区间的下限低于总数 4.06、4.06、4.14，说明村寨为本村寨及寨中村民服务，社区服务功能影响范围小，社区服务功能单一，表现为内向型功能服务特征(图 4.16)。过渡区村寨的变量 X_{14}、X_{15}、X_{16} 均值的 95%置信区间的下限低于 4.06、4.06、4.14，但均值均大于 3.5，分别为 3.76、3.65、3.74，说明村寨的公共服务设施逐渐增多，服务影响范围逐渐扩大。核心区村寨的变量 X_{14}、X_{15}、X_{16} 均值的 95%置信区间的下限均高于总和平均值，区域村寨用于发展旅游的设施增多，社区服务于外来人员、服务于旅游业及相关旅游产业的功能明显(图 4.16)。

表 4.21 西江苗寨社区服务功能

题项	区域	N	均值	标准差	标准误	95%置信区间		极小值	极大值
						下限	上限		
X_{14}：旅游开发后，村寨的公共服务设施增多	边缘区	90	2.83	0.969	0.100	2.69	3.03	2	4
	过渡区	139	3.76	0.655	0.056	3.65	3.88	2	5
	核心区	452	4.38	0.740	0.035	4.32	4.46	2	5
	总数	681	4.06	0.923	0.035	3.99	4.13	2	5
X_{15}：旅游开发后村寨的私人空间减少，公共空间增加	边缘区	90	2.74	0.950	0.098	2.56	2.94	2	4
	过渡区	139	3.65	0.721	0.061	3.53	3.76	2	5
	核心区	452	4.44	0.779	0.037	4.37	4.51	2	5
	总数	681	4.06	0.988	0.038	3.98	4.13	2	5
X_{16}：您居住的村寨能够满足外来游客的旅游相关需要求	边缘区	90	2.77	0.932	0.096	2.60	2.97	2	4
	过渡区	139	3.74	0.569	0.048	3.64	3.83	2	5
	核心区	452	4.54	0.546	0.026	4.48	4.59	2	5
	总数	681	4.14	0.868	0.033	4.08	421	2	5

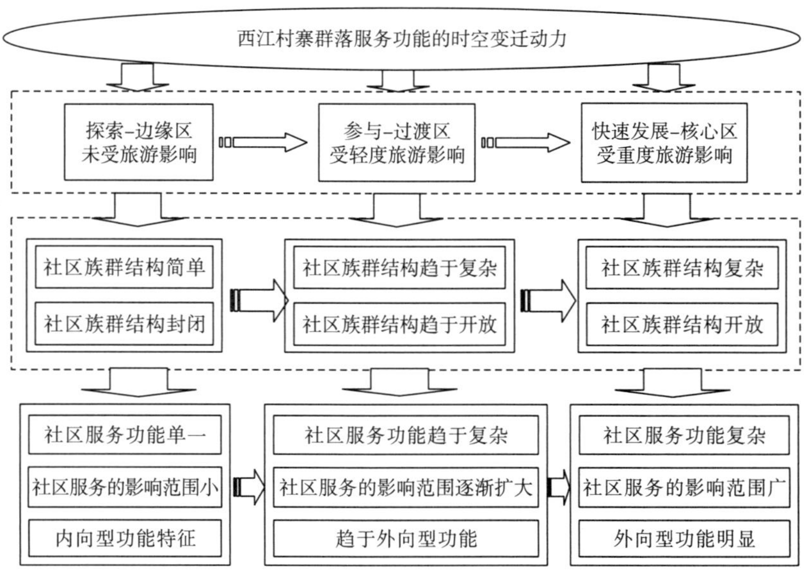

图4.16 西江村寨群落服务功能的时空变迁动因

从表 4.22 可知，肇兴侗寨核心区变量 X_{14}、X_{15}、X_{16} 均值的 95%置信区间的下限高于 4.01、3.96、3.97，均值分别为 4.39，4.34，4.39，说明核心村寨吸引了大量返乡人员及外来经商人口，加上大量游客的进入，其社区族群结构呈现出复杂、开放的特征，决定了其社区服务功能的复杂化和开放性(图 4.17)。过渡区变量 X_{14}、X_{15}、X_{16} 均值的 95%置信区间的下限低于总和平均值，分别为 2.62、2.47、2.63，说明村寨社区服务功能呈现单一化、内向化特征，服务功能较弱。边缘区的变量 X_{14}、X_{15}、X_{16} 均值的 95%置信区间的下限低于 4.01、3.96、3.97，均值分别为 3.23、3，31、2.97，旅游的不完全影响使得社区服务功能趋于复杂和开放，服务功能开始强化。

表 4.22　肇兴侗寨社区服务功能

题项	区域	N	均值	标准差	标准误	95%置信区间		极小值	极大值
						下限	上限		
X_{14}：旅游开发后，村寨的公共服务设施增多	边缘区	73	3.42	0.815	0.095	3.23	3.61	2	4
	过渡区	75	2.83	0.891	0.103	2.62	3.03	2	5
	核心区	338	4.39	0.618	0.034	4.33	4.46	2	5
	总数	486	4.01	0.925	0.042	3.92	4.09	2	5
X_{15}：旅游开发后村寨的私人空间减少，公共空间增加	边缘区	73	3.52	0.899	0.105	3.31	3.73	2	4
	过渡区	75	2.67	0.875	0.101	2.47	2.87	2	5
	核心区	338	4.34	0.576	0.031	4.28	4.40	2	5
	总数	486	3.96	0.925	0.042	3.88	4.04	2	5
X_{16}：您居住的村寨能够满足外来游客的旅游相关需要求	边缘区	73	3.18	0.903	0.106	2.97	3.39	2	4
	过渡区	75	2.84	0.901	0.104	2.63	3.05	2	5
	核心区	338	4.39	0.617	0.034	4.32	4.45	2	5
	总数	486	3.97	0.961	0.044	3.88	405	2	5

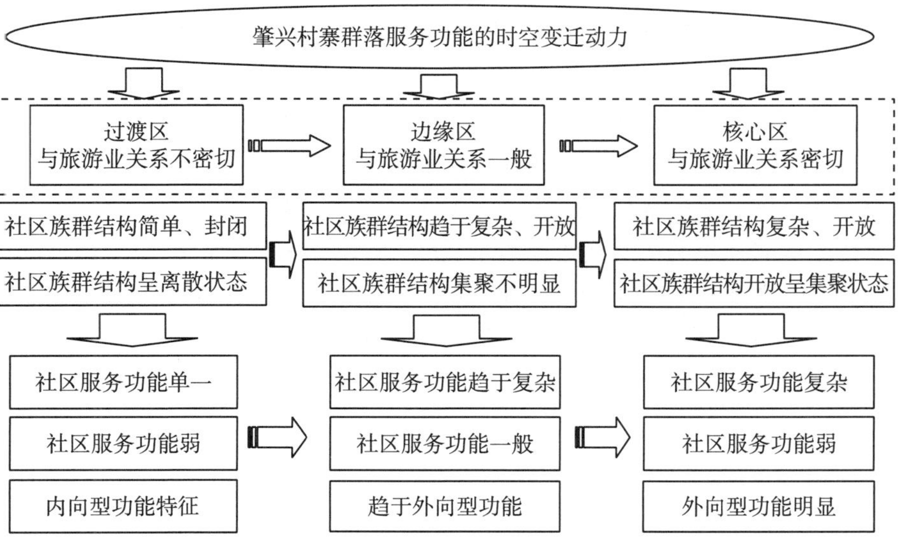

图4.17　肇兴村寨群落服务功能的时空变迁动因

4.4 村寨社会结构及其功能的时空变迁特征及动因

西江苗寨社会结构变迁呈圈层规律。在经济结构上，从边缘区村寨到过渡区、核心区村寨，村寨产业结构和生计模式结构由简单结构向复杂结构转变，经济结构的转变与旅游影响程度呈正相关；除民族认同和风俗信仰外，过渡区民族歌舞……民族歌舞节庆结构、语言结构、民族服饰结构、民族建筑结构、民族饮食结构、思想观念结构等均与旅游影响程度呈正相关，由简单向复杂转变。村寨的政治结构和社区族群结构也表现出明显的与旅游影响程度的正相关关系。社会结构决定社会功能，社会功能的时空变迁也与旅游影响程度呈现明显的正相关，经济功能从边缘区村寨“传统农耕生产与传统居住”，向过渡区村寨、核心区村寨的“现代农业生产与半传统居住”“旅游主导生产与现代居住”转化，核心区村寨已成为旅游服务型聚落；民族文化功能也从边缘区村寨“内向型”向过渡区村寨、核心区村寨的“外向型”“开放型”文化传承与保护功能变迁；管理功能也从“以村委会为主，寨老及活路头为辅”的“内向型”向以“村委会为主，管委会为辅”的“内外型”以及围绕多重利益主体的“开放型”制度文化功能转化。总之，西江苗寨村寨群落社结构及其功能的时空演变呈现呈圈层规律，核心区的旅游发展作为整个西江旅游发展的增长极，不断集聚旅游要素，产业联动和产业分工效益不断向外扩散(图 4.18)。

由于特殊的地理环境和旅游与发展阶段的不同肇兴村寨群落经济结构呈现边缘区村寨“二元”经济结构、过渡区村寨“一元”经济结构和核心区村寨“复杂”的经济结构，经济功能也呈现出边缘区村寨“现代农业生产与半传统居住”、过渡区村寨“传统农耕生产与传统居住”和核心区村寨的“旅游主导生产与现代居住”的特征。经济结构影响了文化结构，使文化结构呈现边缘区村寨的“半开放”、过渡区村寨的“封闭”和核心区村寨的“开放”，随之文化功能也呈现出边缘区村寨的“外向型”、过渡区村寨的“内向型”和核心区村寨“开放型”的文化传承与保护功能特征。群落制度文化结构则呈现边缘区村寨的“多元”、过渡区村寨的“简单”和核心区村寨“复杂”。在社区环境结构及社会服务功能方面，肇兴村寨群落核心区旅游影响对过渡区没有起到扩散和带动作用，有着明显的断崖式差异，边缘区则跳过过渡区开始有了变迁趋势，同核心区呈点状成长。总之，在范围和规模上，核心区村寨社会变迁是整体性的，在边缘区和过渡区村寨则是局部的、显性的，一些隐性的社会文化要素变迁不显著；在变迁方向上，旅游对村寨社会变迁的影响主要以正向变迁为主；从空间特征上看，肇兴社会变迁并不遵循距离衰减规律，而呈现出由核心区到边缘区再到过渡区的跳跃式的波动变迁特征(图 4.19)。

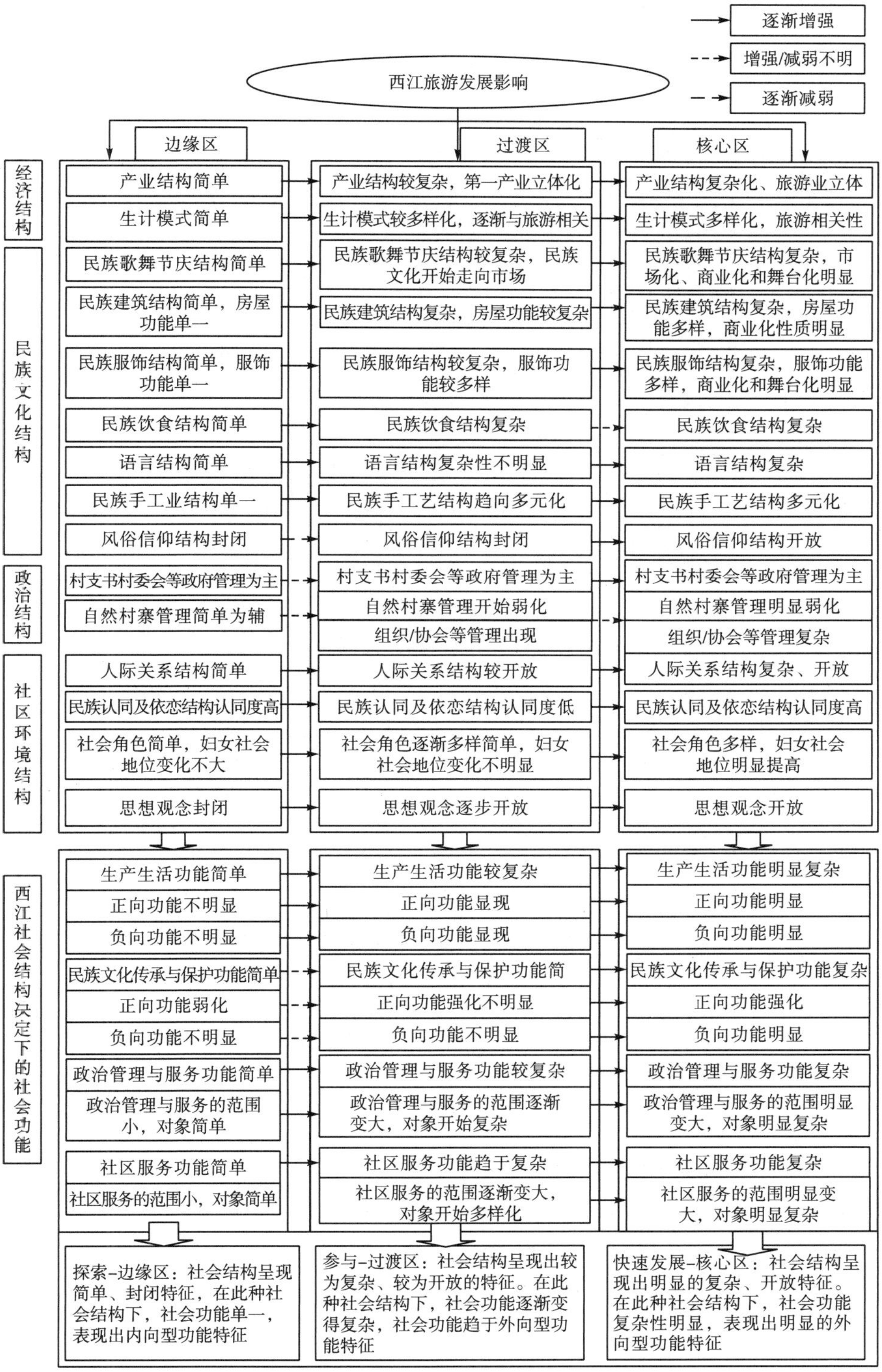

图 4.18　西江村寨群落社会结构时空变迁及其功能变迁特征及规律

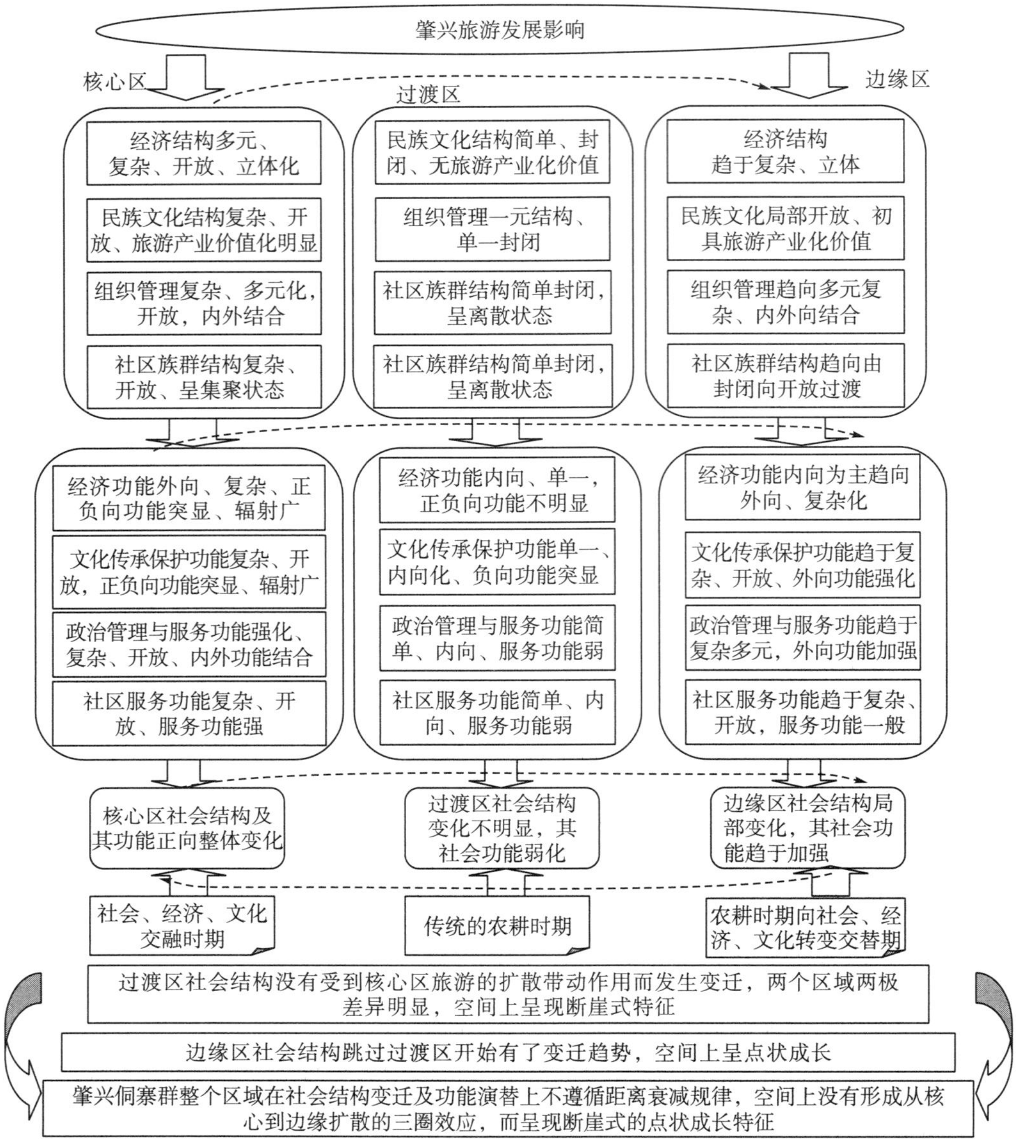

图 4.19 肇兴村寨群落社会结构时空变迁及其功能变迁及动因

参考文献

费孝通，1998. 乡土中国生育制度[M]. 北京：北京大学出版社.

富永健一，1988. 社会结构与社会变迁[M]. 董兴华，译.昆明：云南人民出版社：245.

陆学艺，1996. 社会学[M]. 北京：知识出版社：263-295.

魏宏森，曾国屏，1995. 系统论的基本规律[J]. 自然辩证法研究，4：22-27.

第 5 章　旅游开发下民族村寨社会文化变迁的时空机制

本章将从民族村寨围绕“人、空间、地方”的相互关系，从微观视角关注文化依恋变迁的时空机制，从宏观视角关注村寨聚落形态及功能的作用机制，据此，综合分析旅游要素的协同互动、生产与累积循环对村寨聚落空间、人地关系情感连接的作用机制，构建旅游影响下村寨社会文化变迁的时空机制，为后续的民族村寨社会系统良性互动发展的战略对策提供依据。

5.1　文化依恋变迁的时空机制

“地方”是人文地理学的核心概念，也是现代性语境下了解社会文化变迁的一个重要媒介(Oakes，1997)。早在 20 世纪 40 年代，Wright(1947)就将地方定义为承载人类主观性的区域，强调主观性对于人文地理学研究的重要作用，不过，由于受到当时欧美空间分析主义和实证主义思潮的影响，怀特的思想并没有受到重视(于涛方等，2000)。直到 20 世纪 70 年代，以段义孚(Tuan)和雷尔夫(Relph)等为代表的人文地理学者将“地方”重新引入人文地理学的研究前沿，他们认为文化在空间转变为地方的过程中起着决定性的作用(Tuan，1977)，地方是被人们赋予文化意义的空间(周尚意等，2011)，以及承载社会关系和文化意义的载体(Eyles，1989)，并指出人的主观性及空间体验对建构和解释地方具有重要意义(Relph，1976；Tuan，1977)。可以看出，作为一个承载“人-地”关系的社会文化空间，地方的社会和文化意义是其内涵的重要内容，当人归属于地方，就形成了“地方感”(sense of place)(Tuan，1977)，随着“恋地情结(topophilia)”和“大地虔诚(geopiety)”等概念的提出，地方感成为人文地理学的核心概念之一(Heidegger，1962)。

20 世纪 80 年代以来，用于表达人与地方情感联结关系的“地方依恋”(place attachment)理论成为旅游地理学的研究热点(Williams and Roggenbuck，1989)，学者对地方依恋的研究主要涉及三方面：其一，地方依恋的概念和维度的理论研究；其二，地方依恋的影响因素研究，包括旅游的涉入、使用频率、专业化程度等；其三，地方依恋的影响效应研究，涉及地方依恋对态度与行为、满意度、忠诚度的影响。国内学者在引入地方依恋的同时也积极地对理论进行本土化的研究，对本土化积累较为薄弱的地方依恋理论做出了贡献(唐文跃，2011；保继刚等，2012)。但是，以往地方依恋的研究主要是从个体或群体对于地方的空间感知角度展开，较少对地方的文化意义和价值感知进行研究，也缺乏对个体或群体地方依恋时空变迁及其作用机理的探索。在中国经济和社会转型的实践背景及人文地理学研究“文化转向”的理论背景下(黄剑锋和陆林，2015)，有必要对上述不足进行研究。

在我国社会经济欠发展的少数民族地区，旅游带动了当地经济发展，也促进了民族文化的保护与传承。然而，在旅游活动急剧扩张的背景下，村寨从“封闭空间”到“流动空间”到“社会空间”生产的剧烈转变(郭文，2015)，一定程度上引起了空间的异化及“内爆”，受地方时空分离和脱域动力机制的作用(Anthony，1991)，民族村寨社会关系和网络的秩序被打破，地方社会文化“共同体”发生解构与重构，“全球-地方”关系形成，在社会关系网络中扮演着重要角色的村寨居民与村寨社会结构之间发生着双向建构关系，导致民族村寨居民的预感转化为对身份认同和地方认同的危机，居民对于社会结构要素中地方文化依恋的认知与再认知促使其对地方文化的保护态度与行为发生改变，不得不以内部的变化来适应外来压力的影响，进而影响民族旅游村寨的可持续发展。

基于此，本书通过构建旅游影响下民族村寨居民文化依恋变迁的“前因-中介-结果”结构模型，深入探讨文化依恋的时空变迁及其机理，以期对地方依恋的本土化研究和民族村寨社会文化的可持续发展提供借鉴。

5.1.1 理论基础

1. 地方理论

20 世纪 70 年代，以段义孚和雷尔夫为代表的人本主义地理学者受现象学思想的影响，将地方作为一个核心概念引入人文地理学的研究前沿(Relph，1976；Tuan，1977)，认为地方源于主体不断地将感觉、想象、记忆等社会文化意义记录于自下而上的空间实践之中(Tuan，1977；Altman and Low，1992)，是人类“存在”的中心、直接的经验世界，以及实现身份认同的重要组成部分(Tuan，1977；Cresswell，2004)，强调主体日常社会文化生活的实践及创造对的地方建构(朱宏等，2011)。作为空间中被人或物所占有或赋予文化意义的部分(Agnew，1987)，空间和文化是地方不可或缺的组成部分，而文化在空间转变为地方的过程中起着决定作用，因此，地方就是凝结了社会关系和文化而成的、独特的空间(Tuan，1977；周尚意等，2011)。总之，在人本主义地理学的语境中，经年积累的文化使得主体拥有对地方的稳定情感，文化既是地方的重要载体，也是情感的关键来源(Tuan，1977)。此后，随着地方理论的不断发展，学者们从偏重经验、归属与凝聚的地方，到偏重结构、流动与渗透的地方，以不同的切入点对地方进行研究(宋郁玲，2006)。

2. 地方感理论

地方感是地方理论研究的核心。学者分别提出社区归属感(community attachment)、社区感(sense of community)、地方认同(place identity)、地方依赖(place dependence)等与地方感相近的概念(Kasarda and Janowitz，1974；Sarason，1974；Proshansky，1978；Stokols and Shumaker，1981)。段义孚首先提出人与特定地方在情感上联结的“恋地情结(topophilia)”，以表达从感官愉悦到根深蒂固不一样强度的依恋(Tuan，1974)。Relph(1976)、Steel(1981)、Russell 和 Ward(1982)等也对地方感进行了定义。不同学者对地方感的维度构成进行了研究，有学者认为地方感是单维概念，因为地方感是一种普遍的情感联系(Tuan，1977)。不过，大多数学者认为地方感是多维的，其主要由地方依恋、社区感和地方依赖三个维度构成(Pretty et al.，2003)。在研究方法上，涉及量表和构建模型是学者们常采用的方法：Zube 等(1982)构建了地方感的概念模型；Bott(2000)为了测量人工环境的地方感，设计了一个由自然、文化、情感、功能等要素构成的量表；Lobo(2004)运用地方感对微观尺度下的邻里关系进行了解释；Durie 等(2006)基于苏格兰的文化、民族及景观，构建了苏格兰地方感的四个主题。

3. 地方依恋

1) 内涵及构成

地方依恋是地方感的子概念(朱竑和刘博，2011)，是近十年国内外游憩地理学与环境心理学的研究热点。Williams 和 Roggenbuck(1989)首次提出了地方依恋的概念，认为地方依恋是人地关系之间的一种情感、认知和实践的联系，其中，情感起最重要的作用。Hummon(1992)认为地方依恋是个体对地方情感的卷入。Low 和 Altman (1992)认为地方依恋是个体与特殊环境之间的一种认知或情感上的联结；Hidalgo 和 Hernández(2001)认为以上定义用于表达对特定地方的特殊情感是合适的，但是无法将地方依恋与其他相近概念区别开来，他提出“主体与地方接近倾向或程度”是区别地方依恋与其他相近概念的关键，因此将地方依恋定义为主体与特定地方之间积极的情感纽带。

地方依恋是多维概念。Williams 和 Roggenbuck(1989)、Moore 和 Graefe(1994)等认为地方依恋由地方依赖和地方认同两个维度构成。其中，地方依赖表现的是个人对于地方在功能上的依赖；而地方认同强调的则是一种感情上的依恋(Williams et al.，1992)。部分学者认为地方依恋是三维的，如 Bricker 和 Kerstetter(2000)认为其包括了地方依赖、地方认同以及生活方式(lifestyle)；Kyle 等(2005)发现地方认同、地方依赖以及社会纽带(social bonding)一起构成维度；Scannell(2010)发现地方依恋可从用人、心理过程、地方三维框架来阐释其本质(图 5.1)。此外，Ramkissoon 等(2012)认为地方依恋由地方依赖、地方认同、地方情感(place affect)和地方社会纽带(place social bonding)四个维度构成。Hammitt 等(2006)在进一步研究中发现，地方依恋由地方熟悉感、地方归属感、地方认同、地方依赖以及地方根植五个维度构成。

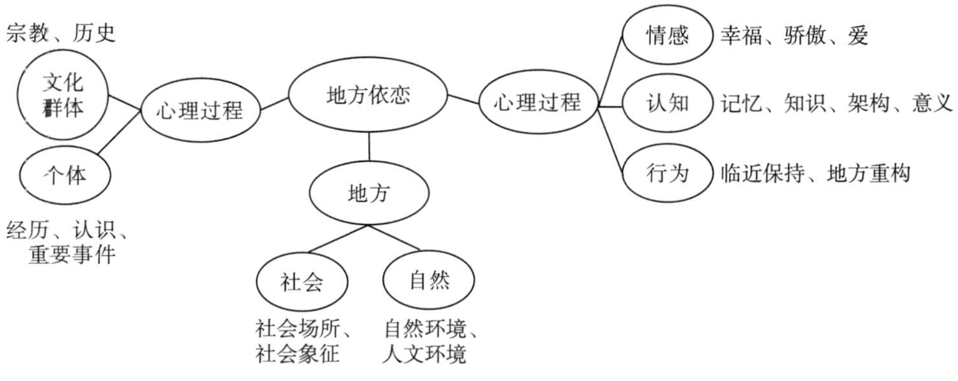

图 5.1　地方依恋的三维框架

2）影响因素

地方依恋的影响因素是学者研究的重点。第一，地方依恋与对地方的使用频率有关。Moore 和 Scott（2003）的研究结果显示，游览频率与游览者对两者的依恋程度呈现正相关，个人对活动的热衷是预测地方依恋水平的依据。Gerard 等（2004）也对城市公园周边居民游览公园的动机与地方依恋有关依恋的关系进行了研究。第二，游憩活动的涉入与专业化程度也是影响地方依恋的一个因素。不同的休闲活动和地点对地方依恋的影响是不一样的（Gerard et al.，2004），游客涉入对讲解服务质量的感知和地方依恋具有积极作用（Hwang et al.，2005），目的性强的体育旅游者具有高的地方依恋水平和重游意愿（Filo et al.，2013），而且专业化通过经验偏好、消费目的与地方依恋影响游憩地的选择（Chi-Ok et al.，2013）。此外，宗教是地方依恋概念化的表现，通过仪式、传说、文本、讲述等途径来培养宗教地方依恋（Mazumdar，2004）。

当地方依恋作为自变量时，对与感知、态度及行为等因变量等具有影响关系。Kyle 等（2003）将地方依恋作为干扰变量，对游憩者支付场地费的态度，以及将费用于环境保护、基础设施和服务完善的支持度影响机理进行了研究，发现地方依恋的维度对环境感知具有反作用（Kyle and Graefe，2004）。Yuksel 等（2010）指出旅游者对目的地的依恋对满意度有直接影响；Vaske 和 Kobrin（2001）的研究表明人对地方的情感会使其在日常生活以及资源的使用过程中表现出对环境更负责任的行为。Brook（2003）则以人们迁入新居后将原有环境的树木、园艺等注入新环境为实例，表明地方依恋对人们改造居住环境行为的影响。

3）国内研究

在国内的研究中，黄向和保继刚（2006）首次将地方依恋引入，构建了场所依赖理论的 CDEEM 研究框架。唐文跃（2007）从对象、领域、主题以及目标构建了地方感研究的 ODTG 框架；张中华等（2009）认为使用地方理论作为社区乃至区域空间社会分析的工具与对象是地方感理论应用研究创新的方向。朱竑和刘博（2011）明晰了地方感、地方依恋与地方认同之间的关系。从研究方法来看，地方依恋主要以定量研究为主，部分涉及定性研究。黄向和温晓珊（2012）通过游客使用照片的质性方法发现，地方依恋从纵向可分为精神性依恋和功能性依恋；保继刚和杨昀（2012）发现，阳朔居民地方依恋的构成维度为“经济依赖”和“情感认同”，旅游商业化影响地方依恋维度的表现强度。除了上述少量的定性研究之外，国内学者基本继承了国外测量统计方法。唐文跃等(2008)发现地方依赖影响地方认同，地方依赖与地方认同影响居民的资源保护态度；钱树伟等(2010)的研究表明地方依恋对顾客购物满意度、忠诚度及抱怨的影响效应不同；邱慧等(2012)发现，旅游者更看重旅游地与己之间的互动，而居民则更关注“自我”“环境”；旅游者比居民更具地方依恋感。

5.1.2 研究框架构建

以上研究多集中于概念、维度、影响因素的探讨，多涉及户外游憩地、公园、城市等目的地，部分涉及社区。研究多从空间意义层面测量旅游者对旅游地环境及设施的情感依附程度，较少从地方文化意义层面探讨社区居民对地方社会文化联结的情感依附状况，部分以社区居民为对象的研究仍以现有框架来解释居民对社区公共空间的依附情况，在此语境下，社区居民已衍生出“旅游者”的内涵(保继刚和杨昀，2012)。然而，两者在地方依恋的形成背景、过程及内涵特征都有显著差异，按照 Hay(1998)的划分①，旅游者地方依恋多为表层型(superficial)及局部型(partial)，而社区居民多为世居型(ancestral)或文化型(cultural)。

首先，居民地方依恋以社会文化维度为主要内涵。众所周知，旅游者地方依恋主要源于旅游地的环境质量及活动属性等物理维度(如景观质量、游憩或休闲质量以及旅游者体验等)，与社会文化维度相比，旅游者能迅速与这些物理维度形成理性的情感联结(Lewicka，2011)。而世代或长期居住的社区居民在不同的生命阶段与地方形成了大量、稳定、持续的社会文化联结及意义(如根植性、社区活动、邻里关系及文化象征)(Brook，2003；Brown et al.，2004；Lewicka，2011)，居民的自我延续感(sense of self-continuity)较强(Hey，1998)。按照 Seamon(1980)对地方芭蕾(place ballet)的描述，社区居民日常的规律性身体行为的“身体芭蕾(body ballet)”在地方不断展演，与社区其他成员的“时空惯常(time-space routines)”(时间变化及空间位移)汇聚构成一致、规律和相互认同的地方社会文化(即地方芭蕾)，居民在这一体验和实践过程中不断归属于地方，形成社会文化维度为主要内涵的地方依恋。

其次，地方依恋的内涵特征因地方形式、特征及其意义而变得不同(Low and Altman，1992)。相关学者对宗教场所、工作场所、足球场以及虚拟及想象的地方等的研究表明(Brook，2003；Charleston，2009；Droseltis and Vignoles，2010)，由于地方依恋主体对地方特征、地方意义在社会文化过程中的体验和创造，地方内涵及特征变得不同。以宗教地方依恋为例，宗教信徒与地方的情感联结主要通过宗教景观、城市和建筑等实际空间占有物及其承载的独特意义，以及宗教行为(如宗教仪式)和社会化等等共同得到，宗教景观、社会化过程等构成了地方依恋的主要内涵(Low and Altman，1992)。对文学爱好者来说，尽管文学作品中所建构的地方存在的意义并非是具有空间占有或可识别性，但文学作品提供了对于这类想象的地方的亲密体验，情感联结地方在具有独特意义过程中逐渐形成(Tuan，1977)。因此，此类想象地方的地方依恋内涵源于独特体验及其承载的地方意义。综上，居民的地方依恋内涵可以是具体物体及其承载的空间意义，也可以是记忆、想象、宗教等非可视地方文化及其意义，地方包含的所有事物共同构成了居民对地方的情感及认同(Tuan，1977)。

最后，民族村寨传统文化及其承载的独特意义构成了居民稳定和持续情感联结。本书研究案例地拥有独特多样的地方文化，属于文化型遗产地，也是典型的“居家型”村落。在世代的社会和空间实践过程中，地方民族文化要素承载了独特的意义，村寨居民与地方文化形成了稳定持续的情感联结，地方文化成为民族村寨居民地方依恋的主要载体。同时，在对前期居民地方依恋访谈的文本材料进行质性分析时发现，案例地居民地方依恋内涵分别表现为以“歌舞”“节日”“手工艺”“劳作创收”等民族文化的功能性依赖，以及“幸福”“喜爱”“骄傲”“留念”等民族文化的情感性认同，显示案例地居民地方依恋内涵

① Hay 基于类型学的视角，提出了表层型(superficial)、局部型(partial)、个人型(personal)、世居型(ancestral)及文化型(cultural)五种不同形成类型的地方感。

已衍生出新特征。

基于此，结合理论和实际情况，本书探索性地将“文化依赖”和“文化认同”归纳为地方依恋的构成维度，其中，“文化依赖”是指村寨居民对地方文化创造、实践及体验等世代互动过程中形成的对地方文化的功能性依赖关系，以对应地方依赖；“文化认同”则是指村寨居民在世代互动过程中所积累的对地方文化的情感性依附和归属感，以对应地方认同。此外，这里仅为了区别于原来的二维结构，以呈现民族村寨居民地方依恋的内涵特征。

5.1.3 研究设计

1. *研究方法*

1) 人口统计学特征分析

对本地居民的人口统计学特征(包括性别、年龄、职业、教育程度、收入、居住地、居住时间等构成百分比)进行基本的统计分析。

2) 可靠性检验

本书主要采用项目总体相关性分析(item-total correlation，ITC)和信度分析(Cronbach' s alpha)对各测量题项的进行检验可靠性检验。

3) 因子分析

研究主要采用主成分分析法(principal component factor analysis)，并以直交转轴的最大方差法(最大变异数，varimax)来萃取因子，变量共同性起始估计值设为1，在因素负荷量(factorloading)上则要求绝对值大于0.5，显著性小于0.05，且因素负荷量差异数在0.3以上，最终获取需要的关键变量。

4) 路径分析

路径分析也称因径分析、通径分析，是变量间因果关系的定量方法，也是回归分析在相关分析中的一种特殊的运用。路径分析需要通过实际调查数据来验证假设。本书先针对文化依恋与旅游利益感知、旅游成本感知、文化保护态度与行为之间的关系绘制出因果关系的路径图，后通过变量之间的路径系数的大小分析变量间的相互影响力。

2. *问卷设计*

问卷由文化依恋、旅游利益感知、旅游成本感知、文化支持态度与行为四个变量的观测题项及基本信息两个部分构成，其中，“旅游利益感知”、“旅游成本感知”和“文化支持态度与行为”的三个变量的测量主要参考黄艳玲和罗盛峰(2012)和卢松(2009)的研究，“文化依恋”变量的测量主要参考Williams和Vaske(2003)的研究，并结合实际情况适当修正而得。此外，将旅游影响感知划分为旅游利益感知和旅游成本感知，分别对应正面及负面旅游影响感知，并从经济、社会文化及环境进行测量(王子新等，2005)。上述变量对应题项测量采用李克特(Likert)5点式量表，5对应“非常同意”，4对应“同意”，3对应“中立”，2对应“不同意”，1对应“非常不同意”。

问卷发放采取随机抽样的方式，于2014年6月28日～7月12日分别前往西江和肇兴两个村落群进行问卷的发放，西江千户苗寨村落群共发放问卷 700 份，回收 654 份，回收率为 93.4%，有效问卷 633 份，有效率为 96.8%；肇兴侗寨村落群共发放问卷 550 份，回收 520 份，回收率为 94.5%，有效问卷 487 份，有效率为 93.7%(表 5.1)。利用 SPSS19.0 统计分析软件和 AMOS21.0 结构方程模型软件对问卷进行分析和处理。

表 5.1 问卷发放村寨

村落群	时空范围	村寨及有效问卷
西江苗寨	探索期-边缘区	控拜村、麻料村、长乌村、乌高村
	渴望期-过渡区	干荣村、开觉村、营上村
	快速期-核心区	南贵村、平寨村、羊排村、东引村
肇兴侗寨	探索期-边缘区	己伦、纪堂、登江
	渴望期-过渡区	堂安、厦格
	快速期-核心区	肇兴

3. 样本特征

1) 西江苗寨

从表 5.2 可知，西江苗寨村落群受访者男性占 58.3%，女性占 41.7%，年龄主要集中于 31～55 岁，为 47.8%，其次为 56 岁及以上，占 33.8%，18 岁以下的比重最少，仅 2.8%；学历以小学及以下为主，占了一半，为 50.9%，排在第二位的是初中学历，占 36.0%，大学(含大专)及以上最少，仅 3.1%；在职业的分布上，农民占了一半，为 50.1%，其次为与旅游业相关的个体从业者和服务业，分别占 17.5%及 13.1%，最低为公务员/事业单位人员，仅占 0.8%；月收入以 2000 元及以下的中低收入群体为主体，占 66.5%；受访者普遍居住时间较长，居住 20 年及以上的占 91.0%。

表 5.2 研究区样本人口学统计特征

变量名称	选项	西江苗寨		肇兴侗寨	
		频数/人	有效百分比/%	频数/人	有效百分比/%
性别	男	369	58.3	250	51.3
	女	264	41.7	237	48.7
年龄	18 岁以下	18	2.8	34	7.0
	19～30 岁	99	15.6	87	17.9
	31～55 岁	302	47.8	223	45.8
	56 岁及以上	214	33.8	143	29.4
学历	小学及以下	322	50.9	248	50.9
	初中	228	36.0	203	41.7
	高中(含中专、中技)	63	10.0	28	5.8
	大学(含大专)及以上	20	3.1	8	1.6

续表

变量名称	选项	西江苗寨		肇兴侗寨	
		频数/人	有效百分比/%	频数/人	有效百分比/%
职业	公务员/事业单位人员	5	0.8	5	1.0
	服务业	83	13.1	26	5.3
	学生	23	3.6	47	9.7
	个体从业者	111	17.5	55	11.3
	自由职业者	53	8.4	28	5.7
	农民/渔民/牧民	317	50.1	258	53.0
	其他	41	6.5	68	14.0
月收入	700 元及以下	238	37.6	202	41.5
	701～2000 元	183	28.9	173	35.5
	2001～3000 元	111	17.5	79	16.2
	3001 元及以上	101	16.0	33	6.8
居住时间	10 年以内	19	3.0	23	4.7
	10～20 年	38	6.0	71	14.6
	20～40 年	211	33.3	162	33.3
	40 年以上	365	57.7	231	47.4

2) 肇兴侗寨

肇兴侗寨村落群的样本基本特征与西江千户苗寨村落群也较为相似(表 5.2)：受访者男性占 51.3%，女性占 48.7%；年龄也主要集中于 31～55 岁，为 45.8%，56 岁及以上排第二，占 29.4%，18 岁以下的比重最少，为 7.0%；学历也以小学及以下为主，为 50.9%，其次是初中学历，占 41.7%，大学(含大专)仅占 1.6%；在职业的分布上，农民占了一半以上，为 53.0%，与旅游业相关的个体从业者和服务业占比与西江千户苗寨村落群相比较低，分别占 11.3%及 5.3%；月收入以 700 元以下的低收入群体和 700～2000 元的中低收入群体为主，分别为 41.5%和 35.5%；受访者普遍居住时间较长，居住 40 年以上的占了 47.4%。

以上样本的基本情况反映受访者主要以低学历、中低收入的群体为主，这与目前西江千户苗寨村落群和肇兴侗寨村落群的社会经济发展及人口结构发展情况一致，也与笔者获取的相关人口统计资料的特征较为相符，样本不仅有效，而且具有代表性。

5.1.4 实证研究

1. 研究假设及模型构建

1) 研究假设

在旅游影响感知和地方依恋的前因关系中，旅游影响感知是旅游地居民地方依恋发展和变化的关键因素。赵良成(2014)发现，旅游的正向影响感知对少数民族社区居民的地方依赖有显著的正向影响，旅游的负向影响感知对地方依赖有显著的负向影响，正负影响感知通过地方依赖间接影响地方认同。在节事旅游情境中，肖璐(2012)得出旅游者的节事旅游整体感知对地方认同维度有显著的正向影响的结论；陶伟等(2014)对民俗节庆重构与居民地方依恋之间关系的研究表明，传统节日因旅游的发展而兴起并重构，当地居民因此对居住地产生了较强的骄傲感、自豪感及归属感。杨昀和保继刚(2012)对阳朔西街本地居民和外来经营者的地方依恋进行质性研究也发现，旅游商业化的感知会引起外来经营者和本地居民地方依恋构成维度和表象强度的变化，经济依赖和情感认同维度相互促进或抑制导致地方依恋的分异和发展。此外，地方依恋的二维度中，地方依赖对地方认同的形成具有显著的正向影响作用(Moore and Graefe，1994；唐文跃等，2008)。

在地方依恋和态度及行为构成的后果效应中的已有研究中表明，人的态度和行为是既定社会关系和结构的产物(Cranovette，1985)，地方依恋的变化也会引起个体旅游支持行为和资源的保护态度及行为的变化。Vaske 和 Kobrin(2001)发现，当人们对自然资源形成地方依恋之后，会对自然资源的收费持积极态度，在日常活动和场所中对环境更负责任；唐文跃等(2008)认为古村落居民地方依赖和地方认同对居民的资源保护态度有显著的正向影响，地方依赖通过地方认同影响居民的资源保护态度；Zhang 等(2014)对大九寨沟旅游区的研究表明，在众多因素当中，地方依恋对当地居民的环境亲密行为具有正面的显著影响；Dogan 等(2010)、McCool 和 Martin(1994)发现居民对旅游的支持度与地方依恋的强弱有密切关联。此外，唐晓云(2015)通过结构模型的方法发现古村落居民的文化认同感越强，对社区发展的评价越强，其支持或反对旅游开发的行为倾向越明显；史慧颖(2007)认为少数民族文化在与外来文化的交汇、碰撞和融合过程中，不同民族成员对本民族文化的认知和情感的状况与自身的态度和行为是密切联系的。

根据上述研究，本书提出假设关系如下：H1 为旅游利益感知对文化依赖有直接影响；H2 为旅游利益感知对文化认同有直接影响；H3 为旅游成本感知对文化依赖有直接影响；H4 为旅游成本感知对文化认同有直接影响；H5 为文化依赖对文化认同有直接影响；H6 为文化依赖对文化支持态度与行为有直接影响；H7 为文化认同对文化支持态度与行为有直接影响。

2)模型构建

本书构建了民族旅游村寨居民文化依恋的“前因-中介-结果”模型(图 5.2)。模型由 5 个变量及其 38 个观测变量构成，其中，“旅游利益感知”和“旅游成本感知”是自变量，称作前因变量；“文化保护态度与行为”是因变量，称作结果变量；而“文化依赖”和“文化认同”是一个起中介效应的变量，即中介变量。

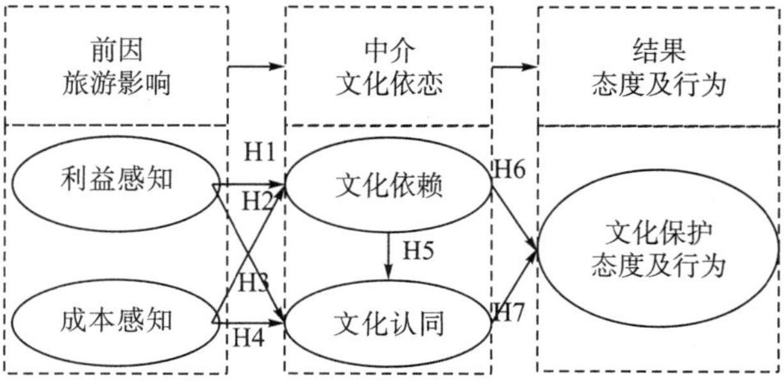

图 5.2　研究概念模型

2. 信度与效度

为了得到科学和可信的研究结果，本书采用信度分析和项目总体相关分析(item-total correlation，ITC)共同对问卷的可靠性进行检验。

1)西江苗寨

西江苗寨旅游利益感知、旅游成本感知、文化依恋、文化保护态度及行为四个变量的信度分别为0.792、0.881、0.881和0.873，结合ITC分析发现，前因变量中的旅游利益感知和旅游成本感知中两个潜在变量中的观测因子LYGZ5、LYGZ11、LYGZ12、CBGZ5、CBGZ6的ITC分别为0.252、0.413、0.212、0.458、0.398，均小于0.5，删除这五项之后，量表信度由0.862和0.881上升到0.891和0.885，符合删除标准，剩余的观测变量ITC均大于0.5，符合统计要求。

对剩余的33个观测因子进行效度分析。在旅游利益感知和旅游成本感知两个变量中，LYGZ2、LYGZ8、LYGZ9以及CBGZ4的因子负荷均大于0.4，CBGZ7在所有因子负荷中均小于0.4，考虑将其删除。删除后变量的KMO值分别为0.827和0.847。文化依恋和文化支持态度与行为的KMO值分别为0.902和0.853，因子负荷量均大于0.4最低标准，符合统计要求(表5.3)。

表5.3 总量表与分维度量表效度分析

变量类别	效度检验							
	KMO		近似卡方值		累计解释变异量/%		显著性概率	
	西江	肇兴	西江	肇兴	西江	肇兴	西江	肇兴
旅游利益感知	0.827	0.801	1545.077	1236.003	63.060	71.024	0.000	0.000
旅游成本感知	0.847	0.884	2634.287	7295.853	75.992	81.064	0.000	0.000
文化依恋	0.902	0.889	2596.078	4083.750	60.193	57.794	0.000	0.000
文化保护态度及行为	0.853	0.750	1505.533	1894.736	66.325	91.991	0.000	0.000

2)肇兴侗寨

在对肇兴文化依恋的特征及规律的研究中发现，处于探索区-边缘区的堂安村与处于快速期-核心区村寨居民的文化依恋特征较为相似，处于探索区-边缘区的厦格村与处于快速期-核心区村寨居民的文化依恋特征也较为相似，因此，在此部分的机制研究中，将会把堂安村和厦格村分别列入快速期-核心区和探索区-边缘区进行研究，即与西江相比，肇兴的机制研究只有探索区-边缘区和快速期-核心区，无渴望期-过渡区。

初始结果显示(表5.3)，旅游利益感知、旅游成本感知、文化依恋、文化保护态度及行为四个变量的信度分别为0.818、0.922、0.917和0.802，结合ITC分析发现，旅游利益感知、旅游成本感知两个变量中的因子LYGZ1、LYGZ6、LYGZ7、LYGZ8、LYGZ9、LYGZ10、LYGZ12、CBGZ1、CBGZ2、CBGZ3和CBGZ4的ITC均小于0.5，删除以上因子之后，量表信度分别由0.818和0.922上升到0.819和0.937，符合删除标准；在文化保护态度行为变量中，尽管TDXW2和TDXW4两个因子的ITC低于0.5，但删除后剩余因子不能更好地解释潜在变量，因此研究考虑予以保留；剩余观测因子 ITC 均大于 0.5，符合统计要求。最后，对剩余的 29 个观测变量进行效度分析。在旅游成本感知变量中，CBGZ1 和 CBGZ4 两个因子的负荷均小于 0.4，考虑删除，删除后 KMO 为 0.884，符合统计要求；旅游利益感知变量、文化依恋、文化保护态度及行为中因子负荷量均大于 0.4 的最低标准，无须删除，三个变量的 KMO 值分别为 0.801、0.889 和 0.750，因子负荷量均大于 0.4 的最低标准，符合统计要求。

3. 验证性因子分析

模型的验证性因子分析涉及测量模型的检验和结构模型的检验两个部分。测量模型主要通过 CFA 进行模型的拟合优度和内在结构适配度的检验，目的在于了解潜在的建构效度与信度是否能较好地反映其所属的潜在变量，为下一步探究变量之间的关系做好准备(吴明隆，2010)。结构模型的验证目的是了解假设的因果关系是否成立，主要基于 AMOS 21.0 的极大似然估计法对前面的假设进行验证，其中，潜变量之间的路径系数、标准误、T 值以及显著性是评价假设因果关系是否成立的主要标准(吴明隆，2010)。

1) 西江苗寨

(1) 测量模型检验。首先，AMOS 初始报表显示(表 5.4)，三个时空范围的初始测量模型 M1 拟合指数并不理想，考虑对模型进行修正。在快速期-核心区，模型 M1 拟合指数没有达到标准，将“文化依恋”基本维度中的 WHYL1、WHYL4、WHYL5、WHYL8 分别与 WHYL10 进行关联，将 WHYL4、WHYL6、WHYL7、WHYL8 分别与 WHYL5 进行关联；将“文化支持态度与行为”基本维度中的 TDXW1 和 TDXW2、TDXW4 分别与 TDXW5 进行关联，关联后模型 M2 报表显示除了快速期-核心区和探索期-边缘区的 TLI 略低于 0.9 标准之外，其余相关拟合指数达到良好适配要求。在渴望期-过渡区，初始模型 M1 显示拟合指数没有达到标准，关联“旅游利益感知”基本维度中的 LYGZ3 和 LYGZ10，“文化依恋”基本维度中的 WHYL1 和 WHYL2、WHYL2 和 WHYL3、WHYL4。其次，对模型内在结构适配度进行检验，结果显示，在快速期-核心区、渴望期-过渡区和探索期-边缘区，标准化因子负荷均大于 0.5；临界比值 t 均大于 1.96，而且均在 P 小于 0.001 水平下显著；组合信度 R^2 均大于 0.6；平均变异量提取值 ρV 均大于 0.5。最后，综合上述三个区

表 5.4　西江苗寨初始模型 M1 与修正模型 M2 拟合指数比较

时空范围	模型类型	绝对适配度指数			增值适配度指数					精简拟合指标	
		χ^2/df <3	GFI >0.9	RMSEA <0.08	NFI >0.9	RFI >0.9	IFI >0.9	TLI >0.9	CFI >0.9	AIC 越小越好	CAIC 越小越好
快速期-核心区	M1	3.274	0.853	0.073	0.837	0.815	0.881	0.863	0.880	836.082	1103.593
	M2	2.680	0.902	0.063	0.912	0.920	0.916	0.899	0.915	696.170	1019.202
渴望期-过渡区	M1	2.015	0.830	0.099	0.850	0.816	0.856	0.833	0.853	555.425	748.578
	M2	1.506	0.904	0.070	0.920	0.903	0.930	0.917	0.929	445.740	668.048
探索期-边缘区	M1	2.201	0.850	0.107	0.856	0.834	0.856	0.832	0.854	546.305	766.804
	M2	1.769	0.926	0.080	0.916	0.904	0.911	0.892	0.909	460.968	673.448

域对旅游利益感知、旅游成本感知、文化依恋、文化保护态度及行为四个变量的内在结构质量检验及评估结果，显示四个测量模型的内在适配度为好，适合进行下一步的结构方程模型检验，因此选择模型 M2 为最终结构测量模型。

(2)结构模型检验。表 5.5 显示，假设 H1 在快速期-核心区和渴望期-过渡区通过假设验证，在探索期-边缘区没有通过假设验证；假设 H2 在三个时空范围均没有通过假设验证；假设 H3 在快速期-核心区和渴望期-过渡区基本通过假设验证，在探索期-边缘区没有通过假设验证；假设 H4 在快速期-核心区和渴望期-过渡区通过假设验证，在探索期-边缘区没有通过假设验证；假设 H5 在三个时空范围均通过假设验证；假设 H6 在快速期-核心区和渴望期-过渡区没有通过假设验证，在探索期-边缘区基本通过假设验证；假设 H7 在三个时空范围均基本通过假设。

表 5.5　西江苗寨结构模型验证分析结果

假设关系	影响路径	时空范围	路径系数	标准误(S.E)	*T* 值(C.R)	显著性(*P*)	验证结果
H1	旅游利益感知对文化依赖	快速期-核心区	0.629	0.100	7.671	***	正向影响显著
		渴望期-过渡区	0.351	0.100	7.671	***	正向影响显著
		探索期-边缘区	−0.007	0.145	−0.049	0.961	无显著影响
H2	旅游利益感知对文化认同	快速期-核心区	−0.144	0.099	−1.899	0.058	无显著影响
		渴望期-过渡区	0.060	0.099	−1.899	0.058	无显著影响
		探索期-边缘区	−0.070	0.165	−1.595	0.552	无显著影响
H3	旅游成本感知对文化依赖	快速期-核心区	−0.125	0.040	−2.230	0.026	负向影响
		渴望期-过渡区	0.203	0.040	−2.230	0.026	正向影响
		探索期-边缘区	−0.258	0.087	−1.690	0.091	无显著影响
H4	旅游成本感知对文化认同	快速期-核心区	0.306	0.043	5.494	***	正向影响显著
		渴望期-过渡区	0.090	0.043	5.494	***	正向影响显著
		探索期-边缘区	−0.057	0.098	−0.457	0.647	无显著影响
H5	文化依赖对文化认同	快速期-核心区	0.844	0.101	8.971	***	正向影响显著
		渴望期-过渡区	0.920	0.101	8.971	***	正向影响显著
		探索期-边缘区	0.580	0.161	4.914	***	正向影响显著
H6	文化依赖对文化保护态度及行为	快速期-核心区	0.197	0.144	1.522	0.128	无显著影响
		渴望期-过渡区	0.183	0.132	1.512	0.112	无显著影响
		探索期-边缘区	0.332	0.176	−2.366	0.018	正向影响
H7	文化认同对文化保护态度及行为	快速期-核心区	0.377	0.139	2.814	0.005	正向影响
		渴望期-过渡区	0.363	0.131	2.798	0.005	正向影响
		探索期-边缘区	0.410	0.121	3.100	0.002	正向影响

注：***表示 *P* 值小于 0.001。

2)肇兴侗寨

(1)测量模型检验。首先，AMOS 初始报表显示(表 5.6)，两个时空范围的初始测量模型 M1 拟合指数并不理想，考虑对模型进行修正。在快速期-核心区，模型 M1 拟合指数没有达到标准，将旅游利益感知和旅游成本感知两个潜在变量的 LYGZ5 与 LYGZ4 和 LYGZ11，以及 CBGZ7 与 LYGZ2 和 LYGZ3 的残差进行关联；将“文化依恋”基本维度中的 WHYL2 与 WHYL9，WHYL3 与 WHYL8，WHYL4 与 WHYL5 以及 WHYL6 与 WHYL1、WHYL2、WHYL6 的残差进行关联；将“文化支持态度与行为”基本维度中的 TDXW3 和 TDXW5 的残差进行关联。在探索期-边缘区，模型 M1 拟合指数没有达到标准，将旅游利益感知和旅游成本感知两个潜在变量的 LYGZ3 和 LYGZ11，CBGZ2 和 CBGZ7 的残差进行关联，将 WHYL1 和 WHYL6 和 WHYL8，WHYL5 与 WHYL4、WHYL6、WHYL7、WHYL8、WHYL9 的残差分别进行关联。关联后模型 M2 报表显示尽管快速期-核心区和探索期-边缘区的 NFI 及 RFI 略低于 0.9 标准之外，但出于接近 0.9 的最低要求；其余相关拟合指数达到良好适配要求。其次，对模型内在结构适配度进行检验，结果显示，在快速期-核心区和探索期-边缘区，标准化因子负荷均大于 0.5；临界比值 t 均大于 1.96，而且均在 P 小于 0.001 水平下显著；组合信度 R^2 均大于 0.6；平均变异量提取值 ρV 均大于 0.5。最后，综合上述三个区域对旅游利益感知、旅游成本感知、文化依恋、文化保护态度及行为四个变量的内在结构质量检验及评估结果，显示四个测量模型的内在适配度为好，适合进行下一步的结构方程模型检验，因此选择模型 M2 为最终结构测量模型。

表 5.6　肇兴侗寨初始模型 M1 与修正模型 M2 拟合指数比较

时空范围	模型类型	绝对适配度指数			增值适配度指数					精简拟合指标	
		χ^2/df <3	GFI >0.9	RMSEA <0.08	NFI >0.9	RFI >0.9	IFI >0.9	TLI >0.9	CFI >0.9	AIC 越小越好	CAIC 越小越好
快速期核心区	M1	2.241	0.836	0.074	0.798	0.770	0.878	0.859	0.876	599.427	836.683
	M2	1.821	0.901	0.061	0.892	0.873	0.922	0.905	0.920	514.263	799.849
探索期边缘区	M1	2.204	0.879	0.062	0.840	0.818	0.912	0.899	0.911	557.364	805.075
	M2	1.764	0.912	0.054	0.895	0.894	0.938	0.924	0.977	502.000	792.584

(2)结构模型检验。表 5.7 显示，假设 H1 在快速期-核心区通过假设验证，在探索期-边缘区没有通过假设验证；假设 H2 在快速期-核心区和探索期-边缘区均没有通过假设验证；假设 H3 快速期-核心区通过假设验证，在探索期-边缘区没有通过假设验证；假设 H4 在快速期-核心区探索期-边缘区均没有通过假设验证；假设 H5 在快速期-核心区探索期-边缘区均通过假设验证；假设 H6 在快速期-核心区和探索期-边缘区基本通过假设验证；假设 H7 在快速期-核心区和探索期-边缘区均基本通过假设。

表 5.7　肇兴结构模型验证分析结果

假设关系	影响路径	时空范围	路径系数	标准误 (S.E)	T 值 (C.R)	显著性 (P)	验证结果
H1	旅游利益感知对文化依赖	快速期-核心区	0.345	0.051	3.694	***	正向影响显著
		探索期-边缘区	0.134	0.126	1.710	0.087	无显著影响
H2	旅游利益感知对文化认同	快速期-核心区	−0.124	0.077	−1.820	0.069	无显著影响
		探索期-边缘区	−0.036	0.113	−0.694	0.488	无显著影响

续表

假设关系	影响路径	时空范围	路径系数	标准误(S.E)	*T* 值(C.R)	显著性(*P*)	验证结果
H3	旅游成本感知对文化依赖	快速期-核心区	−0.282	0.042	−3.171	0.006	负向影响
		探索期-边缘区	−0.187	0.042	−2.542	0.110	无显著影响
H4	旅游成本感知对文化认同	快速期-核心区	0.031	0.063	0.476	0.634	无显著影响
		探索期-边缘区	0.073	0.039	1.473	0.141	无显著影响
H5	文化依赖对文化认同	快速期-核心区	0.862	0.280	6.288	***	正向影响显著
		探索期-边缘区	0.872	0.128	9.366	***	正向影响显著
H6	文化依赖对文化保护态度及行为	快速期-核心区	−0.096	0.287	−0.587	0.557	无显著影响
		探索期-边缘区	0.052	0.198	0.302	0.763	无显著影响
H7	文化认同对文化保护态度及行为	快速期-核心区	0.032	0.141	0.196	0.045	正向影响
		探索期-边缘区	0.071	0.144	0.495	0.020	正向影响

注：***表示 *P* 值小于 0.001。

5.1.5 文化依恋的时空变迁机制

1. 探索期-边缘区

由于受地理条件和交通等因素的影响，探索期-边缘区较少有旅游活动的出现，仍保留着传统乡土社会的特征，鉴于地缘、亲缘、乡规民约和民族文化是构成地方纽带的基础，故假设关系 H1、H2、H3、H4 在西江和肇兴两个村落群均不成立(表 5.5、表 5.7、图 5.3、图 5.4)。对探索期-边缘区居民来说，地方是定位具体时间和空间的坐标，地方的时空关系是紧密且一体化的。居民“在场”与地方长期的“互动交流”，形成了人与文化之间高度依赖和认同的纽带，以及人与人之间高度信任和稳定合作的纽带，居民对文化的依恋程度为强(西江 4.20，肇兴 4.10)。由于地方纽带具有能将居民组织起来的社会功能，处于地方社会关系网络中心的居民主动参与社区文化保护的态度和行为明显(H6、H7 在西江成立，H6 在肇兴成立)，相比较而言，居民对文化保护的态度和行为倾向均较为明显(西江：TDXW5 为 0.93，TDXW4 为 0.90；肇兴：TDXW2 为 0.85，TDXW3 为 0.84，TDXW4 为 0.82)。可以看出，区域共同体是村寨社会文化关系的纽带，地方文化依恋的自主演化是探索期-边缘区居民文化依恋程度为强的主要动力。

2. 渴望期-过渡区

表 5.5 显示，假设关系 H1、H3、H4 成立(路径影响系数分别为 0.351、0.203、0.090)。可以发现，渴望期-过渡区以“旅游利益感知”尤其是“旅游经济利益感知”为导向(LYGZ3 为 0.92，LYGZ4 为 0.85)，“旅游成本感知较低”(表 5.5，图 5.5)。在当地政府“大西江旅游区规划”和快速期-核心区旅游活动辐射的共同影响下，渴望期-过渡区的地方时空关系开始出现偏离，地方对于时间和空间的中介作用开始下降，呈现“不完全紧密型”的时空关系。“不完全在场”的本地居民地方及地方文化之间“间断式”互动交流，引起脱域

机制的“去地方化”向度开始作用：地方外文化和个人理性关系的部分介入，人地之间、人与人之间的高度信任和稳定合作的关系出现松动，引起地方纽带的减少和社会功能的下降，人对文化的依恋被逐渐淡化(文化依恋公因子均值 3.80)，本地居民参与社区积极性也随之下降，呈现较为内隐的文化保护态度及行为(TDXW3 为 0.84，TDXW1 为 0.81)。可以看出，不完全脱域共同体成为村寨社会文化关系纽带，而经济利益追求(LYGZ1 为 0.80，LYGZ3 为 0.92，LYGZ4 为 0.85)是诱使渴望期-过渡区文化依恋变迁的主要动力。

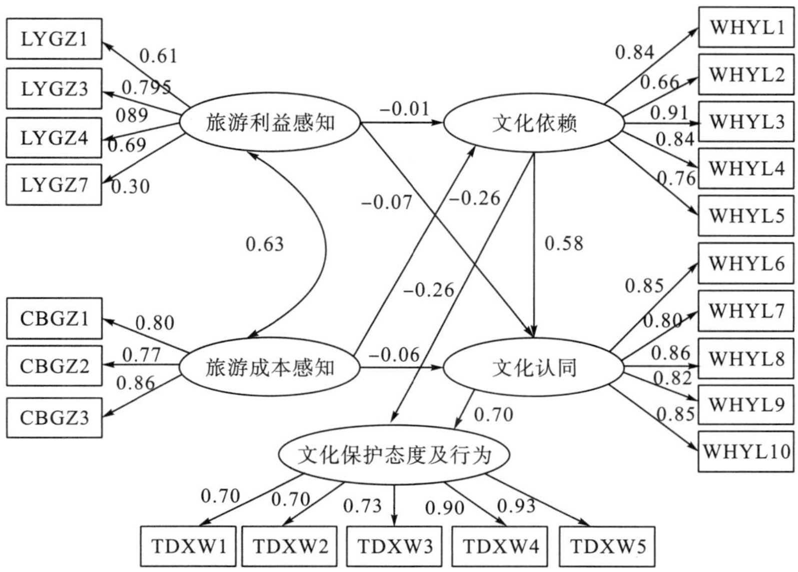

图 5.3　西江苗寨探索期-边缘区结关系模型参数估计

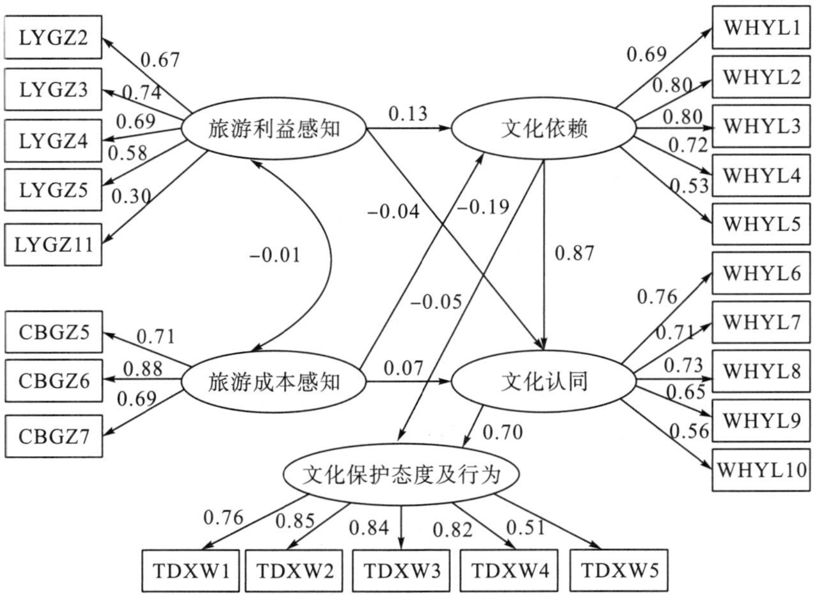

图 5.4　肇兴侗寨探索期-边缘区结构关系模型参数估计

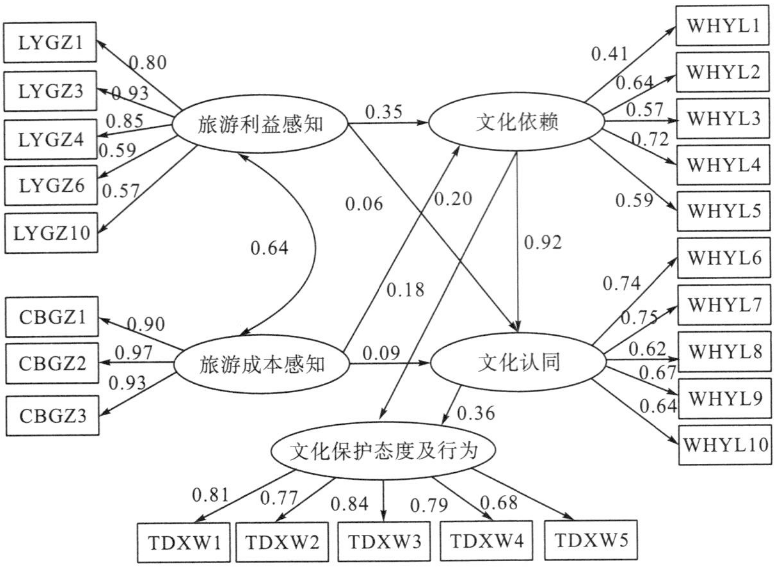

图 5.5 西江苗寨渴望期-过渡区结构关系模型参数估计

3. 快速期-核心区

在西江(表 5.5)，假设 H3 和 H4 路径系数为-0.125、0.306，分别呈负向影响和正向显著影响，在肇兴(表 5.7)，假设 H3 为-0.282，H4 为 0.031，分别呈负向影响和无显著影响，可以看出，在西江和肇兴与“旅游成本感知”相比，“旅游利益感知”是影响文化依赖程度高低的主要因素(假设 H1 路径系数西江为 0.629，肇兴为 0.345)，验证了唐文跃、保继刚等的研究结论(唐文跃等，2008；保继刚和杨昀，2012)。情感性依恋在居民文化保护行为中起主导作用(假设 H7 路径系数在西江为 0.377，肇兴为 0.032)，这与苏勤和钱树伟(2012)关于地方依恋对遗产保护行为的研究结论较为一致(图 5.6、图 5.7)。

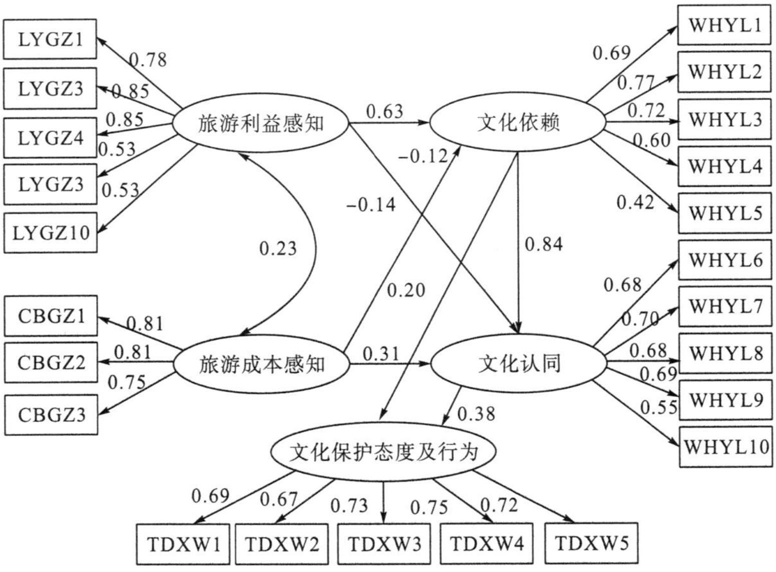

图 5.6 西江苗寨快速区-核心区结构关系模型参数估计

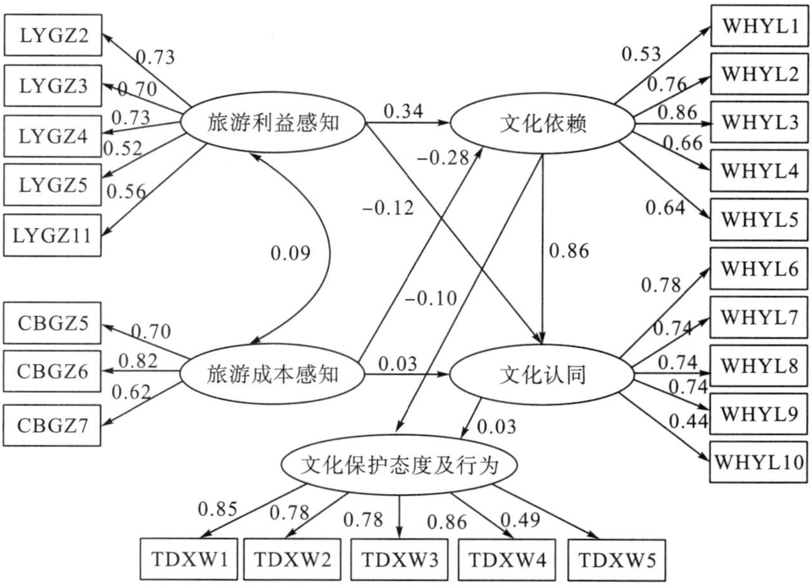

图 5.7 肇兴侗寨快速区-核心区结构关系模型参数估计

在旅游深入影响的背景下，地方作为时空的中介作用正急速下降，本地居民并不能将地方的时间与空间相联系，快速期-核心区时空高度分离，“脱域”动力机制形成。快速期-核心区的“脱域”动力机制从两个向度进行作用：其一，地方的“去地方化”。由于居民“缺场”与地方文化的互动交流，地方文化和社会关系受“脱域”机制的影响被“抽离”出来，逐渐脱离地方地理环境的影响。同时，社区在转型的过程中形成理性的个人关系和逐渐趋同的地方外文化，传统人和地方之间高度依赖、人与人之间高度信任和稳定合作的关系失去了村寨的基础，居民在社区关系网络被边缘化，社区参与不足成为必然。其二，地方的“再地方化”。已“脱域”的地方文化和社会关系为了寻求与地方的时空条件相契合，启动“再嵌入”机制，于是，现代文化与民族文化之间不断解构和重构，形成错综复杂的“全球-地方”关系。与此，受“虚化”的时空关系和外来地方文化的影响，产生迷惑的本地居民重新意识到那些他们曾经认为是真实的东西，如民族文化。因此，居民倾向于以实际行动对文化进行保护(西江：TDXW4 为 0.75，TDXW5 为 0.72；肇兴：TDXW4 为 0.86)，其意图在于获取一种大于个体的力量，重显他们在社区的地位(文化依恋公因子均值为西江 4.03，肇兴 4.00)。总之，脱域化共同体成为村寨社会文化关系纽带，政府主导下的旅游发展模式是快速期-核心区居民文化依恋变迁的主要动力。

5.1.6 研究结论

基于以往地方依恋的研究基础，研究从本地居民的“旅游影响感知”“文化依恋”及“文化保护的态度和行为”出发，构建了旅游影响下民族村寨居民文化依恋时空变迁的“前因-中介-结果”结构模型，据此探讨其过程作用机理，研究结果如下。

(1)时空范围不同，前因关系和后果效应影响路径存在差异。

从西江千户苗寨村落群来看，在前因影响关系中，“旅游利益感知”对“文化依赖”在快速期-核心区和渴望期-过渡区有正向影响显著关系，对“文化认同”无影响，“旅游经济利益”是影响的主导因子；“旅游经济成本”对“文化依赖”在快速期-核心区和渴望期-过渡区分别呈负向和正向影响，对“文化认同”均呈正向影响；前因影响关系在探索期-边缘区无显著影响关系路径。从后果影响效应来看，在快速期-核心区和渴望期-过渡区，“文化依赖”对“文化保护态度及行为”没有影响关系，“文化认同”对“文化保护态度及行为”有正向影响。在探索期-边缘区，“文化依赖”和“文化认同”均正向影响居民“文化保护态度及行为”。

从肇兴侗寨村落群来看，在前因影响关系中，“旅游利益感知”对“文化依赖”在快速期-核心区有正向影响显著关系，对“文化认同”无影响，与西江千户苗寨村落群的快速期-核心区一样，“旅游经济利益”也是肇兴侗寨村落群的快速期-核心区影响的主导因子；“旅游成本感知”对“文化依赖”在快速期-核心区呈负向影响关系，对“文化认同”无影响关系；上述前因影响关系在探索期-边缘区无显著影响关系路径。从后果影响效应来看，在快速期-核心区和探索期-边缘区，“文化依赖”对“文化保护态度及行为”均没有影响关系，“文化认同”对“文化保护态度及行为”均有正向影响。

2)旅游影响背景下的时空分离和脱域机制形成的现代性动力是引起民族村寨居民文化依恋时空变迁的主要诱因。

在西江千户苗寨村落群，在旅游的影响下，地方时空关系被延伸，地方的人-地关系、社会关系被不断解构和重构。从探索期-边缘区到渴望期-过渡区再到快速期-核心区，“时空紧密型的乡土地域”过渡到“时空不完全紧密型的半乡土地域”再到“时空分离型的旅游商业地域”的地方社会时空变迁规律；经历“自主演变(地方纽带)”到“经济利益刺激演变(不完全脱域)”再到“政府主导演变(脱域化)”的文化依恋变迁的动力路径；对应文化依恋程度“高-低-高”的时空分布特征；最终形成“原生化的外显式文化保护态度及行为”到“不完全脱域的内隐式文化保护态度及行为”再到“脱域化的外显式文化保护态度及行为”的文化保护态度及行为的变迁模式。

在肇兴侗寨村落群，由于旅游发展阶段的不同，尚无渴望期-过渡区的出现，所以，肇兴侗寨村村落群文化依恋的变迁规律、动力路径及其文化保护的态度和行为模式呈现探索期-边缘区直接跳跃到快速期-核心区的影响机制：从探索期-边缘区到快速期-核心区，呈现“时空紧密型的乡土地域”到“时空分离型的旅游商业地域”的地方社会时空变迁规律；经历“自主演变(地方纽带)”到“政府主导演变(脱域化)”的文化依恋变迁的动力路径；对应文化依恋程度“高-高”的时空分布特征；最终形成“原生化的外显式文化保护态度及行为”到“脱域化的外显式文化保护态度及行为”的文化保护态度及行为的变迁模式。

上述前因关系和后果效应的作用过程、机制以及动力构成了民族旅游村寨居民文化依恋时空变迁过程的作用机制(图 5.8)。

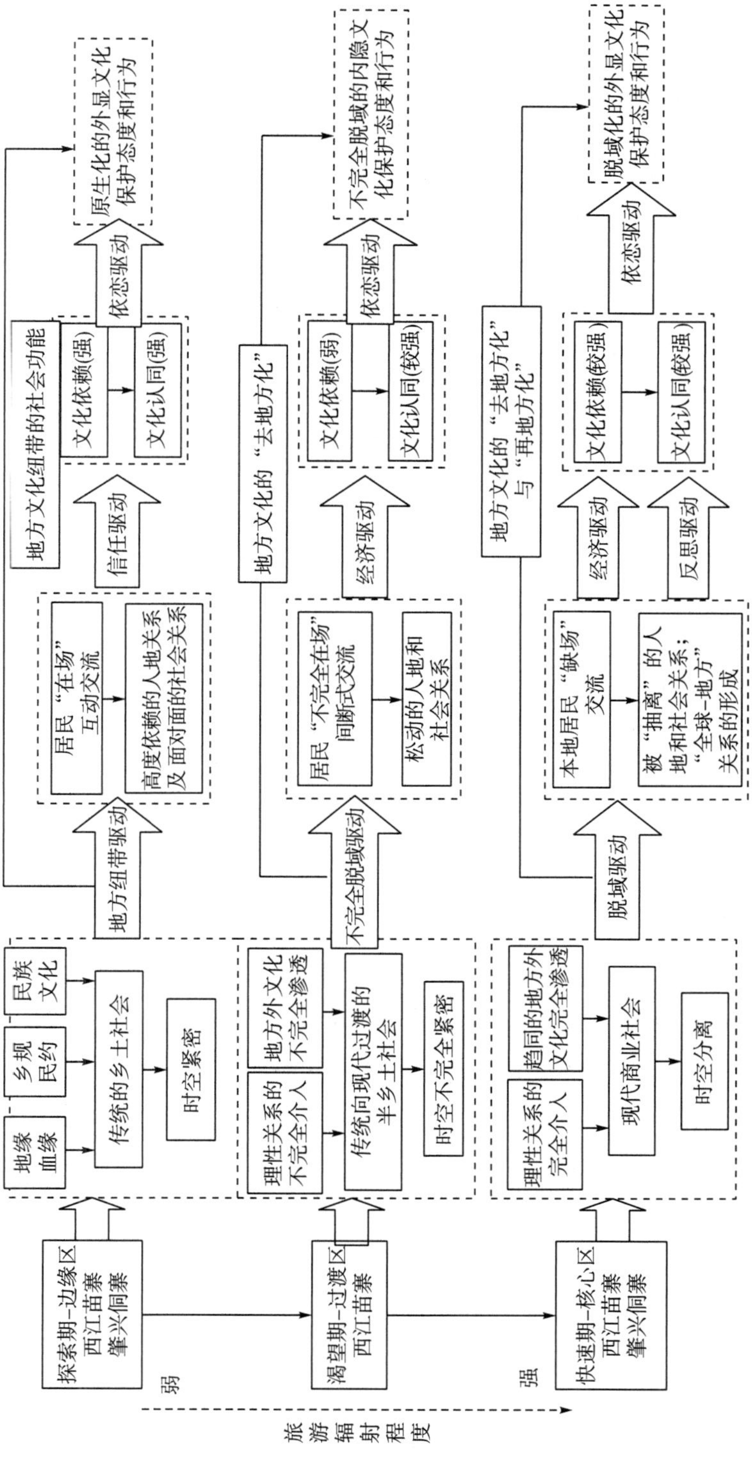

图5.8 旅游开发下民族村寨居民文化依恋的时空变迁机制

5.2 民族旅游村寨聚落形态、功能的时空变迁及其机制

当旅游逐步成为我国西部经济欠发展的民族村寨实现脱贫以及乡村振兴的重要途径时，原本封闭的村寨聚落流动性增强，使得村寨聚落规模扩张加强、形态加速转变、景观格局急剧变化，以及村寨功能的现代化转向(席建超等，2011；席建超等，2014a；席建超等，2016；王新歌等，2016；朱晓翔等，2016)，尤其是在旅游强资、强权不断叠加下，呈现出聚落“空心化”、土地资源浪费、生态环境恶化以及乡村社会文化衰落等人居环境与转型发展矛盾问题(席建超等，2014b)，进一步生产出有悖“平等”和“公正”的权力空间和资本空间(高小芳，2014)，空间的非均衡性实践加深。因此，对旅游与民族村寨聚落形态、功能的时空变迁及其机制的研究显得尤为必要。

现有关于聚落的研究主要集中在聚落分布影响因素、类型以及空间结构、形态演变、功能演替等方面，其中，对乡村聚落的研究案例地主要集中在江苏平原地区、河北野山坡地区、甘肃黄土丘陵区、湖南古村落以及西南喀斯特岩溶区(罗光杰等，2010；席建超等，2011；李阳兵等，2012；李全林等，2012；马晓东等，2012；郭晓冬等，2012；郭晓冬等，2013；席建超等，2014a；席建超等 2014b；吴江国等，2014；李红波等，2014；高小芳，2014；李骞国等，2015；席建超等，2016；王新歌等，2016；朱晓翔等，2016；郑文武等，2016；陈永林等)，镇域小尺度以及村域微尺度研究开展较少，在已有的民族村寨聚落空间的研究中，杨军辉等(2015)认为居民文化补偿认知在空间上存在客观分异，且并不完全遵循空间上的“核心-边缘”规律；王林(2014)认为在旅游发展背景下，村寨文化符号不断被挖掘、整合与转换，民族村寨空间被构建为新型的“民族旅游文化景观体系”。随着对空间概念认知的转变和空间生产理论的引入，空间本体得到较多关注，比如郭文和杨桂华(2018)发现旅游的介入使得翁丁瓦寨传统神圣空间世俗化，传统仪式逐渐成为利益化的赚钱工具，神圣空间发生转向并不断分化、隔离与生产。而且，旅游地空间演化大多呈非均衡性特征，以及由核心区向外围区扩散的特征，原有公共空间成为舞台化的空间，精神空间变为游客凝视下的景观空间(赵选贤，2015；陈贤斐，2017)，主体对社会空间的不同利用是旅游地社会结构生产、转换及变化的主要动力，且多元主体推动的空间生产与相互博弈存在不对称和非均衡的发展效应(龚伟，2014；姜辽，2014；徐小波等，2016)。综上，可以发现，已有研究对民族旅游村寨社会空间实践中的自然环境、文化基因、乡土规约等地方性要素关注较少(王丰龙等，2011；孙九霞和周一，2014)，鲜有针对民族村寨聚落空间形态和功能的研究尤其是对民族旅游村寨聚落形态功能的研究；缺乏对其时空演替过程的机理分析。从研究方法来看，多以物质空间的定量分析或聚落空间的质性探讨为主，综合研究方法尝试较少，较难反映聚落空间的多重属性特征。

基于上述，本书将借助地理信息系统分析等方法开展社会空间形态及功能演化研究，并结合质性方法揭示民族旅游村寨社会空间演化的过程和机理，为民族旅游村寨可持续发展提供参考对策。

5.2.1 研究数据与方法

1. *研究数据*

研究数据从两方面获取：①通过对不同时间段的遥感影像进行解译及 GIS 空间分析，对村落群整体形态的变迁和空间扩展程度进行评估。②参照参与式农村评估方法，于 2013～2015 年跟踪 1000 多户房屋居民(截止到 2015 年 7 月为 1325 户)，以单体建筑房屋为单元展开入户半结构化访谈，以获取研究基期以来(1990 年)村落群土地利用类型、功能变迁及原因的一手文本资料，对主要土地利用类型的转换、功能的变迁进行评估。

2. *研究方法*

1) 遥感解译分析

结合 1990～2015 年每 5 年间隔时间段遥感影像数据(表 5.8)对房屋、道路、河流等地理要素进行矢量化处理，表征村寨空间形态变迁特征，进而揭示村寨社会空间形态演化过程。此外，为保证遥感数据质量，研究过程中选取少云、植被生长初期或末期的遥感影像作为分析数据源。

表 5.8 研究所需遥感数据

研究区	数据类型	获取时间
西江	Landsat TM	1990 年、1995 年、2000 年
肇兴	Landsat4-5 TM	1990 年、1995 年、2005 年、2010 年
西江	Landsat ETM	2005 年、2010 年
肇兴	Landsat7 ETM SLC-on	2000 年
西江	Landsat OLI	2015 年

2) GIS 空间分析

借助地理信息系统，结合已获取遥感数据，通过空间扩展强度测算、空间扩展各向异性衡量以及空间扩展外部形态测算等具体方法对聚落空间进行量化和测算，揭示聚落空间实践过程(刘盛和等，2000；刘纪远等，2003)。其中，空间扩展强度指数和分形维数分别如式(5.1)和式(5.2)所示，式(5.1)中：$\beta_{i,t\text{-}t+n}$，$\mathrm{ULA}_{i,t+n}$、$\mathrm{ULA}_{i,t}$ 分别为空间单元的年均扩展强度指数，以及在 $t+n$ 及 t 时的空间扩展面积；式(5.2)中，$f(D)$ 为 $\mathrm{Ln}A$ 与 $\mathrm{Ln}P$ 线性回归的斜率，斜率的值 D 即为空间的分维数，D 反映图形对于空间填充的能力与图形边界不规则的复杂程度，D 的取值范围为 1～2，值越大表示图形的形状越复杂。当 $D>1.5$ 时，说明图形复杂；当 $D=1.5$ 时，图形处于布朗随机运动状态，越接近该值稳定性越差；当 $D<1.5$ 时，表明图形简单。

$$\beta_{i,t-t+n}=\frac{\left(\mathrm{ULA}i_{,t+n}-\mathrm{ULA}_{i,t}\right)/n}{\mathrm{TLA}_i}\times 100\% \tag{5.1}$$

$$\mathrm{Ln}P = \mathrm{Ln}\varphi = \frac{1}{2}C\mathrm{Ln}A + \frac{1}{2}DA^{\frac{1}{2}}\mathrm{Ln}A \tag{5.2}$$

3) 聚落内部功能转向分析

基于参与式农村评估和访谈文本等数据，对聚落空间开展时间序列上的逆推，反演聚落 1990～2015 年空间演化过程。首先借助地理信息平台，将遥感图像作为底图配准，对聚落内部不同时期房屋以及土地功能进行分区并矢量化，然后将文本资料载入矢量化的单体建筑房屋，实现对研究期内西江苗寨聚落内部控件功能转向，以揭示村寨社会空间功能演化规律。

5.2.2 民族村寨聚落的时空扩展

1. 平面扩展维度

在整体时空扩展趋势分析上，利用目视解译和人机交互解译的方法提取西江苗寨和肇兴侗寨两个聚落的信息以及村落群扩展过程中对周边土地利用的影响。方法使用中，以 1990 年聚落遥感数据作为本地数据，建立西江苗寨和肇兴侗寨 1990 年的村寨建成区矢量图，按照上述方法重复完成 1990～2015 年村寨扩展动态和各年度村寨建成区矢量图，获取 6 个时段村寨建成区扩展动态如下。

1) 西江苗寨

西江苗寨的 4 个聚落以位于白水河（图 5.9 中示意河流）东北方向的平寨村、羊排村为

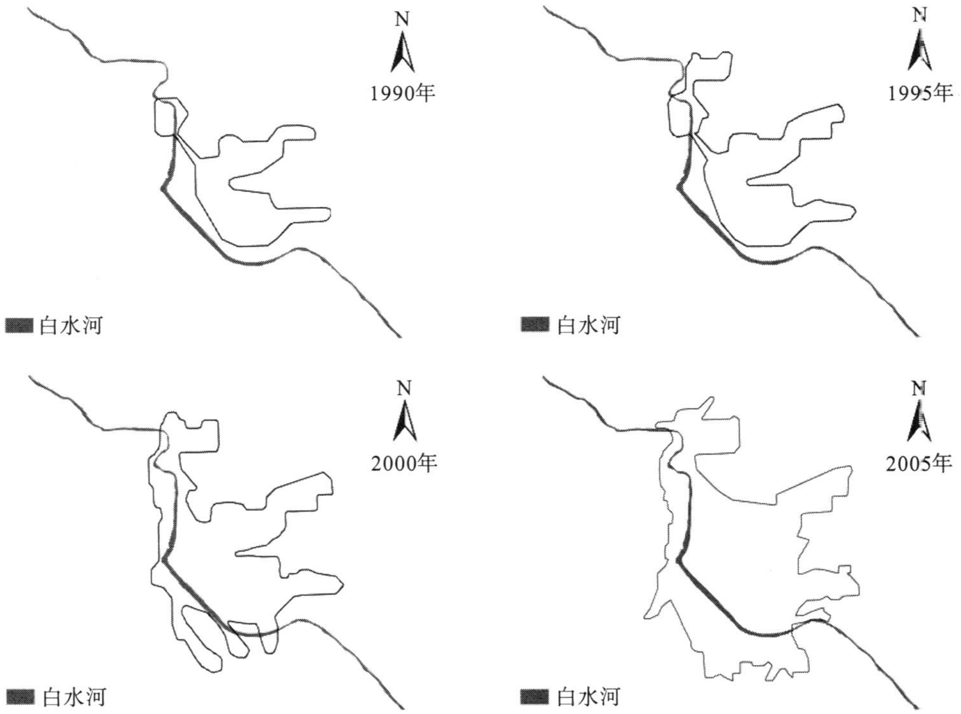

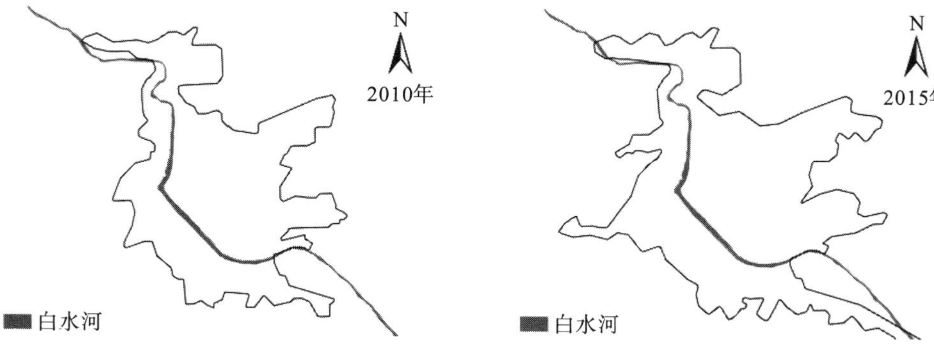

图 5.9　1990～2015 西江苗寨 6 个时段聚落空间扩展动态

核心向外辐射扩展，呈现带状扩张的空间态势，扩展方向呈西北—西南—东南。同时，群落空间形态、规模经历了由“原地圈层→轴向扩展→稳定-延伸填充→轴向扩展”的演化规律。2000 年以前，空间形态主要沿交通要道—河流轴线(西北—东南)缓慢扩展；2000～2010 年，旅游快速发展，河流南岸的南贵村因观景区位优势较好，空间快速扩展填充；在不断占有并被生产的同时呈现沿轴线纵深扩展(东南向再次轴间扩展)的规律。

2)肇兴侗寨

肇兴侗寨聚落(图 5.10)空间形态遵循“核心—边缘”的扩展规律，即以原有村寨为核心向外扩展。1990～2000 年，肇兴侗寨建成区的空间扩展较为缓慢，呈现聚落以西缓慢扩展的自发性扩展模式；2000～2010 年，随着旅游开发公司的进入以及聚落以西通往外

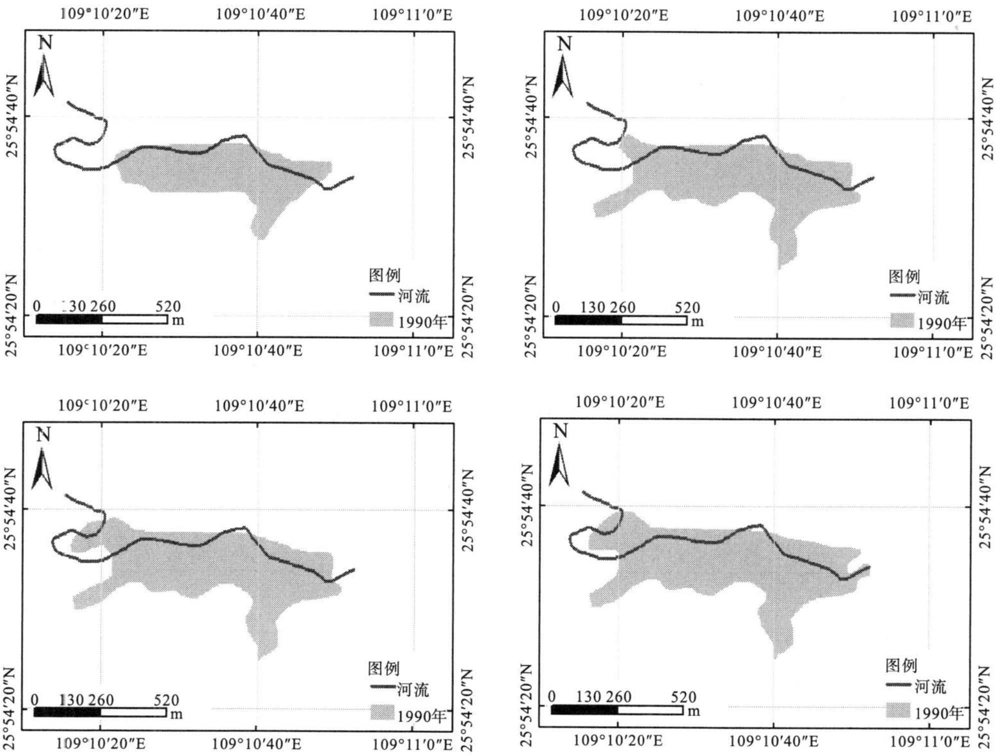

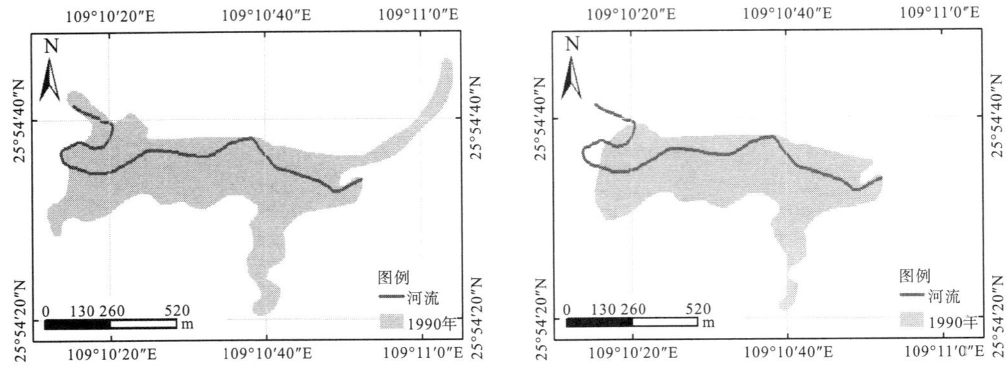

图 5.10　1990～2015 肇兴侗寨 6 个时段聚落空间扩展动态

部的公路建成，聚落以西方向的空间进一步扩展，聚落以南形成一块建成区；2010～2015年，随着夏蓉高速、贵广高铁以及政府主导发展旅游的旅游发展模式的确立，村寨以西建成区扩展进一步强化，建成区主要为景区大门及相关服务设施，此外，在村寨东北部形成了一条带状的建成区，为肇兴侗寨到堂安侗寨公路建成后形成的建成区。

2. 面积扩展趋势

1) 西江苗寨

西江苗寨聚落空间扩展的规模变化表现出明显的阶段性特征(表 5.9)。①1990～1995 年，村寨聚落规模从 0.136km^2 增加至 0.194km^2，聚落规模空间扩展较为缓慢，空间格局在时间尺度上相对保持一致，差异性不明显，这与村寨较封闭的农业生产有关。②1995～2000年，村寨聚落面积由 0.194km^2 增加到 0.316km^2，空间扩展速度逐渐增加，最大增速达12.66%，这与村寨这一时期逐渐发展民族旅游有着一定的关系。③2000～2005 年，聚落面积由 0.316km^2 增加到 0.448km^2，本阶段聚落扩展速度较上一期虽有所下降，但村寨聚落面积已是 1990 年的 3.29 倍，西江苗族村寨聚落基本格局形成。④2005～2010 年，村寨聚落面积增长至 0.530km^2，空间扩展保持缓慢平稳的增长态势。⑤2010～2015 年，聚落面积已是基期的 5 倍，达到 0.680km^2。此外，本期聚落空间扩展速度较上一期而言逐渐增大，面积增长值为上一期的两倍，由此可见，召开 2008 年第三届贵州旅游产业发展大会后，民族村寨旅游快速发展给西江苗寨所带来的社会文化影响逐渐显现。

表 5.9　研究区 25 年以来聚落面积变化　(单位：km^2)

	1990 年	1995 年	2000 年	2005 年	2010 年	2015 年
西江	0.136	0.194	0.316	0.448	0.530	0 680
肇兴	0.112	0.155	0.192	0.198	0.221	0 284

2) 肇兴侗寨

肇兴侗寨聚落建成区呈现出“快—慢—快”空间扩展路径(表 5.9)。①1990～1995 年，聚落建成区面积扩展速度较快，建成区面积从 0.112km^2 增加到 0.155km^2，这与村寨的农业发展相关。②1995～2005 年，聚落建成区扩展速度呈下降趋势，但总体上在不断扩大，聚落整体格局基本形成。③2005～2010 年，肇兴侗寨建成区面积的扩展速率逐渐上升，到 2010 年建成区面积达到 0.221km^2。④2010～2015 年，随着交通可达性的彻底改善以及政府主导型的旅游发展模式的形成，聚落面积较基期已扩大至 2.5 倍，达到 0.284km^2，此外，本期聚落建成区较上一期增长了 0.063km^2，为上一期的 1.3 倍，表明肇兴侗寨建成区扩展进入高速增长期。

3. 空间扩展的各向异性与模式

1) 西江苗寨

结合西江苗族村寨聚落空间扩展的各向异性特征(图 5.11)及扩张强度指数(表 5.10)可以看出：①1990～2015 年，西江苗寨聚落整体扩展翼为 E，以向东发展为主。②1990～2000 年，4 个聚落总体扩展趋势为单翼缓慢扩展，其中，1990～1995 年，扩展强度指数平均值为 0.2092，标准差为 0.3706，变异系数 1.7718，平均值和标准差均为最小值，数据相对波段范围较小，NEE、NW-NNW 为次要扩展翼；1995～2000 年，扩展强度指数变异系数为 1.2667，是所有时段变异系数最小值，数据相对波段范围较小，NEE、SSE-S-SSW-SW-SWW-W、NW 为次要扩展翼，村寨扩展方向增加。③2000～2005 年，4 个苗族聚落总体扩展趋势为单翼快速扩展，扩展强度指数平均值为 0.6970，数据相对波段范围较大，聚落不同方位扩展强度差异增大，NEE 为次要扩展翼。④2005～2010 年，聚落总体扩展趋势为单翼缓慢扩展，扩展强度指数平均值为 0.2286，数据相对波段范围较小，

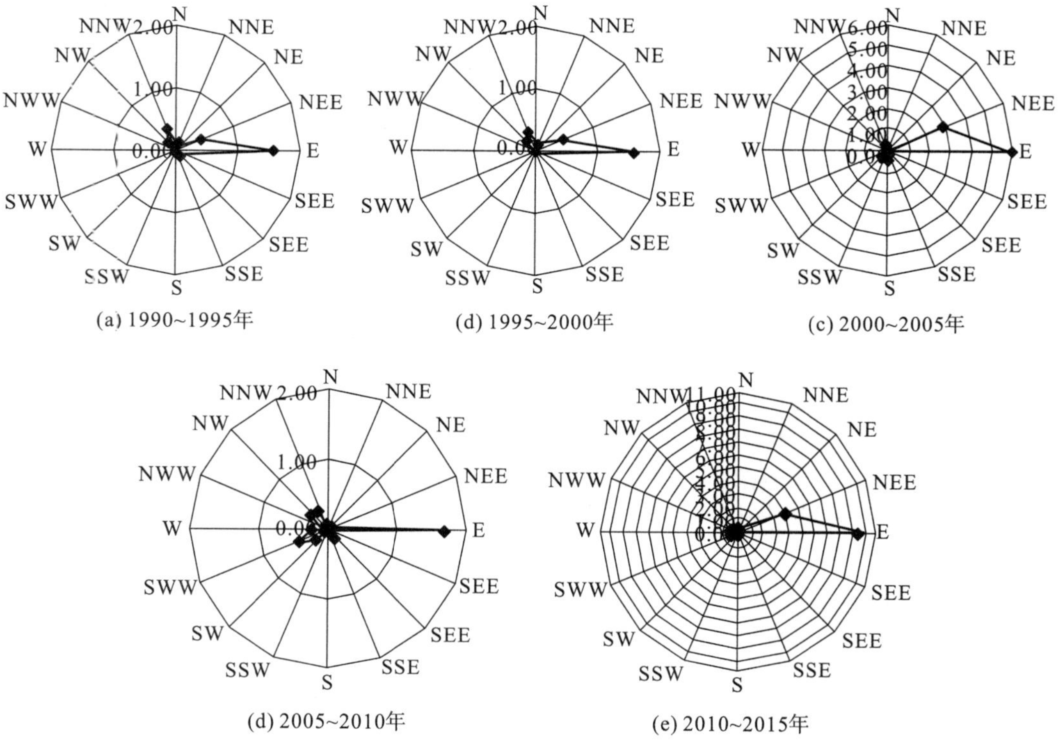

(a) 1990~1995年　(d) 1995~2000年　(c) 2000~2005年

(d) 2005~2010年　(e) 2010~2015年

图 5.11　1990～1995 年西江苗寨聚落不同方位空间扩展强度

村寨不同方位扩展强度差异减小，SEE、SW-SWW-W、NW-NNW 为次要扩展翼。⑤2010～2015 年，聚落总体扩展趋势呈现单翼高速扩展，扩展强度指数平均值为 1.1124，数据相对波段范围较大，村寨不同方位扩展强度差异增加，NEE、SWW 为次要扩展翼。通过对比研究总结，样地聚落空间扩展属于扇翼扩展模式，并可提炼为三种类型(表 5.11)：扇翼缓慢扩展型(扩展强度指数最大值＜2)、扇翼快速扩展型(2＜扩展强度指数最大值＜10)、扇翼高速扩展型(扩展强度指数最大值＞10)。

表 5.10 不同时段各方位村寨聚落扩展强度指数差异统计

时段	研究区	最小值	最大值	均值	标准差	变异系数
1990～1995 年	西江	0.0143	1.5715	0.2092	0.3706	1.7718
	肇兴	0.0000	0.2945	0.0720	0.1013	1.4072
1995～2000 年	西江	0.0096	1.9677	0.3669	0.4648	1.2667
	肇兴	0.0000	0.0988	0.0347	0.0349	1.0051
2000～2005 年	西江	0.0566	5.8910	0.6970	1.4951	2.1449
	肇兴	0.0000	0.0565	0.0143	0.0187	1.3061
2005～2010 年	西江	0.0068	1.6797	0.2286	0.3954	1.7300
	肇兴	0.0000	1.3092	0.1258	0.3097	2.4480
2010～2015 年	西江	0.0313	10.4743	1.1124	2.6025	2.3395
	肇兴	0.0000	3.0048	0.2430	0.7206	2.9649

表 5.11 不同时期样地聚落扩展模式

时段	研究区	总体扩展趋势	主要扩展翼	次要扩展翼	扩展模式
1990～1995 年	西江	多翼快速扩展	SSW-SW-SWW、SEE-SE	E	扇翼快速扩展型
	肇兴	单翼缓慢扩展	E	NEE、NW-NNW	扇翼缓慢扩展型
1995～2000 年	西江	单翼主导扩展	W-NWW-NW-NNW-N-NNE-NE	SE	扇翼缓慢扩展型
	肇兴	单翼缓慢扩展	E	NE、SSE-S-SSW-SW-SWW-W、NW	扇翼缓慢扩展型
2000～2005 年	西江	多翼缓慢扩展	NEE-E、SE-SSE、SWW-W	NWW	扇翼缓慢扩展型
	肇兴	单翼快速扩展	E	NEE	扇翼快速扩展型
2005～2010 年	西江	单翼快速扩展	SSE	SWW	扇翼快速扩展型
	肇兴	单翼缓慢扩展	E	SEE、SW-SWW-W、NW-NNW	扇翼缓慢扩展型
2010～2015 年	西江	单翼高速扩展	SSE	NWW	扇翼高速扩展型
	肇兴	单翼高速扩展	E	NEE、SWW	扇翼高速扩展型

2)肇兴侗寨

从肇兴侗寨村寨聚落空间扩展的各向异性特征(图 5.12)及扩张强度指数(表 5.10)可以看出：①1990～1995 年，肇兴侗寨建成区扩展强度指数平均值为 0.0720，变异系数为 1.4072，总体呈多翼快速扩展，其中 SSW-SW-SWW、SEE-SE 为主要扩展翼。②1995～

2000 年，肇兴侗寨建成区逐渐转向单翼主导型扩展模式，扩展强度变异系数为 1.0051，在所有研究时段中，变异系数为最小，W-NWW-NW-NNW-N-NNE-NE 为主要扩展翼，SE 为次要扩展翼，村寨以向西扩展为主，向东扩展为辅。③2000～2005 年，肇兴侗寨建成区总体扩展趋势为多翼缓慢扩展，扩展强度指数最大值为 0.0565，标准差为 0.0187，变异系数为 1.3061，其中，NEE-E、SE-SSE、SWW-W 为主要扩展翼，NWW 为次要扩展翼。④2005～2010 年，肇兴侗寨建成区扩展速率逐渐增大，总体呈单翼快速扩展，扩展强度指数平均值为 0.1258，数据离散程度增加，SSE 为主要扩展翼，SWW 为次要扩展翼。⑤2010～2015 年，村寨空间扩展方向较单一，扩展强度指数的变异系数达到 2.9649，是所有研究时段变异系数最大值，村寨不同方位空间扩展强度差异显著，村寨空间沿 SSE 方向高速扩展。通过对比研究，肇兴侗寨建成区空间扩展属于扇翼扩展模式(表 5.11)，并可提炼为三种类型：扇翼缓慢扩展型(扩展强度指数最大值＜0.1)，扇翼快速扩展型(0.1＜扩展强度指数最大值＜1.4)，扇翼高速扩展型(扩展强度指数最大值＞1.4)。

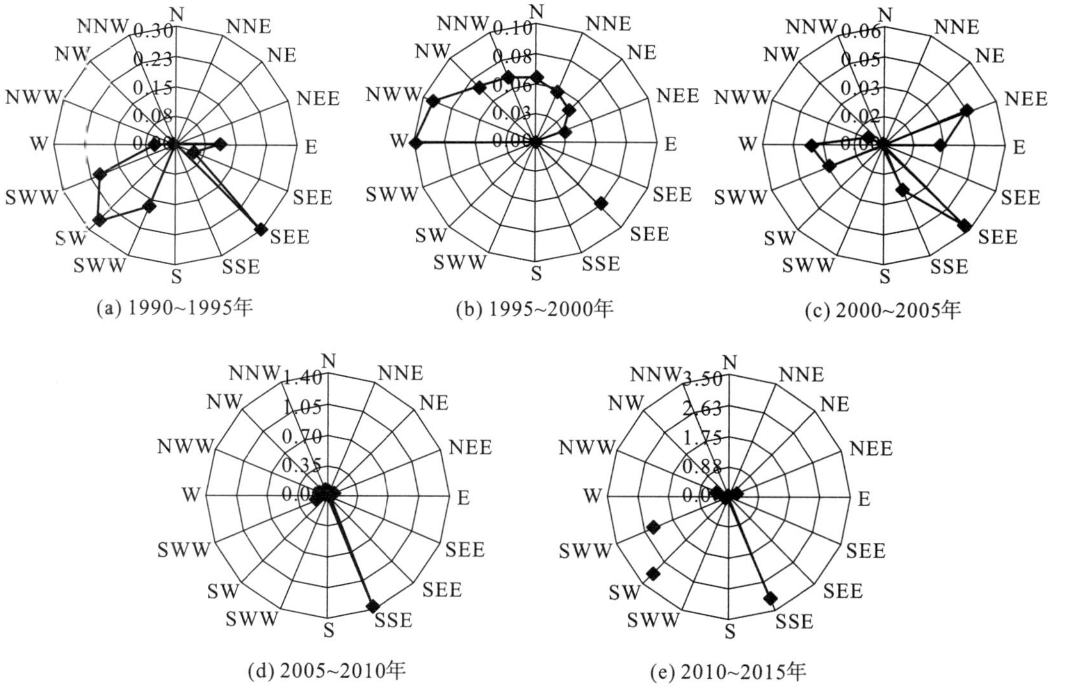

图 5.12　1990～1995 年肇兴侗寨聚落不同方位空间扩展强度

4. 内部重心变迁

1) 西江苗寨

西江苗寨聚落不同时期几何重心迁移存在方向上的变化(图 5.13)：①1990～1995 年，村寨聚落空间重心向偏北方向迁移，羊排村、平寨村逐渐向进村交通道路方向扩展，即聚落呈现向景区大门方向延伸扩展趋势。②1995～2000 年，村寨聚落空间重心向西南方向迁移。③2000～2005 年，聚落空间重心继续向南方向迁移，可以看出，随着西江旅游发展的推进，平寨村沿河分布区域(表演场地附近)逐渐成为西江苗寨聚落的核心区域。④2005～2010 年，聚落空间重心在原有基准点上向西北方向偏移，迁移方向逐渐偏向村寨西侧的南贵村。⑤2010～2015 年，聚落空间重心在上一期基准上朝东南方向迁移。这表明沿河附近的南贵村与平寨村成为西江聚落的核心区域，而此区域正好是已形成基本格局的村寨景区的核心区域，二者在空间态势上基本保持一致，在某种程度上而言能够窥探出村寨聚落形态演变与民族村寨旅游发展之间的相关性。

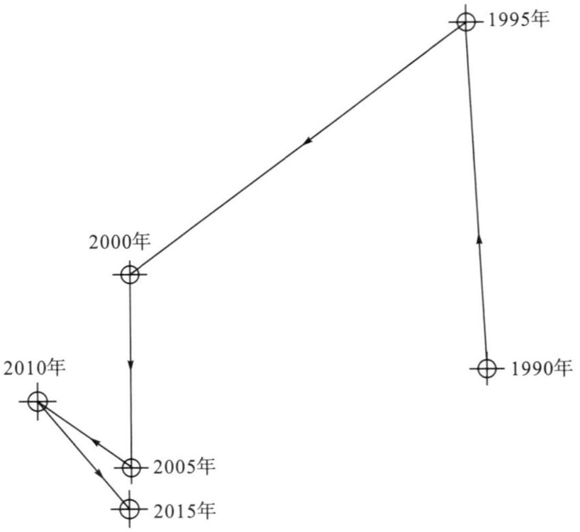

图 5.13 西江苗寨聚落重心空间位置变化

2) 肇兴侗寨

肇兴侗寨不同时期几何重心迁移也存在方向上的变化(图 5.14)：①1990～1995 年，村寨空间重心向南偏西方向迁移，即聚落往主要交通要道方向迁移(村寨有东西两个大门)。②1995～2000 年，村寨空间重心向北偏西方向迁移。③2000～2005 年村寨空间重心向东偏北方向迁移。④2005～2010 年村寨空间重心向南偏西方向迁移。⑤2010～2015 年村寨空间重心向东偏北方向迁移。可以看出，从研究基期开始，肇兴侗寨建成区重心位置总体先为向西，再向东肇兴侗寨的村寨重心扩展，实际调查发现，这与村寨的东西方向为村寨主入口和交通要道有关。同时，由于肇兴侗寨 2005 年后扩展强度指数较大，变异系数达到所有研究时段的最大值，村寨不同方位空间扩展强度差异显著，因此与上述研究的建成区空间扩展各方向异性不具有完全的一致性。

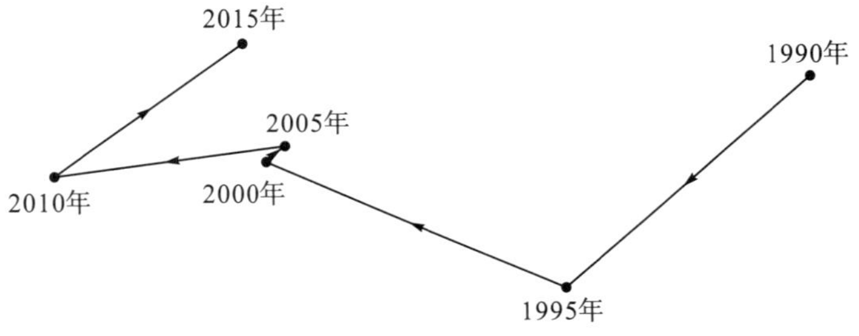

图 5.14 肇兴侗寨聚落重心空间位置变化

5.2.3　民族村寨聚落功能的时空变迁

1. 整体功能变迁特征

1）西江苗寨

西江苗寨 4 个村寨聚落功能在时间尺度上逐渐发生着变化，聚落内部功能由较为单一的生产居住功能向满足旅游发展所需的“吃、住、行、游、购、娱”等综合性功能转变（图 5.15）。从聚落整体功能转变的时间特征来看，1990～1995 年，西江苗寨原生态保留较好，苗寨生产、生活围绕农业开展，聚落内部土地利用主要类型以住宅用地和农田为主的坡耕地。1995～2000 年，在政府的斡旋下西江苗寨开始尝试发展民族旅游活动，由于交通可进入性较差，开展以“苗家乐”民族旅游接待形式为主的“农家乐”仍不足 20 户，

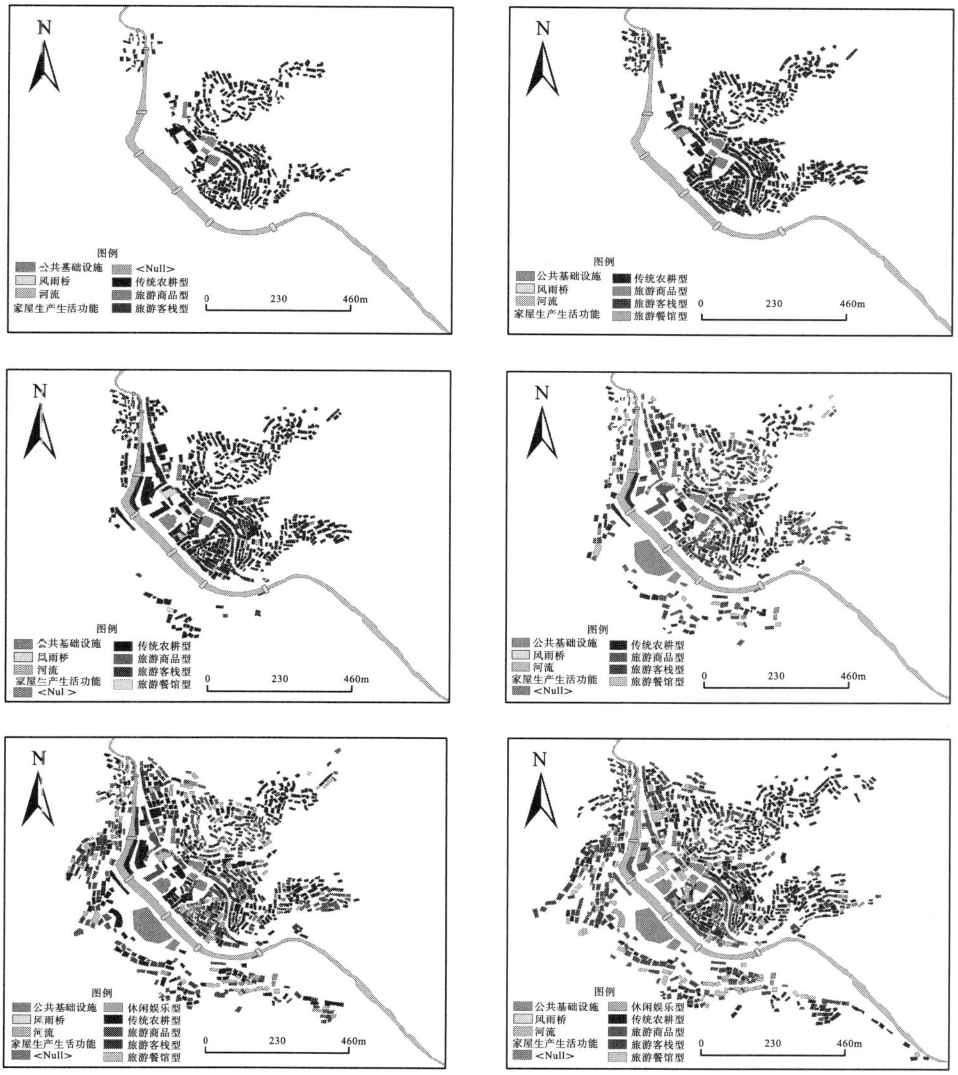

图 5.15　1990～2015 年西江苗寨内部功能演变

虽然村寨内部传统功能格局变化萌生，但土地利用功能仍以居住、农业生产为主。2000～2005 年，西江民族村寨旅游发展进入转型期，聚落内部功能开始促变，沿河区域位置较好的住宅用地被转化为以“苗家乐”为主的旅游商服用地，其间，旅游接待规模虽有大量提升，但受制于西江苗寨整体规划开发尚未开展，聚落内部旅游功能形式较为单一，多以简单的住宿、餐饮接待为主。2005～2010 年，借贵州省第三届旅游发展大会契机，西江苗寨民族旅游发展进入整体规划与开发阶段，聚落内部功能从农业生产主导开始转向旅游活动主导，内部商服用地类型更为多样，推引了聚落内部功能的细化。2010～2015年，民族旅游深入发展，西江苗寨依托旅游发展的内部功能格局基本形成，聚落转向为民族旅游型村寨，内部商服用地功能更加多样，细化出旅游购物、旅游娱乐、旅游餐饮等多种土地利用类型。

2) 肇兴侗寨

肇兴侗寨聚落功能与聚落空间形态变迁速率和阶段相吻合，呈现出“缓慢—加速—剧变”的变迁速率和阶段特征，截止到研究末期，肇兴侗寨实现了由传统生产、生活功能向以满足旅游需求为主导功能的彻底转变(图 5.16)：①在 1990～1995 年、1995～2000 年两个时段，肇兴侗寨聚落内部土地利用类型以住宅用地和农田等坡耕地为主，仅有的零星旅游住宿和餐饮主要是满足探索期旅游者的需求，尽管政府、旅游公司开始介入聚落的旅游发展，但由于村寨的可进入性较差，生产和居住为聚落的主导功能。②在 2000～2005 年和 2005～2010 年两个时段，聚落东西方向的交通状况逐渐改善，聚落旅游业态由 2000 年的 10 余户迅速增加到 2010 年的 40 余户，旅游业态以团鼓楼为中心向聚落东西方向扩散，出现了民族商品购物和旅游娱乐等业态形式，聚落的旅游功能不断丰富，但是，聚落

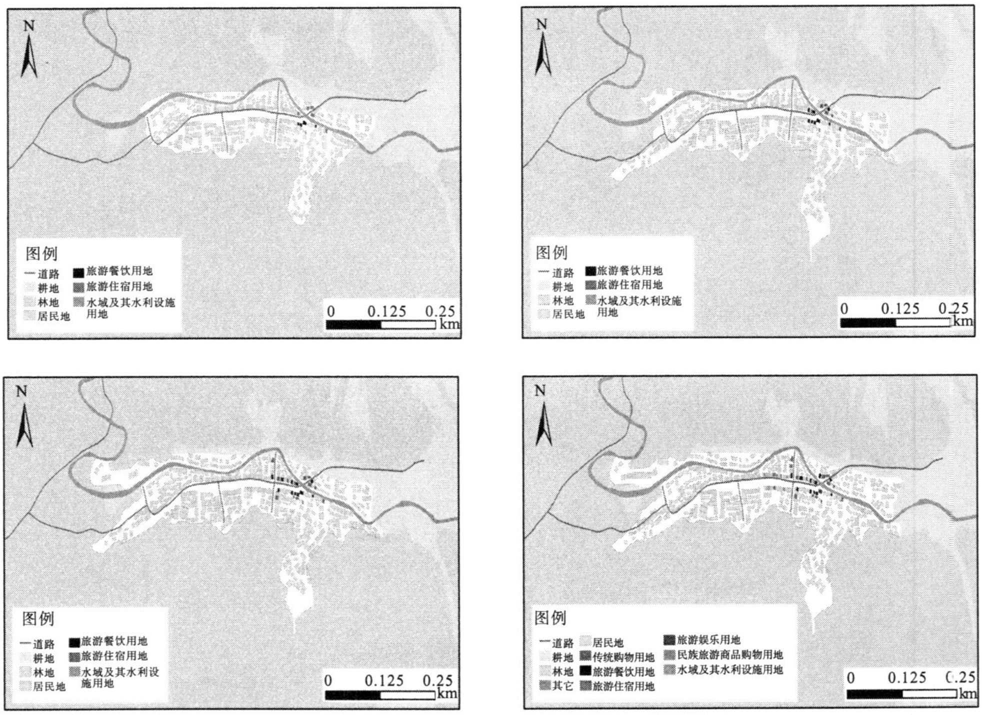

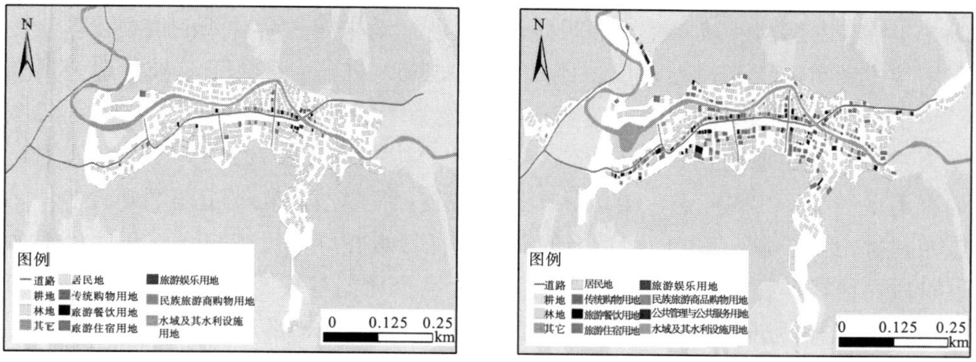

图 5.16　1990～2015 年肇兴侗寨内部功能演变

的土地利用类型仍以住宅用地和农田等坡耕地为主，旅游主导型的聚落功能并未形成。③2010～2012 年，随着肇兴侗寨连接广州、贵阳、桂林等主要旅游客源地的交通瓶颈被彻底打破，肇兴侗寨聚落功能在旅游开发的不断推动下呈现剧烈式演替，旅游土地利用类型多样化，内部功能进一步细化，旅游相关经营户增加到 250 余户，旅游业成为主导产业，实现了从传统生产生活功能为主，旅游功能为辅的传统聚落向旅游功能为主，生产生活功能为辅的转变。

2. 内部功能变迁的时空特征

从西江苗寨聚落内部来看，平寨村内部土地利用功能变化最为剧烈，1990年以来，平寨村依托优势地理位置基本实现功能的转换，由居住主导转向旅游主导；旅游驱动下，平寨村内部社会结构发生较大变化，本地居民与外来商人人口置换明显，聚落功能以服务型为主。

1990～2015年，羊排村土地利用功能布局呈现内部分异现象，自村寨中心交通线路延伸至山腰区域(景区入口—西江烧烤城—也东寨一线至山腰区域)的土地利用功能由农村住宅用地转化为住宿、餐饮为主的商服用地，而山腰至山顶的大部分区域内部功能仍以居住与农业生产为主；南贵村内部功能转向最为明显，自 1990 年以来，南贵村土地利用类型逐渐由耕地、林地转变为商服用地和以观景台、步道等为主的公共服务用地。较其他 3 个村寨而言，东引村内部土地利用功能在时间尺度上变化较小，仍以居住、农业生产功能为主。

研究基期至末期，西江苗寨在旅游驱动力不断增强的影响下，聚落内部功能逐渐转向为旅游商业服务为主的空间基本格局(图 5.17)。为了从更加微观的尺度去把握西江民族旅游发展驱动下聚落内部特征，剖析其内部旅游主导功能所涵盖的业态细分类别，进而总结旅游驱动下西江聚落功能转向后所重构的社会结构新特征，立足机理分析所需，研究过程中对 4 个样区村寨 1043 户参与式调查(截止到 2015 年 7 月)所获取的调查数据进行了归类统计(表 5.12)，揭示出西江内部功能空间基本格局特征如下：①平寨村、南贵村内部功能转向最突出，其中平寨村 276 户为旅游服务用地，所占比重为 66.03%，南贵村共有 189 户为旅游服务用地，所占比重为 71.59%；羊排村内部功能转向一般，96 户为旅游服务用地，比重为 41.56%，东引村内部功能转向则不明显，只有 24 户为旅游服务用地，比重为

18.46%。②村寨内部功能转向差异性明显，受旅游活动中旅游者观景的需要，以住宿为主的商服用地主要分布于南贵村，所占比重为 46.23%；村寨内部主干道被打造为景区步行街后，位于道路两侧的平寨村共 163 户转为购物为主的商服用地，所占比重为 62.21%；以餐饮为主的商服用地主要集中于南贵与平寨村，共占比重为 79.07%；4 个村寨中娱乐为主的商服用地较少，其中业态主要以休闲茶吧或饮料吧为主，咖啡馆与酒吧较少。③作为民族旅游村寨，西江 4 个苗寨内部功能的业态表征特点较好地反映出西江仍然处于观光旅游发展阶段，住宿、餐饮等商服用地多附着较为大众化的客栈或“苗家乐”，较为精品的度假型旅游商服用地规模较小。从聚落内部功能的空间分布格局特征可以发现西江 4 个村寨内部功能转向与自身旅游驱动存在较为明显的相关性，旅游驱动机理将在下文详细梳理。

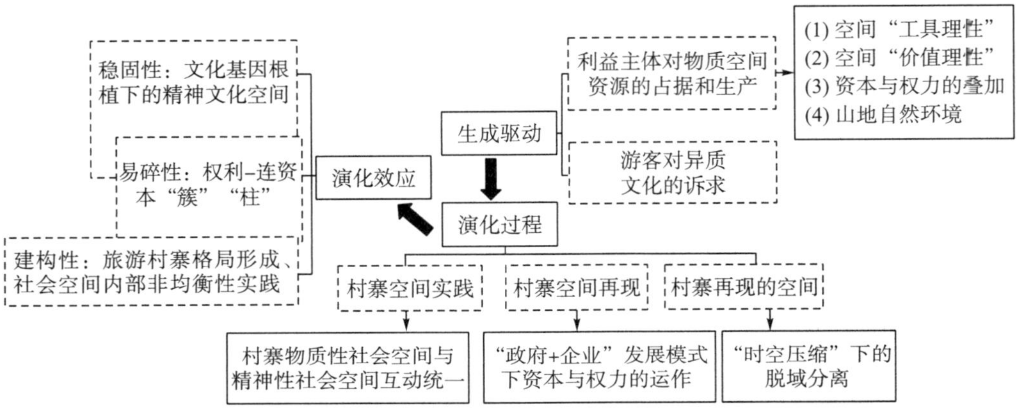

图 5.17　民族村寨聚落空间形态及功能时空变迁机理

表 5.12　西江内部功能空间基本格局(截止到 2015 年 7 月)　(单位：户)

功能	范畴	具体分类	平寨	羊排	南贵	东引
旅游商服功能	住宿	传统客栈	58	40	88	8
		精品酒店	6	0	10	2
	餐饮	“苗家乐”型传统餐馆	35	9	30	7
		饭店	1	0	2	2
	旅游购物	流动商贩	0	0	1	0
		传统旅游商品	96	10	17	0
		苗族文化商品	46	20	26	1
		日常消费商品	21	12	10	2
	旅游娱乐	酒吧	2	2	2	2
		休闲或其他娱乐	11	3	3	0
传统居民数量			142	135	75	106

从肇兴侗寨聚落内部来看，聚落旅游功能由以传统的鼓楼①为中心向东西走向的主干道沿线及侧景区大门服务区和南部景区表演场等斑块区域扩散，上述区域的土地利用功能由农村住宅用地转化为住宿、餐饮为主的商服用地，内部社会结构发生较大变化，本地居民与外来商人人口置换明显，聚落旅游功能突出(图 5.16)。此外，景区主干道以北地区整体功能变化较小。对肇兴侗寨 750 户民居的参与式调查进行归类统计分析(截止到 2015 年 7 月)发现(表 5.13)，景区业态以仁团、义团和信团鼓楼周围的业态分布较为集中，尤以仁团鼓楼为最，这与上述 3 个鼓楼主要位于景区主要街道有关；住宿业以“碎片化”式的格局分散于肇兴侗寨的各个部分，餐饮、购物均以“线条”式的格局沿主干道分布。进一步细化统计发现，旅游业态功能共计 241 户，占受访户数的 32%，其中，住宿最多(102 户)，购物为其次(96 户)，接下来是餐饮(36 户)和娱乐(7 户)。从聚落内部功能的基本格局特征可以发现肇兴内部功能转向与自身旅游驱动也存在较为明显的相关性。

表 5.13　肇兴侗寨内部功能空间基本格局(截止到 2015 年 7 月)

类型	功能	具体功能	仁团鼓楼	义团鼓楼	礼团鼓楼	智团鼓楼	信团鼓楼	合计
旅游功能	住宿	传统客栈	17	32	4	4	27	84
		精品酒店	2	0	2	1	3	8
	餐饮	侗家乐	5	4	0	0	1	10
		饭店	8	8	2	1	4	23
		其他	5	4	1	1	2	13
	购物	流动商贩	3	3	0	0	1	10
		传统旅游商品	12	12	1	1	4	30
		侗族文化商品	6	5	2	1	2	16
		日常消费商品	12	8	8	4	8	40
	娱乐	酒吧	3	2	0	0	1	6
		休闲或其他娱乐	0	1	0	0	0	1
旅游功能共计					241			
非旅游功能共计(民居数量)					509			

5.2.4　民族村寨聚落形态、功能的时空变迁机制

通过上述研究过程与结果可以看出以西江苗寨和肇兴侗寨为代表性的民族旅游村寨聚落形态和功能的变迁是作为物的客观存在，其背后则折射出聚落变迁过程中人地关系的动态变迁。作者认为，西江苗寨和肇兴侗寨物质空间与村寨生产关系和社会生产方式不断融合、互动，原本以村民生活为主的封闭空间转换为多元意义的流动空间。当旅游成为聚落空间实践主导驱动时，政府主导、企业经营、社区参与以及游客体验的相互嵌套，推动

① 肇兴侗寨有仁团、义团、礼团、智团和信团 5 个鼓楼，不同鼓楼代表不同的宗姓，因此，本书以所在片区的鼓楼为标准，对景区核心区内部的空间格局进行划分，以方便研究。

了村寨传统以生活自居为驱动的聚落空间实践过程逐步让渡于“多元势力”的协商与博弈。

(1)利益主体对物质空间资源的占有与生产是聚落演化的主要推力。旅游发展使得村寨生产方式及生产力发生转变，推动政府、旅游公司以及本地精英在利益驱使下占有、规划以及租赁物质空间资源，在文化资源转化为文化资本过程中，村寨聚落不断生产与演化，社会主体、阶层、集团及其代表人物的意志通过物质空间中的要素及结构关系表现出来(孙九霞和苏静，2014)，村寨逐渐成为民族文化的“表演场”与“盈利场”，充斥着较强的“工具理性”(郭文，2015)。同时，山地自然本底空间的垂直分布使得聚落空间实践呈现明显的差异性，表现为村寨内部地势低平、适于观景的区域演化为权利、资本操控的“强势空间”，海拔较高、位置偏远的区域则沦为“边缘空间”。此外，村寨社会空间生产过程中存在“工具理性”和“价值理性”并存并相互转化的情况(郭文，2015)。政府文物保护费政策[①]给居民带来利益的同时，一定程度上也有效地保护了传统民族文化。然而，受“工具理性”以及市场意识的影响，村寨 “价值理性”呈现一定的失效性，居民融入现代性社会生产结构的欲望较为强烈。

(2)游客对异质文化的诉求是民族旅游村寨聚落演化的拉力。村寨聚落因旅游生产而演化为游客与当地居民之间主客凝视、互动的混合空间(郭文和黄震方，2013)。少数民族文化在游客看来往往是神秘的，是较为“原始的”，游客期望借助异域文化的体验逃离世俗世界，并找寻本真的“自我”(马凌，2007)。因此，村寨逐步通过景区化建设、运营的方式迎合游客的想象，“千户苗寨/侗寨”等包含了真实性与舞台化的地方性符号被不断生产出来。

(3)民族旅游村寨聚落演化遵循“空间实践—空间再现—再现的空间”的生产逻辑特征。首先为空间实践。游客与居民的互动使得传统村寨融入现代市场，村寨聚落在多方利益群体、集团的占有下不断实践，由封闭自居的农耕型聚落空间转变为开放流动的旅游型聚落空间，村寨社会文化快速变迁。其次为空间再现。在“政府+企业”发展模式推进下，政府、公司等利益主体将知识和意识形态以生产关系调配、空间再现的方式进行构想与实施，通过景区规划实现舞台展演与实践。受山地自然环境、“权利束”[②]以及旅游市场化过程带来的“时空压缩”影响，聚落演化呈现明显的“抱团集聚、立体分布”的特征，并呈循环累积效应。再次为再现的空间。山地特有的物质自然环境使得村寨聚落演化呈现权利-资本“簇”“柱”的特征，聚落内部不断争夺、协商与妥协，原有均衡的聚落空间在异化过程中形成明显的“核心-边缘”二元对立的结构关系。然而，在旅游发展影响下，苗族文化资源不断被挖掘，景区推出寨老迎宾仪式、苗族飞歌、古歌表演等展示活动，传统社会文化在利益驱使下由“无意识的文化传承”转向“有意识的文化传承”，村寨精神文化空间得到稳固。

---

① 按照规定，当地政府及公司会在每年门票收入中抽取18%用于保护当地建筑和房屋，每户根据房龄、家庭人数、房屋景观保存情况进行评估，进行文化保护费的发放。

② “权利束”源于产业经济学概念，用于体现权利的结构组合关系，本书更强调村寨权利空间本体的结构关系，而非空间内部权利要素的组合关系。

5.2.5　研究结论

(1)在旅游业的不断渗透下，两大村寨聚落形成了“核心—边缘”的空间平面维度扩展模式。西江苗寨村寨聚落呈现带状扩张的空间态势，聚落扩展方向及中心呈西北—西南—东南向，形成了以旅游发展的核心区向外辐射的平面维度扩展模式，聚落规模与速率在观景台区域增加明显。肇兴侗寨村寨聚落也形成了以旅游发展的核心区向外扩展的“核心—边缘”的平面维度扩展模式，扩展方向及重心始终围绕村落以东的村民建成区为扩展主翼，村寨聚落以西的景区大门为次主翼。

(2)两大村寨聚落的空间形态扩展和面积增长呈显著正向线性相关关系。西江苗寨村寨聚落空间形态经历了多翼快速扩展(1990～1995 年)→单翼主导扩展(1995～2000 年)→多翼缓慢扩展(2000～2005 年)→单翼快速扩展(2005～2010 年)→单翼高速扩展(2005～2015 年)5 个扩展阶段，对应聚落面积增长的“快速增长→快速增长→缓慢增长→快速增加→高速增长”五个阶段，其中，研究末期的面积为基期的 5 倍；肇兴侗寨村寨聚落空间形态经历了单翼缓慢扩展(1990～2000 年)→单翼快速扩展(2000～2005 年)→单翼缓慢扩展(2005～2010 年)→单翼高速扩展(2010～2015 年)四个阶段，对应聚落面积增长的“缓慢增长→快速增长→缓慢增长→高速增长”四个阶段，其中，研究末期的面积为基期面积的 2.5 倍。

(3)村寨聚落的内部功能转向与旅游驱动存在较为明显的相关性，完成了“农业生产功能主导”到以“旅游服务功能主导”的彻底转变。西江苗寨 4 个村寨聚落的内部功能均由较为单一的生产居住功能向满足旅游发展所需的综合性功能转变，其中，平寨村和南贵村的土地利用功能的旅游转向最为激烈。肇兴侗寨聚落功能与空间形态变迁速率和阶段相吻合，呈现出“缓慢—加速—剧变”变迁模式，聚落也实现了由传统生产、生活功能向以满足旅游需求为主导功能的彻底转变，形成了以鼓楼为中心向东西走向的主干道沿线、景区大门以及景区表演场三大旅游功能斑块区域扩散，旅游业态分布中的住宿业呈“碎片化”分布，餐饮和购物呈“线条式”分布。

(4)随着旅游成为聚落空间实践主导驱动力，多元主体的相互嵌套、协商与博弈共同构成了民族村寨聚落形态、功能的时空变迁机制。表现为利益主体对物质空间资源的占有与生产是聚落演化的主要推力，游客对异质文化的诉求是民族旅游村寨聚落演化的拉力。民族旅游村寨聚落演化遵循“空间实践—空间再现—再现的空间”的生产逻辑特征。

参考文献

保继刚，杨昀，2012. 旅游商业化背景下本地居民地方依恋的变迁研究：基于阳朔西街的案例分析[J]. 广西民族大学学报：哲学社会科学版，34(4)：49-54.

陈贤斐，2017. 权力视角下鼓浪屿旅游空间生产研究[D]. 泉州：华侨大学.

陈永林，谢炳庚，2016. 江南丘陵区乡村聚落空间演化及重构：以赣南地区为例[J]. 地理研究，35(1)：184-194.

高小芳，2014. 社会空间理论研究[D]. 兰州：西北师范大学.

龚伟，2014. 空间视野下的乡村旅游社区演化研究：以 Q 村和 Y 村为例[D]. 上海：华东师范大学.

郭文，2015. 旅游空间生产：理论探索与古镇实践[M]. 北京：科学出版社.
郭文，黄震方，2013. 基于场域理论的文化遗产旅游地多维空间生产研究——以江南水乡周庄古镇为例[J]. 人文地理，2：117-124.
郭文，杨桂华，2018. 民族旅游村寨仪式实践演变中神圣空间的生产——对翁丁瓦寨村民日常生活的观察[J]. 旅游学刊，33(5)：92-103.
郭晓冬，马利邦，张启媛，2012. 基于GIS的秦安县乡村聚落空间演变特征及其驱动机制研究[J]. 经济地理，32(7)：56-62.
郭晓冬，马利邦，张启媛，2013. 陇中黄土丘陵区乡村聚落空间分布特征及其基本类型分析：以甘肃省秦安县为例[J]. 地理科学，33(1)：45-51.
黄剑锋，陆林，2015. 空间生产视角下的旅游地空间研究范式转型：基于空间涌现性的空间研究新范式[J]. 地理研究，35(1)：47-55.
黄向，保继刚，Wall Geoffrey，2006. 场所依赖(place attachment)：一种游憩行为现象的研究框架[J]. 旅游学刊，21(9)：19-24.
黄向，温晓珊，2012. 基于VEP方法的旅游地地方依恋要素维度分析：以白云山为例[J]. 人文地理，6：103-109.
黄燕玲，罗盛峰，2012. 旅游感知视角下西南少数民族地区农业旅游发展模式研究[M]. 北京：科学出版社：110-112.
姜辽，2014. 旅游发展背景下周庄古镇社会空间变迁研究[D]. 芜湖：安徽师范大学.
李红波，张小林，吴江国，等，2014. 苏南地区乡村聚落空间格局及其驱动机制[J]. 地理科学，34(4)：438-446.
李骞国，石培基，刘春芳，等，2015. 黄土丘陵区乡村聚落时空演变特征及格局优化：以七里河区为例[J]. 经济地理，35(1)：126-133.
李全林，马晓东，沈一，2012. 苏北地区乡村聚落的空间格局[J]. 地理研究，31(1)：144-154.
李阳兵，罗光杰，邵景安，等，2012. 岩溶山地聚落人口空间分布与演化模式[J]. 地理学报，67(12)：1666-1674.
刘纪远，王新生，庄大方，等，2003. 凸壳原理用于城市用地空间扩展类型识别[J]. 地理学报，58(6)：885-892.
刘盛和，吴传钧，沈洪泉，2000. 基于GIS的北京城市土地利用扩展模式[J]. 地理学报，55(4)：407-416.
卢松，2009. 历史文化村落居民对旅游影响的感知与态度模式研究[M]. 合肥：安徽人民出版社：81-100.
罗光杰，李阳兵，王世杰，2010. 岩溶山区聚落分布格局与演变分析：以普定县后寨河地区为例[J]. 长江流域资源与环境，19(7)：802-807.
马凌，2007. 本真性理论在旅游研究中的应用[J]. 旅游学刊，22 (10)：76-81.
马晓东，李全林，沈一，2012. 江西省乡村聚落的形态分异及地域类型[J]. 地理学报，67(4)：516-525.
钱树伟，苏勤，郑焕友，2010. 历史街区顾客地方依恋与购物满意度的关系：以苏州观前街为例[J]. 地理科学进展，29(3)：355-362.
邱慧，周强，赵宁曦，等，2012. 旅游者与当地居民的地方感差异分析：以黄山屯溪老街为例[J]. 人文地理，6：151-157.
史慧颖，2007. 中国西南民族地区少数民族民族认同心理与行为适应研究[D]. 重庆：西南大学：15-18.
宋郁玲，2006. 地方感的生产与再生产：上海市中心城区拆迁户栖居历程之研究[D]. 台北：台湾大学.
苏勤，钱树伟，2012. 世界遗产地旅游者地方感影响关系及机理分析——以苏州古典园林为例[J]. 地理学报，8(67)：1137-1148.
孙九霞，苏静，2014. 旅游影响下传统社区空间变迁的理论探讨——基于空间生产理论的反思[J]. 旅游学刊，29(5)：78-86.
孙九霞，周一，2014. 日常生活视野中的旅游社区空间再生产——基于列斐伏尔与德塞图的理论视角[J]. 地理学报，69(10)：1575-1589.
唐文跃，2007. 地方感研究进展及研究框架[J]. 旅游学刊，22(11)：70-77.
唐文跃，2011. 皖南古村落居民地方依恋特征分析：以西递、宏村、南屏为例[J]. 人文地理，3：51-55.

唐文跃，张捷，罗浩，等，2008. 古村落居民地方依恋与资源保护态度的关系：以西递、宏村、南屏为例[J]. 旅游学刊，23(10)：87-92.

唐晓云，2015. 古村落旅游社会文化影响：居民感知、态度与行为的关系：以广西龙脊平安寨为例[J]. 人文地理，1：135-142.

陶伟，陈慧灵，蔡水清，2014. 岭南传统民俗节庆重构对居民地方依恋的影响：以广州珠村乞巧节为例[J]. 地理学报，69(4)：553-565.

王丰龙，刘云刚，2011. 空间的生产研究综述与展望[J]. 人文地理，26(2)：13-30.

王林，2014. 传统经济转型背景下民族村寨的文化变迁及景观重构——以湖南省河路口镇为例[J]. 旅游研究，6(2)：20-26.

王新歌，席建超，孔钦钦，2016. “实心”与“空心”：旅游地乡村聚落土地利用空间“极化”研究[J]. 自然资源学报，31(1)：90-101.

王子新，王玉成，邢慧斌，2005. 旅游影响研究进展[J]. 旅游学刊，20(2)：90-95.

吴江国，张小林，冀亚哲，2014. 苏南和皖北平原地区乡村聚落分形特征对比分析：以镇江丹阳市和宿州埇桥区为例[J]. 长江流域资源与环境，23(2)：161-169.

吴明隆，2010. 结构方程模型：AMOS 的操作与应用[M]. 重庆：重庆大学出版社：53-54.

席建超，王首琨，张瑞英，2016. 旅游乡村聚落“生产-生活-生态”空间重构与优化：河北野山坡旅游区苟各庄村案例实证[J]. 自然资源学报，31(3)：425-434.

席建超，王新歌，孔钦钦，等，2014a. 旅游地乡村聚落演变与土地利用模式：野山坡旅游区三个旅游村落案例研究[J]. 地理学报，69(4)：531-540.

席建超，王新歌，孔钦钦，等，2014b. 过去 25 年旅游村落聚落空间的微尺度重构：河北野山坡苟各庄村案例研究[J]. 地理研究，33(10)：1928-1941.

席建超，赵美风，葛全胜，2011. 旅游地乡村聚落用地格局演变的微尺度分析：河北野山坡旅游区苟各庄村案例实证[J]. 地理学报，66(12)：1707-1717.

肖璐，2012. 节事感知与地方认同的关系研究：以 2011 西安世界园艺博览会为例[D]. 广州：华南理工大学：30-39.

徐小波，吴必虎，刘滨谊，等，2016. 基于从业者的旅游历史街区商业空间发展特征及机理——扬州“双东”案例[J]. 地理学报，71(12)：2212-2232.

杨军辉，李同昇，徐冬平，2015. 民族旅游村寨居民文化补偿认知的空间分异及机理——以贵州西江千户苗寨为例[J]. 地理科学进展，34(09)：1167-1178.

杨昀，保继刚，2012. 旅游社区外来经营者地方依恋的特征分析——以阳朔西街为例[J]. 人文地理，6：81-86.

于涛方，顾朝林，2000. 人文主义地理学：当代西方人文地理学的一个重要流派[J]. 地理学与国土研究，16(2)：68-74.

张中华，张沛，王兴中，2009. 地方理论应用社区研究的思考：以阳朔西街旅游社区为例[J]. 地理科学，29(1)：141-146.

赵良成，2014. 居民旅游影响感知对其地方依恋作用机理的实证研究：以丽江市少数民族地区为例[D]. 成都：成都理工大学：49-50.

赵选贤，2015. 基于社会网络的丽江古城社会空间变迁研究[D]. 昆明：云南大学.

郑文武，邓运员，罗亮，等，2016. 湘西传统聚落文化景观定量评价与区划[J]. 人文地理，2：55-60.

周尚意，唐顺英，戴俊骋，2011. “地方”概念对人文地理学各分支意义的辨识[J]. 人文地理，26(6)：10-13.

朱竑，刘博，2011. 地方感、地方依恋与地方认同等概念的辨析及研究启示[J]. 华南师范大学学报(自然科学版)，1：1-8.

朱晓翔，朱纪广，乔家君，2016. 国内乡村聚落研究进展与展望[J]. 人文地理，1：33-41.

Agnew J，1987. Place and Politics：The Geographical Mediation of State and Society[M]. Boston & London：Allen and Unwin.

Altman I，Low S M，1992. Place Attachment[M]. New York：Plennum Press.

Anthony G，1991. The Consequences of Modernity[M]. Stanford：Stanford University Press：17-22.

Bott S E，2000. The development of psychometric scales to measure sense of place[D]. Colorado：Colorado State University.

Bricker K S，Kerstetter D L，2000. Level of specialization and place attachment：an exploratory study of whitewater recreationists [J]. Leisure Sciences，22：233-257.

Brook I，2003. Making here like there：place attachment，displacement and the urge to garden[J]. Ethics，Place and Environment，6(3)：227-234.

Brown B B，Perkins D D，Brown G，2004. Incivilities，place attachment and crime：block and individual effects [J]. Journal of Environmental Psychology，24(3)：59-371.

Charleston S，2009. The English football ground as a representation of home[J]. Journal of Environmental Psychology，29(1)：144-150.

Chi-Ok O，Sutton S G，Sorice M G，2013. Assessing the role of recreation specialization in Fishing Site Substitution[J]. Leisure science，35：256-272.

Cranovette T，1985. Getting a Job：A Study of Contact Sand Careers[M]. Chicago：University of Chicago Press：485.

Cresswell T，2004. Place：A Short Introduction[M]. Oxford：Blackwell：74.

Dogan G，Christina G C，Pam D，2010. Locals' attitudes toward mass and alternative tourism：the case of sunshine coast，Australia[J]. Journal of Travel Research，49(3)：381-394.

Droseltis O，Vignoles V L，2010. Towards an integrative model of place identification：dimensionality and predictors of intrapersonal-level place preferences[J]. Journal of Environmental Psychology，30(1)：23-34.

Durie A，Yeoman I S，McMahon-Beattie U，2006. How the history of Scotland creates a sense of place[J]. Place Branding，2(1)：43-52.

Eyles J，1989. The geography of everyday Life[A]. //Gregory D，Walford R. Horizons in Human Geography. London：Macmillan. 102-117.

Filo K，Chen N，King C，et al.，2013. Sport tourists' involvementwith a destination：A stage-based examination[J] Journal of hospitality & Tourism research，37：100-124.

Gerard K，Bricker K，Graefe A，et al.，2004. An examination of recreationists' relationships with activities and settings[J]. Leisure science，26)：123-142.

Gerard T K，Mowen A J，Tarrant M，2004. Linking place preferences with place meaning：an examination of the relationship between place motivation and place attachment[J]. Journal of Environmental Psychology，24：439-454.

Hammitt W E，Backlund E A，Bixler R D，2006. Place bonding for recreation places：conceptual and empirical development[J]. Leisure Studies，25，17-41.

Hay R，1998. Sense of place in developmental context[J]. Journal of Environmental Psychology，18(1)：5-29.

Heidegger M，1962. Being and Time[M]. New York，NY：Harper and Row.

Hidalgo，M C，Hernández B，2001. Place attachment：conceptual and empirical questions[J]. Journal of Environmental Psychology，21：273-281.

Hummon D M，1992. Community attachment：local sentiment and sense of place[M]. In I. Altman &S. Low (Eds)，Place Attachment，New York：Plenum：256.

Hwang S N，Lee C，Chen H J，2005. The relationship among tourists' place attachment and interpretation satisfaction in Taiwan's national parks[J]. Tourism Management，26：143-156.

Kaltenborn B P，Williams D R，2002. The meaning of place：attachments to Femundsmarka National Park，Norway，among tourists and locals[J]. Norwegian Journal of Geography，（56）：189-198.

Kasarda，J D，Janowitz M，1974. Community attachment in mass society[J]. American Sociological Review，39：328-339.

Kyle G T，Absher J D，Graefe A R，2003. The moderating role of place attachment on the relationship between attitudes toward fees and spending preferences[J]. Leisure Sciences，25：33-501.

Kyle G，Graefe A，2004. Effects of place attachment on users' perceptions of social and environmental conditions in a natural setting[J]. Journal of Environmental Psychology，24：213-225.

Kyle G，Graefe A，Manning R，2005. Testing the dimensionality of place attachment in recreational settings[J]. Environment and Behavior，37：153-177.

Lewicka M，2011. Place attachment：How far have we come in the last 40 years？ [J]. Journal of Environmental Psychology，31（3）：207-230.

Lobo C，2004. The role of environmental perceptions in sense of place：case studies of neighborhoods in Phoenix，Arizona[D]. Arizona：Arizona State University.

Low S，Altman I，1992. Place Attachment：A Conceptual Inquiry[M]. New York：Plenum：165.

Mazumdar S，2004. Religion and place attachment：a study of sacred places[J]. Journal of Environmental Psychology，（24）：385-397.

McCool S，Martin S，1994. Community attachment and attitudes towards tourism development[J]. Journal of Travel Research，32（3）：29-34.

Moore R L，Graefe A R，1994. Attachments to recreation settings：the case of rail-trail users[J]. Leisure Sciences，16，17-31.

Moore R L，Scott D，2003. Place attachment and context：comparing a park and a trail within[J]. Forest Science，49（6）：877-884.

Oakes T，1997. Place and the paradox of modernity[J]. Annals of the Association of American Geographers，87（3）：509-531.

Pretty G H，Chipuer H M，Bramston P，2003. Sense of place amongst adolescents and adults in two rural Australian towns：the discriminating features of place attachment，sense of community and place dependence in relation to place identity [J]. Journal of Environmental Psychology，23：273-287.

Proshansky H M，1978. The city and self-identity[J]. Environment and Behavior，10：147-170.

Ramkissoon H，Weiler B，Smith L D G，2012. Place attachment and proenvironmental behaviour in national parks：the development of a conceptual framework[J]. Journal of Sustainable Tourism，20（2）：257-276.

Relph E，1976. Place and Placelessness[M]. London：Pion.

Russell J A，Ward L M，1982. Environmental psychology[J]. Annual Review of Psychology，33：651-688.

Salamon S，2003. From hometown to nontown：rural community effects of suburbanization[J]. Rural Sociology，68（1）：1-24.

Sarason S，1974. The Psychological Sense of Community：Prospects for a Community Psychology[M]. San Francisco：Jossey-Bass.

Scannell L R，2010. Defining Place attachment：A tripartite organizing framework[J]. Journal of Environmental Psychology，30：1-10.

Seamon D，1980. The Human Experience of Space and Place[M]. New York：St. Martin's Press：148-165.

Steel F，1981. The Sense of Place[M]. Boston：CBI Publishing.

Stokols D，Shumaker S A，1981. People in places：a transactional view of settings[J]. In J. Harvey（Ed.），Cognition，Social Behavior and Environment，Hillsdale，NJ：Erlbaum.

Tuan Y F，1977. Space and Place：The perspective of Experience[M]. Minneapolis：University of Minnesota Press.

Vaske J，Kobrin K C，2001. Place attachment and environmentally responsible behavior[J]. The Journal of Environmental Education，

32(4)：16-21.

Williams D R，Patterson M E，Roggenbuck J W，1992. Beyond the commodity metaphor：examining emotional and symbolic attachment to place[J]. Leisure Sciences，14：29-46.

Williams D R，Roggenbuck J W，1989. Measuring place attachment：Some preliminary results[Z]. Proceeding of NRPA symposium on leisure research，San Antonio，TX.

Williams D，Vaske J，2003. The measurement of place attachment：validity and generalizability of a psychometric approach[J]. Forest Science，49(6)：830-840.

Wright J K，1947. Terrae incognitae：the place of the imagination in geography[J]. Annals of the Association of American Geographers，37(1)：1-15.

Yuksel A，Yuksel F，Bilim Y，2010. Destination attachment：effects on customer satisfaction and cognitive，affective and conative loyalty[J]. Tourism Management，31(2)：274-284.

Zhang Y L，Zhang H L，Zhang J，et al.，2014. Predicting residents' pro-environmental behaviors at tourist sites：the role of awareness of disaster's consequences，values，and place attachment[J]. Journal of Environmental Psychology，40：131-146.

Zube E H，Sell J L，Taylor J G，1982. Landscape perception[J]. Landscape Planning，9：1-33.

第 6 章　旅游影响下民族村寨社会文化可持续性研究

民族旅游村寨社会文化是“人、地、时空”人地关系的凝聚。旅游驱动下，村寨原生农耕社会和外来商业社会之间碰撞、交互适应，村民社会角色与分工极速转化，村寨文化异化和商业化、空间极度扩张，民族村寨社会文化变迁不可规避(王虹，2011)，有必要对村寨社会变迁的时空演变进行可持续发展性判别与研究。

近来，越来越多的学者开始关注旅游可持续发展问题(唐承财等，2013)。20 世纪 90 年代以来，学者对旅游可持续发展的界定不再局限于环境领域，而是扩展到经济、政治、社会与文化领域(章杰宽等，2013)。当前国内相关研究侧重于评价指标体系的构建和可持续发展评价实证研究两个方面(薛纪萍等，2008；殷平等，2009)，也有学者从社会学、经济学和生态学方向揭示旅游可持续发展内涵(明庆忠和范斌，2003；彭兆荣，2004)。旅游可持续发展评价指标体系是测度和评价旅游业可持续发展程度的有效工具，不同尺度的区域在构建指标体系时多选择旅游经济、社会、环境、资源等要素展开(马勇等，1997；崔凤军等，1999)，其评价指标具备反映功能、监测功能和比较功能(万幼清，2006)，而其权重确定的方法主要包括层次分析法及德尔菲法、专家打分法、问卷咨询法与层次分析法相结合等(王良健，2001；葛新和唐孝中，2012)。

文化是旅游可持续发展的源泉(赵文红，1998)。少数民族传统文化是民族旅游的核心吸引物，民族旅游对民族地区传统文化的负面影响更值得关注(吴晓红等，2000)。另外，当地村民是旅游发展的重要参与者和旅游利益相关者之一，应理清当地居民与旅游可持续发展之间的内在联系，充分考虑其对旅游发展影响的感知评价(Shikida et al.，2010；Melón et al.，2012)。

因此，本书以贵州西江苗寨和肇兴侗寨两大民族旅游村寨群落作为研究样区，通过构建可持续发展性判别模型，开展民族旅游村寨社会文化可持续发展时空判别，为村寨社会文化系统和谐发展提供参考依据。

6.1　民族旅游村寨社会可持续发展评价指标体系构建基调

6.1.1　评价指标的选取原则

(1)全面性与针对性。评价指标体系构建要具有广泛的覆盖面，使之成为一个有机的整体；又要具有一定的针对性，避免评价指标过细使评价指标之间出现重叠而产生相互影响，或者评价指标过简导致指标体系不能全面地反映评价对象的实际情况。

(2)可比性与实用性。可比性要求最终的评价结果能够在不同层面上进行对比，如通过空间尺度进行比较，反映不同地域环境下的社会可持续发展程度及优劣势；通过时间尺度进行对比，则能推演出不同时间段社会文化可持续的演变轨迹。实用性要求所选取的评价指标实用、易获得、能量化，在实际运用中具备相应的实操性，能用于指导旅游实践活动。

(3)科学性和预测性。科学性是指标构建过程中必须以实际存在的事物为选择基础，不能选择凭空想象出的概念性指标。预测性则要求评价指标不仅能反映当前民族旅游村寨的社会可持续发展程度，还能对未来发展及变化趋势进行预测。

6.1.2 评价指标选取

1. 评价因子理论分析

当前对于旅游社会可持续性影响的评价主要着力于文化、经济、社会、环境四大方面，Ap 和 Crompton(1998)所提出的“旅游影响评估尺度”，因其指标选取的全面性、方法和步骤的严谨性，评价结果的科学性，对往后旅游社会影响研究及评价产生了重要影响(表 6.1)。

表 6.1 旅游发展所造成的积极、消极影响涵盖内容

层面	经济	社会文化	环境
积极影响	1.收入增加，生活水平提高 2.改善当地经济结构，经济得到快速发展 3.增加就业机会 4.开发和建设投资增多 5.税收增加 6.基础设施得到改善 7.增加购物场所	1.居民生活质量得到改善 2.休闲娱乐场所有所增加 3.消防、治安能力得到提升 4.增进不同社区文化的相互了解 5.促进文化交流 6.社会交往能力得到提升 7.有利于文化个性的保持 8.展示独特人文资源	1.更重视自然资源的保护 2.保持生态系统平衡 3.古建筑与文物得到更好保护 4.地方形象得到提高
消极影响	1.物价上涨，出现通货膨胀 2.物资和相关服务短缺 3.房地产价格上涨 4.生活费用支出增加	1.原住民同游客关系紧张 2.社区生活节奏加快 3.传统文化、习俗商品化现象 4.出现卖淫和娼妓等不良现象 5.赌博和酗酒现象大规模出现 6.加剧旅游目的地的走私和贩毒 7.价值观念和传统道德受到冲击	1.交通拥堵 2.人口拥挤 3.污染增加(如噪声、水污染、垃圾等) 4.野生动物生存环境受到破坏

资料来源：评述 Ap 和 Crompton(1998)的旅游影响评估尺度。

本书以 Ap 和 Crompton(1998)的旅游影响评估尺度为基础，在参照国内学者对于民族旅游村寨的相关研究之后，认为旅游发展对于民族村寨的社会可持续性影响主要集中在社会文化影响、社会关系变迁、生活环境、经济影响这几个方面。

(1)社会文化影响方面。旅游发展对民族村寨产生的社会文化影响从本质上看是“旅游对居民的影响”，这种影响源于承载着不同的价值体系、文化体系的游客和居民间的碰撞，进而对村寨社会文化造成诸多直接或间接的、明显或不明显的影响，不可避免地产生村寨社会文化变迁。介于传统社会文化的独特性及对于民族村寨发展旅游的重要性，当地

政府或者当地居民会更为重视地方文化的构建，加大对传统文化资源保护和传承力度，部分濒临失传的文化资源因旅游而得以延续，村民的民族认同和民族自豪感也会得以提升，原有的民族文化也能以更包容和开放的姿态展现。同时，旅游发展产生的负面影响也颇为显著，为了迎合游客的需要而对传统社会文化进行商业化包装和处理，使传统社会文化失去原本的文化内涵，丧失真实性，导致民族文化的庸俗化和同质化，甚至一些延续千年的民族习俗或忌讳也因为旅游而被打破，民族认同感和价值观明显退化，对民族传统社会文化造成明显破坏。

(2) 社会关系变迁方面。由于地理位置、经商意识、个人资本等诸多条件的差异或限制，旅游发展后村寨社区内部产生了一定贫富差距，社会结构随之分化。同时，旅游商业也使村寨村民的经济意识不断提高，原本传统家庭、社交观念逐渐被经济利益所替换，最终使传统的家庭关系、村民关系、村寨关系等社会关系发生改变。

(3) 生活环境方面。生活环境是最直观的旅游影响因子，并对居民的社会生活、经济发展、旅游认知产生明显的影响。民族村寨为满足旅游发展的需要，加强了交通道路和基础设施建设，改善村寨社区卫生、娱乐、医疗等设施，使居民拥有更为便捷的生活环境；同时，游客的大量涌入导致目的地日趋拥挤以及生活垃圾的增加，生态环境也受到一定破坏，严重影响到社区居民的日常生活及生产。

(4) 经济影响方面。旅游为村寨社区带来经济收益，居民生活水平提升，经济结构也逐渐从农业生产转变为与旅游相关的第三产业；而大量游客和外来资本的涌入使旅游目的地出现明显的通货膨胀，居民生活费用支出大幅增加，村寨内部的贫富差距加剧。

2. 评价因子的确定

根据前述分析及对旅游评价指标体系的借鉴，将民族旅游村寨社会可持续发展评价体系自上而下分为三个层次，即目标层、控制层与要素层。结合民族旅游村寨的实际，特对不同层次进行分解及综合，将其分解为 5 个层次 19 个评价要素，为提升评价要素的完整性，西江最终实际调查因子扩大为 27 个，肇兴为 35 个。其中，控制层需要反映民族旅游村寨社会可持续发展基本概况，将较为复杂的评价内容细化并进行归类，简化评价的难度和提高结果的科学性。目标层细化为旅游社会文化影响、社会关系变迁、生活环境变迁、社会经济变迁、旅游发展整体感知五个层次。

3. 问卷设计

问卷设计的目的在于对选定指标予以赋值，以量化的方式直观反映调查结果，并将其作为后期数据分析的基础。本书选择李克特量表法设计问卷，运用五级量表，以五个不同的感知表达程度（“非常同意”“同意”“一般”“不太同意”“非常不同意”）作为每一问题的答案，对调查问卷所反映的分值进行累计，便可以得出被调查者对于某调查事件的态度。问卷的总分高低同被调查者对事物积极态度成正比。综合各学者们研究成果与本研究实际考察，本书设计了针对民族旅游村寨社会可持续性研究的调查问卷。该问卷由两部分所构成，第一部分为居民基本特征，第二部分为居民社会可持续发展感知。

研究开展过程中，对具体需要调查的因子均以陈述句的方式进行语言设计，每一个问题下设五个不同的选项，针对不同选项设置不同的分值，具体如下：“非常同意”以 5 赋值，“同意”以 4 赋值，“一般”以 3 赋值，“不太同意”以 2 赋值，“很不同意”以 1 赋值，被调查者如果对某一内容上所赋分值越高，代表其对于这个问题所反映的内容认可度越高。

6.1.3 评价指标体系的构建设计

在确定指标构成要素的基础上，民族旅游村寨社会可持续发展评价指标体系的构建思路具体如图 6.1 所示。

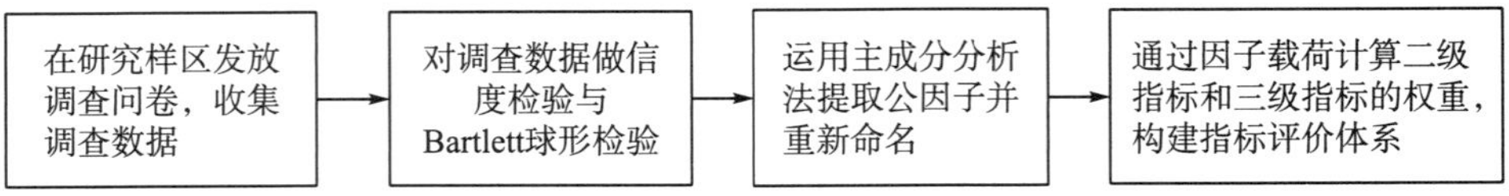

图 6.1 民族旅游村寨社会可持续指标评价体系的构建思路

1. 评价方法选择

民族旅游村寨本身就是一个综合性较强的评价对象，涵盖了许多隐性感知因素。不同的调查对象对于同一个问题可能存在较大的感知差异，若采用 AHP 等具有较大个体主观性的评价方法计算权重，可能导致研究结果过于主观而与实际情况产生偏差。鉴于民族旅游村寨社会可持续评价体系涵盖 27 个因子，若采用合成指数法、熵值法等方法，会存在较大的计算量和指标描述工作，因此，为了更客观地反映研究内容，拟使用主成分分析法作为本研究的指标体系构建方法。

主成分分析法属于一种对复杂指标进行降维处理的方法，即将原本较多的变量通过计算简化为少数相互独立的公因子，使原始数据的大部分信息能够被合成的公因子所反映，并最终依据分析结果构建所需要的评价指标体系，对被评价对象进行较为客观的综合评价方法。主成分分析法的计算过程可以归纳为以下四个步骤。

(1) 对相关系数矩阵进行计算，其公式为

$$\boldsymbol{R}=\begin{bmatrix} ra1, ra2, ra3\cdots ran \\ rb1, rb2, rb3\cdots rbn \\ \vdots \quad \vdots \quad \vdots \quad \vdots \\ rp1, rp2, rp3\cdots rpn \end{bmatrix} \tag{6.1}$$

(2) 计算特征值和特征向量。

在这一计算步骤中，需要求解出特征方程 $|\lambda \boldsymbol{I}-\boldsymbol{R}|=0$，计算出特征值 $\lambda_n(n=1,2,3\cdots,n)$，并对计算结果进行排序，然后求出相对应的特征值 λn 的特征向量 $\boldsymbol{e}_n(n=1,2,3\cdots,n)$，且 $\|\boldsymbol{e}_n\|=1$。

(3) 计算主成分贡献率。

通过式 (6.2) 所计算出的结果即主成贡献率。

$$\frac{\lambda n}{\sum_{k=1}^{y} \lambda_k} (n = 1,2,3,\cdots,z) \tag{6.2}$$

(4)计算公因子累计贡献率。

$$\frac{\sum_{k=1}^{n} \lambda_k}{\sum_{k=1}^{z} \lambda_k} (n = 1,2,3,\cdots,z) \tag{6.3}$$

2. 指标权重计算

由于控制层和要素层的研究数据来源于李克特量表调查问卷下所采集的数据，因子变量单位与量纲统一，因此，不需对因子进行标准化处理，借助 SPSS18.0 统计分析软件的 Factor 板块对调查数据进行处理，即可求出 2 级指标和 3 级指标的权重值，具体方法如下：

$$\omega_n = \frac{\left[(n\sum i)\beta_{ni} \cdot e_i\right]}{\left[(n\sum n)(x\sum n)\beta nx \cdot e_n\right]}, \quad \omega_n = (\omega_1, \omega_2, \omega_3 \cdots, \omega_n), \sum_{n=1}^{x} \omega_n = 1 \tag{6.4}$$

3. 综合得分的计算

本书以模糊数学法来计算指标体系的综合得分，该评价方法的主要内容有：①在之前主成分分析的基础上建立模糊子集。②定义模糊子集评语集 V 和分值 F，调查问卷中存在消极指标和积极指标，因此需要对逆向指标进行正向化处理，本书以“非常同意、同意、一般、不太同意、很不同意”定义正向评语集 V_1，以“5、4、3、2、1”代表对应正向分值集 F_1，以“很不同意、不太同意、一般、同意、非常同意”定义负向评语集 V_2，以“1、2、3、4、5”代表对应负向分值集 F_2。③依据式(6.5)建立评价矩阵 $\boldsymbol{R}_n$，确定各个评价因子的隶属度。④结合的指标权重 ω_n[式(6.4)]和评价矩阵 $\boldsymbol{R}_n$[式(6.1)]计算出指标体系的综合评价集 $\boldsymbol{Y}_n$[式(6.5)]，最后，计算出研究样区的社会可持续综合得分[式(6.6)]。

$$\boldsymbol{Y}_n = \omega_n \cdot \boldsymbol{R}_n = (y_{n1}, y_{n2}, \cdots, y_{nk}) \tag{6.5}$$

$$X = F \cdot \boldsymbol{Y}^{\mathrm{T}} \tag{6.6}$$

4. 评分标准划分

评分标准的划分在借鉴王良健(2001)、谢爱良(2009)、路娜(2012)等学者的相关研究基础之上，结合民族旅游村寨的实际情况，将民族旅游村寨社会可持续发展评价标准划分为非常不可持续阶段、较不可持续阶段、基本可持续阶段、比较可持续阶段、非常可持续阶段(表 6.2)。民族旅游村寨的社会可持续发展阶段的划分，既有利于确定民族旅游村寨的社会可持续发展现状，也能够对未来的社会可持续发展目标提出阶段性的建议。

表 6.2　民族旅游村寨社会可持续评分标准

综合得分	$X<3$	$X=3\sim5$	$X=5\sim6.5$	$X=6.5\sim8$	$X>8$
社会可持续评价标准	非常不可持续阶段	较不可持续阶段	基本可持续阶段	比较可持续阶段	非常可持续阶段

6.2 评价指标体系的构建与综合评价

6.2.1 数据来源

为获取研究所需的一手数据，项目组成员分别于2015年7月10日至7月28日在西江苗寨10个村寨以及在8月3日至8月10日在肇兴侗寨6个村寨采用问卷与访谈开展数据采集工作。其中，西江采集数据400份，回收380份，回收率95%，有效数据380份，有效率100%；肇兴采集数据441份，回收441份，有效问卷441份，回收率与有效率均为100%，达到了统计数据分析的要求。将获取的西江、肇兴居民基本特征调查数据分别录入SPSS18.0，数据将为研究分析所用。

6.2.2 主成分分析及评价指标体系的确立

1. 调查数据信度分析

信度分析指对收集到的数据进行可靠性检测，以保证调查数据的真实性和后期分析的科学性。目前最常用的信度检测方法是Alapha信度系数法。一般认为α指数(信度指数)应该分布在0～1，其中，如果$\alpha<0.5$就说明调查数据的真实性存在问题，不能用作进一步分析；$0.5<\alpha<0.7$说明调查数据可靠性较好，稍做修正便可进行下一步分析；$0.7<\alpha<0.9$，说明调查数据信度很好，数据内部存在高度的一致性，能够反映实际问题，可以直接进行数据分析；$\alpha>0.9$说明调查数据信度非常好。

运用SPSS18.0对调查数据进行信度分析后显示，Alpha值为0.768、0.751，表明调查数据的信度较好，各项指标内部一致性符合要求，可以用于评价西江苗寨和肇兴侗寨的社会可持续发展状况(表6.3、表6.4)。

表6.3 信度检测结果(西江苗寨数据)

Cronbach's Alpha	基于标准化项的Alpha值	项数
0.761	0.768	27

表6.4 信度检测结果(肇兴侗寨数据)

Cronbach's Alpha	基于标准化项的Alpha值	项数
0.763	0.751	35

2. 主成分分析结果

西江和肇兴分别共选取27个、35个评价指标，以期从不同角度对西江苗寨和肇兴侗寨的社会可持续发展进行评价，但部分调查因子间可能存在一定的内在联系，为提高调查数据的实用性，本书运用主成分分析法对调查数据进行降维处理，探索在民族旅游村寨社会可持续中起关键作用的因子。

1) 适应性分析

在运用主成分分析法处理数据之前，需要先对调查数据进行 KMO 统计量分析和 Bartlett 球形分析，以检验调查数据是否适用于进行主成分分析。一般认为，KMO 统计量分析值介于 0 和 1，KMO 值小于 0.5 表明调查数据不适宜做主成分分析，KMO 值在 0.6 以上表明适宜做主成分分析，KMO 值越接近 1 表明调查数据越适宜做主成分分析。除此之外，还需要对数据进行 Bartlett 球形分析，Sig 值小于 0.05 则说明因子之间存在一定的相关关系，适合做主成分分析(表 6.5、表 6.6)。

表 6.5　西江苗寨数据 KMO 和 Bartlett 球形检验

取样足够度的 Kaiser-Meyer-Olkin 度量(KMO)		0.770
Bartlett 的球形检验	近似卡方	2742.706
	df	351
	Sig	0.000

表 6.6　肇兴侗寨数据 KMO 和 Bartlett 的检验

取样足够度的 Kaiser-Meyer-Olkin 度量(KMO)		0.899
Bartlett 的球形检验	近似卡方	8568.053
	df	595
	Sig	0.000

西江和肇兴的 KMO 检验值分别为 0.770、0.899，本次调查数据适合做主成分分析，Bartlett 球形分析的 Sig 值为 0.000 小于 0.05，因子之间存在相关性，拒绝假设，适宜进行主成分分析。

2) 过程分析

在通过适应性检测之后，将原始数据导入 SPSS18.0 通过其中的 Factor 模块得到因素分析结果，以特征值大于 1 作为公因子的提取标准，西江和肇兴分别提取 8 个和 7 个公因子，方差累计贡献率达到 60.002%、63.817%(表 6.7、表 6.8)，即所提取的公因子能够解释原始数据 60%以上的信息。

表 6.7　西江苗寨数据总方差分解

成分	初始特征值			提取平方和载入			旋转平方和载入		
	合计	方差/%	累计/%	合计	方差/%	累计/%	合计	方差/%	累计/%
1	4.931	18.262	18.262	4.931	18.262	18.262	2.700	9.998	9.998
2	2.346	8.690	26.951	2.346	8.690	26.951	2.641	9.781	19.779
3	2.090	7.740	34.691	2.090	7.740	34.691	2.322	8.600	28.379
4	1.703	6.307	40.998	1.703	6.307	40.998	2.252	8.341	36.721
5	1.496	5.540	46.537	1.496	5.540	46.537	1.909	7.072	43.792
6	1.238	4.586	51.123	1.238	4.586	51.123	1.700	6.298	50.090
7	1.218	4.510	55.634	1.218	4.510	55.634	1.382	5.120	55.210
8	1.179	4.368	60.002	1.179	4.368	60.002	1.294	4.791	60.002
9	0.988	3.660	63.662						

续表

成分	初始特征值			提取平方和载入			旋转平方和载入		
	合计	方差/%	累计/%	合计	方差/%	累计/%	合计	方差/%	累计/%
10	0.859	3.183	66.845						
11	0.829	3.071	69.916						
12	0.765	2.833	72.749						
13	0.724	2.680	75.430						
14	0.715	2.649	78.078						
15	0.674	2.496	80.575						
16	0.628	2.327	82.901						
17	0.615	2.276	85.177						
18	0.566	2.098	87.275						
19	0.512	1.895	89.169						
20	0.475	1.760	90.930						
21	0.474	1.756	92.686						
22	0.411	1.523	94.209						
23	0.397	1.471	95.680						
24	0.332	1.230	96.910						
25	0.316	1.169	98.079						
26	0.280	1.036	99.115						
27	0.239	0.885	100.000						

提取方法：主成分分析。

表 6.8 肇兴侗寨数据解释的总方差

成分	初始特征值			提取平方和载入			旋转平方和载入		
	合计	方差/%	累计/%	合计	方差/%	累计/%	合计	方差/%	累计/%
1	9.633	27.524	27.524	9.633	27.524	27.524	4.432	12.663	12.663
2	5.036	14.388	41.912	5.036	14.388	41.912	3.812	10.891	23.554
3	2.337	6.677	48.589	2.337	6.677	48.589	3.449	9.854	33.409
4	1.739	4.969	53.559	1.739	4.969	53.559	3.264	9.325	42.734
5	1.398	3.995	57.554	1.398	3.995	57.554	2.981	8.518	51.252
6	1.173	3.351	60.905	1.173	3.351	60.905	2.732	7.805	59.057
7	1.019	2.913	63.817	1.019	2.913	63.817	1.666	4.760	63.817
8	0.936	2.675	66.493						
9	0.885	2.527	69.020						
10	0.773	2.209	71.229						
11	0.761	2.175	73.404						
12	0.732	2.092	75.496						
13	0.657	1.877	77.372						
14	0.630	1.800	79.173						
15	0.611	1.745	80.918						
16	0.526	1.503	82.421						
17	0.499	1.426	83.848						
18	0.490	1.399	85.247						
19	0.471	1.345	86.591						

续表

成分	初始特征值			提取平方和载入			旋转平方和载入		
	合计	方差/%	累计/%	合计	方差/%	累计/%	合计	方差/%	累计/%
20	0.440	1.256	87.848						
21	0.408	1.165	89.012						
22	0.398	1.138	90.151						
23	0.382	1.092	91.242						
24	0.375	1.071	92.313						
25	0.343	0.979	93.292						
26	0.318	0.908	94.200						
27	0.308	0.880	95.079						
28	0.291	0.832	95.911						
29	0.286	0.817	96.728						
30	0.266	0.760	97.488						
31	0.229	0.654	98.142						
32	0.217	0.620	98.762						
33	0.172	0.490	99.252						
34	0.143	0.410	99.662						
35	0.118	0.338	100.00						

尽管西江和肇兴原始数据分别提取了公因子，但将特征值大于 1 作为提取标准是不够严谨的，还需要结合碎石图来判断公因子是否需要保留。由碎石图可判断西江和肇兴提取出的公因子是合适的，提取结果同之前的总方差分解的提取结果是吻合的(图 6.2、图 6.3)。

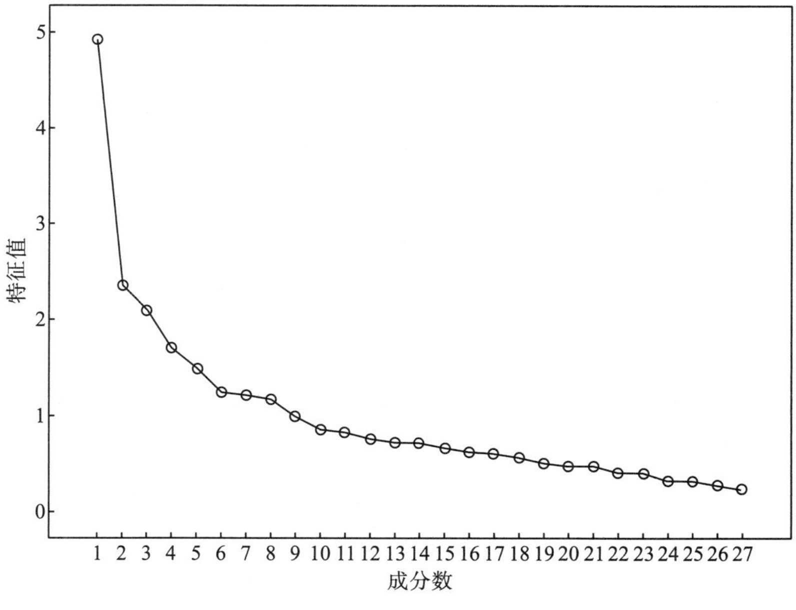

图 6.2　西江碎石图

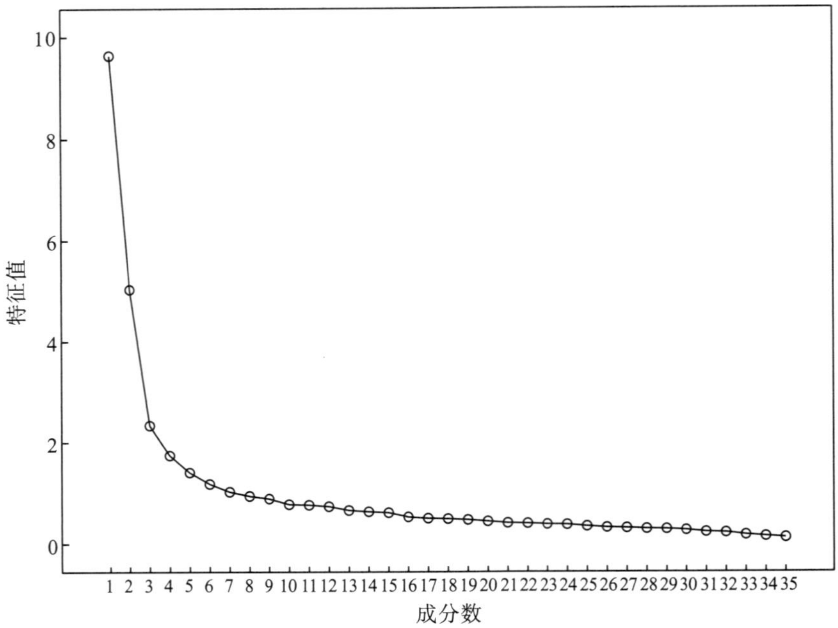

图 6.3　肇兴碎石图

为了更好地解释提取出的公因子并对其进行命名，本研究运用最大方差法对西江和肇兴的数据进行直交转换，得到因子载荷矩阵结果(表 6.9、表 6.10)。

表 6.9　西江苗寨旋转后因子的荷载矩阵

因子	成分							
	1	2	3	4	5	6	7	8
提高了生活水平 a1	0.029	0.015	−0.028	0.014	−0.020	0.814	−0.144	−0.054
贫富差距拉大 a2	0.143	0.235	0.318	0.166	0.061	0.620	0.098	0.060
村民更重视传统文化的保护与传承 a3	0.710	−0.012	−0.005	−0.077	0.086	0.063	−0.088	0.002
社区参与机制健全 a4	−0.124	−0.057	0.251	0.036	0.123	−0.016	0.186	0.723
传统社会习俗重要性下降 a5	0.142	−0.010	0.730	0.136	−0.010	0.079	−0.010	−0.062
旅游有利于社会文化保护，是西江正确的选择 a6	0.042	−0.099	−0.385	−0.019	−0.029	−0.059	−0.174	0.629
金钱成为社会生活中最重要的物品 a7	0.023	0.579	−0.154	0.080	0.336	0.286	−0.003	0.042
社会道德水准下降 a8	0.167	0.675	0.142	0.036	0.009	0.029	0.105	0.083
人们的信任感降低 a9	0.019	0.775	0.155	0.086	−0.004	0.008	−0.150	−0.207
村寨间的和睦度降低 a10	0.022	0.793	0.164	0.090	−0.031	−0.016	−0.164	−0.202
家庭关系淡化 a11	0.290	0.534	0.118	0.100	−0.185	0.095	0.053	0.152
女性地位得到提升 a12	0.598	0.107	−0.039	0.167	0.293	0.047	−0.028	−0.105
以自己是西江人或苗族人为骄傲 a13	0.696	0.189	0.152	0.044	0.037	−0.117	0.096	0.228
民族文化自信得到增强 a14	0.691	0.042	0.077	−0.023	0.001	0.103	−0.101	−0.046

续表

因子	成分							
	1	2	3	4	5	6	7	8
传统社会活动逐渐商业化 a15	0.165	0.294	0.502	0.183	0.133	0.005	0.038	−0.275
村容村貌和卫生状况得到改善 a16	0.077	0.019	0.162	0.119	0.795	0.123	0.015	0.156
旅游改善当地基础设施 a17	0.137	0.058	0.151	0.154	0.805	0.061	0.033	0.039
满意当前治安状况 a18	0.103	−0.088	−0.113	−0.195	0.542	−0.152	0.011	−0.106
旅游使我的家庭比以前更加和谐 a19	−0.001	−0.017	−0.142	0.035	−0.076	−0.010	0.732	−0.031
旅游使我周围的邻里关系变得更加亲密了 a20	−0.040	−0.067	−0.024	0.043	0.116	−0.017	0.737	0.069
旅游发展对当地的传统社会文化造成了一定的破坏 a21	−0.048	0.173	0.566	0.063	0.121	0.117	−0.134	0.067
生活方式受外来游客影响明显 a22	0.19	0.201	0.600	0.026	−0.025	0.095	−0.253	0.188
旅游发展使得人流拥挤、河水污染以及噪声增多 a23	0.095	0.131	0.142	0.793	0.120	0.163	0.081	−0.008
旅游发展使本地越来越多的农田丧失 a24	−0.031	0.095	0.172	0.820	−0.031	−0.048	0.054	0.014
旅游发展破坏了本地的自然和景观环境 a25	0.038	0.057	0.004	0.840	0.026	0.066	−0.030	−0.001
通货膨胀严重 a26	−0.033	0.035	0.511	0.077	0.045	0.649	0.109	−0.073
思想观念更加开放 a27	0.767	0.125	0.119	0.069	0.040	−0.024	0.100	−0.144

注：提取方法为主成分提取法；旋转法为具有 Kaiser 标准化的正交旋转法，旋转在 8 次迭代后收敛。

表 6.10　肇兴侗寨旋转后因子的荷载矩阵

因子	成分						
	1	2	3	4	5	6	7
外来游客和商户影响到社区的治安以及您的正常生活 a1	0. 773	0. 057	0. 119	0. 182	−0. 081	−0. 035	−0. 007
旅游发展弱化了当地居民原有的宗教意识 a2	0. 684	0. 135	0. 319	0. 095	−0. 046	−0. 022	−0. 054
旅游活动使得传统文化失去了原有的韵味而变得商业化 a3	0. 616	0. 290	0. 236	−0. 035	0. 169	−0. 249	−0. 170
肇兴村民的生活习惯受外来游客影响明显 a4	0. 609	0. 261	0. 164	0. 143	0. 144	−0. 138	−0. 227
款首等传统村寨传统领导者的地位因为旅游发展而下降 a5	0. 577	0. 280	0. 271	0. 322	−0. 261	0. 112	0. 062
这种商业化对传统文化造成了一定的破坏 a6	0. 576	0. 249	0. 225	0. 036	0. 335	−0. 123	−0. 015
外来商户加入降低了您的收入 a7	0. 476	0. 420	0. 102	0. 159	−0. 298	−0. 096	0. 195
旅游开发使我们更加重视子女的教育 a8	−0. 463	−0. 033	−0. 116	−0. 321	0. 420	0. 413	0. 003
旅游开发使我们的市场意识增强 a9	−0. 444	0. 253	0. 029	−0. 403	0. 172	0. 348	0. 108
旅游发展增加了您的家庭收入 a10	0. 107	0. 837	0. 096	0. 169	0. 041	0. 147	0. 087
旅游开发后家庭日常收入以旅游收入为主 a11	0. 208	0. 786	0. 175	0. 150	−0. 038	0. 051	0. 098
旅游业的发展使我们的就业机会越来越多 a12	0. 108	0. 773	0. 100	0. 361	0. 189	0. 002	−0. 029
旅游业的发展使当地物价上涨 a13	0. 079	0. 754	−0. 136	0. 074	0. 126	0. 073	0. 014

续表

因子	成分						
	1	2	3	4	5	6	7
旅游发展后，越来越多的外出务工青年回乡创业 a14	0.233	0.500	0.284	0.401	0.014	−0.151	−0.021
旅游发展拉大了居民间的贫富差距 a15	0.321	0.400	0.024	−0.242	0.016	0.295	−0.049
旅游发展使得村寨之间关系没有以前和谐 a16	0.319	0.037	0.757	0.185	−0.207	−0.205	0.037
旅游开发使得邻里关系比以前疏远了 a17	0.305	−0.021	0.711	0.194	−0.244	−0.337	−0.065
旅游发展使得村寨原本淳朴的民风受到冲击 a18	0.366	0.166	0.673	0.074	−0.039	−0.063	0.011
旅游开发淡化了传统的家庭观念 a19	0.169	0.245	0.629	0.148	−0.307	−0.095	0.224
旅游活动加剧了赌博、酗酒等不良现象 a20	0.337	0.071	0.512	0.223	−0.257	−0.399	−0.172
肇兴政府有一个健全和公正透明的村民旅游参与机制 a21	0.145	0.209	0.189	0.736	0.192	0.037	−0.026
您是否认同政府当前的旅游发展模式 a22	0.274	0.234	0.042	0.701	0.251	0.031	−0.076
旅游收入分配制度的不公平是当前贫富差距较大的主要原因 a23	−0.037	−0.099	−0.228	−0.670	−0.058	0.198	0.224
政府制定的相关旅游政策没有顾及到了大部分村民的利益 a24	−0.102	−0.219	−0.015	−0.663	0.165	−0.068	−0.021
旅游开发总体上有利于肇兴传统文化的传承与保护 a25	−0.073	0.076	0.015	0.272	0.676	0.086	0.109
受旅游活动影响，当地村民更为重视传统文化的挖掘与传承 a26	0.170	0.156	−0.306	0.118	0.579	0.083	−0.102
旅游活动增强了自己的民族自豪感 a27	−0.022	0.005	−0.442	0.001	0.570	0.222	0.210
旅游发展后受外来因素的影响，和以前相比您更为相信科学 a28	0.148	0.004	−0.150	0.002	0.568	0.363	0.203
对目前的治安状况满意吗 a29	−0.439	−0.025	−0.264	−0.243	0.470	0.232	−0.085
未来您是否愿意继续生活在肇兴 a30	−0.237	0.181	−0.280	−0.120	0.469	0.117	−0.251
旅游发展使本地基础设施越来越健全 a31	0.027	0.122	−0.133	0.181	0.181	0.808	0.072
旅游开发使本地交通越来越发达 a32	−0.206	0.113	−0.233	−0.015	0.135	0.692	0.052
旅游开发使我们更重视知识文化的重要性 a33	−0.365	0.005	−0.213	−0.329	0.247	0.632	0.066
旅游活动改变了当地居民重男轻女的看法 a34	−0.153	0.035	−0.172	−0.079	0.063	0.079	0.805
旅游发展让妇女在家庭中的地位得到提高 a35	−0.034	0.133	0.259	−0.140	0.058	0.091	0.726

注：提取方法为主成分提取法；旋转法为具有 Kaiser 标准化的正交旋转法，旋转在 17 次迭代后收敛。

因子旋转之后，还需要对旋转结果进行检验，具体标准如下：不能存在两个及以上旋转载荷值大于 0.4 的公因子；不能存在各个因子载荷值低于 0.4 的公因子；公因子的方差累计解释量不能低于 60%。通过西江和肇兴的碎石图以及因子旋转后的载荷矩阵可知本书没有需要剔除的公因子，主成分分析结果良好。

3）结果分析

（1）西江苗寨数据结果分析。

通过表 6.9 可以发现，公因子 X_1 对因子 a3（村民更重视传统文化的保护与传承）、

a12（女性地位得到提升）、因子 a13（以自己是西江人或苗族人为骄傲）、因子 a14（民族文化自信得到增强）、因子 a27（思想观念更加开放）具有较好的解释，通过对这五个因子进行分析可以发现，都是社区村民对旅游发展后社会文化变迁的积极感知，因此本书决定将公因子 1 命名为“社会文化积极感知”。公因子 X_2 对因子 a7（金钱成为社会生活中最重要的物品）、a8（社会道德水准下降）、a9（人们的信任感降低）、a10（村寨间的和睦度降低）、a11（家庭关系淡化）具有较好的解释，通过对这五个因子进行分析可以发现，都是社区村民对旅游发展后社会关系的负面感知，因此本书决定将公因子 2 命名为“社会关系消极感知”。公因子 X_3 对因子 a5（传统社会习俗重要性下降）、a15（传统社会活动逐渐商业化）、a21（旅游发展对当地的传统社会文化造成了一定的破坏）、a22（生活方式受外来游客影响明显）具有较好的解释，都是旅游发展后社区村民对社会文化变迁的消极感知，因此本书将公因子 3 命名为“社会文化消极感知”。公因子 X_4 对因子 a23（旅游发展使得人流拥挤、河水污染以及噪声增多）、a24（旅游发展使本地越来越多的农田丧失）、a25（旅游发展破坏了本地的自然和景观环境）具有较好的解释，集中体现在旅游发展后社区村民对生活环境的负面感知，因此本书将公因子 4 命名为“生活环境消极感知”。公因子 X_5 对因子 a16（村容村貌和卫生状况得到改善）、a17（旅游改善当地基础设施）、a18（满意当前治安状况）具有较好的解释，集中体现在旅游发展后社区村民对生活环境的积极感知，因此本书将公因子 5 命名为“生活环境积极感知”。公因子 X_6 对因子 a1（提高了生活水平）、a2（贫富差距拉大）、a26（通货膨胀严重）具有较好的解释，集中体现在旅游发展后社区村民对社会经济的感知，因此本书将公因子 6 命名为“旅游经济感知”。公因子 X_7 对因子 a19（旅游使我的家庭比以前更加和谐）、a20（旅游使我周围的邻里关系变得更加亲密了）具有较好的解释，集中体现在社区村民对旅游发展后社会关系的积极感知，因此本书将公因子 7 命名为“社会关系积极感知”。公因子 X_8 对因子 a4（社区参与机制健全）、a6（旅游有利于传统社会文化的保护，是西江正确的选择）具有较好的解释，集中体现在社区村民村寨发展旅游的整体感知，因此本书将公因子 8 命名为“旅游发展整体感知”。最终，通过主成分分析法得到 8 个公因子，其中 7 个感知因子，1 个态度因子。

（2）肇兴侗寨数据结果分析

通过表 6.10 可以发现，公因子 X_1 对因子 a1（外来游客和商户影响到社区的治安以及您的正常生活）、a2（旅游发展弱化了当地居民原有的宗教意识）、因子 a3（旅游活动使得传统文化失去了原有的韵味而变得商业化）、因子 a4（肇兴村民的生活习惯受外来游客影响明显）、因子 a5（款首等传统村寨传统领导者的地位因为旅游发展而下降）、a6（这种商业化对传统文化造成了一定的破坏）具有较好的解释，通过对这六个因子进行分析可以发现，都是社区村民对旅游发展后社会文化变迁的消极感知，因此本书决定将公因子 1 命名为“社会文化消极感知”。公因子 X_2 对因子 a10（旅游发展增加了您的家庭收入）、a11（旅游开发后家庭日常收入以旅游收入为主）、a12（旅游业的发展使我们的就业机会越来越多）、a1（旅游业的发展使当地物价上涨）、a14（旅游发展后，越来越多的外出务工青年回乡创业）具有较好的解释，集中体现在旅游发展后社区村民对社会经济的感知，因此本书将公因子 2 命名为“旅游经济感知”。公因子 X_3 对因子 a16（旅游发展使得村寨之间关系没有以前和谐）、a17（旅游发展使得邻里关系比以前疏远了）、a18（旅游发展使得村寨原本淳朴的民风受到冲击）、a19（旅游开发淡化了传统家庭观念）、a20（旅游活动加剧了赌博、酗酒等不良现象）具有较好的解释，通过对这 5 个因子进行分析可以发现，都是社区村民对旅游发展后社会关系的负面感知，因此本书决定将公因子 X_3 命名为“社会关系消极感知”。公因子 X_4 对因子 a21（肇兴政府有一个健全和公正透明的村民旅游参与机制）、a22（您是否认同政府当前的旅游发展模式）、a23（旅游收入分配制度的不公平是当前贫富差距较大的主要原因）、a24（政府制定的相关旅游政策没有顾及大部分村民的利益）具有较好的解释，集中体现在旅游发展后社区村民对旅游政策的感知，因此本书将公因子 X_4 命名为“旅游政策感知”。公因子 X_5 对因子 a25（旅游开发总体上有利于肇兴传统文化的传承与保护）、a26（受旅游活动影响当地村民更为重视传统文化的挖掘与传承）、a27（旅游活动增强了自己的民族自豪感）、a28（旅游发展后受外来因素的影响，和以前相比您更为相信科学）具有较好的解释，集中体现在旅游发展后社区村民对社会文化的积极感知，因此本书将公因子 X_5 命名为“社会文化积极感知”。公因子 X_6 对因子 a31（旅游发展使本地基础设施越来越健全）、a32（旅游开发使本地交通越来越发达）、a33（旅游开发使我们更重视知识文化的重要性）具有较好的解释，集中体现在旅游发展后社区村民对旅游发展整体的感知，因此本书将公因子 X_6 命名为“旅游发展整体感知”。公因子 X_7 对因子 a34（旅游活动改变了当地居民重男轻女的看法）、a35（旅游发展让妇女在家庭中的地位得到提高）具有较好的解释，集中体现在旅游发展后社区村民对传统观念的积极感知，因此本书将公因子 X_7 命名为“传统观念积极感知”。

通过主成分分析法得到民族旅游村寨社会可持续发展的 7 个公因子。

4）评价模型的建立

运用 SPSS18.0 统计软件对调查数据降维处理后，得到西江和肇兴两个民族旅游村寨不同的二级指标和它们所包含的三级指标，通过因子分析得到西江和肇兴各公因子的方差贡献率以及旋转矩阵后，结合式（6.4）最终计算出二级指标和三级指标的权重，对三级指标进行归一化处理后，构建出民族旅游村寨社会可持续评价模型（表 6.11、表 6.12）。

表 6.11 西江民族旅游村社会可持续发展评价指标

目标层	二级指标	权重值	三级指标	权重值	指标性质
民族旅游村社会可持续发展评价指标	社会文化积极感知 X_1	0.3	更重视传统文化的保护与传承 a3	0.21	正向
			女性地位得到提升 a12	0.16	正向
			以自己是西江人或苗族人为骄傲 a13	0.20	正向
			民族文化自信得到增强 a14	0.21	正向
			思想观念更加开放 a27	0.22	正向
	社会关系消极感知 X_2	0.14	金钱成为社会生活中最重要的物品 a7	0.17	逆向
			社会道德水准下降 a8	0.20	逆向
			人们的信任感降低 a9	0.23	逆向
			村寨间的和睦度降低 a10	0.24	逆向
			家庭关系淡化 a11	0.16	
	社会文化消极感知 X_3	0.13	传统社会习俗重要性下降 a5	0.30	逆向
			传统社会活动逐渐商业化 a15	0.21	逆向
			旅游发展对当地的传统社会文化造成了一定的破坏 a21	0.24	逆向
			生活方式受外来游客影响明显 a22	0.25	逆向

续表

目标层	二级指标	权重值	三级指标	权重值	指标性质
民族旅游村社会可持续发展评价指标	生活环境消极感知 X_4	0.11	旅游发展使得人流拥挤、河水污染以及噪声增多 a23	0.32	逆向
			旅游发展使本地越来越多的农田丧失 a24	0.33	逆向
			本地的旅游发展破坏了本地的自然和景观环境 a25	0.35	逆向
	生活环境积极感知 X_5	0.09	村容村貌和卫生状况得到改善 a16	0.37	
			旅游改善当地基础设施 a17	0.38	
			满意当前治安状况 a18	0.25	
	旅游经济感知 X_6	0.08	提高了生活水平 a1	0.39	
			贫富差距拉大 a2	0.30	逆向
			通货膨胀严重 a26	0.31	逆向
	社会关系积极感知 X_7	0.08	旅游使我的家庭比以前更加和谐 a19	0.49	
			旅游使我周围的邻里关系变得更加亲密了 a20	0.51	
	旅游发展整体感知 X_8	0.07	旅游社区参与机制健全 a4	0.53	
			旅游有利于传统社会文化的保护，是西江正确的选择 a6	0.47	

表 6.12　肇兴民族旅游村寨社会可持续发展评价指标

民族	二级指标	权重值	三级指标	权重值	指标性质
旅游村寨社会可持续发展评价指标	传统社会文化消极感知 X_1	0.43	外来游客和商户影响到社区的治安以及您的正常生活 a1	0.20	逆向
			旅游发展弱化了当地居民原有的宗教意识 a2	0.18	逆向
			旅游活动使得传统文化失去了原有的韵味而变得商业化 a3	0.16	
			肇兴村民的生活习惯受外来游客影响明显 a4	0.16	逆向
			款首等传统村寨传统领导者的地位因为旅游发展而下降 a5	0.15	逆向
			这种商业化对传统文化造成了一定的破坏 a6	0.15	逆向
	旅游经济感知 X_2	0.23	旅游发展增加了您的家庭收入 a10	0.23	
			旅游开发后家庭日常收入以旅游收入为主 a11	0.22	
			旅游业的发展使我们的就业机会越来越多 a12	0.21	
			旅游业的发展使当地物价上涨 a13	0.20	逆向
			旅游发展后，越来越多的外出务工青年回乡创业 a14	0.14	
	社会关系消极感知 X_3	0.1	旅游发展使得村寨之间关系没有以前和谐 a16	0.23	逆向
			旅游开发使得邻里关系比以前疏远了 a17	0.22	逆向
			旅游发展使得村寨原本淳朴的民风受到冲击 a18	0.20	逆向
			旅游开发淡化了传统的家庭观念 a19	0.19	逆向
			旅游活动加剧了赌博、酗酒等不良现象 a20	0.16	逆向
	旅游政策感知 X_4	0.08	肇兴政府有一个健全和公正透明的村民旅游参与机制 a21	0.27	
			您是否认同政府当前的旅游发展模式 a22	0.25	
			旅游收入分配制度的不公平是当前贫富差距较大的主要原因 a23	0.24	逆向
			政府制定的相关旅游政策没有顾及到大部分村民的利益 a24	0.24	逆向
	传统社会文化积极感知 X_5	0.06	旅游开发总体上有利于肇兴传统文化的传承与保护 a25	0.28	
			受旅游活动影响，当地村民更为重视传统文化的挖掘与传承 a26	0.24	
			旅游活动增强了自己的民族自豪感 a27	0.24	
			旅游发展后受外来因素的影响，和以前相比您更为相信科学 a28	0.24	

续表

民族	二级指标	权重值	三级指标	权重值	指标性质
旅游村寨社会可持续发展评价指标	旅游发展整体感知 X_6	0.05	旅游发展使本地基础设施越来越健全 a31 旅游开发使本地交通越来越发达 a32 旅游开发使我们更重视知识文化的重要性 a33	0.38 0.32 0.30	逆向
	传统观念积极感知 X_7	0.05	旅游活动改变了当地居民重男轻女的看法 a34 旅游发展让妇女在家庭中的地位得到提高 a35	0.53 0.47	逆向

6.2.3 模糊综合评价分析与结果

1. 模糊综合评价

构建模糊评价评语集，在上述建立的评价集合对应分值的基础上，运用 SPSS18.0 对调查数据进行频数分析和逆向指标正向化，得到研究所需的模糊评价频数分布和评语集，具体数据如表 6.13 与表 6.14。

表 6.13 西江苗寨社会可持续发展评价评语集

目标层	二级指标	序列号	评价值隶属度				
民族旅游村寨可持续发展评价评语集	传统社会文化积极感知 X_1	a3	0.07	0.542	0.247	0.124	0.017
		a12	0.016	0.658	0.218	0.108	0
		a13	0.111	0.371	0.363	0.150	0.005
		a14	0.05	0.637	0.250	0.063	0
		a27	0.071	0.461	0.342	0.121	0.005
	社会关系消极感知 X_2	a7	0	0.129	0.250	0.595	0.026
		a8	0.011	0.513	0.247	0.211	0.013
		a9	0.018	0.542	0.239	0.182	0.018
		a10	0.024	0.500	0.247	0.216	0.013
		a11	0.029	0.439	0.268	0.261	0.03
	传统社会文化消极感知 X_3	a5	0.005	0.111	0.239	0.584	0.061
		a15	0.005	0.161	0.289	0.489	0.055
		a21	0.024	0.226	0.300	0.400	0.05
		a22	0.026	0.366	0.282	0.292	0.034
	生活环境消极感知 X_4	a23	0	0.150	0.150	0.558	0.142
		a24	0.218	0.584	0.097	0.097	0.003
		a25	0.003	0.124	0.258	0.489	0.126
	生活环境积极感知 X_5	a16	0.124	0.571	0.274	0.029	0.003
		a17	0.182	0.481	0.186	0.022	0
		a18	0.121	0.613	0.142	0.118	0.005
	旅游经济感知 X_6	a1	0.047	0.417	0.118	0.416	0
		a2	0.011	0.279	0.147	0.482	0.082
		a26	0.124	0.495	0.142	0.234	0.005
	社区关系积极感知 X_7	a19	0.008	0.271	0.371	0.339	0.011
		a20	0.055	0.246	0.389	0.303	0.006
	旅游发展整体感知 X_8	a4	0.007	0.072	0.297	0.584	0.039
		a6	0.039	0.271	0.250	0.411	0.029

表 6.14　肇兴侗寨社会可持续发展评价评语集

目标层	二级指标	序列号	评价值隶属度				
民族旅游村可持续发展评价评语集	传统社会文化消极感知 X_1	a1	0.206	0.383	0.175	0.215	0.021
		a2	0.143	0.376	0.277	0.188	0.016
		a3	0.138	0.277	0.263	0.290	0.032
		a4	0.048	0.268	0.166	0.317	0.20
		a5	0.200	0.397	0.277	0.116	0.011
		a6	0.129	0.204	0.293	0.345	0.029
	旅游经济感知 X_2	a10	0.039	0.268	0.177	0.365	0.152
		a11	0.034	0.179	0.172	0.399	0.215
		a12	0.043	0.374	0.215	0.204	0.163
		a13	0.143	0.197	0.132	0.401	0.127
		a14	0.025	0.220	0.222	0.333	0.200
	社会关系消极感知 X_3	a16	0.308	0.460	0.116	0.095	0.020
		a17	0.331	0.438	0.079	0.122	0.029
		a18	0.231	0.463	0.154	0.122	0.029
		a19	0.215	0.485	0.163	0.125	0.011
		a20	0.268	0.522	0.084	0.111	0.016
	旅游政策感知 X_4	a21	0.036	0.238	0.440	0.086	0.200
		a22	0.029	0.317	0.297	0.141	0.215
		a23	0.025	0.240	0.392	0.170	0.172
		a24	0.036	0.166	0.336	0.270	0.193
	传统社会文化积极感知 X_5	a25	0.079	0.553	0.220	0.100	0.048
		a26	0.104	0.426	0.327	0.120	0.023
		a27	0.152	0.494	0.240	0.088	0.025
		a28	0.054	0.465	0.340	0.129	0.011
	旅游发展整体感知 X_6	a31	0.082	0.524	0.179	0.186	0.029
		a32	0.190	0.494	0.075	0.215	0.025
		a33	0.249	0.503	0.098	0.136	0.014
	传统观念积极感知 X_7	a34	0.057	0.281	0.410	0.209	0.043
		a35	0.016	0.141	0.562	0.243	0.039

依据调查数据评语集构建模糊评价矩阵，结合式(6. 1)、式(6. 4)计算出西江苗寨、肇兴侗寨村寨社会可持续发展的模糊评价矩阵如下。

西江苗寨传统社会文化积极感知模糊评价矩阵：

$$\boldsymbol{R}_1=\begin{bmatrix}0.070 & 0.542 & 0.247 & 0.124 & 0.017\\ 0.016 & 0.658 & 0.218 & 0.108 & 0\\ 0.111 & 0.371 & 0.218 & 0.150 & 0\\ 0.050 & 0.637 & 0.250 & 0.063 & 0\\ 0.071 & 0.461 & 0.342 & 0.121 & 0.005\end{bmatrix}$$

西江苗寨社区关系消极感知模糊评价矩阵：

$$\boldsymbol{R}_2=\begin{bmatrix}0 & 0.129 & 0.250 & 0.595 & 0.026\\ 0.011 & 0.513 & 0.247 & 0.211 & 0.013\\ 0.018 & 0.542 & 0.239 & 0.182 & 0.018\\ 0.024 & 0.500 & 0.247 & 0.216 & 0.013\\ 0.029 & 0.439 & 0.268 & 0.261 & 0.030\end{bmatrix}$$

西江苗寨传统社会文化消极感知模糊评价矩阵：

$$\boldsymbol{R}_3=\begin{bmatrix}0.005 & 0.111 & 0.239 & 0.584 & 0.061\\ 0.005 & 0.161 & 0.289 & 0.489 & 0.055\\ 0.024 & 0.226 & 0.300 & 0.401 & 0.050\\ 0.026 & 0.366 & 0.282 & 0.292 & 0.034\end{bmatrix}$$

西江苗寨生活环境消极感知模糊评价矩阵：

$$\boldsymbol{R}_4=\begin{bmatrix}0 & 0.0150 & 0.151 & 0.558 & 0.141\\ 0.218 & 0.584 & 0.097 & 0.097 & 0.003\\ 0.003 & 0.124 & 0.258 & 0.489 & 0.126\end{bmatrix}$$

西江苗寨生活环境积极感知模糊评价矩阵：

$$\boldsymbol{R}_5=\begin{bmatrix}0.124 & 0.571 & 0.274 & 0.029 & 0.003\\ 0.182 & 0.481 & 0.186 & 0.022 & 0\\ 0.121 & 0.613 & 0.142 & 0.118 & 0.005\end{bmatrix}$$

西江苗寨旅游经济感知评价矩阵：

$$\boldsymbol{R}_6=\begin{bmatrix}0.047 & 0.417 & 0.118 & 0.416 & 0\\ 0.011 & 0.279 & 0.147 & 0.482 & 0.082\\ 0.124 & 0.495 & 0.142 & 0.234 & 0.005\end{bmatrix}$$

西江苗寨社区关系积极感知评价矩阵：

$$\boldsymbol{R}_7=\begin{bmatrix}0.008 & 0.271 & 0.371 & 0.339 & 0.011\\ 0.055 & 0.246 & 0.389 & 0.303 & 0.006\end{bmatrix}$$

西江苗寨旅游发展整体感知评价矩阵：

$$\boldsymbol{R}_8=\begin{bmatrix}0.007 & 0.072 & 0.297 & 0.584 & 0.039\\ 0.039 & 0.271 & 0.250 & 0.411 & 0.029\end{bmatrix}$$

肇兴侗寨传统社会文化消极感知模糊评价矩阵：

$$\boldsymbol{R}_1=\begin{bmatrix}0.206 & 0.383 & 0.175 & 0.215 & 0.021\\ 0.143 & 0.376 & 0.277 & 0.188 & 0.016\\ 0.138 & 0.277 & 0.263 & 0.290 & 0.032\\ 0.048 & 0.268 & 0.166 & .0317 & 0.200\\ 0.200 & 0.397 & 0.277 & 0.116 & 0.011\\ 0.129 & 0.204 & 0.293 & 0.345 & 0.029\end{bmatrix}$$

肇兴侗寨旅游经济感知模糊评价矩阵：

$$R_2=\begin{bmatrix}0.039 & 0.268 & 0.177 & 0.365 & 0.152\\0.034 & 0.179 & 0.172 & 0.399 & 0.215\\0.043 & 0.374 & 0.215 & 0.204 & 0.163\\0.143 & 0.197 & 0.132 & 0.401 & 0.127\\0.025 & 0.220 & 0.222 & 0.333 & 0.200\end{bmatrix}$$

肇兴侗寨社会关系消极感知模糊评价矩阵：

$$R_3=\begin{bmatrix}0.308 & 0.460 & 0.116 & 0.095 & 0.020\\0.331 & 0.438 & 0.079 & 0.122 & 0.029\\0.231 & 0.463 & 0.154 & 0.122 & 0.029\\0.215 & 0.485 & 0.163 & 0.125 & 0.011\\0.268 & 0.522 & 0.084 & 0.111 & 0.016\end{bmatrix}$$

肇兴侗寨旅游政策感知模糊评价矩阵：

$$R_4=\begin{bmatrix}0.036 & 0.238 & 0.440 & 0.086 & 0.200\\0.029 & 0.317 & 0.297 & 0.141 & 0.215\\0.025 & 0.240 & 0.392 & 0.170 & 0.172\\0.036 & 0.166 & 0.336 & 0.270 & 0.193\end{bmatrix}$$

肇兴侗寨传统社会文化积极感知模糊评价矩阵：

$$R_5=\begin{bmatrix}0.079 & 0.553 & 0.220 & 0.100 & 0.048\\0.104 & 0.426 & 0.327 & 0.120 & 0.023\\0.152 & 0.494 & 0.240 & 0.088 & 0.025\\0.054 & 0.465 & 0.340 & 0.129 & 0.011\end{bmatrix}$$

肇兴侗寨旅游发展整体感知模糊评价矩阵：

$$R_6=\begin{bmatrix}0.082 & 0.524 & 0.179 & 0.186 & 0.029\\0.190 & 0.494 & 0.075 & 0.215 & 0.025\\0.249 & 0.503 & 0.098 & 0.136 & 0.014\end{bmatrix}$$

肇兴侗寨传统观念积极感知模糊评价矩阵：

$$R_7=\begin{bmatrix}0.057 & 0.281 & 0.410 & 0.209 & 0.043\\0.016 & 0.141 & 0.562 & 0.143 & 0.039\end{bmatrix}$$

根据表 6.14 中各三级评价指标的权重值 ω_n 和各公因子的评价矩阵 R_n，通过式(6.5)分别计算出两个研究样地指标体系的综合评价集 Y_n。

西江苗寨指标体系的综合评价集：

$$Y_1=[0.21\ \ 0.16\ \ 0.20\ \ 0.21\ \ 0.22]\times R_1=[0.067\ \ 0.528\ \ 0.287\ \ 0.113\ \ 0.006]$$

$$Y_2=[0.17\ \ 0.20\ \ 0.23\ \ 0.24\ \ 0.16]\times R_2=[0.168\ \ 0.439\ \ 0.249\ \ 0.279\ \ 0.019]$$

$$Y_3=[0.30\ \ 0.21\ \ 0.24\ \ 0.25]\times R_3=[0.015\ \ 0.213\ \ 0.275\ \ 0.447\ \ 0.051]$$

$$Y_4=[0.32\ \ 0.33\ \ 0.35]\times R_4=[0.162\ \ 0.543\ \ 0.171\ \ 0.124\ \ 0.002]$$

$$Y_5=[0.37\ \ 0.38\ \ 0.25]\times R_5=[0.145\ \ 0.713\ \ 0.088\ \ 0.052\ \ 0.002]$$

$\boldsymbol{Y}_6=[0.39\ \ 0.30\ \ 0.31]\times\boldsymbol{R}_6=[0.082\ \ 0.461\ \ 0.135\ \ 0.319\ \ 0.004]$

$\boldsymbol{Y}_7=[0.49\ \ 0.51]\times\boldsymbol{R}_7=[0.032\ \ 0.258\ \ 0.380\ \ 0.321\ \ 0.008]$

$\boldsymbol{Y}_8=[0.53\ \ 0.47]\times\boldsymbol{R}_8=[0.022\ \ 0.166\ \ 0.275\ \ 0.503\ \ 0.034]$

肇兴侗寨指标体系的综合评价集：

$\boldsymbol{Y}_1=[0.20\ \ 0.18\ \ 0.16\ \ 0.16\ \ 0.15\ \ 0.15]\times\boldsymbol{R}_1=[0.146\ \ 0.322\ \ 0.239\ \ 0.243\ \ 0.050]$

$\boldsymbol{Y}_2=[0.23\ \ 0.22\ \ 0.21\ \ 0.20\ \ 0.14]\times\boldsymbol{R}_2=[0.058\ \ 0.250\ \ 0.181\ \ 0.341\ \ 0.170]$

$\boldsymbol{Y}_3=[0.23\ \ 0.22\ \ 0.20\ \ 0.19\ \ 0.16]\times\boldsymbol{R}_3=[0.274\ \ 0.470\ \ 0.119\ \ 0.115\ \ 0.021]$

$\boldsymbol{Y}_4=[0.27\ \ 0.25\ \ 0.24\ \ 0.24]\times\boldsymbol{R}_4=[0.032\ \ 0.241\ \ 0.368\ \ 0.164\ \ 0.195]$

$\boldsymbol{Y}_5=[0.28\ \ 0.24\ \ 0.24\ \ 0.24]\times\boldsymbol{R}_5=[0.097\ \ 0.487\ \ 0.279\ \ 0.109\ \ 0.028]$

$\boldsymbol{Y}_6=[0.38\ \ 0.32\ \ 0.30]\times\boldsymbol{R}_6=[0.167\ \ 0.508\ \ 0.121\ \ 0.180\ \ 0.232]$

$\boldsymbol{Y}_7=[0.53\ \ 0.47]\times\boldsymbol{R}_7=[0.038\ \ 0.215\ \ 0.481\ \ 0.225\ \ 0.041]$

根据计算得出的各公因子综合评价集 $\boldsymbol{Y}_n$ 以及各公因子的权重值，以及对计算结果归一化处理后，最终得到西江苗寨与肇兴侗寨村寨社会可持续发展模糊评价集 $\boldsymbol{Y}$：

$$\boldsymbol{Y}(\text{西江})=[0.30\ \ 0.14\ \ 0.13\ \ 0.11\ \ 0.09\ \ 0.08\ \ 0.08\ \ 0.07]\times\begin{bmatrix}\boldsymbol{Y}_1\\ \boldsymbol{Y}_2\\ \boldsymbol{Y}_3\\ \boldsymbol{Y}_4\\ \boldsymbol{Y}_5\\ \boldsymbol{Y}_6\\ \boldsymbol{Y}_7\\ \boldsymbol{Y}_8\end{bmatrix}=[0.056\ \ 0.347\ \ 0.251\ \ 0.341\ \ 0.023]$$

$$\boldsymbol{Y}(\text{肇兴})=[0.43\ \ 0.23\ \ 0.10\ \ 0.08\ \ 0.06\ \ 0.05\ \ 0.05]\times\begin{bmatrix}\boldsymbol{Y}_1\\ \boldsymbol{Y}_2\\ \boldsymbol{Y}_3\\ \boldsymbol{Y}_4\\ \boldsymbol{Y}_5\\ \boldsymbol{Y}_6\\ \boldsymbol{Y}_7\end{bmatrix}=[0.122\ \ 0.327\ \ 0.233\ \ 0.234\ \ 0.083]$$

2. 模糊综合得分结果分析

借助村寨社会可持续发展模糊评价集 $\boldsymbol{Y}$ 计算村寨社会可持续发展模糊综合得分，具体结果 X 如下：

X(西江)=(0.056×5+0.347×4+0.251×3+0.341×2+0.023×1)×2=6.252

X(肇兴)=(0.122×5+0.327×4+0.233×3+0.234×2+0.083×1)×2=6.340

计算结果表明：

(1)当前西江千户苗寨的社会可持续发展处于基本可持续阶段(综合得分=6.252＜6.5)，

社会可持续状态仅为一般。从居民感知角度出发，通过模糊评价集 $\boldsymbol{Y}$ 对西江的社会可持续发展现状进行分析可发现，被调查者认为西江当前的可持续状态非常好、比较良好、一般、不好、非常不好的比例分别为 5.6%、34.7%、25.1%、34.1%、2.3%。

(2) 肇兴侗寨旅游区的整体社会可持续发展综合得分为 6.340，仍处于基本可持续阶段，属于可逆的完善阶段。居民社会可持续感知与评价显示，被调查者认为肇兴当前的可持续状态非常好、比较良好、一般、不好、非常不好的比例分别为 12.2%、32.7%、23.3%、23.4%、8.3%。

在此基础上，对二级指标得分结果展开分析，运用相同方法进行计算即可分别得到西江苗寨 8 个公因子以及肇兴侗寨 7 个公因子的模糊综合得分如下。

西江苗寨：

$$X_1=\left(F\times\boldsymbol{Y}_1\right)\times 2=7.070$$
$$X_2=\left(F\times\boldsymbol{Y}_2\right)\times 2=5.706$$
$$X_3=\left(F\times\boldsymbol{Y}_3\right)\times 2=6.608$$
$$X_4=\left(F\times\boldsymbol{Y}_4\right)\times 2=7.452$$
$$X_5=\left(F\times\boldsymbol{Y}_5\right)\times 2=7.275$$
$$X_6=\left(F\times\boldsymbol{Y}_6\right)\times 2=6.588$$
$$X_7=\left(F\times\boldsymbol{Y}_7\right)\times 2=5.964$$
$$X_8=\left(F\times\boldsymbol{Y}_8\right)\times 2=5.278$$

肇兴侗寨：

$$X_1=\left(F\times\boldsymbol{Y}_1\right)\times 2=6.540$$
$$X_2=\left(F\times\boldsymbol{Y}_2\right)\times 2=5.366$$
$$X_3=\left(F\times\boldsymbol{Y}_3\right)\times 2=7.716$$
$$X_4=\left(F\times\boldsymbol{Y}_4\right)\times 2=5.497$$
$$X_5=\left(F\times\boldsymbol{Y}_5\right)\times 2=7.030$$
$$X_6=\left(F\times\boldsymbol{Y}_6\right)\times 2=7.227$$
$$X_7=\left(F\times\boldsymbol{Y}_7\right)\times 2=5.970$$

单项因子得分能直观体现旅游对各因子的影响程度。鉴于计算内容为单因子感知得分，因此未对逆向指标进行正向化处理。将西江苗寨对应公因子得分从高到低进行排序如下：X_4(生活环境积极感知)＞X_5(生活环境消极感知)＞X_1(社会文化积极感知)＞X_3(社会文化消极感知)＞X_6(旅游经济感知)＞X_7(社会关系积极感知)＞X_2(传统社会文化消极感知)＞X_8(旅游发展整体感知)，其中，8 个因子中包含 3 个因子的得分大于 7 分，两个因子得分大于 6 且小于 7，3 个因子得分小于 6，分值越高表明被调查者对于公因子所反映的现象认同度越高。①在 3 个大于 7 分的因子中，村寨居民对于生活环境变迁的认同度(正负面感知)是最高的，反映旅游发展后西江生活环境发生了直接且明显改变。②西江居民对于社会文化积极感知认可度也比较高，认为西江在旅游发展之后，传统的社会文化发生了一些积极的改变。③村寨居民对于社会文化消极感知和旅游经济感知的认可度低于前

3 个因子，大部分居民认为旅游发展后村寨传统社会文化发生了一定负面变化，社会经济也出现了改变。④X_7、X_2、X_8 的分值低于 6 分，说明社区居民并不认为旅游发展后社会关系出现明显变好或变坏的现象。由于被调查者对于西江发展旅游的整体感知分值最低，西江居民对于旅游发展的支持度和认可度偏低。

将肇兴侗寨对应公因子模糊综合得分从高到低进行排序看出：X_3（社会关系消极感知）＞X_6（旅游发展整体感知）＞X_5（传统社会文化积极感知）＞X_1（传统社会文化消极感知）＞X_7（传统观念积极感知）＞X_4（旅游政策感知）＞X_2（旅游经济感知）。①7 个公因子中，居民感知最为明显的是社会关系消极感知、生活环境积极感知和传统社会文化积极感知，旅游的发展改善了肇兴基础设施和交通不利因素，同时，旅游发展也使得当地居民对传统文化的保护传承意识增强，但是致使肇兴居民社会关系越来越世俗化，传统的淳朴民风受到剧烈冲击。②旅游政策感知和旅游经济感知因子得分较低，主要是由于政府政策只是在旅游开发初期发挥了促进作用，而随着旅游的深入发展，政府重视程度降低，加之“一会两节”主会场的转移和肇兴二次开发无果而终，导致肇兴旅游区环境混乱，矛盾突出，致使当地居民怨声四起。虽然肇兴形成了“政府+企业+居民”的旅游发展模式，村寨原有社区政治结构逐向“现代化的管理模式”转变，居民很难参与决策并获取权利，政治增权与去权并存，居民没有从旅游发展中获得满意的旅游红利，因此，居民对旅游经济效益感知不强烈。

6.3 民族旅游村寨社会可持续发展时空演变及预测分析

6.3.1 “核心-过渡-边缘”区域社会可持续发展评价

1. 核心区社会可持续发展评价

1）构建核心区模糊评价矩阵

（1）西江苗寨核心区模糊评价矩阵。

首先，对西江苗寨核心区调查数据进行频数分析后，得到核心区社会可持续发展评价评语集，参考前述的计算过程，求出模糊评价矩阵 $\boldsymbol{R}_n$（n=1，2，…，8）和模糊评价集 $\boldsymbol{Y}_n$（n=1，2，…，8）。

$$传统社会文化积极感知模糊评价矩阵：\boldsymbol{R}_1=\begin{bmatrix}0.069 & 0.377 & 0.088 & 0.466 & 0\\ 0.111 & 0.637 & 0.174 & 0.068 & 0.011\\ 0.137 & 0.512 & 0.221 & 0.122 & 0.008\\ 0.081 & 0.578 & 0.199 & 0.131 & 0\\ 0.192 & 0.542 & 0.221 & 0.042 & 0.004\end{bmatrix}$$

社区关系消极感知模糊评价矩阵：$\boldsymbol{R}_2=\begin{bmatrix}0 & 0.073 & 0.195 & 0.702 & 0.031\\ 0.006 & 0.383 & 0.313 & 0.279 & 0.019\\ 0 & 0.397 & 0.317 & 0.260 & 0.027\\ 0.008 & 0.351 & 0.317 & 0.305 & 0.019\\ 0.015 & 0.355 & 0.282 & 0.344 & 0.004\end{bmatrix}$

传统社会文化消极感知模糊评价矩阵：$\boldsymbol{R}_3=\begin{bmatrix}0.004 & 0.023 & 0.176 & 0.714 & 0.084\\ 0.003 & 0.031 & 0.267 & 0.622 & 0.076\\ 0 & 0.115 & 0.244 & 0.569 & 0.073\\ 0.019 & 0.233 & 0.309 & 0.393 & 0.046\end{bmatrix}$

生活环境消极感知模糊评价矩阵：$\boldsymbol{R}_4=\begin{bmatrix}0 & 0.053 & 0.092 & 0.691 & 0.164\\ 0.003 & 0.016 & 0.080 & 0.649 & 0.252\\ 0.009 & 0.060 & 0.225 & 0.576 & 0.130\end{bmatrix}$

生活环境积极感知模糊评价矩阵：$\boldsymbol{R}_5=\begin{bmatrix}0.003 & 0.771 & 0.074 & 0.028 & 0.124\\ 0.120 & 0.721 & 0.066 & 0.012 & 0.082\\ 0.005 & 0.561 & 0.114 & 0.198 & 0.124\end{bmatrix}$

旅游经济感知评价矩阵：$\boldsymbol{R}_6=\begin{bmatrix}0.069 & 0.477 & 0.088 & 0.360 & 0.006\\ 0.004 & 0.118 & 0.130 & 0.634 & 0.115\\ 0.920 & 0.091 & 0.271 & 0.542 & 0.004\end{bmatrix}$

社区关系积极感评价矩阵：$\boldsymbol{R}_7=\begin{bmatrix}0.008 & 0.240 & 0.332 & 0.405 & 0.015\\ 0.042 & 0.256 & 0.344 & 0.347 & 0.011\end{bmatrix}$

旅游发展整体感知评价矩阵：$\boldsymbol{R}_8=\begin{bmatrix}0.008 & 0.107 & 0.260 & 0.580 & 0.046\\ 0.011 & 0.191 & 0.263 & 0.492 & 0.042\end{bmatrix}$

$$\boldsymbol{Y}_1=\begin{bmatrix}0.21 & 0.16 & 0.20 & 0.21 & 0.22\end{bmatrix}\times\boldsymbol{R}_1=\begin{bmatrix}0.118 & 0.516 & 0.181 & 0.169 & 0.003\end{bmatrix}$$
$$\boldsymbol{Y}_2=\begin{bmatrix}0.17 & 0.20 & 0.23 & 0.24 & 0.16\end{bmatrix}\times\boldsymbol{R}_2=\begin{bmatrix}0.029 & 0.439 & 0.268 & 0.262 & 0.021\end{bmatrix}$$
$$\boldsymbol{Y}_3=\begin{bmatrix}0.30 & 0.21 & 0.24 & 0.25\end{bmatrix}\times\boldsymbol{R}_3=\begin{bmatrix}0.007 & 0.099 & 0.245 & 0.580 & 0.070\end{bmatrix}$$
$$\boldsymbol{Y}_4=\begin{bmatrix}0.32 & 0.33 & 0.35\end{bmatrix}\times\boldsymbol{R}_4=\begin{bmatrix}0.004 & 0.043 & 0.136 & 0.637 & 0.182\end{bmatrix}$$
$$\boldsymbol{Y}_5=\begin{bmatrix}0.37 & 0.38 & 0.25\end{bmatrix}\times\boldsymbol{R}_5=\begin{bmatrix}0.048 & 0.069 & 0.089 & 0.064 & 0.101\end{bmatrix}$$
$$\boldsymbol{Y}_6=\begin{bmatrix}0.39 & 0.30 & 31\end{bmatrix}\times\boldsymbol{R}_6=\begin{bmatrix}0.314 & 0.390 & 0.157 & 0.359 & 0.038\end{bmatrix}$$
$$\boldsymbol{Y}_7=\begin{bmatrix}0.49 & 0.51\end{bmatrix}\times\boldsymbol{R}_7=\begin{bmatrix}0.025 & 0.248 & 0.338 & 0.376 & 0.013\end{bmatrix}$$
$$\boldsymbol{Y}_8=\begin{bmatrix}0.53 & 0.47\end{bmatrix}\times\boldsymbol{R}_8=\begin{bmatrix}0.010 & 0.147 & 0.261 & 0.539 & 0.044\end{bmatrix}$$

最后，得到西江苗寨核心区社会可持续发展模糊评价集 $\boldsymbol{Y}_{\mathrm{h}}$ 为

$$\boldsymbol{Y}_{\mathrm{h}} = \begin{bmatrix} 0.30 & 0.14 & 0.13 & 0.11 & 0.09 & 0.08 & 0.08 & 0.07 \end{bmatrix} \times \begin{bmatrix} \boldsymbol{Y}_1 \\ \boldsymbol{Y}_2 \\ \boldsymbol{Y}_3 \\ \boldsymbol{Y}_4 \\ \boldsymbol{Y}_5 \\ \boldsymbol{Y}_6 \\ \boldsymbol{Y}_7 \\ \boldsymbol{Y}_8 \end{bmatrix} = \begin{bmatrix} 0.083 & 0.302 & 0.193 & 0.385 & 0.043 \end{bmatrix}$$

模糊评价集 $\boldsymbol{Y}_{\mathrm{h}}$ 表明：西江苗寨核心区被调查者认为所在村寨处于非常可持续发展阶段或比较可持续阶段、不可持续阶段、基本可持续阶段的比例分别为 38.5%、42.8%、19.3%，核心区村寨居民对本村寨社会可持续发展现状持较为均衡的感知态度。

(2) 肇兴侗寨核心区模糊评价矩阵。

运用同样的方法对肇兴侗寨核心区调查数据进行频数分析后，得到核心区社会可持续发展评价评语集，求出模糊评价矩阵 $\boldsymbol{R}_n$(n=1，2，…，7) 和模糊评价集 $\boldsymbol{Y}_n$(n=1，2，…，7)。

社会文化消极感知模糊评价矩阵：$\boldsymbol{R}_1 = \begin{bmatrix} 0.052 & 0.422 & 0.181 & 0.329 & 0.016 \\ 0.036 & 0.369 & 0.293 & 0.277 & 0.024 \\ 0.024 & 0.241 & 0.357 & 0.333 & 0.044 \\ 0.060 & 0.345 & 0.217 & 0.341 & 0.036 \\ 0.024 & 0.357 & 0.418 & 0.189 & 0.012 \\ 0.016 & 0.185 & 0.349 & 0.406 & 0.044 \end{bmatrix}$

旅游经济感知模糊评价矩阵：$\boldsymbol{R}_2 = \begin{bmatrix} 0.064 & 0.426 & 0.249 & 0.237 & 0.024 \\ 0.052 & 0.305 & 0.281 & 0.317 & 0.044 \\ 0.072 & 0.506 & 0.257 & 0.145 & 0.020 \\ 0.040 & 0.108 & 0.153 & 0.550 & 0.149 \\ 0.036 & 0.321 & 0.261 & 0.353 & 0.028 \end{bmatrix}$

社会关系消极感知模糊矩阵评价：$\boldsymbol{R}_3 = \begin{bmatrix} 0.185 & 0.542 & 0.112 & 0.129 & 0.032 \\ 0.209 & 0.526 & 0.104 & 0.108 & 0.052 \\ 0.044 & 0.558 & 0.193 & 0.173 & 0.032 \\ 0.108 & 0.474 & 0.189 & 0.209 & 0.020 \\ 0.096 & 0.639 & 0.120 & 0.120 & 0.024 \end{bmatrix}$

旅游政策感知模糊矩阵评价：$\boldsymbol{R}_4 = \begin{bmatrix} 0.036 & 0.141 & 0.659 & 0.124 & 0.040 \\ 0.048 & 0.386 & 0.337 & 0.173 & 0.056 \\ 0.020 & 0.177 & 0.502 & 0.273 & 0.028 \\ 0.032 & 0.161 & 0.474 & 0.293 & 0.040 \end{bmatrix}$

社会文化积极感知模糊评价矩阵：$\boldsymbol{R}_5=\begin{bmatrix}0.092 & 0.526 & 0.209 & 0.145 & 0.028\\ 0.145 & 0.454 & 0.201 & 0.173 & 0.028\\ 0.124 & 0.538 & 0.161 & 0.141 & 0.036\\ 0.072 & 0.518 & 0.277 & 0.124 & 0.008\end{bmatrix}$

旅游发展整体感知模糊评价矩阵：$\boldsymbol{R}_6=\begin{bmatrix}0.092 & 0.606 & 0.112 & 0.181 & 0.008\\ 0.161 & 0.574 & 0.056 & 0.193 & 0.016\\ 0.100 & 0.631 & 0.104 & 0.145 & 0.020\end{bmatrix}$

传统观念积极感知模糊评价矩阵：$\boldsymbol{R}_7=\begin{bmatrix}0.032 & 0.257 & 0.506 & 0.173 & 0.032\\ 0.028 & 0.165 & 0.578 & 0.189 & 0.040\end{bmatrix}$

$$\boldsymbol{Y}_1=\begin{bmatrix}0.20 & 0.18 & 0.16 & 0.16 & 0.15 & 0.15\end{bmatrix}\times\boldsymbol{R}_1=\begin{bmatrix}0.036 & 0.326 & 0.296 & 0.313 & 0.029\end{bmatrix}$$
$$\boldsymbol{Y}_2=\begin{bmatrix}0.23 & 0.22 & 0.21 & 0.20 & 0.14\end{bmatrix}\times\boldsymbol{R}_2=\begin{bmatrix}0.054 & 0.338 & 0.240 & 0.314 & 0.053\end{bmatrix}$$
$$\boldsymbol{Y}_3=\begin{bmatrix}0.23 & 0.22 & 0.20 & 0.19 & 0.16\end{bmatrix}\times\boldsymbol{R}_3=\begin{bmatrix}0.133 & 0.544 & 0.142 & 0.147 & 0.033\end{bmatrix}$$
$$\boldsymbol{Y}_4=\begin{bmatrix}0.27 & 0.25 & 0.24 & 0.24\end{bmatrix}\times\boldsymbol{R}_4=\begin{bmatrix}0.034 & 0.216 & 0.496 & 0.213 & 0.041\end{bmatrix}$$
$$\boldsymbol{Y}_5=\begin{bmatrix}0.28 & 0.24 & 0.24 & 0.24\end{bmatrix}\times\boldsymbol{R}_5=\begin{bmatrix}0.108 & 0.510 & 0.212 & 0.146 & 0.025\end{bmatrix}$$
$$\boldsymbol{Y}_6=\begin{bmatrix}0.38 & 0.32 & 0.30\end{bmatrix}\times\boldsymbol{R}_6=\begin{bmatrix}0.116 & 0.603 & 0.092 & 0.174 & 0.014\end{bmatrix}$$
$$\boldsymbol{Y}_7=\begin{bmatrix}0.53 & 0.47\end{bmatrix}\times\boldsymbol{R}_7=\begin{bmatrix}0.030 & 0.214 & 0.540 & 0.181 & 0.036\end{bmatrix}$$

从而得到肇兴侗寨核心区社会可持续发展模糊评价集 $\boldsymbol{Y}_{\mathrm{h}}$ 为

$$\boldsymbol{Y}_{\mathrm{h}}=\begin{bmatrix}0.43 & 0.23 & 0.10 & 0.08 & 0.06 & 0.05 & 0.05\end{bmatrix}\times\begin{bmatrix}Y_1\\ Y_2\\ Y_3\\ Y_4\\ Y_5\\ Y_6\\ Y_7\end{bmatrix}=\begin{bmatrix}0.058 & 0.361 & 0.281 & 0.265 & 0.035\end{bmatrix}$$

模糊评价集 $\boldsymbol{Y}_{\mathrm{h}}$ 表明：肇兴侗寨核心区被调查者认为所在村寨处于非常可持续发展阶段或比较可持续阶段、不可持续阶段、基本可持续阶段的比例分别为 41.9%、30%、28.1%，村寨持正面态度的居民数明显高于持负面态度的居民数。

2) 核心区模糊综合得分结果分析

(1) 西江苗寨核心区模糊综合得分。

在计算出核心区社会可持续发展模糊评价集 $\boldsymbol{Y}_{\mathrm{h}}$ 后，即可求出西江苗寨核心区的社会可持续模糊评价结果 X_{h}。

$$X_{\mathrm{h}}=(0.083\times5+0.302\times4+0.193\times3+0.385\times2+0.043\times1)\times2=6.040$$

调查村寨核心区的社会可持续发展模糊综合得分为 6. 040，根据表 6.2 的标准，西江苗寨核心区社会可持续发展处于基本可持续阶段，其社会可持续发展状况在调控优化的基础上能够转为比较可持续发展阶段。

在核心区总体模糊得分基础上依次分别求出 8 个公因子的模糊综合得分：

$$X_1=(F\times \boldsymbol{Y}_1)\times 2=7.088$$

$$X_2=(F\times \boldsymbol{Y}_2)\times 2=6.341$$

$$X_3=(F\times \boldsymbol{Y}_3)\times 2=7.256$$

$$X_4=(F\times \boldsymbol{Y}_4)\times 2=7.896$$

$$X_5=(F\times \boldsymbol{Y}_5)\times 2=7.035$$

$$X_6=(F\times \boldsymbol{Y}_6)\times 2=6.636$$

$$X_7=(F\times \boldsymbol{Y}_7)\times 2=5.792$$

$$X_8=(F\times \boldsymbol{Y}_8)\times 2=5.086$$

注：逆向指标未正向化。

将公因子得分由高到低进行排序：X_4(生活环境积极感知)＞X_3(社会文化消极感知)＞X_1(传统社会文化积极感知)＞X_5(生活环境消极感知)＞X_6(旅游经济感知)＞X_2(社区关系消极感知)＞X_7(社区关系积极感知)＞X_8(旅游发展整体感知)，从中可以看出：①核心区村寨为适应旅游发展，生活环境、基础设施得到改善，村民对其感知最明显。②核心区传统社会文化在正反两个方向发生着明显变迁，且消极感知略高于积极感知，村寨传统文化受到一定的冲击，居民对于这种变迁表现出担忧。③社区在提高居民生活水平的同时也加速了社区内的贫富差距，社区关系受到市场经济的影响而变得日趋世俗。④在博弈逐渐失衡的背景下，村寨经济增权、心理增权、社会增权和政治增权与去权并存，居民对于在本社区发展旅游认可度最低。

(2) 肇兴核心区模糊综合得分。

基于肇兴侗寨核心区社会可持续发展模糊评价集 $\boldsymbol{Y}$ 求出核心区村寨的社会可持续模糊评价结果 X_{h}。

$$X_{\mathrm{h}}=(0.058\times 5+0.361\times 4+0.281\times 3+0.265\times 2+0.035\times 1)\times 2=6.281$$

肇兴侗寨核心区社会可持续发展模糊综合得分为 6.281，其发展处于基本可持续阶段，需要在旅游发展中，处理好出现的消极问题。

基于核心区总体模糊得分依次分别求出 7 个公因子的模糊综合得分：

$$X_1=(F\times \boldsymbol{Y}_1)\times 2=6.054$$

$$X_2=(F\times \boldsymbol{Y}_2)\times 2=6.959$$

$$X_3=(F\times \boldsymbol{Y}_3)\times 2=7.194$$

$$X_4=(F\times \boldsymbol{Y}_4)\times 2=5.979$$

$$X_5=(F\times \boldsymbol{Y}_5)\times 2=7.058$$

$$X_6=(F\times \boldsymbol{Y}_6)\times 2=7.265$$

$$X_7=(F\times \boldsymbol{Y}_7)\times 2=6.044$$

将公因子得分从高到低进行排序发现：X_6(旅游发展整体感知)＞X_3(社会关系消极感

知）＞X_5（传统社会文化积极感知）＞X_2（旅游经济感知）＞X_1（传统社会文化消极感知）＞X_7（传统观念积极感知）＞X_4（旅游政策感知），可以发现：①随着旅游对核心区村寨整体基础设施和交通等条件的改观，居民对旅游所带来的社区整体改观的认可度较高。②旅游为村寨带来经济收益，居民生活水平提升的同时，收入差异现象明显增强，社区利益矛盾凸显，居民社区关系出现世俗化现象。③核心区旅游发展后，居民从“自醒”到“自觉”，旅游的发展也激发了核心区居民对传统社会文化的保护与传承，居民社会文化积极感知的认可度要高于消极感知。④居民对旅游政策感知不强烈。

2. 过渡区社会可持续发展评价

1）构建过渡区模糊评价矩阵

（1）西江苗寨过渡区模糊评价矩阵。

求得西江苗寨过渡区社会可持续发展评价模糊评价矩阵 $\boldsymbol{R}_n$（n=1，2，…，8）和模糊评价集 $\boldsymbol{Y}_n$（n=1，2，…，8）。

社会文化积极感知模糊评价矩阵：$$\boldsymbol{R}_1=\begin{bmatrix}0.035 & 0.491 & 0.246 & 0.211 & 0.018\\0 & 0.551 & 0.246 & 0.243 & 0\\0.018 & 0.381 & 0.338 & 0.263 & 0\\0 & 0.416 & 0.391 & 0.180 & 0.013\\0.011 & 0.544 & 0.256 & 0.181 & 0.018\end{bmatrix}$$

社区关系消极感知模糊评价矩阵：$$\boldsymbol{R}_2=\begin{bmatrix}0 & 0.211 & 0.439 & 0.333 & 0.018\\0.035 & 0.772 & 0.123 & 0.070 & 0\\0.031 & 0.801 & 0.123 & 0.030 & 0.012\\0.032 & 0.790 & 0.014 & 0.158 & 0.018\\0.038 & 0.664 & 0.211 & 0.088 & 0\end{bmatrix}$$

社会文化消极感知模糊评价矩阵：$$\boldsymbol{R}_3=\begin{bmatrix}0.018 & 0.246 & 0.368 & 0.380 & 0.002\\0.018 & 0.228 & 0.364 & 0.386 & 0\\0.051 & 0.368 & 0.456 & 0.123 & 0.003\\0.015 & 0.667 & 0.242 & 0.070 & 0.004\end{bmatrix}$$

生活环境消极感知模糊评价矩阵：$$\boldsymbol{R}_4=\begin{bmatrix}0 & 0.316 & 0.263 & 0.263 & 0.158\\0.018 & 0.228 & 0.140 & 0.456 & 0.158\\0.015 & 0.230 & 0.333 & 0.246 & 0.157\end{bmatrix}$$

生活环境积极感知模糊评价矩阵：$$\boldsymbol{R}_5=\begin{bmatrix}0.053 & 0.182 & 0.520 & 0.150 & 0.003\\0.088 & 0.529 & 0.211 & 0.123 & 0\\0.123 & 0.751 & 0.073 & 0.053 & 0\end{bmatrix}$$

旅游经济感知评价矩阵：$\boldsymbol{R}_6=\begin{bmatrix}0.020 & 0.261 & 0.193 & 0.501 & 0.007\\0.018 & 0.632 & 0.175 & 0.167 & 0.008\\0.018 & 0.439 & 0.246 & 0.263 & 0.035\end{bmatrix}$

社区关系积极感评价矩阵：$\boldsymbol{R}_7=\begin{bmatrix}0.033 & 0.403 & 0.308 & 0.246 & 0.010\\0.082 & 0.331 & 0.325 & 0.262 & 0.150\end{bmatrix}$

旅游发展整体感知评价矩阵：$\boldsymbol{R}_8=\begin{bmatrix}0.015 & 0.235 & 0.351 & 0.326 & 0.073\\0.011 & 0.591 & 0.125 & 0.163 & 0\end{bmatrix}$

$$\boldsymbol{Y}_1=[0.21\ \ 0.16\ \ 0.20\ \ 0.21\ \ 0.22]\times\boldsymbol{R}_1=[0.036\ \ 0.475\ \ 0.298\ \ 0.214\ \ 0.110]$$
$$\boldsymbol{Y}_2=[0.17\ \ 0.20\ \ 0.23\ \ 0.24\ \ 0.16]\times\boldsymbol{R}_2=[0.028\ \ 0.670\ \ 0.195\ \ 0.191\ \ 0.035]$$
$$\boldsymbol{Y}_3=[0.30\ \ 0.21\ \ 0.24\ \ 0.25]\times\boldsymbol{R}_3=[0.026\ \ 0.377\ \ 0.357\ \ 0.399\ \ 0.002]$$
$$\boldsymbol{Y}_4=[0.32\ \ 0.33\ \ 0.35]\times\boldsymbol{R}_4=[0.012\ \ 0.257\ \ 0.247\ \ 0.321\ \ 0.164]$$
$$\boldsymbol{Y}_5=[0.37\ \ 0.38\ \ 0.25]\times\boldsymbol{R}_5=[0.084\ \ 0.457\ \ 0.291\ \ 0.116\ \ 0.002]$$
$$\boldsymbol{Y}_6=[0.39\ \ 0.30\ \ 0.31]\times\boldsymbol{R}_6=[0.019\ \ 0.427\ \ 0.204\ \ 0.327\ \ 0.016]$$
$$\boldsymbol{Y}_7=[0.49\ \ 0.51]\times\boldsymbol{R}_7=[0.056\ \ 0.367\ \ 0.316\ \ 0.254\ \ 0.076]$$
$$\boldsymbol{Y}_8=[0.53\ \ 0.47]\times\boldsymbol{R}_8=[0.061\ \ 0.403\ \ 0.245\ \ 0.25\ \ 0.039]$$

进而得到过渡区社会可持续发展模糊评价集 $\boldsymbol{Y}_{\mathrm{g}}$。

$$\boldsymbol{Y}_{\mathrm{g}}=[0.30\quad 0.14\quad 0.13\quad 0.11\quad 0.09\quad 0.08\quad 0.07]\times\begin{bmatrix}\boldsymbol{Y}_1\\\boldsymbol{Y}_2\\\boldsymbol{Y}_3\\\boldsymbol{Y}_4\\\boldsymbol{Y}_5\\\boldsymbol{Y}_6\\\boldsymbol{Y}_7\\\boldsymbol{Y}_8\end{bmatrix}=[0.036\quad 0.437\quad 0.283\quad 0.242\quad 0.026]$$

模糊评价集 $\boldsymbol{Y}_{\mathrm{g}}$ 表明：西江苗寨过渡区被调查者认为所在村寨处于非常可持续发展阶段或比较可持续阶段、不可持续阶段、基本可持续阶段的比例分别为 47.3%、26.8%、28.3%，居民普遍认为居住村寨处于可持续发展状态，其值高于西江核心区。

(2) 肇兴侗寨过渡区模糊评价矩阵。

对肇兴侗寨过渡区调查数据进行频数分析后，得到过渡区社会可持续发展评价评语集，求出模糊评价矩阵 $\boldsymbol{R}_n$ (n=1，2，…，7) 和模糊评价集 $\boldsymbol{Y}_n$ (n=1，2，…，7)。

社会文化消极感知模糊评价矩阵：$$\boldsymbol{R}_1=\begin{bmatrix}0.850 & 0.038 & 0.038 & 0.025 & 0.050\\ 0.625 & 0.250 & 0.088 & 0.038 & 0\\ 0.663 & 0.163 & 0.138 & 0.038 & 0\\ 0.025 & 0.013 & 0.088 & 0.050 & 0.825\\ 0.963 & 0.013 & 0 & 0 & 0.025\\ 0.613 & 0.125 & 0.125 & 0.138 & 0\end{bmatrix}$$

旅游经济感知模糊评价矩阵：$$\boldsymbol{R}_2=\begin{bmatrix}0 & 0.050 & 0.138 & 0.125 & 0.688\\ 0.013 & 0.013 & 0.025 & 0.075 & 0.875\\ 0 & 0.013 & 0.100 & 0.088 & 0.800\\ 0.650 & 0 & 0.075 & 0.113 & 0.163\\ 0.013 & 0 & 0.013 & 0.013 & 0.963\end{bmatrix}$$

社会关系消极感知模糊评价矩阵：$$\boldsymbol{R}_3=\begin{bmatrix}0.938 & 0.050 & 0 & 0 & 0.013\\ 0.988 & 0 & 0 & 0.013 & 0\\ 0.925 & 0.013 & 0.013 & 0 & 0.050\\ 0.750 & 0.213 & 0.038 & 0 & 0\\ 0.975 & 0.013 & 0 & 0 & 0.013\end{bmatrix}$$

旅游政策感知模糊评价矩阵：$$\boldsymbol{R}_4=\begin{bmatrix}0.088 & 0 & 0 & 0.013 & 0.900\\ 0 & 0.013 & 0.025 & 0.038 & 0.925\\ 0.063 & 0 & 0.138 & 0 & 0.800\\ 0.100 & 0 & 0.025 & 0.013 & 0.863\end{bmatrix}$$

社会文化积极感知模糊评价矩阵：$$\boldsymbol{R}_5=\begin{bmatrix}0.088 & 0.375 & 0.388 & 0.038 & 0.113\\ 0.075 & 0.150 & 0.738 & 0.013 & 0.025\\ 0.413 & 0.013 & 0.250 & 0.300 & 0.025\\ 0.063 & 0.238 & 0.688 & 0.013 & 0\end{bmatrix}$$

旅游发展整体感知模糊评价矩阵：$$\boldsymbol{R}_6=\begin{bmatrix}0.113 & 0.300 & 0.463 & 0.038 & 0.088\\ 0.463 & 0.338 & 0.150 & 0.025 & 0.025\\ 0.925 & 0.013 & 0.050 & 0 & 0.013\end{bmatrix}$$

传统观念积极感知模糊评价矩阵：$$\boldsymbol{R}_7=\begin{bmatrix}0.188 & 0.313 & 0.363 & 0 & 0.138\\ 0 & 0.088 & 0.825 & 0.013 & 0.075\end{bmatrix}$$

$$\boldsymbol{Y}_1=\begin{bmatrix}0.20 & 0.18 & 0.16 & 0.16 & 0.15 & 0.15\end{bmatrix}\times\boldsymbol{R}_1=\begin{bmatrix}0.692 & 0.101 & 0.078 & 0.047 & 0.146\end{bmatrix}$$

$$\boldsymbol{Y}_2=[0.23\quad 0.22\quad 0.21\quad 0.20\quad 0.14]\times\boldsymbol{R}_2=[0.135\quad 0.017\quad 0.075\quad 0.088\quad 0.686]$$
$$\boldsymbol{Y}_3=[0.23\quad 0.22\quad 0.20\quad 0.19\quad 0.16]\times\boldsymbol{R}_3=[0.917\quad 0.057\quad 0.010\quad 0.003\quad 0.015]$$
$$\boldsymbol{Y}_4=[0.27\quad 0.25\quad 0.24\quad 0.24]\times\boldsymbol{R}_4=[0.063\quad 0.003\quad 0.045\quad 0.016\quad 0.873]$$
$$\boldsymbol{Y}_5=[0.28\quad 0.24\quad 0.24\quad 0.24]\times\boldsymbol{R}_5=[0.157\quad 0.270\quad 0.511\quad 0.020\quad 0.044]$$
$$\boldsymbol{Y}_6=[0.38\quad 0.32\quad 0.30]\times\boldsymbol{R}_6=[0.469\quad 0.226\quad 0.239\quad 0.022\quad 0.045]$$
$$\boldsymbol{Y}_7=[0.53\quad 0.47]\times\boldsymbol{R}_7=[0.100\quad 0.207\quad 0.580\quad 0.006\quad 0.108]$$

得到肇兴侗寨过渡区社会可持续发展模糊评价集 $\boldsymbol{Y}_{\mathrm{g}}$。

$$\boldsymbol{Y}_{\mathrm{g}}=[0.43\quad 0.23\quad 0.10\quad 0.08\quad 0.06\quad 0.05\quad 0.05]\times\begin{bmatrix}\boldsymbol{Y}_1\\ \boldsymbol{Y}_2\\ \boldsymbol{Y}_3\\ \boldsymbol{Y}_4\\ \boldsymbol{Y}_5\\ \boldsymbol{Y}_6\\ \boldsymbol{Y}_7\end{bmatrix}=[0.436\quad 0.091\quad 0.127\quad 0.045\quad 0.302]$$

模糊评价集 $\boldsymbol{Y}_{\mathrm{g}}$ 表明：肇兴过渡区村寨被调查者认为所在村寨处于非常可持续发展阶段或比较可持续阶段、不可持续阶段、基本可持续阶段的比例分别为 52.7%、12.7%、30.2%，村寨社会可持续状态的居民感知数量略多于不可持续感知的居民数量。

2）过渡区模糊综合得分结果分析

（1）西江苗寨过渡区模糊综合得分。

过渡区模糊综合评价得分 X_{g} 为

$$X_{\mathrm{g}}=(0.036\times5+0.437\times4+0.283\times3+0.242\times2+0.026\times1)\times2=6.601$$

西江苗寨过渡区社会可持续发展模糊综合得分为 6.601，处于比较可持续发展阶段，其社会可持续发展正面认可度较高，旅游给过渡区造成的社会文化负面感知低于旅游核心区。

西江苗寨过渡区村寨 8 个公因子的模糊感知评分如下：

$$X_1=(F\times\boldsymbol{Y}_1)\times2=6.790$$
$$X_2=(F\times\boldsymbol{Y}_2)\times2=5.332$$
$$X_3=(F\times\boldsymbol{Y}_3)\times2=5.658$$
$$X_4=(F\times\boldsymbol{Y}_4)\times2=6.215$$
$$X_5=(F\times\boldsymbol{Y}_5)\times2=6.707$$
$$X_6=(F\times\boldsymbol{Y}_6)\times2=5.914$$
$$X_7=(F\times\boldsymbol{Y}_7)\times2=6.586$$
$$X_8=(F\times\boldsymbol{Y}_8)\times2=6.383$$

过渡区公因子得分从高到低排名依次为 X_1（社会文化积极感知）＞X_5（生活环境积极感知）＞X_7（社区关系积极感知）＞X_8（旅游发展整体感知）＞X_4（生活环境消极感知）＞X_6（旅

游经济感知）＞X_3（社会文化消极感知）＞X_2（社区关系消极感知），过渡区村寨居民仅对社会文化积极感知、生活环境改善和旅游整体态度存在较高的感知，属于旅游发展中早期或核心区旅游扩散带给过渡区的旅游红利，旅游积极影响的得分普遍高于消极影响，被调查者对于旅游发展持认可和支持的态度。

（2）肇兴侗寨过渡区模糊综合得分。

基于社会可持续发展模糊评价集 $\boldsymbol{Y}$，可求出肇兴侗寨过渡区村寨的社会可持续模糊评价结果 X_g。

$$X_{\mathrm{g}}=\left(0.436\times5+0.091\times4+0.127\times3+0.045\times2+0.302\times1\right)\times2=6.636$$

旅游过渡区的社会可持续发展模糊综合得分为 6.636，根据表 6.2 的评价标准，肇兴侗寨过渡区村寨社会处于比较可持续阶段。伴随 2014 年夏蓉高速的通行与 2015 年高铁的开通，促得黎平成为贵州“东进两湖、南下两广”的桥头堡，游客以背包客为主，接待量逐年增长。但是由于过渡区各村寨处于山间盆地中，地形封闭，旅游经济的渗透比较弱，居民参与旅游发展的规模和能力较为欠缺。相比核心区来说，村民民族认同、自豪感更强烈，淳朴民风保持较为完好。

求出过渡区村寨总体模糊得分后，依次分别求出 7 个公因子的模糊综合得分：

$$X_1=\left(F\times\boldsymbol{Y}_1\right)\times2=8.050$$

$$X_2=\left(F\times\boldsymbol{Y}_2\right)\times2=3.659$$

$$X_3=\left(F\times\boldsymbol{Y}_3\right)\times2=9.720$$

$$X_4=\left(F\times\boldsymbol{Y}_4\right)\times2=2.738$$

$$X_5=\left(F\times\boldsymbol{Y}_5\right)\times2=6.962$$

$$X_6=\left(F\times\boldsymbol{Y}_6\right)\times2=8.109$$

$$X_7=\left(F\times\boldsymbol{Y}_7\right)\times2=6.376$$

将公因子得分从高到低进行排序：X_3（社会关系消极感知）＞X_6（旅游发展整体感知）＞X_1（传统社会文化消极感知）＞X_5（传统社会文化积极感知）＞X_7（传统观念积极感知）＞X_2（旅游经济感知）＞X_4（旅游政策感知），得出：①随着核心区旅游扩散影响、交通条件改善和基础设施建立，受外来文化影响，过渡区村寨传统文化也逐渐受到冲击，居民对社会关系消极感知、旅游发展整体感知和传统社会文化消极感知认可度较高。②进入过渡区的游客停留时间短，活动类型少，居民参与度不高，因此过渡区居民对旅游经济感知不强烈。③过渡区居民对旅游政策认知度低。

3. 边缘区社会可持续发展评价

1）构建边缘区模糊评价矩阵

（1）西江苗寨边缘区模糊评价矩阵。

求出西江苗寨边缘区社会可持续发展评价模糊评价矩阵 $\boldsymbol{R}_n$（n=1，2，…，8）和模糊评价集 $\boldsymbol{Y}_n$（n=1，2，…，8）。

传统社会文化积极感知模糊评价矩阵：$\boldsymbol{R}_1=\begin{bmatrix}0.049 & 0.459 & 0.326 & 0.166 & 0\\0.148 & 0.409 & 0.332 & 0.110 & 0.010\\0.162 & 0.439 & 0.175 & 0.224 & 0.011\\0.033 & 0.410 & 0.302 & 0.232 & 0.020\\0.079 & 0.423 & 0.148 & 0.298 & 0.030\end{bmatrix}$

社区关系消极感知模糊评价矩阵：$\boldsymbol{R}_2=\begin{bmatrix}0.004 & 0.428 & 0.311 & 0.244 & 0.012\\0.033 & 0.803 & 0.098 & 0.066 & 0\\0.082 & 0.885 & 0.016 & 0.011 & 0.01\\0.079 & 0.852 & 0.051 & 0.016 & 0.011\\0.080 & 0.690 & 0.164 & 0.054 & 0.012\end{bmatrix}$

传统社会文化消极感知模糊评价矩阵：$\boldsymbol{R}_3=\begin{bmatrix}0.020 & 0.406 & 0.381 & 0.180 & 0.010\\0.033 & 0.543 & 0.293 & 0.115 & 0.016\\0.051 & 0.568 & 0.256 & 0.123 & 0.003\\0.115 & 0.667 & 0.142 & 0.070 & 0.004\end{bmatrix}$

生活环境消极感知模糊评价矩阵：$\boldsymbol{R}_4=\begin{bmatrix}0.101 & 0.592 & 0.194 & 0.015 & 0.098\\0.060 & 0.403 & 0.231 & 0.226 & 0.131\\0.130 & 0.540 & 0.128 & 0.094 & 0.066\end{bmatrix}$

生活环境积极感知模糊评价矩阵：$\boldsymbol{R}_5=\begin{bmatrix}0.053 & 0.182 & 0.520 & 0.150 & 0.003\\0.098 & 0.329 & 0.261 & 0.273 & 0\\0.123 & 0.751 & 0.073 & 0.053 & 0\end{bmatrix}$

旅游经济感知评价矩阵：$\boldsymbol{R}_6=\begin{bmatrix}0.020 & 0.071 & 0.343 & 0.472 & 0.087\\0 & 0.652 & 0.169 & 0.161 & 0.018\\0.104 & 0.549 & 0.153 & 0.146 & 0.002\end{bmatrix}$

社区关系积极感评价矩阵：$\boldsymbol{R}_7=\begin{bmatrix}0 & 0.231 & 0.491 & 0.278 & 0\\0.088 & 0.205 & 0.402 & 0.305 & 0\end{bmatrix}$

旅游发展整体感知评价矩阵：$\boldsymbol{R}_8=\begin{bmatrix}0 & 0.130 & 0.345 & 0.380 & 0.135\\0.148 & 0.441 & 0.248 & 0.144 & 0.021\end{bmatrix}$

$$\boldsymbol{Y}_{\mathrm{b}}=\begin{bmatrix}0.30 & 0.14 & 0.13 & 0.11 & 0.09 & 0.08 & 0.08 & 0.07\end{bmatrix}\times\begin{bmatrix}\boldsymbol{Y}_1\\ \boldsymbol{Y}_2\\ \boldsymbol{Y}_3\\ \boldsymbol{Y}_4\\ \boldsymbol{Y}_5\\ \boldsymbol{Y}_6\\ \boldsymbol{Y}_7\\ \boldsymbol{Y}_8\end{bmatrix}=\begin{bmatrix}0.058 & 0.552 & 0.235 & 0.137 & 0.024\end{bmatrix}$$

模糊评价集 $\boldsymbol{Y}_{\mathrm{b}}$ 表明：边缘区村寨中被调查者认为所在村寨处于非常可持续发展阶段或比较可持续阶段、不可持续阶段、基本可持续阶段的比例分别为 61%、16.1%、23.5%，大部分被调查者对本村寨的社会可持续发展状态持正面感知。

(2)肇兴侗寨边缘区模糊评价矩阵。

对肇兴边缘区村寨调查数据进行频数分析后，求出过边缘区村寨社会可持续发展评价模糊评价矩阵 $\boldsymbol{R}_n$(n=1，2，…，7)和模糊评价集 $\boldsymbol{Y}_n$(n=1，2，…，7)。

社会文化消极感知模糊评价矩阵：$\boldsymbol{R}_1=\begin{bmatrix}0.089 & 0.545 & 0.259 & 0.098 & 0.009\\ 0.036 & 0.482 & 0.375 & 0.098 & 0.009\\ 0.018 & 0.438 & 0.143 & 0.375 & 0.027\\ 0.036 & 0.277 & 0.107 & 0.455 & 0.125\\ 0.045 & 0.759 & 0.161 & 0.036 & 0\\ 0.036 & 0.304 & 0.286 & 0.357 & 0.018\end{bmatrix}$

旅游经济感知模糊评价矩阵：$\boldsymbol{R}_2=\begin{bmatrix}0.009 & 0.071 & 0.045 & 0.821 & 0.054\\ 0.009 & 0.018 & 0.036 & 0.813 & 0.125\\ 0.009 & 0.339 & 0.205 & 0.420 & 0.027\\ 0.009 & 0.536 & 0.125 & 0.277 & 0.054\\ 0.009 & 0.152 & 0.286 & 0.518 & 0.036\end{bmatrix}$

社会关系消极感知模糊评价矩阵：$\boldsymbol{R}_3=\begin{bmatrix}0.134 & 0.571 & 0.205 & 0.089 & 0\\ 0.134 & 0.554 & 0.080 & 0.232 & 0\\ 0.152 & 0.571 & 0.170 & 0.098 & 0.009\\ 0.071 & 0.705 & 0.196 & 0.027 & 0\\ 0.143 & 0.625 & 0.063 & 0.170 & 0\end{bmatrix}$

旅游政策感知模糊评价矩阵： $\boldsymbol{R}_4=\begin{bmatrix}0 & 0.625 & 0.268 & 0.054 & 0.054\\ 0.009 & 0.384 & 0.402 & 0.143 & 0.063\\ 0.009 & 0.554 & 0.330 & 0.063 & 0.045\\ 0 & 0.295 & 0.250 & 0.402 & 0.054\end{bmatrix}$

社会文化积极感知模糊评价矩阵： $\boldsymbol{R}_5=\begin{bmatrix}0.045 & 0.741 & 0.125 & 0.045 & 0.045\\ 0.036 & 0.563 & 0.313 & 0.08 & 0.009\\ 0.027 & 0.536 & 0.411 & 0.027 & 0\\ 0.009 & 0.509 & 0.232 & 0.223 & 0.027\end{bmatrix}$

旅游发展整体感知模糊评价矩阵： $\boldsymbol{R}_6=\begin{bmatrix}0.036 & 0.500 & 0.125 & 0.304 & 0.036\\ 0.063 & 0.429 & 0.063 & 0.402 & 0.045\\ 0.098 & 0.571 & 0.116 & 0.214 & 0\end{bmatrix}$

传统观念积极感知模糊评价矩阵： $\boldsymbol{R}_7=\begin{bmatrix}0.018 & 0.313 & 0.232 & 0.438 & 0\\ 0 & 0.125 & 0.339 & 0.527 & 0.009\end{bmatrix}$

$$\boldsymbol{Y}_1=[0.20\quad 0.18\quad 0.16\quad 0.16\quad 0.15\quad 0.15]\times\boldsymbol{R}_1=[0.045\quad 0.470\quad 0.226\quad 0.229\quad 0.030]$$
$$\boldsymbol{Y}_2=[0.23\quad 0.22\quad 0.21\quad 0.20\quad 0.14]\times\boldsymbol{R}_2=0.009\quad 0.220\quad 0.126\quad 0.584\quad 0.061$$
$$\boldsymbol{Y}_3=[0.23\quad 0.22\quad 0.20\quad 0.19\quad 0.16]\times\boldsymbol{R}_3=[0.127\quad 0.601\quad 0.146\quad 0.123\quad 0.002]$$
$$\boldsymbol{Y}_4=[0.27\quad 0.25\quad 0.24\quad 0.24]\times\boldsymbol{R}_4=[0.004\quad 0.469\quad 0.312\quad 0.162\quad 0.054]$$
$$\boldsymbol{Y}_5=[0.28\quad 0.24\quad 0.24\quad 0.24\times\boldsymbol{R}_5=0.030\quad 0.593\quad 0.264\quad 0.092\quad 0.021]$$
$$\boldsymbol{Y}_6=[0.38\quad 0.32\quad 0.30]\times\boldsymbol{R}_6=[0.063\quad 0.499\quad 0.102\quad 0.308\quad 0.028]$$
$$\boldsymbol{Y}_7=[0.53\quad 0.47]\times\boldsymbol{R}_7=[0.010\quad 0.225\quad 0.282\quad 0.480\quad 0.004]$$

得到肇兴边缘区村寨社会可持续发展模糊评价集 $\boldsymbol{Y}_{\mathrm{b}}$。

$$\boldsymbol{Y}_{\mathrm{b}}=[0.43\quad 0.23\quad 0.10\quad 0.08\quad 0.06\quad 0.05\quad 0.05]\times\begin{bmatrix}\boldsymbol{Y}_1\\ \boldsymbol{Y}_2\\ \boldsymbol{Y}_3\\ \boldsymbol{Y}_4\\ \boldsymbol{Y}_5\\ \boldsymbol{Y}_6\\ \boldsymbol{Y}_7\end{bmatrix}=[0.040\quad 0.422\quad 0.201\quad 0.303\quad 0.035]$$

模糊评价集 $\boldsymbol{Y}_{\mathrm{b}}$ 表明：边缘区村寨被调查者认为所在村寨处于非常可持续发展阶段或比较可持续阶段、不可持续阶段、基本可持续阶段的比例分别为 46.2%、33.8%、20.1%，边缘区村寨居民对本村寨社会可持续发展现状持正面态度与负面态度的比重大体相当。

2）边缘区模糊综合得分结果分析

（1）西江苗寨边缘区综合得分。

边缘区模糊综合评价得分 X_b 为

$$X_b = (0.058\times5+0.552\times4+0.235\times3+0.137\times2+0.024\times1)\times2=7.002$$

西江边缘区村寨社会可持续发展模糊综合得分 X_b 为 7.002，是 3 个区域中的最高分和唯一高于 7 分的研究样区，表明当前边缘区村寨处于社会比较可持续发展阶段。

过渡区 8 个公因子 X 的模糊感知评分如下：

$$X_1 = (F\times \boldsymbol{Y}_1)\times2=6.766$$

$$X_2 = (F\times \boldsymbol{Y}_2)\times2=5.055$$

$$X_3 = (F\times \boldsymbol{Y}_3)\times2=5.441$$

$$X_4 = (F\times \boldsymbol{Y}_4)\times2=5.941$$

$$X_5 = (F\times \boldsymbol{Y}_5)\times2=6.431$$

$$X_6 = (F\times \boldsymbol{Y}_6)\times2=5.072$$

$$X_7 = (F\times \boldsymbol{Y}_7)\times2=6.031$$

$$X_8 = (F\times \boldsymbol{Y}_8)\times2=5.841$$

边缘区公因子得分从高到低排名依次为 X_1（社会文化积极感知）＞X_5（生活环境积极感知）＞X_7（社区关系积极感知）＞X_4（生活环境消极感知）＞X_8（旅游发展整体感知）＞X_3（社会文化消极感知）＞X_6（旅游经济感知）＞X_2（社区关系消极感知），除开 X_8（旅游发展整体感知）之外，旅游对于边缘区村寨已无明显影响，传统文化原生态保留，邻里关系朴实，居民受核心区村寨旅游发展“刺激”影响，迫切希望通过旅游发展改善村寨及自身生活条件。

（2）肇兴侗寨边缘区模糊综合得分。

基于边缘区村寨社会可持续发展模糊评价集 $\boldsymbol{Y}$，可求出肇兴边缘区村寨的社会可持续模糊评价结果 X_b。

$$X_b = [0.040\times5+0.422\times4+0.201\times3+0.303\times2+0.035\times1]\times2=6.264$$

肇兴侗寨边缘区村寨的社会可持续发展模糊综合得分为 6.264，根据表 6.2 的评价标准，边缘区村寨社会发展处于基本可持续阶段，低于肇兴整体样本模糊综合得分。

基于边缘区总体模糊得分，依次分别求出 8 个公因子的模糊综合得分：

$$X_1 = (F\times \boldsymbol{Y}_1)\times2=6.452$$

$$X_2 = (F\times \boldsymbol{Y}_2)\times2=5.066$$

$$X_3 = (F\times \boldsymbol{Y}_3)\times2=7.450$$

$$X_4 = (F\times \boldsymbol{Y}_4)\times2=6.420$$

$$X_5 = (F\times \boldsymbol{Y}_5)\times2=7.041$$

$$X_6 = (F\times \boldsymbol{Y}_6)\times2=6.522$$

$$X_7 = (F\times \boldsymbol{Y}_7)\times2=5.520$$

将公因子得分从高到低进行排序：X_3（社会关系消极感知）＞X_5（传统社会文化积极感

知）＞X_1（传统社会文化消极感知）＞X_6（旅游发展整体感知）＞X_4（旅游政策感知）＞X_7（传统观念积极感知）＞X_2（旅游经济感知），得出：①边缘区虽离旅游核心区较远，由于受核心区旅游经济利益驱使，居民进入核心区就业人数逐渐增多，经济意识提升，原本的淳朴社会关系出现变化，出现认可度较高消极感知。②由于受旅游影响较小，村民对旅游发展整体感知、旅游政策感知等认可度较低。③由于受外界干扰小，传统文化在边缘区村寨较为原生态保留。

6.3.2 社会可持续发展整体走势

1. 西江苗寨

影响西江社会可持续发展的 8 个因子在核心区、过渡区和边缘区均存在一定空间差异。其中，传统社会文化变迁感知，均与旅游影响程度成正比，即旅游影响越高，社会文化变迁感知越明显，但正面感知随着旅游影响的减弱呈现缓慢递减的趋势，而社会文化消极感知会随着旅游影响的减弱急速下降。在所有因子中，社区生活环境变迁感知与旅游影响的联系是最密切的，且呈现递减状态，但生活环境积极感知较消极感知下降趋势比较缓慢，过渡区的生活环境也随着核心区的改善得到一定的提升；社会经济感知维度和旅游影响程度呈明显正相关；在社区关系感知这一维度，消极感知会随着旅游影响的减弱而变小，但积极感知比较特殊，过渡区在三个区域中感知度最高，边缘区感知程度高于核心区，但差距不明显；旅游发展整体感知与社区积极感知较为类似，过渡区感知度最高，其次为边缘区，核心区的分值最低（图 6.4）。

2. 肇兴侗寨

肇兴传统社会文化变迁感知，包括正面感知和负面感知，其中正面感知与旅游和村寨自身因素显著相关，比较传统的边缘区和受旅游影响程度高的核心区感知最为强烈；消极感知在核心区、过渡区和边缘区的感知度均比较低，旅游发展现阶段并没有对传统文化产生明显的消极变迁影响。旅游经济感知呈现出波动变化态势，其中受旅游影响程度最深的核心区感知最为强烈，肇兴核心区、过渡区和边缘区之间相对较封闭，边缘区在看到核心区旅游发展产生的巨大变化后，迫切希望发展旅游，因此对旅游所带来的经济变化感知也较为强烈。社区关系感知方面，随着旅游的发展，外来文化的进入在一定程度上冲击了原来淳朴的民风和家庭观念，同时居民经济意识的增强使得社会关系出现庸俗化现象，并伴有一系列赌博、酗酒等不良现象，社区关系与旅游影响程度呈正相关。旅游政策感知包括积极和消极的因子，过渡区和边缘区大多数居民对肇兴旅游发展模式和相关政策机制存在不满，相反，核心区对旅游政策积极感知较强烈。旅游发展整体感知层面，核心区、过渡区和边缘区的均值都较高。传统观念积极感知与旅游影响程度呈正相关，即旅游影响程度越高，传统观念积极变迁越显著（图 6.5）。

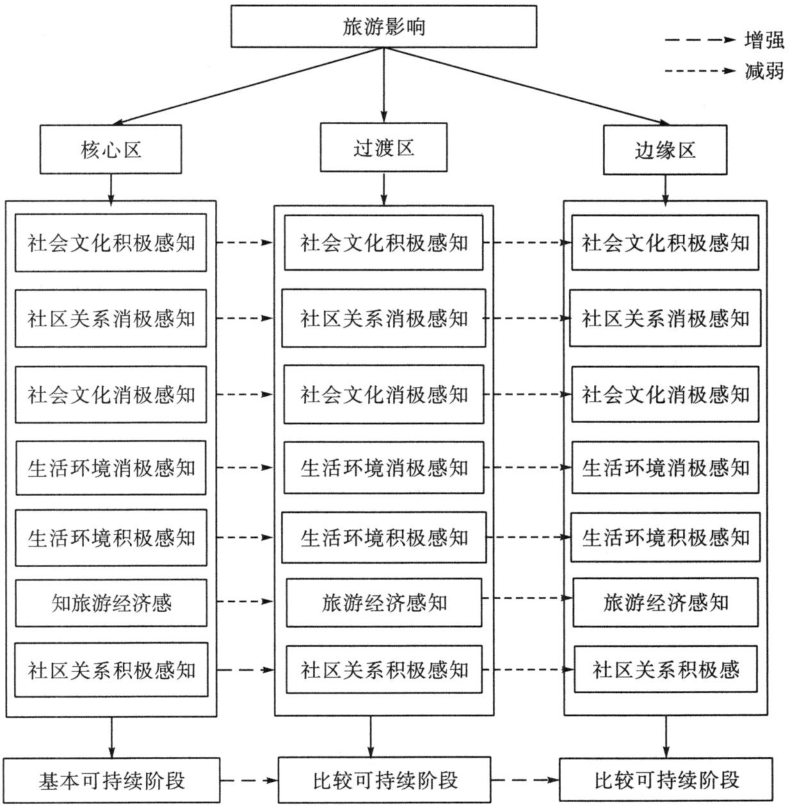

图 6.4　西江民族旅游村寨社会可持续发展走势图

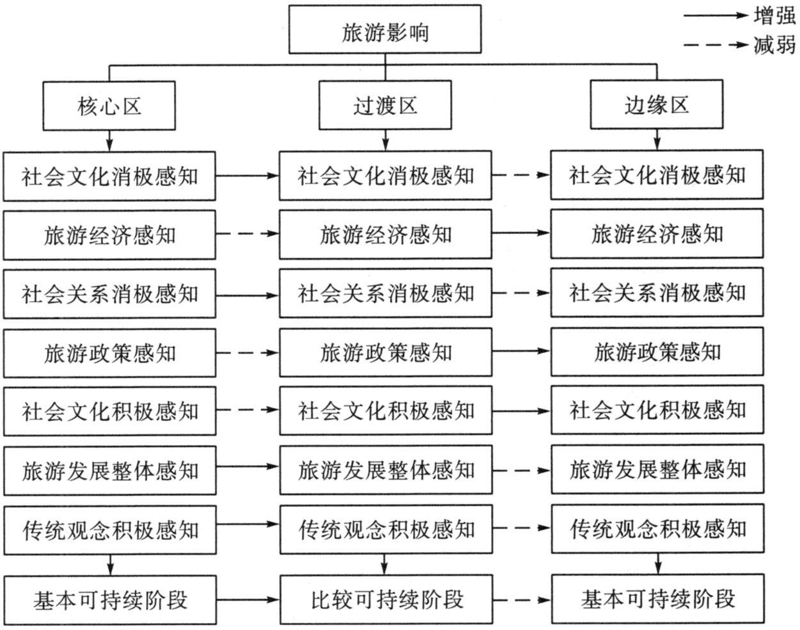

图 6.5　肇兴民族旅游村寨社会可持续发展整体走势图

民族旅游村寨社会可持续发展系统由社会文化、社会关系、社会经济、生活环境四大要素构成，每一要素的变动都会对其他要素产生一定影响，当某一要素消极影响感知大于积极感知时，同样也会对其他要素产生负面影响，从而影响整个村寨的社会可持续发展程度(图 6.6、图 6.7)。

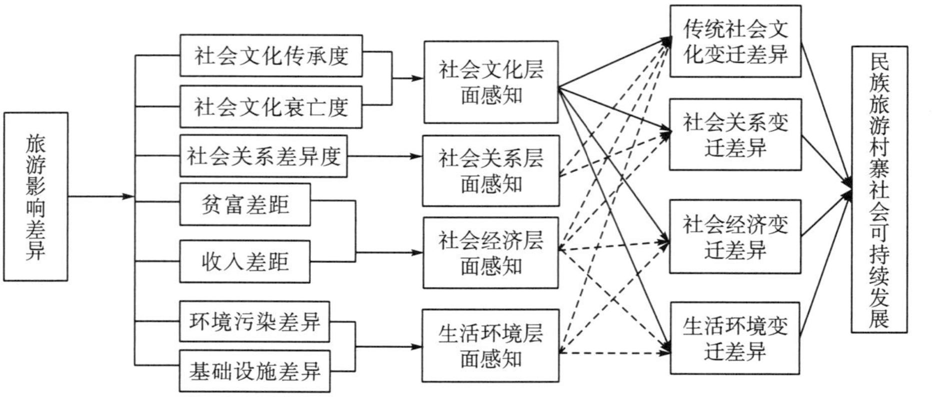

图 6.6　西江民族旅游村寨社会可持续发展差异形成机制图

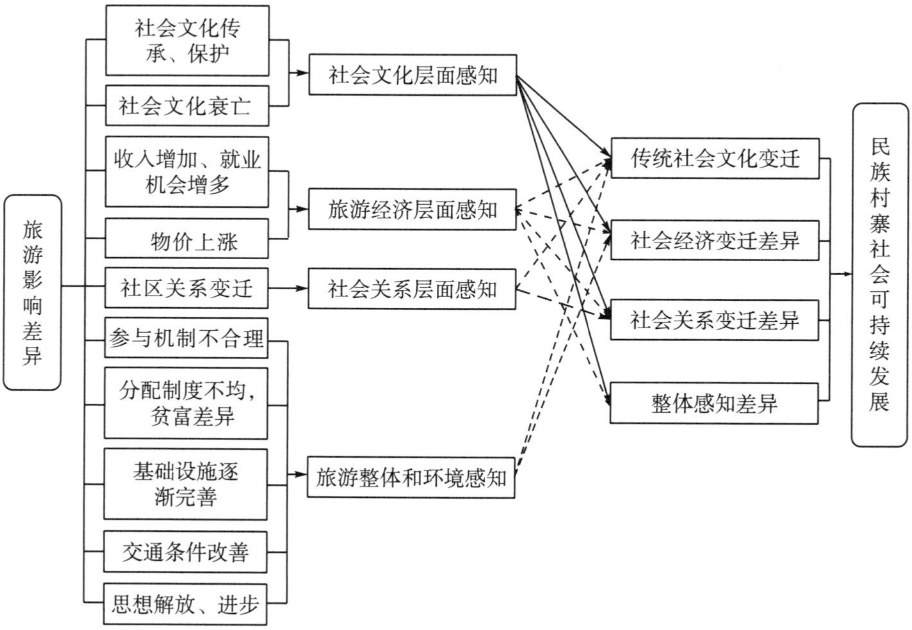

图 6.7　肇兴民族旅游村寨社会可持续发展差异形成机制图

根据机理分析得出以下结论。

(1)旅游驱动下，村寨原生农耕社会和外来商业社会之间碰撞、交互适应，民族村寨社会文化变迁不可规避，并产生多重正、负向交错的博弈效应：民族村寨在旅游跨文化传播的过程中既可以摧残原有认同心理，受外来文化带来的示范效应、激受效应、积累效应而不停“解构”与“重构”，导致旅游村寨逐渐失去个性和特色，也凸显和增强村寨村民原有认同感和文化自尊感，使传统民族文化因其特有的工具价值和资本性展示得以复兴与觉醒。旅游为村寨带来经济收益提升了民族自豪感，又因原生居民利益分配不均以及参与机会逐渐减少，悲观沮丧心理明显。旅游提升了村寨整合度、推动了社区发展的同时，外来价值观的融入与经济利益的“瓜葛”导致村寨社区混乱。旅游使民族村寨“社会间的多样性”减少的同时又增加了“社会内的多样性”，“社会内的多样性”增加则大大促进了民族村寨社会经济的全面进步。正是这种多重正、负向交错的博弈效应，使肇兴村寨群落和西江村寨群落社会文化发展处在基本可持续阶段。

(2) 民族旅游村寨社会文化是“人、地、时空”人地关系的凝聚，群落中各村寨旅游影响存在着显著差异性，从而使群落核心区、过渡区和边缘区村寨社会文化发展处于不同水平，其中西江村寨群落核心区、过渡区和边缘区村寨社会文化发展水平分别为基本可持续-比较可持续-比较可持续；肇兴村寨群落村寨社会文化发展水平三区则分别为基本可持续-比较可持续-基本可持续，空间的差异使得村寨群落社会文化表征出时间的差异。旅游开发规模大、大众游客涌入多的核心区村寨流通性增加，时间效率快速增加，挤压空间，出现物质文化碎片化、制度文化前台化、精神文化认同感弱化与文化自觉并存的“在域”状态，原本的生活场域变成旅游场域，被凝聚的时空带有浓郁的现代性，其社会文化可持续性评分值低于村寨群落总体分值。边缘区村落社会文化经济系统在封闭环境中自我循环，传统的溪峒经济、村民封闭的行为意识、狭窄的生活空间与单调的生活方式、单纯的人际交往与乡邻关系、村民与外界的“非言语语言沟通”，使村寨社会文化内聚力强，与外来冲击(旅游业)共振的增幅小，边缘区村落空间形成“脱域”状态，村寨保留“原生性”，其社会文化可持续性评分值较高。过渡区村寨社区社会文化的要素逐渐变质，内部结构经历着解与构的生产。

(3) 旅游影响下的村寨社会文化变迁既有物质-空间形态上的变迁，又有文化深层的潜移默化，也是一个文化消失、文化变异、文化创新的文化再生产过程。传统村寨中苗、侗文化自我认同感高，族群意识强，村寨物质文化、精神文化和制度文化三成分协调一致，文化内整合力大。在开放融合的文化环境下，旅游凝视催促的“他者”认同性进一步强化了社会文化重构过程中文化本性、文化的工具价值性和文化资本性展示，村寨苗、侗文化与外来文化接触/涵化的过程中，苗、侗村寨物质文化、制度文化变异进一步显现，而其精神文化却有一定防御功能和反应的滞后性。正是村寨精神文化这种防御功能和反应的滞后性，使苗、侗村寨社会文化发展根基保存，产生其社会文化的可持续性。

6.4　社会可持续发展的对策与建议

6.4.1　加强对传统社会文化的保护

首先，充分发挥民族村寨中寨老、文化传承人、村支两委以及典型经营户等人的影响，强化传统价值展示平台建设，引导居民利用村寨特色符号强化村群认同、提高居民文化认同和自豪感，积极主动保护和传承本民族的社会文化，自觉抵制旅游发展中产生的社会文化消极感知。其次，提高村寨文化保护与传承费用在景区门票收入中的比例，加大政府补贴，建立传承和创新村寨民族文化奖励制度，引导、鼓励村寨居民挖掘、整理、保护、传承和创新村寨民间手工艺和民族民俗歌舞，重点发展民族手工艺品、土特产品、民族民间生活和节庆产品，增强村寨居民运用多元化的生计资本发展村寨旅游的能力。再次，合理规划和提升村寨居民生活的物质空间质量，构造与村寨相适应的游憩和公共空间，实现村寨居民生活空间的居住环境与游憩环境的协调统一。最后，政府应结合村寨实际情况，建立民族村寨传统社会文化名录和制定制度性的村规民约，加强对在校学生的民族知识教育，举办民族节庆或民间技艺等群体性活动，引导村民和旅游开发商对所在民族村寨的经济价值、历史价值、文化价值、艺术价值与科考价值的深度认知。

6.4.2 优化利益分配机制

民族村寨转型发展问题症结不在于“传统”与“现代”的矛盾，而是社会经济利益的分工合作、经济创造、利益分配与再分配应逐渐倾向于民族村寨的社会空间。首先，建立健全的村寨居民教育培训机制，成立村寨村民培训专项资金，对民族村寨居民的民族手工艺品加工制作、民族歌舞保护传承、村寨旅游基本服务技能和经营管理技能等进行培训，保障村寨居民参与旅游发展基本权利，赋予农民更强的社区旅游参与能力。制定村寨居民被优先雇佣或从事旅游经营活动的优惠措施，增强其主动参与旅游经济活动的能力。其次，构建透明的旅游利益分配机制，公开公正地发放补贴费等相关旅游津贴，让所有村民都能享受到旅游发展红利，避免利益被少数人摄取。最后，鼓励村民将传统技艺等传统文化，以及房屋、宅基地、土地、设施、资金等量化为股本，以入股形式参与旅游发展，积极拓宽村寨导游、交通、住宿、饮食、沿街商铺等村寨旅游产业链条关系中间接参与途径。

6.4.3 提升村寨居民增权感知与能力

民族村寨转变为民族旅游村寨的过程中，多方参与者的博弈方式与程度势必影响村寨社会文化变迁的方向走势。博弈的焦点是权利/利益，博弈的交锋体是政府、企业，亦是“私欲横流”的外来商人与“欲望胁迫”的原生居民，赋权是提高村民自治能力的重要手段。首先，建立起保障村寨居民参与村寨旅游发展规划和收益分配等决策制度，以及对村寨旅游发展管理和监督具有参与权、表决权或否决权等决策机制，在涉及拆迁补偿、地价/房价谈判、股份制收益分配方案制定与实施监管等方面村民有决策权。其次，进一步建立和完善村寨居民与政府(企业)联席会和信息交流与发布机制，畅通信息传递渠道，提高村寨旅游发展决策透明度、可信度和操作性，实现各方利益的相对均衡。最后，建立旅游协会和旅游互助组，并协调村民之间的利益矛盾，实现利益公平和共享。为保障不同村寨之间开发乡村旅游的公平性，在乡村旅游中没有项目覆盖的村寨，政府给予一定的资金和政策扶持及帮助，从旅游商品、食品与副食品供给等方面间接参与，或通过价格调节机制和生活保障制度避免因旅游造成农业生产资料和生活用品价格上涨等负向影响，提升村民经济增权感知。

6.4.4　注重村寨环境保护调控

首先，制定科学合理的民族村寨旅游发展规划，探索村寨自然和文化资源环境价值评估体系，明晰资源环境使用和补偿的“权、责、利”，制定合理的征收、使用费用标准，从制度上避免因产权不清而对资源环境的无偿占有、掠夺性开发和浪费。其次，建立村寨生活环境影响评价机制，计算出旅游发展生态红线，严格控制社区污染承载量和游客数量，避免旅游超载发展恶化村寨自然生态环境和居民生活环境。再次，加强村寨污染物处理能力，减少旅游对村寨环境产生的负面影响。最后，提高村寨居民保护村寨公共资源和生态环境的意识，严格保护村寨传统的整体建筑风貌和单体建筑风格，对已建的要按照传统的特色将其进行改造；新建和翻修民居要对其进行技术指导，引导他们用自己民族的建筑技艺进行修建；加强对不同民族村寨的公共建筑的保护和修复，如对侗族的风雨桥、鼓楼、戏台等的保护和修复。

参考文献

卞显红，张光生，王苏洁，2004. 生态旅游与可持续旅游环境认证研究[J]. 旅游开发与市场，1：66-69.

崔凤军，许峰，何佳梅，1999. 区域旅游可持续发展评价指标体系的初步研究[J]. 旅游学刊，4：42-45.

丁蕾，吴小根，王腊春，等，2015. 水体旅游可持续发展评价[J]. 地理研究，3：578-586.

付向阳，黄涛珍，2015. 草原生态旅游可持续发展评价指标体系的构建[J]. 统计与决策，12：65-68.

葛新，唐孝中，2012. 乡村旅游可持续发展评价指标体系的构建[J]. 沈阳工业大学学报(社会科学版)，1：58-64.

郭英之，2003. 中国旅游温点地区旅游市场营销的可持续发展战略研究——以平遥古城为例[J]. 人文地理，18(1)：6-18.

何格，胡艳梅，2012. 景区县乡村旅游可持续发展评价——以四川长宁为例[J]. 中国农业资源与区划，6：85-90.

金波，刘坤，1999. 旅游地可持续发展指标体系初步研究[J]. 曲阜师范大学学报(自然科学版)，1：109-111.

李星群，廖荣华，2004. 生态旅游地可持续旅游评价指标体系探讨——以自然保护区为例[J]. 邵阳学院学报(自然科学版)，01：100-104.

路娜，2012. 生态县建设过程中的生态旅游和谐度评价研究[D]. 长沙：湖南师范大学.

罗烨，贾铁飞，2011. 浙江沿海岛屿旅游可持续发展评价研究——以嵊泗列岛为例[J]. 上海师范大学学报(自然科学版)，3：318-325.

马丽娟，史敏，2003. 实现生态旅游可持续发展的相关问题研究[J]. 森林旅游，2：25-27.

马勇，董观志，1997. 区域旅游可持续发展潜力模型研究[J]旅游学刊，4：37-40.

明庆忠，范斌，2003. 旅游业可持续发展的经济伦理学思考[J]. 云南师范大学学报，35(1)：122-124.

彭兆荣，2004. 旅游人类学[M]. 北京：民族出版社：322.

唐承财，钟林生，成升魁，2013. 旅游地可持续发展研究综述[J]. 地理科学进展，06：984-992.

田里，2007. 区域旅游可持续发展评价体系研究——以云南大理、丽江、西双版纳为例[J]. 旅游科学，3：44-51，71.

万幼清，2006. 旅游可持续发展评价指标与方法[J]. 统计与决策，3：10-12.

王虹，2011. 民族村寨文化空间保护与旅游可持续发展新探[J]. 哈尔滨商业大学学报(社会科学版)，5：105-109，121.

王良健，2001. 旅游可持续发展评价指标体系及评价方法研究[J]. 旅游学刊，1：67-70.

王引兰，高会宗，2003. 旅游经济可持续发展的道德支持[J]. 山西师范大学学报(社会科学版)，30(2)：50-54.

魏敏，冯永军，李芬，等，2004. 农业生态旅游可持续发展评价指标体系研究[J]. 山东农业大学学报(社会科学版)，01：27-30.

吴晓萍，何彪，2000. 民族地区旅游开发与民族社区的可持续发展[J]. 贵州民族学院学报(哲学社会科学版)，01：77-84.

谢爱良，2009. 区域旅游发展和谐度评价体系研究——以临沂市为例[J]. 科学经济社会，9：57-60.

薛纪萍，阎伍玖，2008. 海岛旅游可持续发展评价指标体系研究[J]. 资源开发与市场，10：878-880，939.

殷平，马忠玉，2009. 北京市旅游可持续发展评价研究[J]. 北京交通大学学报(社会科学版)，02：68-72.

曾珍香，傅惠敏，王云峰，2000. 旅游可持续发展的系统分析[J]. 河北工业大学学报，03：50-54.

章杰宽，姬梅，朱普选，2013. 国外旅游可持续发展研究进展述评[J]. 中国人口资源与环境，04：139-146.

赵文红，1998. 旅游文化是旅游可持续发展的源泉[J]. 桂林旅游专科学校学报，9(4)：55-57.

郑德胜，2009. 黑龙江省森林旅游可持续发展问题研究[J]. 中国软科学，S1：198-205.

Ap J，Crompton J L，1998. Developing and testing a tourism impact scale[J]. Journal of Travel Rearch，37(02)：120-130.

Melón M G，Navarro T G，Dutra S A，2012. A combined anp-delphi approach to evaluate sustainable tourism[J]. Environmental Impact Assessment Review，34(1)：41-50.

Shikida A，Yoda M，Kino A，et al. ，2010. Tourism relationship model and intermediary for sustainable tourism management：case study of the kiritappu wetland trust in hamanaka，hokkaido[J]. Tourism and Hospitality Research，10(2)：105-115.